大数据时代信息资源检索与分析

康桂英　明道福　吴晓兵　编著

北京理工大学出版社
BEIJING INSTITUTE OF TECHNOLOGY PRESS

内容简介

本书比较全面、系统地介绍了现代各种信息资源、信息检索的基础知识及基本方法。全书分为16章：信息资源与信息检索、综合信息资源检索系统、图书信息资源检索系统、期刊信息资源检索系统、学位论文资源检索系统、标准文献资源检索系统、科技报告资源检索系统、专利资源检索系统、会议文献数据库检索、参考工具书、数字媒体资源检索、网络信息资源检索、网上图书馆信息资源、个人文献管理系统、参考文献的著录规则、毕业论文的撰写。本书不仅详细介绍了信息、信息资源、文献、书目、索引、文摘以及参考工具书的基本概念、特点，还详细介绍了图书、期刊、标准、科技报告、学位论文、会议论文、专利、数字媒体、网络信息资源以及网上图书馆信息资源的学术资源发现系统、学科服务平台及机构知识库等的概念、特点以及检索方法，通过检索经典例题深入浅出地讲解了各种数据库的检索，主要论述了大数据环境下信息资源检索的方法与理论，理论与实践并重，比较适合自学。

本书可以作为高等院校图书馆学、情报学、档案学等专业以及与信息管理有关的其他专业的研究生、本科生、专科生以及远程教育类、成人教育类本专科生的信息资源检索教材或教学参考书，也可供各级图书馆、情报所、档案馆、信息中心和咨询机构的工作人员及广大信息工作者学习、参考。

图书在版编目（CIP）数据

大数据时代信息资源检索与分析/康桂英，明道福，吴晓兵编著.—北京：北京理工大学出版社，2019.1

ISBN 978-7-5682-6623-9

Ⅰ.①大…　Ⅱ.①康…　②明…　③吴…　Ⅲ.①信息检索　Ⅳ.①G254.9

中国版本图书馆 CIP 数据核字（2019）第008159号

出版发行／北京理工大学出版社有限责任公司
社　　址／北京市海淀区中关村南大街5号
邮　　编／100081
电　　话／（010）68914775（总编室）
　　　　　（010）82562903（教材售后服务热线）
　　　　　（010）68948351（其他图书服务热线）
网　　址／http：//www.bitpress.com.cn
经　　销／全国各地新华书店
印　　刷／三河市华骏印务包装有限公司
开　　本／787毫米×1092毫米　1/16
印　　张／25
字　　数／588千字
版　　次／2019年1月第1版　2019年1月第1次印刷
定　　价／68.00元

责任编辑／钟　博
文案编辑／钟　博
责任校对／周瑞红
责任印制／李志强

前 言

大数据时代素质教育是我国教育界的一个热门话题，大学生的信息素养教育更是一个焦点问题。信息素养教育，实质就是以提高人的综合素质为目的的教育，其自然也就包括大学生的信息素质教育。在当今的信息社会，信息素养教育日趋重要，它成为学校教育和终身教育的基本构成，以及科学技术和知识经济发展的基础。提高大学生信息素养的途径和方法多种多样，但最主要的是对图书文献资料的利用教育。在我国，对学生的图书文献资料的利用教育一般是通过信息检索课来实现的，因此，高校的信息素养教育对信息检索课提出了新的要求和挑战。

信息素养教育主要是以培养学生的信息意识和信息能力为宗旨的教育，着重培养学生寻找信息和利用信息的能力。第一，培养学生的信息意识。信息意识就是人们所具有的对信息的特殊的、敏锐的感受力和长久的注意力，是人们对社会产生的各种理论、观点、事物、现象从情报角度的理解、感受和评价能力。我们对大学生进行信息意识的教育和培养，目的就在于让学生能从司空见惯的，甚至微不足道的事物和社会中发现有价值的信息，并能有效地利用。第二，对学生的信息能力进行培养和教育。信息能力包括对信息的获取、处理、利用、交流以及分析与选择的能力。如何从浩如烟海的信息资源中提取有用的信息，已经成为信息时代每个大学生都必须面对的问题，信息能力也是当代大学生必须拥有的关键技能之一，是信息素养教育的重要内容。具体来说，要培养学生搜集、鉴别和获取信息的能力，培养学生评价、整合和信息创新的能力。第三，加强信息技能教育。由于通信技术和计算机技术的发展，信息的记录与传播开始向电子化、数字化的方向发展，计算机、网络将成为使用最广泛的信息传播渠道。因此，在信息技能教育方面，主要任务是加强指导学生掌握计算机检索技术，熟悉各类专业信息获取的途径与技能，制定和修改检索策略。第四，加强信息道德教育。随着社会信息化、网络化程度的逐渐提高，信息道德教育在信息素养教育中的地位也越来越重要。信息道德是指在信息活动中，调节信息创新者、服务者和使用者之间关系的行为规范，如保护知识产权、尊重个人隐私、抵制不良信息、维护信息安全等。对大学生要进行信息道德的培养和信息法制的教育，增强学生的信息安全意识，使其自觉遵守信息法律规则，提高信息保密的自觉性。

如前所说，信息素养教育是一个相当大的概念，信息检索教育只是其中的一个部分，但由于高等学校是培养高级专门人才的地方，大学毕业生的信息素养将会对社会具有很大的影响，因此提高信息检索课的定位，加大信息素养教育的力度，是目前高校图书馆的一项重要任务。

信息检索课旨在强化和提高大学生的情报素质与研究创新能力，特别是在现代社会高度数字化和网络化的信息环境下，使学生通过信息系统获取解决问题的有用知识，再通过分析研究从知识信息中提炼出有价值的情报和解决问题的策略，最后解决问题，实现知识创新，形成自主知识产权、创业创富。

在多年本科生和研究生信息检索课教学实践的基础上，本书遵循大学生培养目标和计划的要求，对以往的信息检索教材进行了彻底的改革。本书主要介绍目前国内外著名的数据库资源系统以及一站式检索理论、方法和实例，全书共分 16 章：第 1 章主要介绍了与信息检索相关的各种基本理论和知识；第 2 章介绍了国内外著名的数据库资源检索系统以及一站式检索方式；第 3 ~ 13 章详细地介绍了图书、期刊、标准、科技报告、学位论文、会议论文、专利、会议文献、参考工具书、网络信息资源、数字媒体资源、学术资源发现系统、学科服务平台以及机构知识库等的概念、特点及各种各样的检索方法，深入浅出地讲解了各种数据库的检索；第 14 章介绍了个人文献管理系统及其使用；第 15 章介绍了参考文献的著录规则，对大学生进行科研创新、撰写学术论文提供一臂之力；第 16 章介绍了本科生学术论文的撰写，重点讲解了管理学、社会学以及工科各专业毕业论文的写作及范文评析。

本书主要由康桂英、明道福策划构思，由吴晓兵、康桂英统稿，由康桂英、明道福、吴晓兵编著。其中，第 1 ~ 8 章由康桂英编著，第 9 ~ 12 章由明道福编著，第 13 ~ 16 章由吴晓兵编著。

本书得以成稿，得到北京理工大学图书馆、研究生院、教务处、继续教育学院和远程教育学院的大力支持和资助，除此之外，还得到北京理工大学图书馆的丁刚毅馆长，黄晓鹏书记，崔宇红副馆长，姚文丽副馆长以及张剑军院长，刘春平、庄桃春、康良成、王飒、张皓、刘晓红、张丽华、赵飞、蒋敏荣等老师的帮助。在这里，我们对他们表示最诚挚的谢意，正是在他们的鼓励与帮助下，笔者克服了重重困难，终于完成了本书的编写。

在本书的编写过程中，我们直接和间接参考引用了国内外许多相关专著、教材、论文、网站的有关观点与信息，在此向有关作者和网站表示最衷心的感谢。

限于编写者的学术水平和视野，加上投入编写的时间、精力有限，而且网络环境下信息资源、检索平台又经常发生更新和变化，所以书中难免有疏漏之处，恳请各位读者和专家批评指正。

编　者

2018 年 7 月

目　录

第1章

信息资源与信息检索

在现代网络环境与经济全球化的背景下，信息资源作为生产要素、无形资产和社会财富，是企业继技术、资金、人才之后的第四成功要素。具有良好的信息素养、能够有效地获取、利用所需信息，已经成为当代大学生自主学习能力、创新能力、创业能力的重要衡量标准之一。

1.1 信息社会与信息素养

信息社会也称信息化社会，是脱离工业化社会以后，信息起主要作用的社会。所谓信息社会，是以电子信息技术为基础，以信息资源为基本发展资源，以信息服务性产业为基本社会产业，以数字化和网络化为基本社会交往方式的新型社会。

“信息化”的概念在20世纪60年代初被提出。一般认为，信息化是指信息技术和信息产业在经济和社会发展中的作用日益加强，并发挥主导作用的动态发展过程。它以信息产业在国民经济中的比重、信息技术在传统产业中的应用程度和信息基础设施建设水平为主要标志。

从内容上看，信息化可分为信息的生产、应用和保障三大方面。信息生产，即信息产业化，要求发展一系列信息技术及产业，涉及信息和数据的采集、处理、存储技术，包括通信设备、计算机、软件和消费类电子产品制造等领域。信息应用，即产业和社会领域的信息化，主要表现在利用信息技术改造和提升农业、制造业、服务业等传统产业，大大提高各种物质和能量资源的利用效率，促使产业结构的调整、转换和升级，促进人类生活方式、社会体系和社会文化发生深刻变革。信息保障，指保障信息传输的基础设施和安全机制，使人类能够可持续地提升获取信息的能力，包括基础设施建设、信息安全保障机制、信息科技创新体系、信息传播途径和信息素养教育等。

1.1.1 信息素养的概念和评价标准

1. 信息素养的概念

信息素养（Information Literacy）的本质是全球信息化需要人们具备的一种基本能力。

信息素养这一概念是信息产业协会主席保罗·泽考斯基于1974年在美国提出的。简单的定义来自1989年美国图书馆协会（American Library Association，ALA），它包括：能够判断什么时候需要信息，并且懂得如何去获取信息，如何去评价和有效利用所需的信息。

1974年，美国信息产业协会主席保罗·泽考斯基率先提出了信息素养这一全新概念，并将之解释为利用大量的信息工具及主要信息源使问题得到解答的技能。信息素养概念一经提出，便得到广泛传播和使用。世界各国的研究机构纷纷围绕如何提高信息素养展开了广泛的探索和深入的研究，对信息素养概念的界定、内涵和评价标准等提出了一系列新的见解。

1987年，信息学家Patricia Breivik将信息素养概括为一种"了解提供信息的系统并能鉴别信息价值，选择获取信息的最佳渠道，掌握获取和存储信息的基本技能"。

1989年，美国图书馆协会下设的"信息素养总统委员会"在其年度报告中对信息素养的含义进行了重新概括："要成为一个有信息素养的人，就必须能够确定何时需要信息并且能够有效地查寻、评价和使用所需要的信息。"

1992年，Doyle在《信息素养全美论坛的终结报告》中将信息素养定义为：一个具有信息素养的人，能够认识到精确的和完整的信息是作出合理决策的基础，确定对信息的需求，形成基于信息需求的问题，确定潜在的信息源，制定成功的检索方案，从计算机和其他信息源获取信息、评价信息、组织信息，用于实际的应用，将新信息与原有的知识体系进行融合以及在批判性思考和问题解决的过程中使用信息。

2. 信息素养的内容

信息素养包含了技术和人文两个层面的意义：从技术层面来讲，信息素养反映的是人们利用信息的意识和能力；从人文层面来讲，信息素养反映了人们面对信息的心理状态，或说面对信息的修养。具体而言，信息素养应包含以下五方面内容：

（1）热爱生活，有获取新信息的意愿，能够主动地从生活实践中不断地查找、探究新信息。

（2）具有基本的科学和文化常识，能够较为自如地对获得的信息进行辨别和分析，正确地加以评估。

（3）可灵活地支配信息，较好地掌握选择信息、拒绝信息的技能。

（4）能够有效地利用信息，表达个人的思想和观念，并乐意与他人分享不同的见解或资讯。

（5）无论面对何种情境，都能够充满自信地运用各类信息解决问题，有较强的创新意识和进取精神。

美国提出的"信息素养"概念则包括三个层面——文化层面（知识方面）、信息意识层面（意识方面）、信息技能层面（技术方面）。经过一段时期之后，正式定义为："要成为一个有信息素养的人，必须能够确定何时需要信息，并具有检索、评价和有效使用所需信息的能力。"

《信息素养全美论坛的终结报告》再次对信息素养的概念作了详尽表述："一个有信息素养的人，能够认识到精确和完整的信息是作出合理决策的基础；能够确定信息需求，形成基于信息需求的问题，确定潜在的信息源，制定成功的检索方案，从计算机和其他的信息源获取信息、评价信息、组织信息，用于实际的应用，将新信息与原有的知识体系进行融合以及在批判思考和问题解决的过程中使用信息。”

3. 信息素养的评价标准

美国图书馆协会和教育交流技术协会为大学生的学习研究定制了信息素养标准，该标准分为三部分共 9 项。

1）第一部分：信息素养

标准一：具有信息素养的学生能够有效地和高效地获取信息。

标准二：具有信息素养的学生能够熟练地和批判地评价信息。

标准三：具有信息素养的学生能够精确地和创造性地使用信息。

2）第二部分：独立学习

标准四：作为一个独立学习者的学生具有信息素养，并能探求与个人兴趣有关的信息。

标准五：作为一个独立学习者的学生具有信息素养，并能欣赏作品和其他对信息进行创造性表达的内容。

标准六：作为一个独立学习者的学生具有信息素养，并力争在信息查询和知识创新中做得最好。

3）第三部分：社会责任

标准七：对学习社区和社会有积极贡献的学生具有信息素养，并能认识信息对民主化社会的重要性。

标准八：对学习社区和社会有积极贡献的学生具有信息素养，并能实行与信息和信息技术相关的符合伦理道德的行为。

标准九：对学习社区和社会有积极贡献的学生具有信息素养，并能积极参与小组的活动探求和创建信息。

1.1.2　我国信息素养评价体系及标准

1. 我国“大学生信息素养评价标准”概述

目前，有不少专家学者讨论构建我国的“大学生信息素养评价标准”。关于我国大学生信息素养的内涵已经达成共识，大家一致认为信息素养主要包括信息知识、信息意识、信息能力和信息道德。其中，信息知识是基础，信息意识是前提，信息能力是保障，信息道德是准则。

关于大数据时代信息素养的评价标准，本书认为，我国大学生信息素养的评价标准应包括：①信息资源意识，是否能整体了解所需信息的信源；②信息传递与沟通意识，是否能整体了解各种有效的信息传递渠道及方式，能否有效地进行信息沟通与交流；③利用信息进行分析与创新的意识与能力，利用各种信息进行综合分析、创新等的习惯、冲动、激情及能力；④信息保密意识与技能、信息安全意识与技能；⑤竞争合作意识与工作中的沟通与团队协作能力；⑥信息职业道德观，不仅包含信息道德意识、道德规范及道德行为，还包括价值观、法制观及诚信意识。

2. 构建我国大学生信息素养评价标准

1）构建大学生信息素养评价标准应遵循的原则

评价体系是为了判断在校大学生的信息素养状况而构建的，所以在构建评价体系时应遵循一定的原则，而且要便于实施，必须能够引起引导、衡量、调控和激励的作用，因此评价体系要符合科学性、全面性、导向性、易操作性的原则。

2）大学生信息素养评价体系的建立

本书在对国内外大学生信息素养研究的基础上，参考了国内外对于大学生信息素养建立的评价体系，将大学生信息素养评价体系划分为四个方面，并在此基础上衍生出 14 个二级指标、28 个三级指标。指标具体说明见表 1－1。

表 1－1　大学生信息素养评价体系

一级指标	二级指标	三级指标
1. 信息意识	1.1　信息需求	1.1.1　对信息有内在的需求
		1.1.2　能够明确信息需求的目的
	1.2　信息认知	1.2.1　认识到信息的重要性
		1.2.2　认识到信息素养在信息时代是个体必备的基本功
		1.2.3　认识提供信息来源的多种信息媒介
	1.3　信息敏感度	1.3.1　对信息没有排斥感
		1.3.2　有对信息敏锐的感受力，能够关注相关信息
		1.3.3　有对信息的判断能力和洞察力
2. 信息知识	2.1　文化基础知识	2.1.1　具备读、写、听的能力及较强的文化功底
	2.2　信息理论知识	2.2.1　掌握信息获取的方式
		2.2.2　具备判断信息价值的能力
	2.3　现代信息技术知识	2.3.1　了解计算机硬件知识，会使用办公软件
		2.3.2　掌握网络知识，会利用搜索引擎检索信息、下载信息
		2.3.3　了解并会使用多种数据库检索信息
	2.4　语言知识	2.4.1　除了掌握汉语外，至少掌握一门外语，如英语
3. 信息能力	3.1　信息获取能力	3.1.1　能够在课堂及与人的交流中获取信息
		3.1.2　能够利用图书馆文献资源检索信息
		3.1.3　能够熟练运用互联网上的搜索引擎、各种电子资源文献数据库进行信息的检索
	3.2　信息处理能力	3.2.1　能够利用计算机对所获取的信息进行编辑、存储、发布
		3.2.2　对获取的信息能及时融入自身知识体系中去
	3.3　信息概括能力	3.3.1　能从获取的信息中概括主要思想和观点
	3.4　信息创造能力	3.4.1　能够把获得的信息转化成新的信息产品
		3.4.2　能够对信息产品进行传播和交流

续表

一级指标	二级指标	三级指标
4. 信息道德	4.1　道德意识	4.1.1　获取利用信息时不违背道德
		4.1.2　获取利用信息时能遵守相关法律、法规
	4.2　道德规范	4.2.1　在引用他人信息时一定要注明出处，尊重他人的知识产权
	4.3　道德行为	4.3.1　能够抵制各种迷信、诈骗及虚假信息，不在网络上发布谣言、传播虚假信息
		4.3.2　能够使用健康、合法信息

1.2　信息及其相关概念

1.2.1　信息

信息时时刻刻都存在于人们的生活当中，而且与人类的发展紧密相连，那么究竟什么是信息呢？关于信息的定义，近几十年以来已经超过数百种。人们研究信息的角度与目的不同，所提出的信息定义也五花八门。各个学科的学者从自身学科的角度，对信息作过不同的定义，尽管这些定义各异，但对理解信息概念均有参考价值。

1. 信息的经典定义

1948 年，美国数学家、信息论的创始人仙农在题为“通信的数学理论”的论文中指出：“信息是用来消除随机不定性的东西。”

1948 年，美国著名数学家、控制论的创始人维纳在《控制论》一书中指出：“信息就是信息，既非物质，也非能量”。

2. 我国关于信息的定义

《中国大百科全书·新闻出版卷》从传播学的角度对信息进行了解释：“信息是事物运动状态的陈述；物与物、物与人、人与人之间特征的传输”。

英文“information”一词，有情报、资料、消息、报道之意，在中国大陆曾被译为“情报”或“信息”，后经国家有关部门核准，建议该词一律译为“信息”。在中国台湾、中国香港地区，该词被译为“资讯”。

图书情报学家认为，信息可以定义为事物或记录，记录所包含的信息是读者通过阅读或其他认知方法处理而获得的。

心理学家认为，信息不是知识，信息是存在于人们意识之外的东西，它存在于自然界、印刷品、硬盘以及空气之中。

信息资源管理学家和计算机专家认为，信息是数据处理的最终产品，是经过收集、记录、处理，以能检索的形式存储的事实或数据。原始数据中产生信息，信息中产生知识。

我国哲学界普遍认为：信息是物质的一种普遍属性，是物质存在的方式和运动的规律与特点。

显然，以上各家对信息的定义都有偏颇之处。随着科学技术的进步，人们对自然界的认识也越来越深入，当今社会信息不仅包括人与人之间的消息交流，还包括人与机器之间、机器与机器之间的指令转换，以及其他动物界、植物界信号的发出与交换等。因此，可以这样说：信息是指以适合于通信、存储或处理的形式来表示的知识或消息，即用语言、文字、数字、符号、图像、声音、情景、表情、状态等方式传递的内容。

3. 信息的属性

所谓信息的属性，是指信息本身所固有的性质，维纳在《控制论》一书中提出“信息就是信息，不是物质也不是能量”。作为特殊形态的客观事物，信息主要有以下性质：

（1）普遍性：信息充满于广袤的宇宙，是物质固有的普遍属性。信息不仅存在于人类社会，也存在于自然界。人与人之间、机器之间、人机之间、动物之间、植物之间、细胞之间等，都可以进行信息交流。

（2）客观性：就世界的整体而言，信息统一于物质世界，信息的根源是物质世界，信息的存储、传播依靠物质和能量，它无所谓始，也无所谓终，它与整个物质世界共存。

（3）中介性：就物质世界的层次来看，信息既区别于物质，又区别于精神。它的内核不是具体的物质和能量，尽管有些信息是通过文字、图像等具体物质形式表现出来的，但它本身却没有质量，也不占有空间。人们见到的占有空间的并不是信息本身，而是存储和携带信息的物质载体。同时它也不像意识那样依赖于人脑存在，故不具有主观性，它是介于物质世界和精神世界之间处于过渡状态的东西，人们通过信息来认识事物。

（4）增值性：随着事物的不断变化，信息将不断扩充，人们对事物的认识也将不断深入。

（5）传递性：信息可以在时间上和空间上从一点转移到另一点，可以通过语言、动作、文献、电话、电报、广播、电视、通信卫星、电子计算机等进行传递。

（6）可储性：信息可以收集、加工、整理、筛选、归纳、综合，并可以通过记忆和各种载体来载荷。

（7）转换性：只要信息的含义、内容不变，其存在形式可以相互转换，如文学作品、小说可以被改编成电影、电视剧等。

（8）可知性：信息是为人们感知的，但由于人们认识水平的差异，对同一事物，不同观摩者获得的信息量可能不同。

（9）共享性：信息可以多项多次传播，为人们所共享，但不失去其内容，与实物交易不同。

4. 信息的功能

（1）扩大了人们关于世界的科学图景，揭示了客观世界层次和要素新的一面，有助于人们认识宇宙发展中进化与退化的辩证统一关系。

（2）可以用来消除人们在认识上的某种不确定性，其消除不确定性的程度与信息接收者的思想意识、知识结构有关，人类认识就是不断地从外界获取信息和加工信息的过程。

（3）同物质、能量一样，信息是一种资源。物质提供材料，能量提供动力，信息则提供知识、智慧和情报。

1.2.2　信息资源

1. 信息资源的概念

信息资源是随着信息数量的爆炸性增长、信息作用的迅速扩展而出现的一个新概念。近年来，信息技术迅猛发展，信息产业化趋势增强，人们对信息资源的认识也达到了一个新的高度。但究竟什么是信息资源？信息资源包括什么内容？到目前为止，人们对这一问题的认识尚未达成共识。

美国信息管理专家霍顿（F. W. Horton）从政府文书管理的角度，认为："信息资源有两层意思：当'资源'一词为单数时，信息资源是指某种资源的来源，即包含在文件和公文中的信息内容；当'资源'一词为复数时，信息资源指支持工具，包括供给、设备、环境、人员、资金等。"

霍顿与马尔香（D. A. Marchand）在专著《Infortrends：Profiting from Your Information Resources》中认为："信息资源的含义包括：拥有信息技术的个人；信息技术及其硬件与软件；诸如图书馆、计算机中心、传播中心、信息中心等设施；信息操作和处理人员。"

我国关于信息资源的概念及构成的研究始于 20 世纪 90 年代初。其中较有代表性的观点如下：

孟广均在给《知识工程》杂志的贺词中写道："信息资源包括所有的记录、文件、设施、设备、人员、供给、系统和搜集、存储、处理、传递信息所需的其他机器。"

马费成等认为"信息资源是信息和它的生产者及信息技术的集合。信息资源由三部分组成：信息生产者、信息、信息技术"，并把这三者分别称为信息资源的元资源、本资源、表资源。

吴慰慈、高波认为："信息资源是经过人类采集、开发并组织的各种媒介信息的有机集合，就是说信息资源既包括制品型的文献资源，也包括非制品的电子资源"。

邱均平认为："信息资源的理解有两种：一是狭义的理解，认为信息资源就是指文献资源或数据资源，抑或各种媒介和形式的信息集合，包括文字、声像、印刷品、电子信息、数据库等。这都是限于信息本身。二是广义的理解，认为信息资源是信息活动中各种要素的总称。这既包括信息本身，也包括与信息相关的人员、设备、技术和资金等各种资源。"

百度百科则认为：信息资源是企业生产及管理过程中所涉及的一切文件、资料、图表和数据等信息的总称。它涉及企业生产和经营活动过程中所产生、获取、处理、存储、传输和使用的一切信息资源，贯穿于企业管理的全过程。信息同能源、材料并列为当今世界三大资源。信息资源广泛存在于经济、社会各个领域和部门，是各种事物形态，内在规律和其他事物联系等的各种条件、关系的反映。随着社会的不断发展，信息资源对国家和民族的发展，对人们的工作、生活至关重要，成为国民经济和社会发展的重要战略资源。它的开发和利用是整个信息化体系的核心内容。

为了便于学习和理解，本书对信息资源作出如下定义：信息资源（Information Resources）是指以文字、图形、图像、声音、动画和视像等形式储存在一定的载体上并可供利用的信息。

2. 信息资源的特点

由于信息是信息资源中最核心的部分，因此信息资源的特点与信息有不少相同之处，除此之外，信息资源还具有如下特点：

（1）客观性：这是信息资源最基本的特点。因为信息既不是物质，也不是能量，信息就是信息，它总是存在着。

（2）寄载性：信息必须借助一定的符号存储于一定的载体中才能被表现，没有载体就没有信息。

（3）传递性：信息可以通过一定的载体在时间、空间上传递，不受时间、地域的限制，从近到远，从古到今，均能传递。

（4）共享性：这是信息资源区别于物质资源的根本属性之一。信息资源可同时为众多的使用者享用，也可被不同时期的使用者使用，还可为不同领域的人服务、满足他们的不同需要。它不像物质资源那样具有排他性，即特定的物质资源只能被某些国家、地区或某些群体，甚至个人占有和消耗。当然，一些人可控制或保密的信息，不具有这一特性。

（5）时效性：即信息资源的价值对时间的灵敏度很高。一条及时的信息可能价值连城，一条过时的信息可能分文不值。一般来说，信息资源的时效性是由事物运动变化的规律决定的。因此，信息资源能否转化为生产力，取决于收集、加工和利用信息是否适时，只有时机适宜，才能发挥最佳效益。

（6）智能性：信息资源是人类按照一定秩序开发与组织起来的信息，是人类脑力劳动的产物。它传播的是人的知识与智慧。随着科学技术的日益发展，信息资源的智能性将更加突出。

（7）无限性与有限性并存：无限性是就信息资源的时间延续和储量而言的。信息资源产生于人类的社会实践活动，而人类的社会实践活动是一个永不停息的过程。因此，信息资源也呈现出永不枯竭的特点。同时，随着信息资源的不断开发和利用，信息资源也将日益丰富。有限性是指信息资源仅是信息的一部分，是经过人类选择的有用的那部分信息，是由人类智能的有限性决定的。在一定的历史条件下，它相对于人们的特定需求来说也是有限的。

（8）增值性：增值性即对信息资源的投入和使用，其不但可以使自然资源、人力资源、资本资源增值，同时也可以使信息资源实现一次投入、多次开发利用，并不断产生新的信息使其自身增值。它在经济发展中能减少物质资源的投入，使知识通过价值链一次又一次地附加上去，促进社会经济的发展。

1.3 文献及其相关知识

1.3.1 文献

1. 文献的概念

文献是指用文字、图形、符号、声频、视频等技术手段记录人类知识的一种载体，也可理解为固化在一定物质载体上的知识，还可以理解为古今一切社会史料的总称。现在通常理解为图书、期刊等各种出版物的总和。文献是记录、积累、传播和继承知识的最有效的手段，是人类社会活动中获取情报的最基本、最主要的来源，也是交流传播情报的最基本的手段。正因为如此，人们把文献称为情报工作的物质基础。在国内外，常常可以看到有人把“文献”等同于“情报”“文献学”与“情报学”，虽然这种等同未必适宜，但却反映了文献在情报活动和科学中的极为重要的地位。

2. 文献的属性

所谓文献的属性，是文献本身所固有的性质，可概括为四个方面：

（1）知识信息性：这是文献的本质属性，知识是文献的实质内容，没有记录下任何知识或者信息内容的纸张、胶卷、磁带不能称为文献；离开知识信息，文献便不能存在。传递信息、记录知识是文献的基本功能。人类的知识财富正是借助文献才得以保存和传播的。

（2）物质实体性：载体是文献的存在形式，人们头脑中的知识无论多么丰富，只要没有记录在一定的物质载体上，就不能称其为文献。文献所表达的知识信息内容必须借助一定的信息符号，依附一定的物质载体，才能长期保存和传递。

（3）人工记录性：文献所蕴含的知识信息是通过人们用各种方式将其记录在载体上的，而不是天然荷载于物质实体上的。

（4）动态发展性：文献并非处于静止状态，而是按新陈代谢的规律运动着。随着人类记录水平的提高、信息交流的频繁，文献的数量日益庞大，形势日益多样；与此同时，文献的老化速度也在加快，生命周期日益缩短，形成了有规律的运动。

3. 文献的功能

文献的主要功能有：

（1）存储知识：文献是知识的物质存在形式，是积累和保存知识的工具，人类所有的知识成果都只有记录于文献，才能保存和流传；文献的产生是人类文明史上的重要里程碑，人们通过文献了解科技信息，通过文献得悉某一科技成果或创造发明诞生于何时，被记录在何种科技文献之中等具体情况。

（2）传递知识信息：文献能够帮助人们克服时间与空间上的障碍，传递和交流人类已有的知识和经验，促进知识信息的增加和融合，沟通人们思想感情的联系和交流，成为人类知识信息交流的重要途径。

（3）教育娱乐：通过阅读文献，人们可以获取科学文化知识，掌握专业技能，提高认识水平和基本素质，还可以娱乐消遣、陶冶情操、丰富精神生活、提高创业能力。

4. 文献的分类

文献有很多种类型，根据载体可把其分为印刷型、缩微型、机读型和声像型；根据不同出版形式及内容，可以把其分为图书、连续性出版物、特种文献；根据内容、性质和加工情况可将文献分为一次文献、二次文献、三次文献。在本书中，笔者仅把文献分为两种类型：原始文献和工具文献。

1.3.2　原始文献

原始文献也称为一次文献、零次文献，指以作者本人的研究成果为依据而创作的原始文献，如期刊论文、研究报告、专利说明书、会议论文等。

根据文献的出版类型不同，原始文献大体可以分为以下10种。

1. 图书

图书是品种最多、数量最大的科技知识和科研成果的文献载体。它一般是经过加工重组的文献，同其他类型的出版物相比，具有系统、完整、全面、成熟、定型、独立等特点，因而是目前科技文献最主要的出版形式，但科技图书出版时间较长，不能及时、迅速地反映最新的科研成果。

图书按其内容和读者对象可分为以下4类：

（1）专著：是从事某项专业的专家所撰写的某一专题、某一学科方面的全面系统的著作，它是构成科技图书的主体，主要为科技人员提供参考使用。

（2）科普读物：指以普及科学知识为目的的读物，有初、中、高级之分。这种读物发行量较大，读者面比较广泛。

（3）教科书：指根据教学大纲要求，结合学生的知识水平编写的教学用书，其内容一般都是基本原理和事实，具有通俗易懂、准确可靠等特点。

（4）参考工具书：指各种手册、年鉴、词典、百科全书、图册、组织机构指南、人名录、地名录一类的图书。这类图书出版周期长，但信息量大、内容全面，是查找事实、数据、情报、信息的有用的工具。

一本正式出版的印刷型图书包括封面、书名页、版权页、正文等部分。其中版权页是判别图书价值的重要依据。版权页一般包括出版单位信息、版次、印次、开本、字数、国际标准书号等信息。

国际标准书号（International Standard Book Number，ISBN）是国际通用的图书或独立的出版物代码。国际标准书号由13位数字组成：前3位数字代表图书，中间的9个数字分为3组，分别表示组号、出版社号和书序号，最后一个数字是校验码。4组数字之间一般用连字符“-”连接，如978-7-5618-2503-7，但人们经常在书目记录中省略连字符，如9787561825037。

2. 期刊

期刊是科技信息的主要文献类型，是一种定期或不定期出版的连续出版物。同科技图书相比，期刊具有出版周期短、反映新成果及时、内容新、信息量大、类型多样等特点。据统计，文献需求的68%来自期刊论文，期刊的利用率最高，约占科技文献的84%。目前全世界出版的期刊约10万余种，而且正以每年1 500种的速度递增。

期刊是有固定名称、标有刊期等序号、定期连续出版的一种文献。期刊的类型多种多样，按出版周期分，有周刊、半月刊、月刊、双月刊、季刊、半年刊、年刊等；按内容及功能划分，有学术性的如《计算机工程》、时事新闻性的如《半月谈》等。期刊反映新理论、新观点及时，是进行科学研究、撰写毕业论文的重要参考资料，但它在系统性、完备性方面不如图书。

与图书一样，凡是正式出版的期刊上都有国际标准连续出版物号（International Standard Serial Number，ISSN）。国际标准连续出版物号是为各种内容类型和载体类型的连续出版物

(例如报纸、期刊、年鉴等）所分配的具有唯一识别性的代码，由一组冠有“ISSN”代号的8位数字组成，分前后两段，每段4位数，段间以连字符“-”相连接，最后1位数字为校检号。

3. 科技报告

科技报告是对科学、技术研究结果或进程的记录。其特点是反映新的科研成果迅速、内容多样化、具有保密性。每份报告自成一册，装订简单，一般都有统一的名称及连续的编号，如美国的四大政府报告（PB报告、AD报告、NASA报告、AEC/ERDA/DOE报告）、中国的“科学技术研究成果报告”等。

4. 会议文献

会议文献指在学术会议上所交流的论文、报告及有关文献。学术会议都是围绕某一学科或专业领域的新成就和新课题来进行交流、探讨的。会议文献的学术性很强，代表了一门学科或专业领域最新的研究成果，反映了世界上科学技术发展的水平和趋势。近年来，科技会议不断增多，会议文献也相应增加。据统计，每年国际上要举行上万次学术会议，发表的学术论文达10万余篇。

5. 专利文献

专利文献是指实行专利制度的国家出版的专利说明书，也包括专利局出版的各种检索工具。专利文献具有新颖性、创造性和实用性的特点，且范围广泛，出版迅速，格式规范，文字简练、严谨，有助于科技人员借鉴国际先进技术，避免重复劳动。

6. 技术标准

技术标准是对工农业新产品和工程建设的质量、规格、参数及检验方法所作的技术规定，是从事生产、建设的一种共同的技术依据。技术标准的制定工作一般是由主管部门完成的。标准的新陈代谢十分频繁，随着技术水平的不断提高，标准也需要不断补充、修改。国际经济贸易的发展，又促使标准日趋国际化，因而技术标准体现了本技术领域的发展水平，科技人员可以从中获取大量有价值的信息，技术标准的特点是具有独立的完整性和法律约束性。

7. 学位论文

学位论文指高等学校博士、硕士、学士毕业时所撰写的学术性研究论文。学位论文是非卖品，一般不出版发行，有时在期刊上摘要发表。学位论文是经过审查的原始成果，并且有一定的独创性，它所探讨的问题专深，论述系统详尽，有较高的参考价值。

8. 政府出版物

政府出版物是各国政府及所属机构颁布的文件，如政府公报、会议文件和记录、法令汇编、条约集、公告、调查报告等。政府出版物所包括的内容范围广泛，几乎涉及整个知识领域，但重点是在政治、经济、法律、军事、制度等方面。政府出版物按其性质可分为行政性文献和科技性文献。它具有正式性和权威性的特点，对于了解各国科学技术发展状况具有独特的参考价值。

9. 产品样本

产品样本是对定型产品的性能、构造、原理、用途、使用方法和操作方法、产品规格等所作的具体说明。产品样本是由制造商和销售商出版发行的。它的内容范围从家电、药品、玩具制品直到工业用各种技术复杂的设备元件。产品样本往往配有外观照片、结构图，直观性强、技术成熟、数据可靠。它既反映了企业的技术水平和生产动态，又促进了新产品、新工艺的推广应用。

10. 技术档案

技术档案指生产建设、科学技术部门和企业、事业单位针对具体的工程或项目形成的技术文件、设计图纸、图表、照片、原始记录的原本以及复制件，包括任务书、协议书、技术经济指标和审批文件、研究计划、研究方案、试验项目、试验记录等。它是生产领域、科学实践中用来积累经验、吸取教训和提高质量的重要文献。技术档案具有保密性，常常限定使用范围。

除了以上主要文献类型之外，还有报纸、新闻稿、统计资料、未刊稿（手稿）、地图、乐谱、广告资料等类型的原始文献。

1.3.3 工具文献

工具文献是来自原始文献，而用来检索原始文献的工具，也称为检索工具。工具文献根据其对原始文献加工的深度及功能，又分为检索文献和参考文献两大类。检索文献，也称为二次文献或检索工具书，它是通过对原始文献进行加工、提炼而成的能提供原始文献的线索，供查找原始文献的工具，包括书目、索引、文摘等。参考文献，也称为三次文献或参考工具书，它是对原始文献进行综合、分析、评述等深度加工而形成的能直接提供原始文献或问题答案的工具书，包括字典、词典、百科全书、年鉴手册、综述等。

存储文献是检索文献的前提，不了解文献存储的方式和特点就难以有效地检索文献。存储文献是对原始文献进行整理，使其成为一个特定的文献集合。工具书和数据库都可以看作存储文献的方式，前者是传统的文献存储方式，后者是数字的文献存储方式。

工具书是根据特定的需要，对有关原始文献进行筛选、浓缩，并按易于检索的方法排序而成的、为人们提供基本知识或文献线索的一种特殊类型的图书。

因存储方式与内容不同，可将工具书分为检索工具书和参考工具书两大类。

1.3.3.1 检索工具书

检索工具书是通过对原始文献进行加工、提炼而成的能够提供原始文献的线索，以便查找原始文献原文的工具书。简单地讲，检索工具书就是用来查找原始文献线索的工具书。检索工具书主要有三类。

1. 目录

目录是著录一批相关文献，按照一定的次序编排而成的揭示与报道文献信息的工具，又称书目（bibliography）。

1）书目的作用

书目的作用主要有以下几种：

（1）学术作用：书目通过类目和序言反映学术源流，通过提要、摘要、书评反映学术或技艺，通过条目考辨古籍的真伪存佚。

（2）教育作用：读者可以通过书目鉴别作品的优劣，提高欣赏水平；教育工作者可以通过书目推荐图书，引导和影响读者。

（3）报道作用：书目可以报道最新科研动态和成果以及出版信息。

（4）检索文献作用：书目可以提供文献线索，用来查找有关文献的题名、作者、出版单位、内容提要、版本、文献收藏地点等。

2）书目的分类

书目可以采用不同的标准分类。

（1）按编制目的和社会职能可分为：登记书目（反映一个时期、一定范围内文献的出版或收藏情况）、通报书目（反映新出版或新入藏情况）、专题书目、推荐书目、书目指南（反映书目的内容及出版收藏情况）。这些是书目的基本类型。

（2）按收录文献的学科范围和内容范围可分为：综合书目、专科书目、地方文献书目、个人著述书目。

（3）按收录文献的类型可分为：图书目录、期刊目录、法规目录、数据库目录、网站目录等。

（4）按反映文献收藏情况可分为：国家书目（全面反映一个国家的藏书，一般按年度编辑）、馆藏书目（反映一个图书馆的藏书情况）、联合书目（反映数个图书馆的藏书情况）。

（5）按文献出版时间可分为：新书目、现行书目、回溯书目、预告书目。

不同类型的书目有不同的作用，一部书目按不同的标准划分，可以归属不同的类型，具有多种作用。

2. 索引

索引是根据一定的需要，把特定范围内的文献资料中的有关事项（如题名、人名、地名、字词、篇名等）摘录出来，注明出处或加以必要说明，然后按一定的编排方法组织起来的一种检索工具书。索引的主要用途是查找图书、期刊或其他文献中的语词、概念、篇目或其他事项的出处，即指示文献信息地址。

索引的著录项目通常包括索引标目、说明项、出处项三个部分。

（1）索引标目：又称索引词，用来表示文献内容或形式中的某一主要特征。如题名、著者、主题词、分类号等。一般著录于条目之首，并确定条目在索引档中的排列次序。

（2）说明项：又称索引注释，用以明确读者容易产生误解的主题或事物，不是每条索引必须具备的项目。

（3）出处项：即索引词在文献中的位置，又称文献地址，如页码、栏码、章节号码、正文编码等。索引著录项目中最基本的是索引标目和出处项。

3. 文摘

文摘是以简要的文字摘录文献的主要内容，并著录文献的标题、著者、出处，按一定方法编排起来的检索工具书。文摘可以说是在题名索引的基础上，加上文献的简要内容而排成的工具书。文摘具有简洁性、新颖性、保真性的特点。它的主要作用是：①帮助读者迅速准确地鉴别一篇文献的重要性，以决定取舍；②当用户认为不必要阅读原文时，可免于查找一次文献，在一定程度上替代原文；③在外文文献被摘录为中文时，可帮助读者克服语言障碍，粗略了解文献的内容。文摘的以上作用，使它成为科学工作者的得力助手。

文摘按性质和用途，可分为报道性文摘、指示性文摘、报道-指示性文摘以及结构式文摘。

1）报道性文摘

报道性文摘又称信息性文摘，是指明一次文献的主题范围及内容梗概的简明摘要，是对原始文献基本内容言简意赅的浓缩，形式相当于简介。报道性文摘一般综述论文的主题范围、研究目的及方法、主要内容、主要结论与结果或基本的学术观点。这种文摘视角侧重微观，内容充实精练，篇幅相对较长，读者无须通读全文即可了解文章的基本内容，便于文献机构收录转载。

2）指示性文摘

指示性文摘又称概括性文摘，是指明一次文献的论题及取得的成果的性质和水平的文摘。这种文摘一般不具体传递论文的具体内容，只涉及论题的研究方法、论题范围、结论与建议等，其目的是使读者对作者做了什么工作有一个概括性的了解。指示性文摘视角宏观，内容简明，篇幅相对较短，提供信息空泛，读者必须通读全文才可了解文章的中心内容。

3）报道-指示性文摘

报道-指示性文摘综合了上述两种文摘的特点，宏观视角与微观视角相结合，结构清晰完整，文意连贯，内容充实，信息性、独立性、自含性强，检索功能突出，便于检索收录。

4）结构式文摘

结构式文摘多见于科技方面的学术论文。这种文摘在文中用醒目的字体标出一次文献的目的、方法、结果、结论等4个必备项目。结构式文摘格式固定，表达简明，内容具体充实，信息性及自含性较强，检索功能较为突出。

1.3.3.2 参考工具书

参考工具书是对原始文献进行综合、分析、评述等深度加工而成的能直接提供原始文献或问题答案的工具书（将在本书第10章重点论述）。它与检索工具书的最大区别是：检索工具书只提供原始文献或简要介绍，不提供文献的原文；而参考工具书直接提供问题的答案或文献的原文。

1.4 信息检索及其相关知识

1.4.1 信息检索

信息检索（Information Retrieval）是指将信息按照一定的方式，用一定的语言组织和存储起来，并根据信息用户的需要找出相关信息的过程。所以，它的全称又叫信息存储与检索（Information Storage and Retrieval），这是广义的信息检索。狭义的信息检索则仅指该过程的后半部分，即从信息集合中找出所需信息的过程，相当于人们所说的信息查询（Information Search）。

1.4.1.1　根据检索手段分类

根据检索手段的不同，信息检索可以分为手工检索与计算机检索，计算机检索则分为单机检索、联机检索、光盘检索、网络检索。

1. 手工检索（Manual Retrieval）

手工检索是指利用人工信息存储系统（如各种书本式检索工具、卡片目录等）检索信息的活动，其以纸质载体为依托，以文献化的信息资源为检索对象，如具体的期刊论文、专著、会议论文、专利文献等，其检索结果可能是文献线索（如题名、著者等），也可能是文献原文。人们一般把手工检索系统称为检索工具。

2. 计算机检索（Computer-based Retrieval）

计算机检索是指利用计算机技术进行信息检索的过程，从广义上讲，凡是用计算机来检索信息的活动均称为计算机检索。

1）单机检索

早期的计算机检索没有终端设备，存储介质主要是磁带，输入数据或命令均用穿孔卡片或纸带，在这种环境下，计算机检索是一种批式处理的脱机检索，即用户只需将检索提问单交给专职检索人员，而不必直接使用计算机。检索人员将一定数量用户的检索提问单按要求一次输入到计算机中进行检索，并把检索结果整理出来分发给用户。这种方式适用于大量检索而不必立即获得检索结果的用户。1954 年美国海军（WOTS）所建立的检索系统是这一时期的典型例子，这个系统只能用单元词组配的方式检索输出文献号。

2）联机检索

联机检索是计算机技术和通信技术在情报检索中应用的成果，它标志着现代信息检索技术的成熟。这种检索方式是用户使用计算机终端设备通过通信线路直接与主机对话，输入提问表达式并可随机修改检索式，直到得到满意的结果。

3）光盘检索

光盘检索是用户直接使用带有光盘驱动器的计算机检索光盘上所记录与存储的信息资源。光盘技术出现于20 世纪 70 年代，在 20 世纪 80 年代成熟并得到广泛利用。光盘检索以其操作方便、不受通信线路影响等特点在 20 世纪 90 年代中期得到蓬勃发展。

4）网络检索（Internet Retrieval）

网络检索主要指针对 Internet 上的信息资源所进行的计算机检索活动。Internet 通过网络连接，汇集了世界各地数量巨大的电子化信息资源，信息资源的种类繁多、形式多样，如网络信息检索系统、数据库联机信息服务系统、电子出版物软件、官方信息与政府文件、档案和法令法规、电子公告、会议文献、广告、艺术作品、图书馆联机馆藏等。早期的网络检索工具有 Archie（针对 FTP 资源）、Veronica（针对 Gopher 资源）、WAIS（针对网上文本信息资源）。当前针对 WWW 资源的各种检索工具成为 Internet 信息服务的主流，如 Baidu、Yahoo、Altavista、Excite、Hotbot、Infoseek、Lycos、Open Text、WWW Virtual Library 等。

1.4.1.2　根据信息资源特征分类

根据信息资源特征的不同，信息检索可以分为：书目数据库检索、事实信息检索、数据信息检索、文献信息检索、全文检索、多媒体信息检索、超文本检索、超媒体检索等。

1. 书目数据库检索

书目数据库是每个图书馆的必备资源。书目或称目录，是对出版物的外表特征加以揭示与报道并按照一定顺序编排而成的工具。其著录内容一般包括文献的名称、著作者、出版发行情况、载体形态等主要事项，主要功能在于提供书刊的出版信息、收藏信息，以备订购、选购、宣传与学习查阅。

从编制目的与收书的内容范围可以将书目分为：国家书目、专题书目、推荐书目、联合目录（Union Catalog）与馆藏目录。其中，馆藏目录和联合目录用于反映图书馆收藏书刊情况，所谓“联合”，指反映的是多个图书馆的收藏情况。

一般书目数据库检索有两种途径：一是从文献的外表特征（Physical Characteristic）进行的检索，主要包括文献的题名（书名、刊名、会议名等）、责任者（著者、编者、译者、机关团体等）、号码（国际标准书号 ISBN、国际标准连续出版物号 ISSN、中图刊号 CN、标准号、专利号等）、出版机构等；二是从文献的内容特征进行的检索，包括分类检索和主题检索。

2. 事实信息检索（Fact Information Retrieval）

事实信息检索是将存储于数据库中的关于某一事件发生的时间、地点、经过等情况查找出来的检索。它既包括数值数据的检索、运算、推导，也包括事实、概念等的检索、比较与逻辑判断。

3. 数据信息检索（Data Information Retrieval）

数据信息检索是将经过选择、整理、鉴定的数值型数据存入数据库中，根据需要查出可回答某一问题的数据的检索。这些数值型数据各种各样，包括物理性能常数、统计数据、人口数据、国民生产总值、外汇收支等。数据信息检索不仅能查出数据，而且能提供一定的运算、推导能力。用户获得各种经过整理、计算过的量化信息，从而为定量分析提供依据。

4. 文献信息检索（Document Information Retrieval）

文献信息检索是将存储于数据库中的某一主题文献的线索查找出来的检索。它通常通过目录、索引、文摘等二次文献，以原始文献的出处为检索目的，可以向用户提供有关原始文献的信息，例如，它可以回答“近年来国内外有关图书情报学的专著和论文有哪些?”的问题，正因为如此，有的书中又称它为“书目检索”。

5. 全文检索（Full Text Retrieval）

全文检索是将存储于数据库中整本书、整篇文章中的任意内容信息查找出来的检索。它可以根据需要获得全文中有关章、节、段、句、词的信息，也可以进行各种统计和分析。

6. 多媒体信息检索

多媒体信息检索是指根据用户的需求，对文字、声音、图像、图形等多种媒体信息进行组织、存储，从而识别、查找并获取所需信息的过程。多媒体信息检索包括两层含义：其一是对离散媒体的检索，如查找包含某种颜色或色彩组合的特定图像；其二是对连续媒体的检索，如查找包含某一特定场景的视频资料。

7. 超文本检索（Hyper Text Retrieval）

超文本是将诸多文本信息通过超链接联系起来而形成的一种非线性的文本结构。从组织结构上看，超文本的基本组成元素是节点（nodes）和节点间的逻辑链接，每个节点中所存储的信息以及信息链被联系在一起，构成相互交叉的信息网络。与传统文本的线性顺序检索不同，超文本检索强调中心节点之间的语义联系结构，靠系统提供的复杂工具作图示穿行和节点展示，提供浏览式查询。

8. 超媒体检索（Hyper Media Retrieval）

超媒体检索是对超文本检索的补充。其存储对象超出了文本范畴，融入了静、动图像(形）以及声音等多种媒体信息。信息的存储结构从单维发展到多维，存储空间范围不断扩大。

1.4.2　信息检索的基本方法

信息检索的方法多种多样，分别适用于不同的检索目的和检索要求。在信息检索过程中，具体选用哪种检索方法，取决于客观情况和条件的限制。要提高检索的效率与质量，需要不同的检索用户在遵循一些基本检索方法与技巧的基础上养成良好的检索习惯与方法。但归纳起来，常用的信息检索方法主要有常规检索法、回溯检索法、循环检索法和工具法等。

1.4.2.1　常规检索法

常规检索法是指根据信息需求从时间上对所找内容给以限定检索的方法。常规检索法又称为常用检索法、工具检索法，它是以主题、分类、作者等为检索点，利用检索工具获得信息资源的方法。使用此种检索方法首先要明确检索目的和检索范围，熟悉主要的检索工具的编排体例和作用。根据检索方式，常规检索法又可以分为直接检索法和间接检索法；根据检索要求以及对时间限定的顺序，常规检索法又分为顺查法、倒查法和抽查法。

1. 直接检索法

直接检索法是指直接利用检索工具进行信息检索的方法。直接检索法所使用的多为便捷型的工具，其中的信息是经过高度浓缩的知识产品，从学科上又可分为综合性和专业性。对所收的信息按主题概念的大小构成条目，如以中文的笔画、笔形、汉语拼音、外文字顺等构成的各种字典、词典、手册、年鉴、图录、百科全书等，可以直接进入其相当的次序位置，获取所需信息资源；而只有在概念划分上需稍加推敲的，才能使其书后的内容索引，再进入工具书的主体部分，获取所需信息资源。这种方法多用于查检一些内容概念较稳定或较成熟、有定论可依的知识性问题的答案。

2. 间接检索法

间接检索法是指利用检索工具间接检索信息资源的方法。根据不同的课题要求、不同的设备条件，可以选择最适当的方案来实施检索，其内容包含检索课题的分析、检索策略的制定、检索技术的应用等方面。

3. 顺查法

顺查法是以检索信息的发展起始年代为检索起点，从远到近地逐年检索，此方法所检索到的信息全面，在查找某一专题信息的完全资料与发展状态时可选用此方法，但耗时耗力。

顺查法是一种根据检索课题的起始年代，利用所选定的检索工具，按照从旧到新、由远及近、由过去到现在的顺时序逐年查找，直至满足课题要求为止的查检方法。此方法也是一种掌握某课题全面发展情况的大规模的文献查检方法。顺查法由于是逐年查找，漏检较少，检全率高，可在检索过程中不断筛选，剔除参考价值较小的文献。又由于该方法对准需求口径，误检的可能性较小，检准率也较高。这种方法的优点是查全率高，适用于围绕某一主题普查一定时期内的全部文献信息，或者说，适用于那些主题较复杂、研究范围较大、研究时间较久的科研课题。因该方法是逐年逐种逐卷地查检，故检索的工作量大、费时、费力，多在缺少述评文献时采取。此法可用于事实性检索，但更多地用于文献信息检索。

4. 倒查法

倒查法与顺查法正好相反，是以关于信息的最新情况及发展近况的时间作为检索的起始点，由近及远地逐年检索，此方法适用于对信息新颖性要求较高的需求。

倒查法与顺查法相反，是利用所选定的检索工具，按照由新到旧、由近及远、由现在到过去的逆时序逐年前推查找，直至满足课题要求为止的查检方法。这种方法多用于新课题、新观点、新理论、新技术的检索，检索的重点在近期信息上，只需查到基本满足需要的信息即可。倒查法的目的是获得某学科或研究课题最新或近期一定时间内所发表的文献或研究进展状况。此方法省时，查得的信息有较高的新颖性，但查全率不高。

5. 抽查法

抽查法是指针对检索课题在不同时期的发展情况，确定课题发展高潮阶段，在此阶段的时间范围内有针对性地检索，这样省时省力，所检信息有代表性，但要求用户熟悉所需信息的发展状况与背景，对长期从事某领域研究的人员适用。

抽查法是一种利用检索工具进行重点抽查检索的方法。它是针对某学科的发展重点和发展阶段，抓住该学科发展较快、文献信息发表较多的年代，拟出一定的时间范围，进行逐年检索的一种方法。使用这种方法检索效果和检索效率较高，但漏检的可能性较大，因此使用此种方法必须熟悉学科的发展特点。

任何学科的发展，从整体上看都具有波动性，即都要经历高峰期和低谷期。某学科高峰期所发表的文献数量要远远高于其低谷期的文献数量，抽查法就是有重点地检索学科高峰期的文献，只需付出较少的检索时间、人力和工作量，就可能获取较多的文献，从而提高检索效率。

1.4.2.2 回溯检索法

回溯检索法又称追溯法、引文法、引证法，是一种跟踪查找的方式。该方法以文献末尾所附的参考文献或引文为检索入口，由点到面滚雪球般地查找到更多的来源文献。这需要编制和使用引文索引这种较为特殊的检索工具或检索系统。该方法获得的文献针对行强，数量较多，在没有检索工具或检索工具不齐备的情况下，利用此法能够获得一些所需要的文献资料，但由于引证文献间关系的模糊性和非相关性所引起的“噪声”，往往查全率不高，而且往前回溯年代越远，所获得的文献越陈旧。

1.4.2.3　循环检索法

循环检索法又称交替法、综合法、分段法。循环法也称为分段法，是综合常用法和回溯法的检索方法，即在查找文献信息时，既利用一般的检索途径，又利用原始文献后所附的参考文献作为检索入口，分阶段按周期地交替使用两种方法。检索时，先利用检索工具从分类、主题、作者、题名等入手，查找出一批文献信息，然后通过精选，选择出与检索课题针对性较强的文献，再按其后所附的参考文献回溯查找，不断扩大检索线索，分期分段地交替进行，循环下去，直到满足检索要求为止。该方法兼有常规检索法和回溯检索法的优点，可得到较高的查全率和查准率，尤其适用于那些过去年代内文献较少的课题。

1.4.2.4　工具法

工具法即利用文献信息检索工具检索文献信息的方法。文献信息检索工具是对无序化的一次文献信息进行收集、浓缩、整理形成的有序化的、系统化的产物，是一种系统、高效的检索工具。

总之，在实际检索中，究竟采用哪种方法检索最合适，应根据检索条件、检索要求和检索背景等因素确定。

1.4.3　信息检索技术

信息检索技术主要有以下几种。

1. 布尔逻辑算符（Boolean Logical Operators）

布尔逻辑检索就是采用布尔代数中的逻辑“与”、逻辑“或”、逻辑“非”等逻辑算符，将信息提问转换成逻辑表达式。

1）逻辑“与”

逻辑“与”一般用“AND”或者“*”表示，是一种用于交叉概念或限定关系的组配，它可以缩小检索范围，有利于提高查准率。比如，用“A”和“B”来概括检索需求，“A AND B”则表示要查找的论文主题标识中应同时出现“A”和“B”。

2）逻辑“或”

逻辑“或”一般用“OR”或者“+”表示，主要用于组配具有从属关系和等同关系的词，它可以扩大检索范围，有利于提高查全率，降低漏检率。“A OR B”表示被检索的文献记录中只要含有“A”或“B”中的任一个概念就可以了。

3）逻辑“非”

逻辑“非”一般用“NOT”或者“-”表示，指在某一大概念中排除一个小的概念的组配，也可以缩小检索范围。“A NOT B”表示被检索的文献中只含有“A”，而不含有“B”。

布尔逻辑算符通常的运算顺序是NOT、AND、OR，但不同的检索系统可能有不同的规定。

2. 位置逻辑算符

位置逻辑算符是一种比较多个单元词之间位置逻辑的检索方法，即用位置逻辑算符来规定算符两边的词出现在文献中的位置，位置逻辑算符在检索西文全文数据库时用得比较多。常用的位置逻辑算符主要有 W、nW、N、nN、F、S 等。

（1）W 算符：要求检索词必须按指定顺序紧密相连，词序不可变，两个词之间允许有一个空格、标点、连字符外，不得插入其他词和字母，W 算符在检索式中的表达形式为"（W）"或者简略形式"（）"。例如，检索式为"communication （W） satellite"时，系统只检索含有"communication satellite"词组的记录。

（2）nW 算符："nW"的含义为"nWords"，表示连接的两个词之间最多可以插入 n 个（插入词的数量要小于等于 n）实词或系统禁用词，两个检索词的词序不得颠倒。例如，"laster （1W） print"可检索出包含"laser printer""laser color printer"和"laser and printer"的记录。

（3）N 算符："N"的含义为"Near"，要求被连接的检索词必须紧密相连，词与词之间除允许有空格、标点和字符外，不得夹单词或字母，词序不限，可以颠倒。

（4）nN 算符："nN"的含义为"nNear"，表示连接的两个词之间最多可以插入 n 个（插入词的数量要小于等于 n）实词或系统禁用词，两个检索词的词序可颠倒，词序不限。

（5）F 算符："F"的含义为"field"。这个算符表示其两侧的检索词必须在同一字段（例如同在题目字段或文摘字段）中出现，词序不限，中间可以插任意检索词项。

（6）S 算符："S"的含义为"Sub-field"或者"Sentence"，表示位于此算符两侧的检索词只要出现在记录的同一个子字段内（例如，在文摘中的一个句子就是一个子字段），此信息即被命中。要求被连接的检索词必须同时出现在记录的同一句子（同一子字段）中，不限制它们在此子字段中的相对次序，中间插入词的数量也不限。例如，"high （W） strength （S） steel"表示只要在同一句子中检索出含有"high strength"和"steel"形式的均为命中记录。

3. 截词算符

截词，是指检索者将检索词在其认为合适的地方截断；截词检索，就是用截断的词的一个局部进行的检索，并认为凡是满足这个词局部中的所有字符的文献都是命中的文献。截词检索是利用计算机固有的指定位对比判断功能，使不完整的词能够与标引词进行比较、匹配的一种检索，主要用于西文数据库中词干相同的派生词的检索，可以提高查全率。常用的截词符号有"?""*"或"$"等。

（1）有限截词符：有限截词符主要用于词的单复数、动词的词尾变化等，将截词符放在检索词的词干或词尾可能变化的位置上。在单词中截取有限个字母，单个字母的截词符用"? ?"（两个半角问号之间加一个空格），两个字母的截词用"??"，三个字母的截词用"???"，但最多不超过四个字母的截词。

（2）无限截词符：无限截词符为"?"，利用它可以查找与词干相同的所有词，表示该词尾允许变化的字符数不受任何限制。

（3）中间截词符：中间截词符主要置于检索词的中间，表示截词符的前方和后方都是一致的，主要用于英式与美式英语不同拼写形式的单词的检索。

4. 字段限制检索

字段限制检索主要利用检索字段符来限定检索字段，即指定检索词在记录中出现的字段。检索时，计算机只对限定字段进行运算，主要用来提高检索效率。字段限制检索主要使用前缀限制符和后缀限制符。

1）前缀限制符

AU =：限检索特定作者；

JN =：限检索特定刊名；

LA =：限检索特定语种；

PN =：限检索特定专利号；

PY =：限检索特定年代。

2）后缀限制符

/TI：限在题目中检索；

/AB：限在文摘中检索；

/DE：限在叙词标引中检索；

/ID：限在自由词中检索。

目前大多数检索系统提供菜单式检索，只需选择字段，不需要记住及输入字段代码。

1.5　文献数据库

1.5.1　文献数据库概述

1. 文献数据库的概念

文献数据库，是指计算机可读的、按照一定格式组织的相关文献信息的集合。在文献数据库中，文献信息不是传统的文字，而是将文字用二进制编码的方式表示，按一定的数据结构，有组织地存储在计算机中，从而使计算机能够识别和处理。文献数据库是当前通过遍布于全世界的通信网络进行联机情报检索的最早的和主要的处理和检索对象。

文献数据库可以看作印刷型工具书的数字化形式，故称为机读版工具书。文献数据库的出现与应用是工具书史上的一场革命。

2. 文献数据库的特点

与印刷型工具书相比，文献数据库具有以下优点：

（1）查找速度和准确性大大提高，查找过程大大简化。

（2）能提供更多的检索途径。在印刷型工具书中，每设置一种检索途径，就要编制一种辅助索引，为了缩小工具书的体积，减轻读者的负担，只能舍弃一些检索途径；而文献数据库可以方便地提供多种检索途径，不会增加体积和成本。

（3）易于对内容作及时更新。印刷型工具书的更新方式是再版或重印，更新速度常常落后于社会的变化；而文献数据库以光盘、硬盘为载体，更新速度快、成本低廉，在 Internet 上数据库的更新几乎可以同步完成。

(4) 节约存放空间和维护管理费用。

(5) 节约资源，有利于环境保护。

1.5.2 文献数据库的分类

目前关于文献数据库的分类方式很多。按文献的编辑方法和出版特点可以将文献划分为图书、期刊、报纸以及介于图书与期刊之间的特种文献，主要包括科技报告，政府出版物，会议文献，学位论文，专利文献，技术标准，产品资料及其他零散资料如舆图、图片、乐谱等。将传统文献数字化以后，则形成不同类型的数据库，常用的数据库有电子图书数据库、数字化期刊数据库、报刊数据库、会议论文数据库、学位论文数据库、专利数据库、标准数据库、产品数据库、科技报告数据库等。还可以按照文献内容或者其外部特征某一方面的特点组织成一类文献数据库。

在本书中，主要把文献数据库按照以下方式进行分类。

1. 按照文献数据库存储文献的性质及使用目的分类

按照文献数据库存储文献的性质及使用目的，可把文献数据库分为书目数据库、全文数据库、事实数据库、数值数据库等。

1) 书目数据库

书目数据库是存储文献题录、文摘、提要等文献线索信息的数据库。书目数据库将目录、索引、文摘等条目，按照计算机可读的格式存储在计算机存储介质中，供用户查找有关文献线索，包括文献题录数据库、文摘数据库、图书数据库、期刊刊名数据库等。

2) 全文数据库

全文数据库集文献检索与全文提供于一体，是近年来发展较快和前景较好的一类数据库。全文数据库的优点之一是免去了检索书目数据库后还得费力去获取原文的麻烦，优点之二是多数全文数据库提供全文字段检索，这有助于文献的查全。

全文数据库在存储文献线索信息的同时，也以文本格式存储文献全文。全文数据库使读者在查到文献题名、著者、出版机构等信息以后，能够一步到位获取原文，免除了读者获取文献线索信息后，遍访各地，甚至劳而无功的尴尬。全文数据库在一定程度上可以取代相对应的印刷型文献。

全文数据库具有强大的检索功能，能够提供丰富的检索点，用户可以从人名、地名、年代、关键词等多个检索途径进行单项或多项组配检索，通过全文检索功能可以检索数据库中的任意字、词、句、段。

3) 事实数据库

事实数据库是存放某种具体事实、知识数据的数据库。或者说，把某一学科已知的事实数据收集起来建成的数据库，就是事实数据库。利用事实数据库可以查找已知事实，或推断未知事实。如利用判例数据库，可以检索已发生的某一类型案件的案情及判决结果，为处理当前的案件提供参考意见和办案思路。

4）数值数据库

数值数据库是存放各种数值数据的数据库。数值数据就是用数字或数字辅以某些特殊字符表示的数据。数值数据库在科学计算、天文日历与气象预报、地质勘探、数值分析、各类统计计算和经济管理等方面都有广泛的应用。

2. 按照文献数据库存储文献的介质和方式分类

按照文献数据库存储文献的介质和方式，可把文献数据库分为磁介质数据库、光盘数据库、网络数据库等。

1）磁介质数据库

磁介质数据库是指记录在磁性物质上的数据库。用于计算机存储信息的磁介质器件种类很多，常见的主要有软盘、硬盘和磁带等。

2）光盘数据库

光盘数据库是指记录在光盘上的数据库。光盘是一种利用激光将信息写入和读出的高密度存储载体。能对光盘进行读、写的装置称为光盘存储器或光盘驱动器。

3）网络数据库

网络数据库把数据库技术引入到计算机网络系统中，借助于网络技术将存储于数据库中的大量信息及时发布出去；而计算机网络借助成熟的数据库技术对网络中的各种数据进行有效管理，并使用户与网络中的数据库进行实时动态数据交互。

网络数据库目前有大量的应用，从最初的网站留言簿、自由论坛等到今天的远程教育和复杂的电子商务等，这些系统几乎都是采用网络数据库这种方式来实现的。网络数据库系统的组成元素为：客户端、服务器端、连接客户端及服务器端的网络。这些元素是网络数据库系统的基础。

使用网络数据库的最大优势是用户只需要通过 Web 浏览器便可完成对数据库数据的常用操作。这种优点使用户不必再去学习复杂的数据库知识和数据库软件的使用，只需要掌握基本的网络操作，如填写、提交表单等就可以从任何一台连接 Internet 的计算机上访问数据库。

网络数据库与传统数据库相比有以下特点：

（1）扩大了数据资源共享范围。由于计算机网络的范围可以从局部到全球，因此，网络数据库中的数据资源共享范围也扩大了。

（2）易于进行分布式处理。在计算机网络中，各用户可根据情况合理地选择网内资源，以便就近快速地处理。对于大型作业及大批量的数据处理，可通过一定的算法将其分解给不同的计算机处理，从而达到均衡使用网络资源，实现分布式处理的目的，大大提高了数据资源的处理速度。

（3）数据资源使用形式灵活。基于网络的数据库应用系统开发，既可以采用 C/S（Client/Server，客户机/服务器）方式，也可以采用 B/S（Browser/Server，浏览器/服务器）方式，开发形式多样，数据使用形式灵活。

（4）便于数据传输交流。通过计算机网络可以方便地将网络数据库中的数据传送至网络覆盖的任何地区。

（5）降低了系统的使用费用，提高了计算机的可用性。由于网络数据库可供全网用户共享，使用数据资源的用户不一定拥有数据库，这大大降低了对计算机系统的要求，同时，也提高了每台计算机的可用性。

（6）数据的保密性、安全性降低。由于数据库的共享范围扩大，对数据库用户的管理难度加大，网络数据库遭受破坏、窃密的概率加大，降低了数据的保密性和安全性。

1.6 文献检索语言

1.6.1 文献检索语言的概念

文献检索语言实质是表达一系列概括文献内容的概念及其相互关系的概念标识系统。它们是从自然语言中精选出来并加以规范化的一套词汇，可以代表某种分类体系的一套分类号码，也可以利用代表某一类事物的某一方面特征的一套代码，对文献内容和检索课题进行主题标引、逻辑分类或特征描述。

文献检索语言由符号系统、词汇和语法构成。符号系统是指表示某种语言所使用的代码系统，一般由有次序的某种字母、阿拉伯数字，或字母和阿拉伯数字的组合，按其自然顺序组成符号，形成具有特殊意义的符号系统。词汇是在自然语言的基础上经过规范化的词汇，一般具有单一性、特执行、排斥性等基本属性。语法指如何处理词汇之间的关系及标准符号的顺序、词汇与标准符号的排列问题，以准确表达和规范文献的语言法则，分为词法（主要用于分类表、词表、代码表编制过程）和句法（主要用于文献标引和文献检索过程）两部分。

1.6.2 文献检索语言的种类

文献检索语言按其结构原理，可分为分类语言（分类法）、主题语言（主题法）和代码语言三种。

文献检索语言按其标识的组合使用方法，可分为先组式语言（文献标识在编表时就固定组合好，也称列举式语言）和后组式语言（文献标识在检索时才组合起来，也称组配式语言）。后组式语言也可以充当先组式语言使用。此外，还可按其包括的学科或专业范围、适用范围等划分类型。

大型文献数据库的开发和 Internet 的普及，推动了文献检索语言的创新和改造，使许多语言结合使用和文献标引自动化成为现实，促使许多新检索方法的产生，特别是使自然语言在文献检索中的应用成为可能。实践证明，自然语言检索系统并不是与文献检索语言检索系统决然对立的，它们可以与文献检索语言结合使用，或利用文献检索语言的某些原理和方法，以保证较高的检索效率。

1.6.2.1 分类语言

分类语言也称为分类法，是用一系列概括文献内容的词语或分类号来表达各种概念，将各种概念按学科性质进行分类和系统排列的一类文献检索语言。对文献分类的研究在东西方都有悠久的历史，至 20 世纪逐步形成较完善的分类理论和分类法。

图书分类法是分类图书的工具，它由许多类目组成，根据一定的编排原则，通过标记符号来代表各级类目并固定其先后顺序。由于图书分类法多以列表的形式编排，所以又称图书分类表。

图书分类法是依照一定的思想观点，以科学分类为基础，结合图书资料的内容和特点，分门别类组成的分类表。图书采编部的分类人员根据图书分类表，对图书的内容、形式与体裁、读者对象等特点进行分析，将其归入分类表中最为恰当的类目，并将代表该类目的标记符号印在书标上。这就是书标上分类号的来历。

古今中外的图书馆分类法不计其数，国外著名的分类法主要有“美国国会图书馆分类法”“国际十进制分类法”“杜威十进制分类法”等。国内目前采用的分类法主要有：“中国科学院图书馆图书分类法”（简称“科图法”，主要在科学院情报系统使用）、“中国人民大学图书馆图书分类法”（简称“人大法”，主要在中国人民大学图书馆使用）、“中国图书馆分类法”（简称“中图法”）。其中，以“中图法”使用得最为广泛，一般的公共图书馆、专业图书馆以及大学图书馆基本上都使用“中图法”来对图书进行分类。

1. 中国图书馆分类法

“中国图书馆分类法”由中国国家图书馆等单位专家组成的中国图书馆分类法编辑委员会编辑，于 1975 年 10 月出版，目前使用的是 1999 年 1 月出版的第 4 版。“中图法”由编制说明、基本大类、简表、详表、通用复分表、标记符号等部分组成。“中图法”以科学分类为基础，采取从总到分、从一般到具体的逻辑系统，结合图书资料的内容和特点，分门别类地组成分类表。该法从科学概念出发，确立其类目并安排其序列，以适应图书情报资料分类实践的需要。

“中图法”设有 5 大部类 22 大类。它将知识门类分为“哲学”“社会科学”“自然科学”三大部类。这三大部类前后分别加上一个马列主义类和综合性图书类，组成五个基本部类。同时，“社会科学”部类下又展开九大类，“自然科学”部类下又展开十大类。此外，在“社会科学”和“自然科学”各大类之前，均分别列出“总论”类，这是根据图书资料的特点，按照从总到分、从一般到具体的编制原则编列的，以组成社会科学和自然科学的完整体系。

具体序列为：

马克思主义、列宁主义、毛泽东思想

　　A 马克思主义、列宁主义、毛泽东思想

哲学

　　B 哲学

社会科学

　　C 社会科学

　　D 政治 法律

　　E 军事

　　F 经济

　　G 文化 科学 教育 体育

　　H 语言

　　I 文学

J 艺术

K 历史 地理

自然科学

N 自然科学总论

O 数理科学和化学

P 天文学

Q 生物科学

R 医药 卫生

S 农业科学

T 工业技术

TB 一般工业技术

TD 矿业工程

TE 石油、天然气工业

TF 冶金工业

TG 金属学与金属工艺

TH 机械、仪表工业

TJ 武器工业

TK 能源与动力工程

TL 原子能技术

TM 电工技术

TN 无线电电子学、电信技术

TP 自动化技术、计算机技术

TQ 化学工业

TS 轻工业、手工业

TU 建筑科学

TV 水利工程

U 交通运输

V 航空 航天

X 环境科学

综合类

Z 综合性图书

读者借书时会发现在图书的书脊上有一个标签，上面有由字母和数字组成的号码，这个号码就是索书号。索书号是确定一本书排架的依据。例如，“U472.4/86”表示“汽车电气与电子设备的使用与维修”类图书。

分类法除了用于工具书的排序和文献数据库的标引外，在 Internet 上也得到了应用与发展。

使用分类语言组织文献，能够使检索者鸟瞰全貌、触类旁通，对系统地掌握和利用一个学科或专业范围的知识和文献十分方便、有效。图书馆书库中图书的排架就是按照分类语言组织文献的典型例子。

2. 中国人民大学图书馆图书分类法

“中国人民大学图书馆图书分类法”为等级列举式分类法，简称“人大法”。

“中国人民大学图书馆图书分类法”由中国人民大学图书馆集体编著，由张照、程德清主编，于 1952 年编成草案，于 1953 年出版，于 1954 年出版初稿第 2 版，于 1955 年出版增订第 2 版，于 1957 年出版增订第 3 版，于 1962 年增订第 4 版，于 1982 年出版第 5 版。

“中国人民大学图书馆图书分类法”根据毛泽东关于知识分类的论述和图书本身的特点，设立了总结科学、社会科学、自然科学、综合图书等 4 大部类，总共 17 个大类。

3. 中国科学院图书馆图书分类法

“中国科学院图书馆图书分类法”为等级列举式分类法。简称“科图法”。

“中国科学院图书馆图书分类法”于 1954 年开始编写，于 1957 年 4 月完成自然科学部分初稿，于 1958 年 3 月完成社会科学部分初稿，于 1958 年 11 月由科学出版社出版；于 1959 年 10 月出版索引；于 1970 年 10 月开始修订，于 1974 年 2 月出版第 2 版的自然科学、综合性图书和附表部分；于 1979 年 11 月出版第 2 版的马克思列宁主义、毛泽东思想，哲学和社会科学部分；于 1982 年 12 月出版第 2 版的索引。

“中国科学院图书馆图书分类法”设有马克思列宁主义、毛泽东思想，哲学，社会科学，自科科学，综合性图书等 5 大部类，共 25 大类。

4. 国际十进制分类法（Universal Decimal Classification，UDC）

“国际十进制分类法”为世界各国分类科技文献所通用，也是当今国外图书情报界流行和影响较大的分类法。其是一个包罗万象，并且具有普遍适应性的分类体系，包括所有知识领域，是当前世界分类法中列类最为详细的一个分类体系。目前，“国际十进制分类法”的各种版本已有 21 种语言文本，详表有 15 万～21 万类目，其中科技部分最详细，类目总数达 11 万之多，比较适应现代科技文献高度专门化的特点。

“国际十进制分类法”把人类的全部知识划分为十大门类，每一门类下，按照从整体到部分、从一般到特殊的原则逐级细分为大纲，纲下划分为目，目下划分为分目。“国际十进制分类法”采用阿拉伯数字为主表符号，同时也采用多种符号和数字组成复分号和辅助号。号码配制原则是尽可能用号码的级位反映类目的隶属关系。一级类目用一位数字，二级类目用二位数，三级类目用三位数，依此类推。

5. 美国国会图书馆分类法（Library of Congress Classification，LCC）

“美国国会图书馆分类法”是在馆长 G·H·普特南的主持下，根据本馆藏书编制的综合性等级列举式分类法。1899 年参考 C·A·卡特的“展开式分类法”拟定最早的大纲，然后按大类陆续编制并分册出版，于 1901 年发表分类大纲，于 1902 年出版“Z 目录学”分册，至 1985 年总共出版 36 个分册，总篇幅超过 1 万页，除了法律大类尚未全部编完外，其余各大类绝大部分在 1901—1938 年间出版。有的大类已修订了三、四版。“美国国会图书馆分类法”是现时不少大学图书馆采用的图书分类法，具体见表 1-2。

表 1-2 美国国会图书馆分类法类目

符号	类目	符号	类目	符号	类目
A	总论	H	社会科学	Q	科学
B	哲学、心理学、宗教	J	政治学	R	医学
C	历史学及相关科学	K	法律	S	农业
D	历史总论与欧洲历史	L	教育	T	科技
E	美洲历史	M	音乐	U	军事科学
F	美洲历史	N	美术	V	海军学
G	地理学、人类学、娱乐	P	一般语言学及文学	Z	图书馆学，资讯资源

1.6.2.2 主题语言

主题语言又称主题法，是使用语词标识的一类文献检索语言。其特点是：①将自然语言中的词语经过规范化后直接表达文献主题；②将各种概念不管其相互关系完全按字顺排列，检索者较易使用；③按文献所论述的事物集中文献，便于对某一事物的检索；④用参照系统及其他方法间接显示文献主体概念之间的关系，其系统性不及分类检索语言，难以对某一学科或某一专业文献作全面、系统的检索；⑤较易与自然语言结合使用。

主题语言可分为标题词语言（标题法）、单元词语言、关键词语言（关键词法）和叙词语言（叙词法）。目前，关键词语言的运用非常广泛。关键词语言是直接从文献的题名、文摘或全文中抽取自然语言的方法。其对取自文献本身的语词只作极少量的规范化处理，主要是除去无意义的语词，如冠词、介词、副词等，将其他有检索意义的信息单元都用作关键词，也不显示文献主体概念之间的关系。标引文献时根据文献内容选择适当的词汇进行组配，以表达文献的内容特征。关键词语言主要适用于计算机自动化编制关键词主题索引。由于关键词使用的是自然语言，故容易掌握，使用方便，其缺点是查准率和查全率较低。这是因为关键词未经规范化处理，同义词、近义词未加规范统一，这就会造成标引与检索之间的误差，导致文献的漏检。另外，自然语言中多种形式的相关关系在关键词中得不到显示，这也给查准、查全所需文献带来困难。

1.6.2.3 代码语言

代码语言，是以表示事物某方面特征的代码作标识，将某种代码系统加以标引和排列来表达主题概念的一种标引语言。它是符号的一种，与语言文学、图形、数字等符号并存，并且具有相同的功能。代码语言中的符号不同于常规使用的语言文字等符号，它特指用特殊规则编制的代码，即在信息编码中是使用代码语言作为揭示传播信息的符号的。代码语言具有易标引、易排序、易检索和便于计算机处理的优点，其应用范围日益广泛。

1.7 学习信息资源检索课的目的、作用与意义

人类社会已经进入 21 世纪，信息时代已经来临，知识经济初露端倪。在新的时代里，面对汹涌澎湃的信息与知识的浪潮，个人的知识仅依赖长年累月的积累是不能适应时代发展

的，而捕捉信息、检索文献的技能显得越来越重要。

1. 信息检索的作用

在当今信息社会，是否具有或具有多大的信息获取能力已经成为衡量人才的重要标准之一。对于图书情报学、信息管理学专业人员来说，掌握信息检索的理论与方法，不仅有利于本专业的学习与研究，而且有利于今后其他学科研究和事业的发展。具体说来，信息检索具有如下作用：

（1）能较全面地掌握有关的必要信息。

掌握一定量的必要信息，是进行研究、搞好工作的首要条件，也是进行正确决策的必不可少的前提环节。信息检索可以有目的、较系统地获得某一主题的必要信息，以避免零散的、片面的，甚至虚假的信息的干扰。

（2）能提高信息利用的效率，节省时间与费用。

信息无时无处不在，一般说来，公信度高的、较准确的信息才会被收集、组织和存储在检索工具或数据库中，以供检索和利用。有目的地查检检索工具获得必要信息的速度比直接泛阅信息要快数十倍，因此，信息检索可以在信息的海洋中帮助用户尽快找到所需信息，以节省人力、物力。

（3）能提高信息素养，加速成才。

所谓信息素养（Information Literacy），是指具有获得信息的强烈意识，掌握信息检索的技术和方法，拥有信息鉴别和利用的能力。中国的高等教育，明确要求大学生必须具备信息素养。美国图书馆协会认为，信息素养是指一系列处理信息的能力，包括确认信息的需求、确认解决某一问题所需要的信息类型、找到所需信息、对找到的信息进行评估、组织信息、使用这些信息有效地解决问题。通过信息检索课的学习，可以增强信息意识，提高检索技巧，从而有利于专业知识的学习，加速成才。

2. 学习信息资源检索课的意义

（1）减少查找文献资料的时间，提高学习和工作效率。

（2）促进不断吸收新知识、改善知识结构、增强竞争的能力。

（3）迅速了解各研究领域科学及相关科学的动态，吸收当代新技术研究的最新成果。

3. 信息检索课的教学目的

（1）培养和提高用户的信息意识，提高捕捉、分析、判断和吸收信息的主动性与自主性。

（2）了解文献信息资源及数据库的基本知识。

（3）学会常用印刷型检索工具及数据库的使用方法，懂得如何快速有效地获得相关文献。

（4）增强自学能力及研究能力，发挥创造才能。

本章小结

本章主要内容包括信息社会、信息素养、信息、信息资源的概念、类型及特点，文献的概念、属性、功能及分类，原始文献的概念，图书、期刊、科技报告、会议文献、专利文献、技术标准、政府出版物、学位论文、产品样本、技术档案等的概念，工具文献的概念及分类，目录、索引、文摘、参考工具书，信息检索的概念、类型及基本方法，信息检索的技术和发展趋势，文献数据库的概念以及分类、文献检索语言以及学习信息资源检索课的目的、作用与意义。

思考题

1. 什么是信息？它有哪些特点？
2. 什么是信息资源？它有哪些特点？如何对信息资源进行分类？
3. 什么是原始文献？简述原始文献的类型。
4. 什么是工具文献？如何对工具文献分类？每种工具文献有哪些类型与特点？
5. 什么是信息检索？简述信息检索的类型。
6. 什么是图书分类法？国内外著名的图书分类法有哪些？

第 2 章

综合信息资源检索系统

国内著名的信息资源检索系统主要有：万方数据知识服务平台、中国知网、中国高等教育文献保障系统、国家科技图书文献中心等。国外著名的信息资源检索系统有：Web of Knowledge、OCLC FirstSearch、EBSCO、ProQuest 等数据库资源平台等。除此之外，国内外很多大学图书馆也根据自己所拥有的资源类型建立了本校的学术资源服务平台。下面具体地对这些数据库信息资源集成系统进行介绍。

2.1 万方数据知识服务平台

2.1.1 万方数据知识服务平台介绍

网址：http：//www. wanfangdata. com. cn/

万方数据股份有限公司是国内较早以信息服务为核心的股份制高新技术企业，是在互联网领域，集信息资源产品、信息增值服务和信息处理方案为一体的综合信息服务商。该资源系统依托强大的数据采集能力，应用先进的信息处理技术和检索技术，为科技界、企业界和政府部门提供高质量的信息资源产品。在丰富信息资源的基础上，万方数据知识服务平台还运用先进的分析和咨询方法，为用户提供信息增值服务，并陆续推出企业竞争情报系统，通信、电力和医药行业竞争情报系统等一系列信息增值产品，以满足用户对深度层次信息和分析的需求，为用户确定技术创新和投资方向提供决策。

万方数据知识服务平台是建立在 Internet 上的大型科技、商务信息平台，内容涉及自然科学和社会科学各个专业领域。除此之外，万方数据知识服务平台还有万方医学网、万方视频、万方中小学数字图书馆、万方数据企业知识服务平台以及 Earth Insight 和创新助手等资源体系。

2.1.2 万方数据知识服务平台资源

万方数据知识服务平台的信息资源主要包括：学术期刊、学位论文、会议论文、专利技术、中外标准、科技成果、政策法规、新方志、机构、科技专家等子库。具体的数据库主要有以下几种。

1. 期刊论文数据库

期刊论文数据库是万方数据知识服务平台的重要组成部分，集纳了多种科技及人文和社会科学期刊的全文内容，其中绝大部分是进入科技部科技论文统计源的核心期刊。期刊论文内容包括论文标题，论文作者，来源刊名，论文的年、卷、期，中图分类法的分类号、关键字，所属基金项目，数据库名，摘要等信息，并提供全文下载，学科分类导航、地区分类导航、首字母导航等，收录了 1995 年以来世界各国出版的 20 900 种重要学术期刊，总计 126 780 485 篇期刊论文。

2. 学位论文数据库

学位论文数据库收录了国家法定学位论文收藏机构——中国科技信息研究所提供的自 1980 年以来我国自然科学领域各高等院校、研究生院及研究所的硕士研究生、博士及博士后论文。学位论文内容包括论文题名、作者、专业、授予学位、导师姓名、授予学位单位、馆藏号、分类号、论文页数、出版时间、主题词、文摘等信息。学位论文数据库所收录论文总计 5 739 815 篇，它是我国目前最大的学位论文数据库。外文学位论文的收录始于 1983 年，累计收藏 11.4 万余册，年增量为 1 万余册。

3. 会议论文数据库

会议论文数据库收录由中国科技信息研究所提供的国家级学会、协会、研究会组织召开的各种学术会议论文，每年涉及 1 000 余个重要的学术会议，范围涵盖自然科学、工程技术、农林、医学等多个领域，内容包括：数据库名、文献题名、文献类型、馆藏信息、馆藏号、分类号、作者、出版地、出版单位、出版日期、会议信息、会议名称、主办单位、会议地点、会议时间、会议届次、母体文献、卷期、主题词、文摘、馆藏单位等，总计 13 614 086 篇，为用户提供最全面、详尽的会议信息，是了解国内学术会议动态、科学技术水平，进行科学研究必不可少的工具。外文会议资源主要来源于外文文献数据库，收录了 1985 年以来世界各主要学/协会、出版机构出版的学术会议论文。

4. 外文文献数据库

外文文献包括外文期刊论文和外文会议论文。外文期刊论文是全文资源。外文文献数据库收录了 1995 年以来世界各国出版的 20 900 种重要学术期刊，部分文献有少量回溯。每年增加论文百万余篇，每月更新。外文会议论文是全文资源。外文文献数据库收录了 1985 年以来世界各主要学/协会、出版机构出版的学术会议论文，部分文献有少量回溯。每年增加论文 20 余万篇，每月更新，目前总计 34 935 471 篇。

5. 科技报告数据库

科技报告数据库分为中文科技报告数据库和外文科技报告数据库。其中，中文科技报告数据库包括我国科学技术部已公开的中文科技报告 20 000 余份；外文科技报告数据库包括美国政府四大科技报告 AD、DE、NASA、PB，共计 1 100 000 余份，数据陆续增加。

6. 中外专利数据库

中外专利数据库收录了国内外的发明、实用新型及外观设计等专利 54 421 936 项，收录始于 1985 年，目前共收录中国专利 1 500 万余条，国外专利 3 700 万余条，年增 25 万条。中外专利内容涉及自然科学各个学科领域，是科技机构、大中型企业、科研院所、大专院校和个人在专利信息咨询、专利申请、科学研究、技术开发，以及科技教育培训中不可多得的信息资源。数据库中的信息每年增加约 25 万条，中国专利每两周更新一次，国外专利每季度更新一次，收录范围涉及 11 国 2 组织。

7. 中外标准数据库

中外标准数据库综合了由国家技术监督局、建设部情报所、建材研究院等单位提供的相关行业的各类标准题录，包括中国标准、国际标准以及各国标准等 409 343 条记录。这些标准为：中国国家发布的全部标准、某些行业的行业标准以及电气和电子工程师技术标准；国际标准数据库，美、英、德等的国家标准，以及国际电工标准；某些国家的行业标准，如美国保险商实验所数据库、美国专业协会标准数据库、美国材料实验协会数据库、日本工业标准数据库等系统中的数据。该数据库更新速度快，保证了资源的实用性和实效性，目前已成为广大企业及科技工作者从事生产经营、科研工作不可或缺的宝贵信息资源。

8. 地方志数据库

地方志简称“方志”，即按一定体例，全面记载某一时期某一地域的自然、社会、政治、经济、文化等方面的情况或特定事项的书籍文献。地方志数据库中的资源来源于中国地方志数据库，新方志收录始于 1949 年，到 2018 年 2 月为止，共计 40 000 余册，旧方志收录年代为中华人民共和国成立之前，收录近 80 000 册。

9. 科技成果数据库

科技成果数据库主要收录了国内的科技成果及国家级科技计划项目。其内容由中国科技成果数据库等十几个数据库组成，成果资源主要来源于中国科技成果数据库，涵盖了国家、省市、地方的成果公报、登记成果及推广成果等成果信息 870 000 多项，内容涉及自然科学的各个学科领域。

10. 政策法规数据库

政策法规数据库主要由国家信息中心提供，信息来源权威、专业，对把握国家政策有着不可替代的参考价值。政策法规数据库收录自 1949 年新中国成立以来全国各种法律法规约 90 万条。其内容不但包括国家法律法规、行政法规、地方法规，还包括国际条约及惯例、司法解释、案例分析等，关注社会发展热点，更具实用价值，被认为是国内最权威、全面、实用的法律法规数据库。

11. 中国机构数据库

中国机构数据库收录了国内外企业机构、科研机构、教育机构、信息机构的各类信息。信息机构信息包括机构名称、负责人姓名、机构面积、馆藏数量、馆藏电子资源种类等信息，以及详细的联系信息，包括行政区代号、地址、电话、传真、电子邮件、网址等，总记录数为 203 918 条。

12. 图书数据库

图书数据库目前收录了 48 352 本著作。

13. 科技专家数据库

到2018年2月为止，科技专家数据库收录了国内自然科学技术领域的12 120条专家名人信息，介绍了各专家在相关研究领域内的研究内容及其所取得的进展，为国内外相关研究人员提供检索服务，有助于用户掌握相关研究领域的前沿信息。该数据库的主要字段内容包括姓名、性别、工作单位、工作职务、教育背景、专业领域、研究方向、研究成果、专家荣誉、获奖情况、发表的专著和论文等。

14. 视频数据库

万方视频是以科技、教育、文化为主要内容大类的学术视频知识服务系统，与中央电视台、教育部、凤凰卫视、中国科技信息研究所、中华医学会、中国科学院、北大光华管理学院、天幕传媒等国内外著名专业制作机构进行广泛的战略合作。到2018年2月为止，万方视频已推出高校课程、学术讲座、学术会议报告、考试辅导、就业指导、医学实践、管理讲座、科普视频等精品视频共计24 150条。

2.1.3 万方数据知识服务平台产品

1. 万方检测

万方检测（WF Similarity Detection）于2016年在检测算法、数据积累、用户体验等方面都进行了全面的升级并更名。该系统采用先进的检测技术，实现海量数据全文比对，秉持客观、公正、精准、全面的原则，提供多版本、多维度的检测报告，检测结果精准翔实，为科研管理机构、教育领域、出版发行领域、学术个体等客户和用户提供各类学术科研成果的相似性检测服务。

2. 万方分析

万方分析（WFStats）针对科研人员、科研管理人员、科研决策人员等不同用户群体，提供主题研究现状分析、学科发展动态跟踪、学者/机构的学术能力监测、期刊学术影响力评价、地区科研水平定位等服务，为科学研究、科研决策、学科建设等提供数据支持和科学解决方案。

3. 万方书案

万方书案（WFDesk）提供满足用户文献管理、知识组织、知识重组等需求的个人在线管理功能。万方书案紧密嵌接资源检索和利用过程，提供高效的管理、组织、阅读、引用等辅助功能，帮助用户建立并不断完善个人知识体系与学习框架，从而增进知识理解、促进知识决策、推进知识创新。

4. 万方学术圈

万方学术圈（WFLink）是基于优质学术内容的轻社交平台，提供学术文献分享、科研档案展示、学术认知交流等功能，营造轻松、友好、专业的学术氛围，帮助学者们进行学术探讨与交流互动。

5. 万方选题

万方选题（WFTopic）利用数据挖掘算法、知识关联技术深度挖掘中外文海量学术资源，揭示学科研究热点与新兴研究前沿，帮助科研人员快速把握选题方向、客观评估选题价值，为科研立项、论文选题等科研过程提供专业化支撑服务。

2.1.4　万方数据知识服务平台服务

1. 万方指数

万方指数（WFMetrics）作为传统评价指标的有力补充，增加了使用率、关注度、社交媒体计量等测度类别，强调社会性、实时性、直观性，及时迅速地反映科研成果的社会与学术影响力。

2. 检索结果分析

检索结果分析主要基于万方智搜的检索结果，提供文献计量分析，为科研提供客观数据。

3. 研究趋势

研究趋势根据用户检索的关键词，统计不同年份的中英文文献的发文量，为用户呈现该领域的发文趋势。

4. 热门文献

热门文献主要根据文献的下载量和被引用量，提供不同学科、不同类型文献的月、季、年排行，满足用户对高价值文献的需求。

5. 中文 DOI

DOI 是 Digital Object Identifier 的缩写，从形式上看，就是一个不重复的字符串，也叫唯一标识符，是国际通用、全球唯一、终身不变的数字资源标识符。万方数据股份有限公司免费为合作的数字资源编辑出版单位提供以下 DOI 服务：DOI 数据加工与注册、DOI 标引、DOI 全文链接、DOI 引文链接、DOI 多重解析、DOI 统计报告、DOI 检索服务以及其他 DOI 增值服务。

6. 优先出版

优先出版是指在符合国家出版政策法规的前提下，将编辑部录用并定稿的稿件，于正式印刷之前，在具备网络出版资质的数字出版平台上提前发布。只有满足这 3 点要求的数字出版业务，才能称为“优先出版”。万方数据知识服务平台为编辑部提供优先出版服务。

7. 引用通知

引用通知是一款新的信息服务，当用户所订阅的论文被其他论文引用时，用户将得到即时通知。万方数据知识服务平台提供引证文献以及指定论文的引用通知两种服务。此处提供的是第二种服务。这种服务的独到之处在于可以指定一组文献，了解它们被引用的情况以及引用变更的情况，及时了解指定论文的权威性、受欢迎程度。目前该服务仅面向个人注册用户，应先注册个人账户后使用。

8. 专题聚焦

专题聚焦是根据当下公众关注的热点，对数据库里的海量资源进行再组织，从而便于用户获取感兴趣的、特定主题的专题文献服务。

9. 基金会议

基金会议是为用户提供学术密切相关的基金、学术会议的相关信息的服务，包括基金申报时间、申报要求、会议召开时间、会议概况等。

10. 科技动态

科技动态是为用户提供动态更新的科技信息服务，包括国际最新的科技成果、科技成果的应用、目前科技研究的热门领域等信息。

11. 万方资讯

万方资讯主要介绍万方相关的市场活动信息，包括万方举办的各种图情领域论坛会议、市场推广活动、最新合作信息等。

2.1.5 万方数据知识服务平台检索示例

1. 数据库检索

（1）万方数据知识服务平台主页如图 2 – 1 所示，万方数据知识服务平台高级检索界面如图 2 – 2 所示，万方数据知识服务平台专业检索界面如图 2 – 3 所示。

（2）用户在万方数据知识服务平台检索框中可输入题名、关键词、摘要、作者、作者单位等进行检索，如图 2 – 4 所示。

（3）选择所需的文献，如果用户对检索结果不满意，可以进行二次检索，或者对检索结果进一步筛选。检索结果界面如图 2 – 5 所示。

（4）如果用户想进行更深层次的检索，可在词表扩展中查看相关检索词，如图 2 – 6 所示。

（5）当用户检索到所需要的文献以后，单击“下载”或者“在线阅读”按钮。下载全文界面如图 2 – 7 所示。

图 2 – 1　万方数据知识服务平台主页

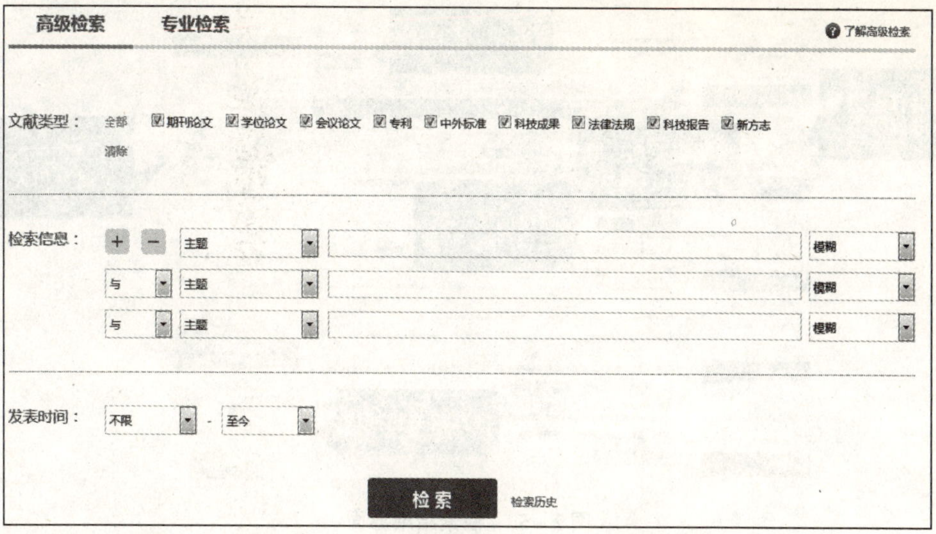

图 2－2　万方数据知识服务平台高级检索界面

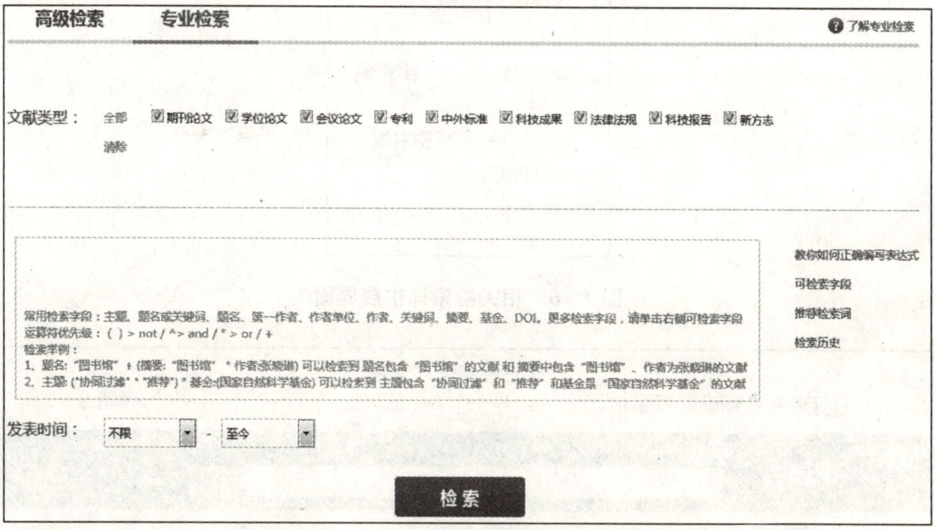

图 2－3　万方数据知识服务平台专业检索界面

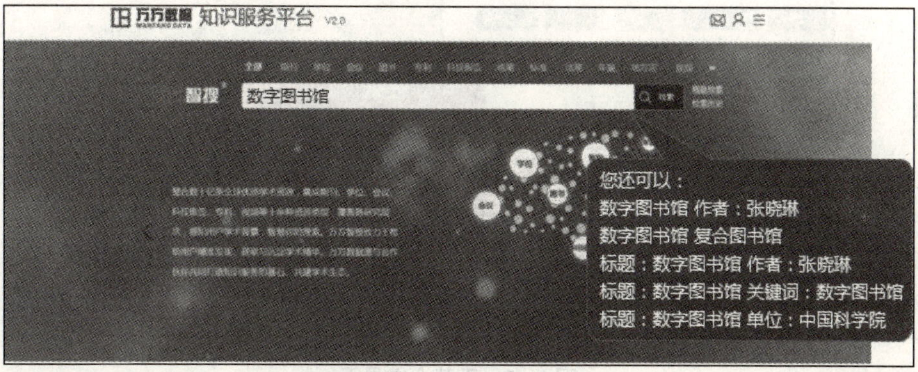

图 2－4　输入检索词进行检索

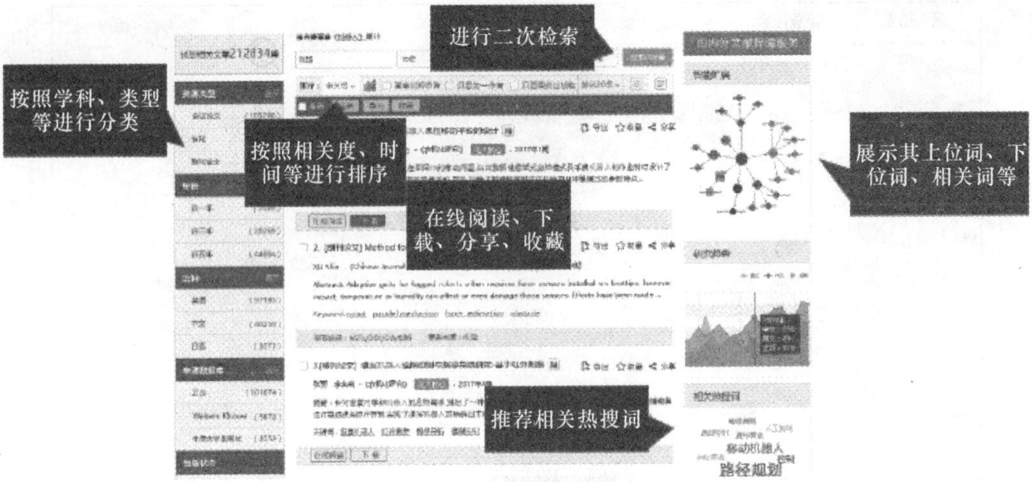

图 2－5　检索结果界面

图 2－6　相关检索词扩展界面

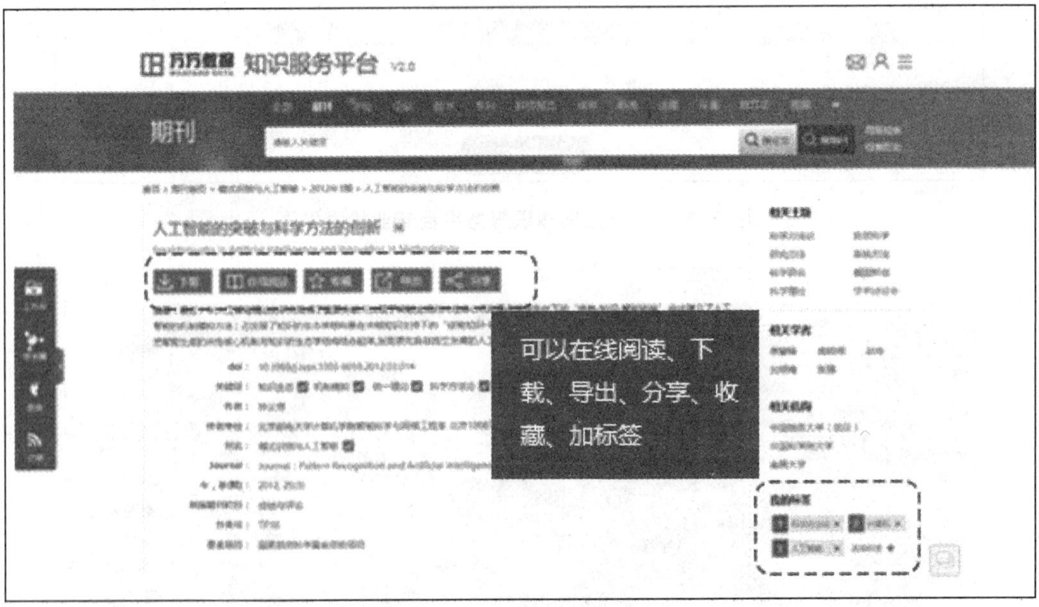

图 2－7　下载全文界面

（6）如果未购买万方数据知识服务平台中的数据库，但需要下载全文，可以使用“支付方式”中的“我的钱包”“支付宝”“微信支付”“银联支付”等方式支付，如图 2－8 所示。

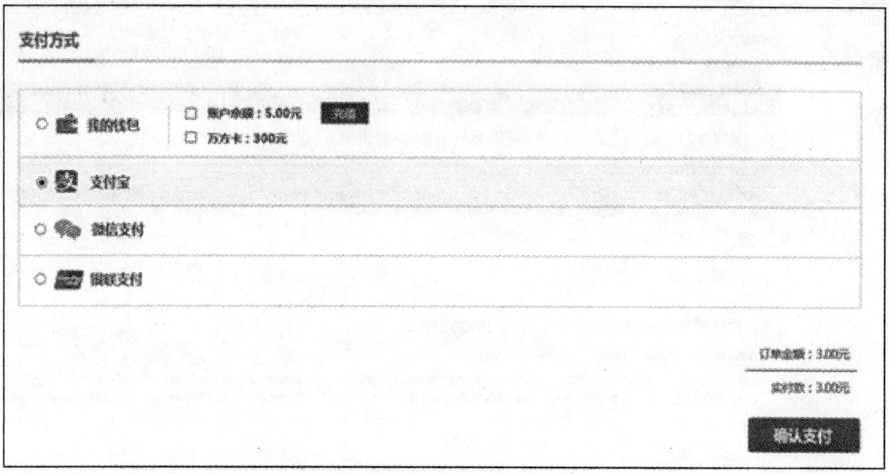

图 2－8　支付页面

2. 具体检索示例

检索 2010—2018 年关于六自由度并联机器人方面的文献。

1）课题分析

（1）时间范围：2010—2018 年。

（2）关键词选取：六自由度、并联机器人。

（3）检索策略：高级检索。

2）具体检索过程

（1）进入高级检索界面，选定检索字段为“关键词”，输入检索词进行检索，如图 2－9 所示。

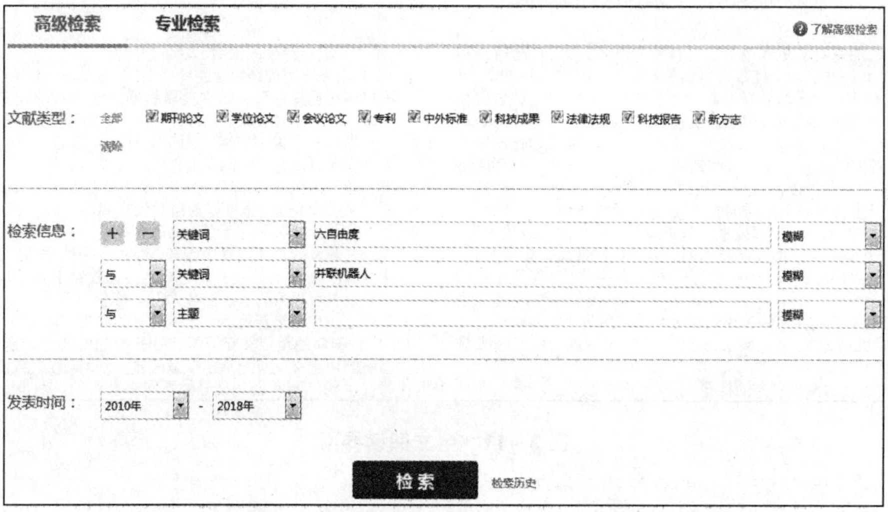

图 2－9　在高级检索界面输入检索词检索

（2）检索结果如图 2－10 所示。

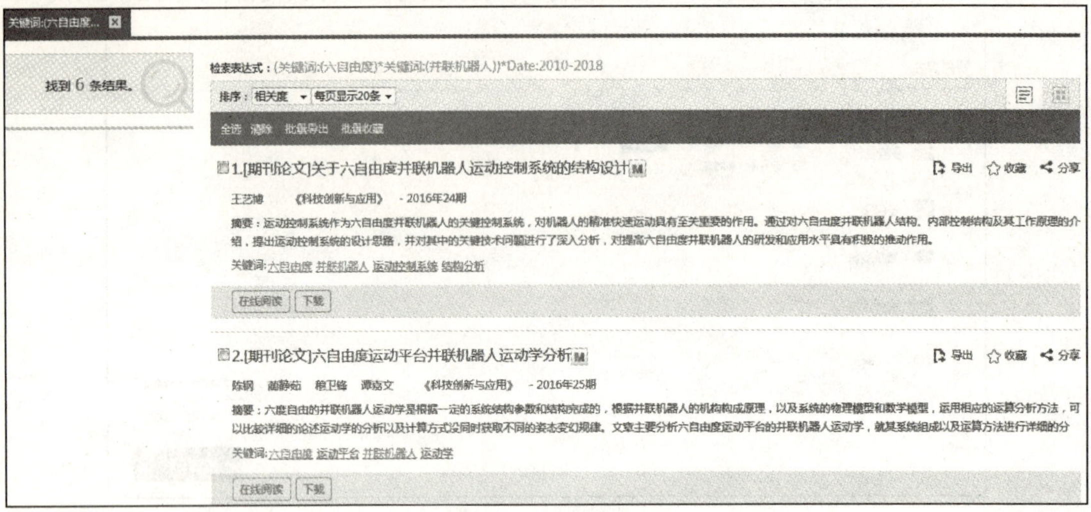

图 2－10　检索结果

3）阅读全文

全文阅读界面如图 2－11 所示。

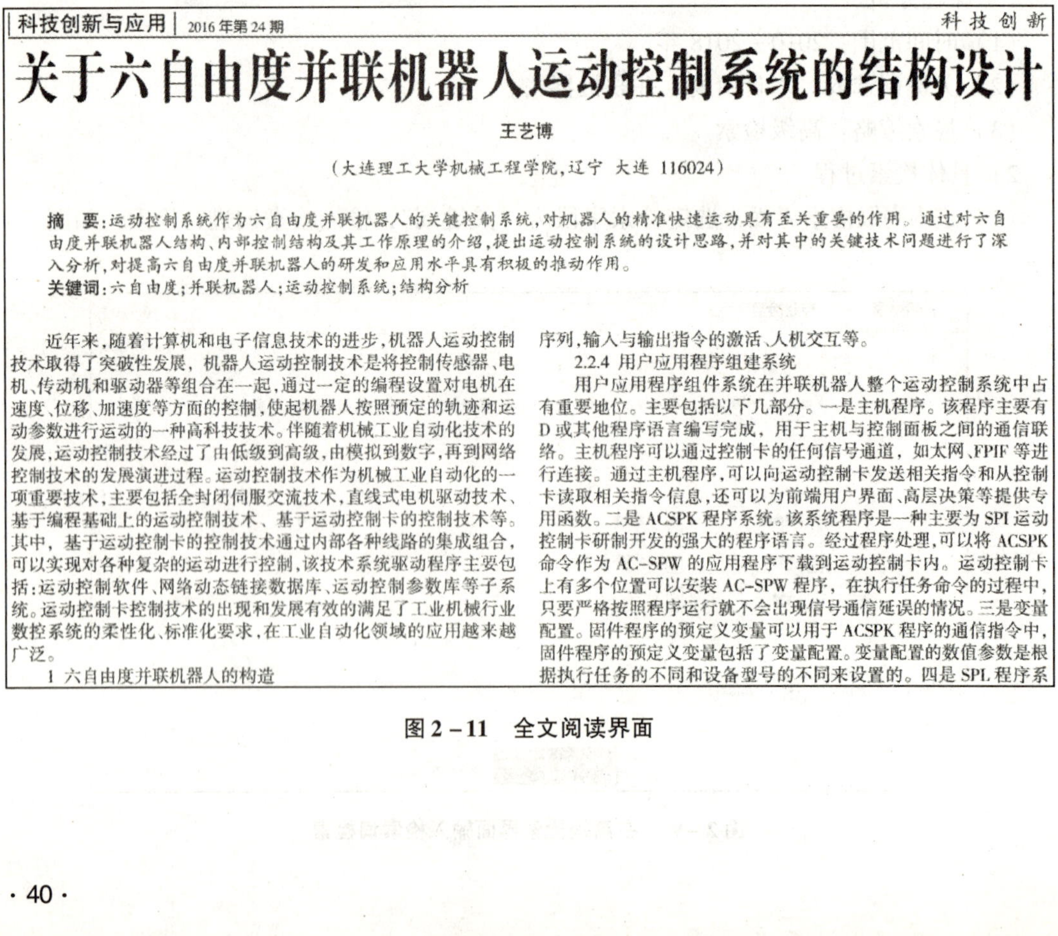

科技创新与应用 | 2016 年第 24 期　　科技创新

关于六自由度并联机器人运动控制系统的结构设计

王艺博

（大连理工大学机械工程学院，辽宁 大连 116024）

摘　要：运动控制系统作为六自由度并联机器人的关键控制系统，对机器人的精准快速运动具有至关重要的作用。通过对六自由度并联机器人结构、内部控制结构及其工作原理的介绍，提出运动控制系统的设计思路，并对其中的关键技术问题进行了深入分析，对提高六自由度并联机器人的研发和应用水平具有积极的推动作用。

关键词：六自由度；并联机器人；运动控制系统；结构分析

近年来，随着计算机和电子信息技术的进步，机器人运动控制技术取得了突破性发展，机器人运动控制技术是将控制传感器、电机、传动机和驱动器等组合在一起，通过一定的编程设置对电机在速度、位移、加速度等方面的控制，使起机器人按照预定的轨迹和运动参数进行运动的一种高科技技术。伴随着机械工业自动化技术的发展，运动控制技术经过了由低级到高级，由模拟到数字，再到网络控制技术的发展演进过程。运动控制技术作为机械工业自动化的一项重要技术，主要包括全封闭伺服交流技术，直线式电机驱动技术、基于编程基础上的运动控制技术、基于运动控制卡的控制技术等。其中，基于运动控制卡的控制技术通过内部各种线路的集成组合，可以实现对各种复杂的运动进行控制，该技术系统驱动程序主要包括：运动控制软件、网络动态链接数据库、运动控制参数库等子系统。运动控制卡控制技术的出现和发展有效的满足了工业机械行业数控系统的柔性化、标准化要求，在工业自动化领域的应用越来越广泛。

1 六自由度并联机器人的构造

序列，输入与输出指令的激活、人机交互等。

2.2.4 用户应用程序组建系统

用户应用程序组件系统在并联机器人整个运动控制系统中占有重要地位。主要包括以下几部分。一是主机程序。该程序主要有 D 或其他程序语言编写完成，用于主机与控制面板之间的通信联络。主机程序可以通过控制卡的任何信号通道，如太网、FPIF 等进行连接。通过主机程序，可以向运动控制卡发送相关指令和从控制卡读取相关指令信息，还可以为前端用户界面、高层决策等提供专用函数。二是 ACSPK 程序系统。该系统程序是一种主要为 SPI 运动控制卡研制开发的强大的程序语言。经过程序处理，可以将 ACSPK 命令作为 AC-SPW 的应用程序下载到运动控制卡内。运动控制卡上有多个位置可以安装 AC-SPW 程序，在执行任务命令的过程中，只要严格按照程序运行就不会出现信号通信延误的情况。三是变量配置。固件程序的预定义变量可以用于 ACSPK 程序的通信指令中，固件程序的预定义变量包括了变量配置。变量配置的数值参数是根据执行任务的不同和设备型号的不同来设置的。四是 SPL 程序系

图 2－11　全文阅读界面

2.2　中国知网

2.2.1　数据库介绍

网址：http：//www. cnki. net

中国知网是指中国知识基础设施（China National Knowledge Infrastructure，CNKI）。国家知识基础设施（National Knowledge Infrastructure，NKI）的概念是由世界银行在 1998 年提出的。CNKI 工程是以实现全社会知识资源传播共享与增值利用为目标的信息化建设项目，由清华大学、清华同方发起，始建于 1999 年 6 月。在党和国家的领导以及教育部、中宣部、科技部、新闻出版总署、国家版权局、国家计委的大力支持下，在全国学术界、教育界、出版界、图书情报界等社会各界的密切配合和清华大学的直接领导下，CNKI 工程集团经过多年努力，采用自主开发并具有国际领先水平的数字图书馆技术，建成了世界上全文信息量规模最大的 CNKI 数字图书馆，并正式启动建设中国知识资源总库及 CNKI 网格资源共享平台，通过产业化运作，为全社会知识资源高效共享提供最丰富的知识信息资源和最有效的知识传播与数字化学习平台。

CNKI 工程的具体目标，一是大规模集成整合知识信息资源，整体提高资源的综合和增值利用价值；二是建设知识资源互联网传播扩散与增值服务平台，为全社会提供资源共享、数字化学习、知识创新信息化条件；三是建设知识资源的深度开发利用平台，为社会各方面提供知识管理与知识服务的信息化手段；四是为知识资源生产出版部门创造互联网出版发行的市场环境与商业机制，大力促进文化出版事业、产业的现代化建设与跨越式发展。

中国知网主页如图 2－12 所示。

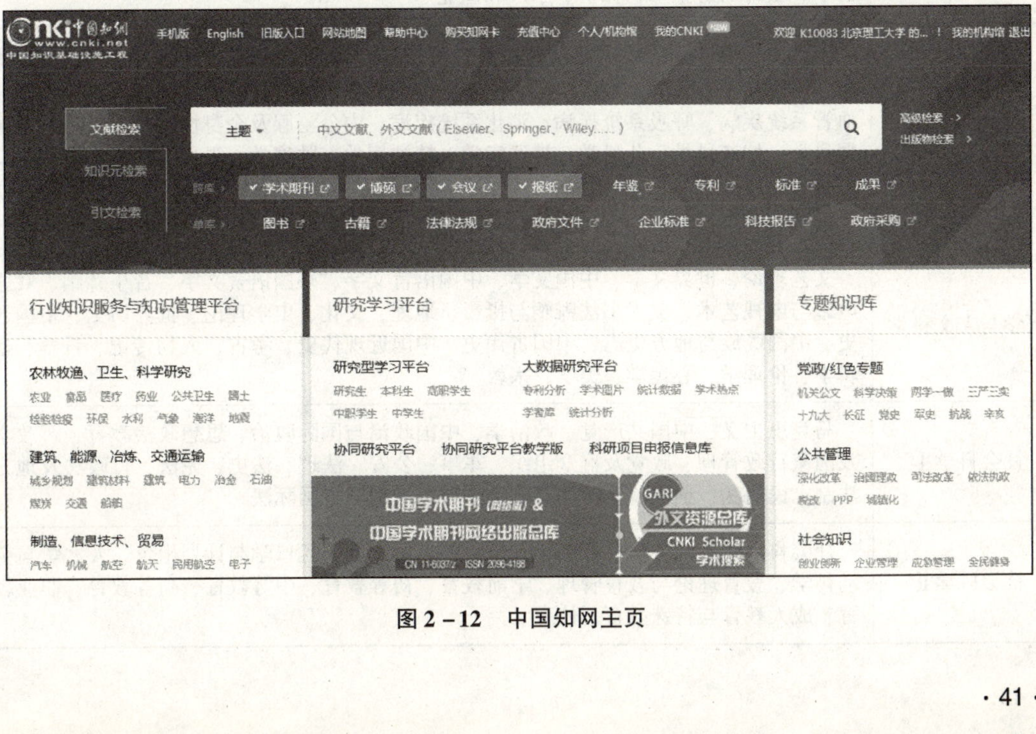

图 2－12　中国知网主页

2.2.2 数据库特色

中国知网的数据库特色主要体现在以下方面：

（1）种类繁多的文献类型：包括学术期刊、博士学位论文、硕士学位论文、重要会议论文、年鉴、专著、报纸、专利、标准、科技成果、工具书、知识元、古籍等；还可与德国SPRINGER公司期刊数据库等外文资源统一搜索。

（2）所有的数据库产品都分为自然科学与工程技术文献和人文与社会科学文献两大类。自然科学与工程技术文献分为基础科学、工程科技Ⅰ辑、工程科技Ⅱ辑、农业科技、医药卫生科技、信息科技六个专辑，人文与社会科学文献分为哲学与人文科学、社会科学Ⅰ辑、社会科学Ⅱ辑、经济与管理科学四个专辑，每个大专辑下又分为若干个子库。各专辑具体内容见表2－1。

表2－1　中国知网十大专辑及其所含专题

专辑	所含专题
基础科学	自然科学理论与方法、数学、非线性科学与系统科学、力学、物理学、生物学、天文学、自然地理学和测绘学、气象学、海洋学、地质学、地球物理学、资源科学
工程科技Ⅰ	化学、无机化工、有机化工、燃料化工、一般化学工业、石油天然气工业、材料科学、矿业工程、金属学及金属工艺、冶金工业、轻工业手工业、一般服务业、安全科学与灾害防治、环境科学与资源利用
工程科技Ⅱ	工业通用技术及设备、机械工业、仪器仪表工业、航空航天科学与工程、武器工业与军事技术、铁路运输、公路与水路运输、汽车工业、船舶工业、水利水电工程、建筑科学与工程、动力工程、核科学技术、新能源、电力工业
农业科技	农业基础科学、农业工程、农艺学、植物保护、农作物、园艺、林业、畜牧与动物医学、蚕蜂与野生动物保护、水产和渔业
医药卫生科技	医药卫生方针政策与法律法规研究、医学教育与医学边缘学科、预防医学与卫生学、中医学、中药学、中西医结合、基础医学、临床医学、感染性疾病及传染病、心血管系统疾病、呼吸系统疾病、消化系统疾病、内分泌腺及全身性疾病、外科学、泌尿科学、妇产科学、儿科学、神经病学、精神病学、肿瘤学、眼科与耳鼻咽喉科、口腔科学、皮肤病与性病、特种医学、急救医学、军事医学与卫生、药学、生物医学工程
哲学与人文科学	文艺理论、世界文学、中国文学、中国语言文字、外国语言文字、音乐舞蹈、戏剧电影与电视艺术、美术书法雕塑与摄影、地理、文化、史学理论、世界历史、中国通史、中国民族与地方史志、中国古代史、中国近现代史、考古、人物传记、哲学、逻辑学、伦理学、心理学、美学、宗教
社会科学Ⅰ	马克思主义、中国共产党、政治学、中国政治与国际政治、思想政治教育、行政学及国家行政管理、政党及群众组织、军事、公安、法理、法史、宪法、行政法及地方法制、民商法、刑法、经济法、诉讼法与司法制度、国际法
社会科学Ⅱ	社会科学理论与方法、社会学及统计学、民族学、人口学与计划生育、人才学与劳动科学、教育理论与教育管理、学前教育、初等教育、中等教育、高等教育、职业教育、成人教育与特殊教育、体育

续表

专辑	所含专题
信息科技	无线电电子学、电信技术、计算机硬件技术、计算机软件及计算机应用、互联网技术、自动化技术、新闻与传媒、出版、图书情报与数字图书馆、档案及博物馆
经济与管理科学	宏观经济管理与可持续发展、经济理论及经济思想史、经济体制改革、经济统计、农业经济、工业经济、交通运输经济、企业经济、旅游、文化经济、信息经济与邮政经济、服务业经济、贸易经济、财政与税收、金融、证券、保险、投资、会计、审计、市场研究与信息、管理学、领导学与决策学、科学研究管理

（3）出版内容丰富多彩，主要包括：基础研究、应用基础研究、工程技术、高级科普、政策研究与指导、行业指导、实用技术、职业指导、标准等各类文献，覆盖自然科学、工程技术、人文与社会科学各学科领域。

（4）数据库收录时间范围：收录了 1912 年至今我国产出的各类文献，并且每日更新。

（5）文献资源编辑方式：按“中国图书馆分类法”，分类汇编成为 10 个专辑、168 个专题、3 000 多个学科专业数字图书馆，并利用引文、作者、知识元等链接，将文献整合为知识网络，面向各专业用户提供高质量的文献、情报、知识的检索和系统调研需求。

（6）提供学术期刊优先数字出版平台、个刊影响力统计分析数据库、中国高校系列专业期刊、期刊协同采编系统、学术不端文献检测系统、县区知识文化服务平台、CNKI 搜法等特色服务。

2.2.3　数据库资源

中国知网资源系统的主要数据库见表 2－2。

表 2－2　中国知网资源系统的主要数据库

序号	数据库名称	序号	数据库名称
1	中国学术文献网络出版总库	16	中国博士学位论文全文数据库
2	中国学术期刊网络出版总库	17	中国优秀硕士学位论文全文数据库
3	中国年鉴网络出版总库	18	中国重要会议论文全文数据库
4	中国年鉴全文数据库	19	中国重要报纸全文数据库
5	中国统计年鉴全文数据库	20	德国 Springer 公司期刊数据库
6	中国工具书网络出版总库	21	德国 Springer 公司图书数据库
7	中国大百科全书全文数据库	22	哈佛商业评论数据库
8	中国专利数据库	23	中国图书全文数据库
9	国家科技成果数据库	24	中国引文数据库
10	国家标准全文数据库	25	中国基础教育期刊文献总库
11	中国标准数据库	26	中国高等教育期刊文献总库
12	国外标准数据库	27	中国精品科普期刊文献库
13	中国经济信息期刊文献总库	28	中国精品文化期刊文献库
14	中国党建期刊文献总库	29	中国精品文艺作品期刊文献库
15	中国政报公报期刊文献总库	30	Frontiers in China 期刊数据库

2.2.4 数据库检索示例

中国知网“一框式检索”界面如图 2-13 所示。

图 2-13　中国知网“一框式检索”界面

1. 高级检索

中国知网“高级检索”界面如图 2-14 所示。

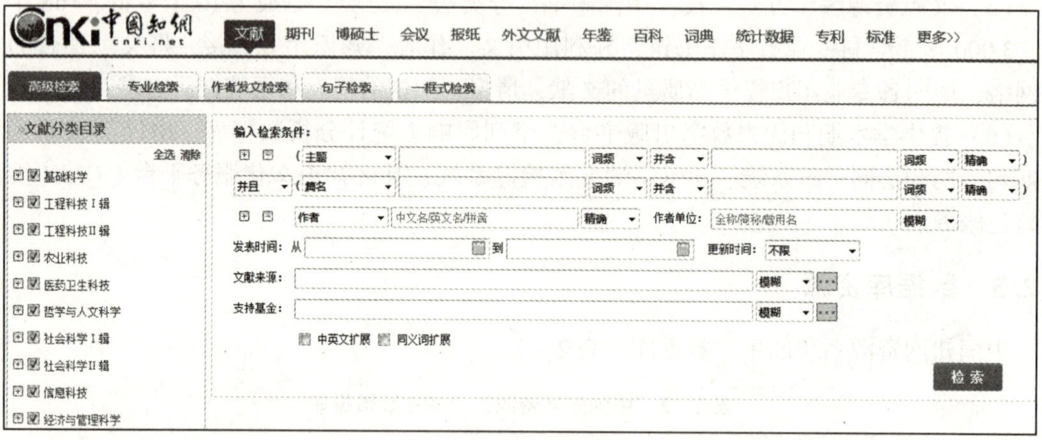

图 2-14　中国知网“高级检索”界面

2. 专业检索

中国知网“专业检索”界面如图 2-15 所示。

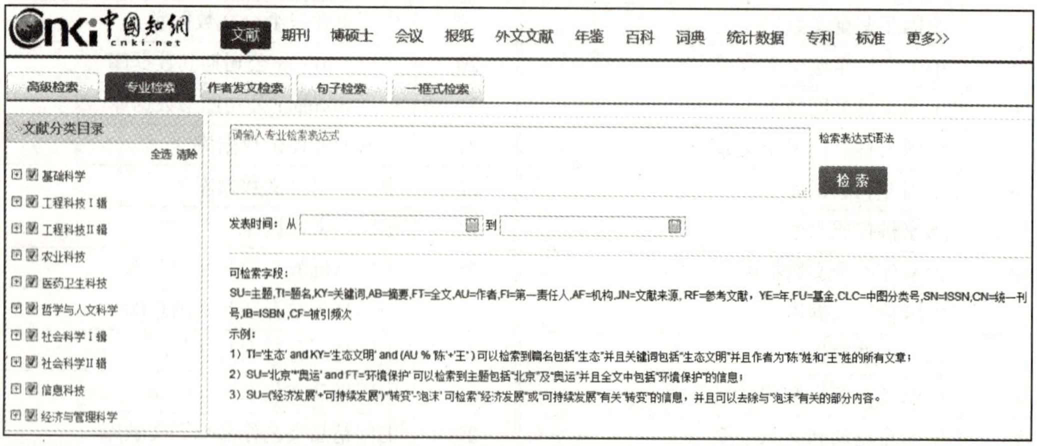

图 2-15　中国知网“专业检索”界面

1）专业检索字段

中国知网资源系统专业检索可检索字段主要有以下这些：

SU = 主题，TI = 题名，KY = 关键词，AB = 摘要，FT = 全文，AU = 作者，FI = 第一责任人，AF = 机构，JN = 文献来源，RF = 参考文献，YE = 年，FU = 基金，CLC = 中图分类号，SN = ISSN，CN = 统一刊号，IB = ISBN ，CF = 被引频次。

2）检索示例

（1）“TI ='生态' and KY ='生态文明' and（AU % '陈' + '王'）”可以检索到篇名包括“生态”、关键词包括“生态文明”，并且作者为“陈”姓和“王”姓的所有文章；

（2）“SU ='北京' * '奥运' and FT ='环境保护'”可以检索到主题包括“北京”及“奥运”并且全文中包括“环境保护”的信息；

（3）“SU =（'经济发展' + '可持续发展'）*'转变' - '泡沫'”可检索“经济发展”或“可持续发展”有关“转变”的信息，并且可以去除与“泡沫”有关的部分内容。

3. 作者发文检索

中国知网“作者发文检索”界面如图2－16所示。

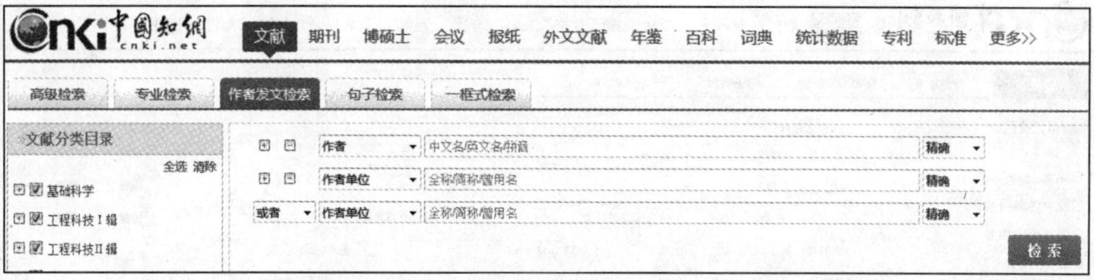

图2－16　中国知网“作者发文检索”界面

4. 句子检索

中国知网“句子检索”界面如图2－17所示。

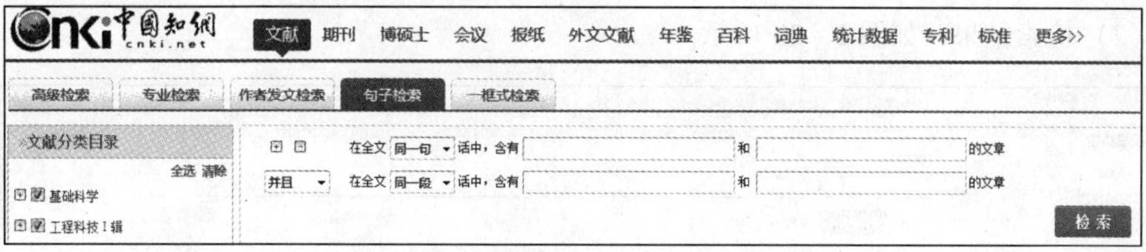

图2－17　中国知网“句子检索”界面

5. 出版物来源检索

出版物来源检索指可以检索中国知网资源系统中收录的学术期刊、博士授予点、硕士授予点、会议论文集、报纸、年鉴、专利以及标准等，如图2－18所示。

6. 具体检索示例

检索2000—2018年关于“无人机”方面的文献。

1）课题分析

（1）时间范围：2000—2018年。

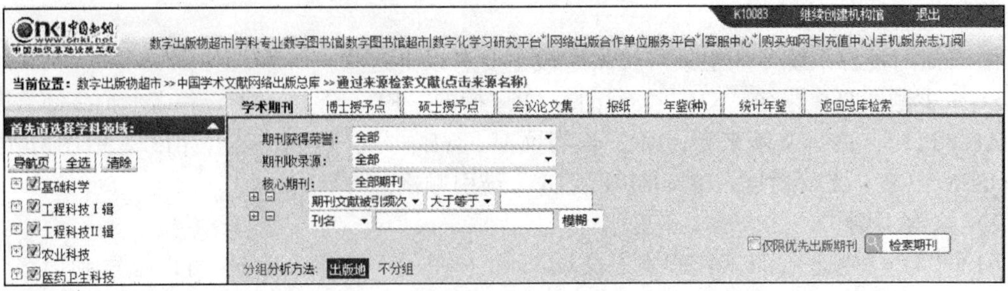

图 2－18　中国知网“出版物来源检索”界面

（2）关键词选取：无人机。

（3）检索策略：高级检索。

2）具体检索过程

（1）进入高级检索界面，选定检索字段为“篇名”，输入检索词“无人机”，进行检索，如图 2－19 所示。

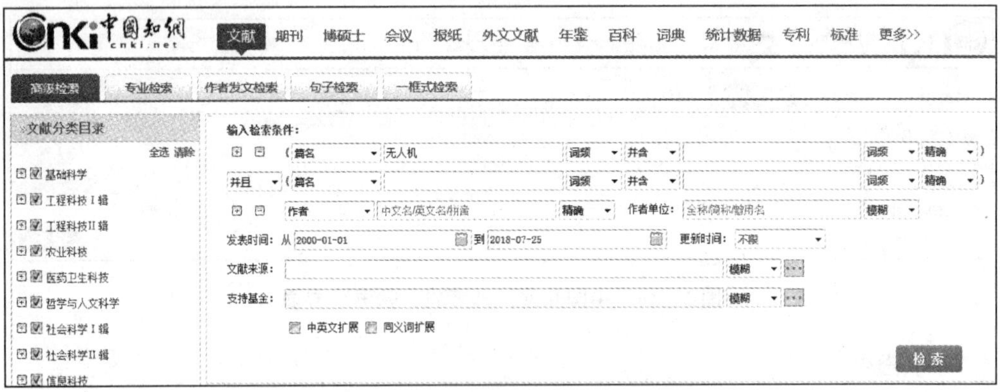

图 2－19　中国知网“无人机”检索界面

（2）检索结果，如图 2－20 所示。

图 2－20　中国知网“无人机”检索结果

(3) 查看相关文献文摘记录，如图 2－21 所示。

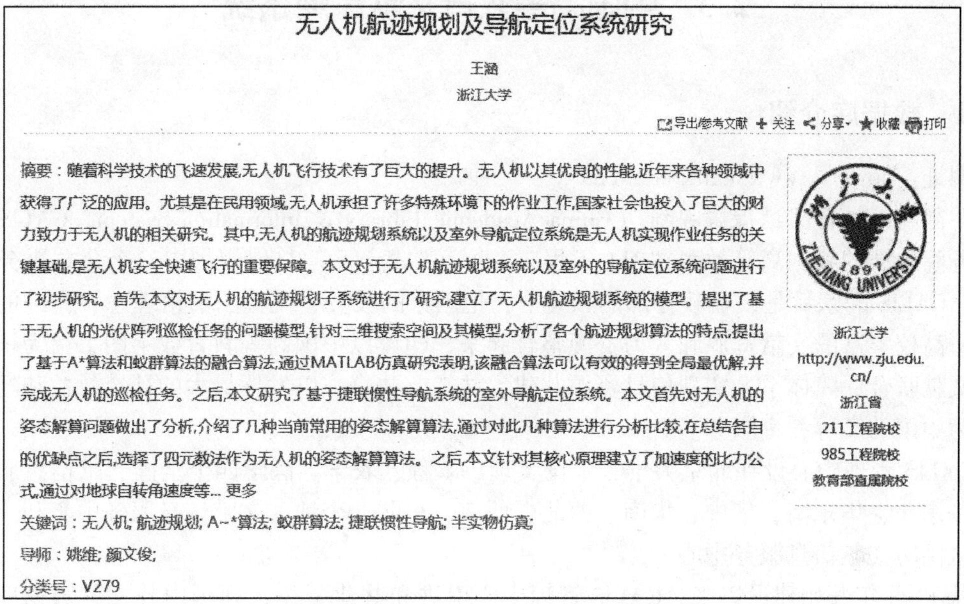
无人机航迹规划及导航定位系统研究

王涵

浙江大学

导出/参考文献 + 关注 分享 ★收藏 打印

摘要：随着科学技术的飞速发展,无人机飞行技术有了巨大的提升。无人机以其优良的性能,近年来各种领域中获得了广泛的应用。尤其是在民用领域,无人机承担了许多特殊环境下的作业工作,国家社会也投入了巨大的财力致力于无人机的相关研究。其中,无人机的航迹规划系统以及室外导航定位系统是无人机实现作业任务的关键基础,是无人机安全快速飞行的重要保障。本文对于无人机航迹规划系统以及室外的导航定位系统问题进行了初步研究。首先,本文对无人机的航迹规划子系统进行了研究,建立了无人机航迹规划系统的模型。提出了基于无人机的光伏阵列巡检任务的问题模型,针对三维搜索空间及其模型,分析了各个航迹规划算法的特点,提出了基于A*算法和蚁群算法的融合算法,通过MATLAB仿真研究表明,该融合算法可以有效的得到全局最优解,并完成无人机的巡检任务。之后,本文研究了基于捷联惯性导航系统的室外导航定位系统。本文首先对无人机的姿态解算问题做出了分析,介绍了几种当前常用的姿态解算算法,通过对此几种算法进行分析比较,在总结各自的优缺点之后,选择了四元数法作为无人机的姿态解算算法。之后,本文针对其核心原理建立了加速度的比力公式,通过对地球自转角速度等... 更多

关键词：无人机; 航迹规划; A~*算法; 蚁群算法; 捷联惯性导航; 半实物仿真;

导师：姚维; 颜文俊;

分类号：V279

图 2－21　中国知网“无人机”学位论文摘要信息

3）下载阅读全文，如图 2－22 所示。

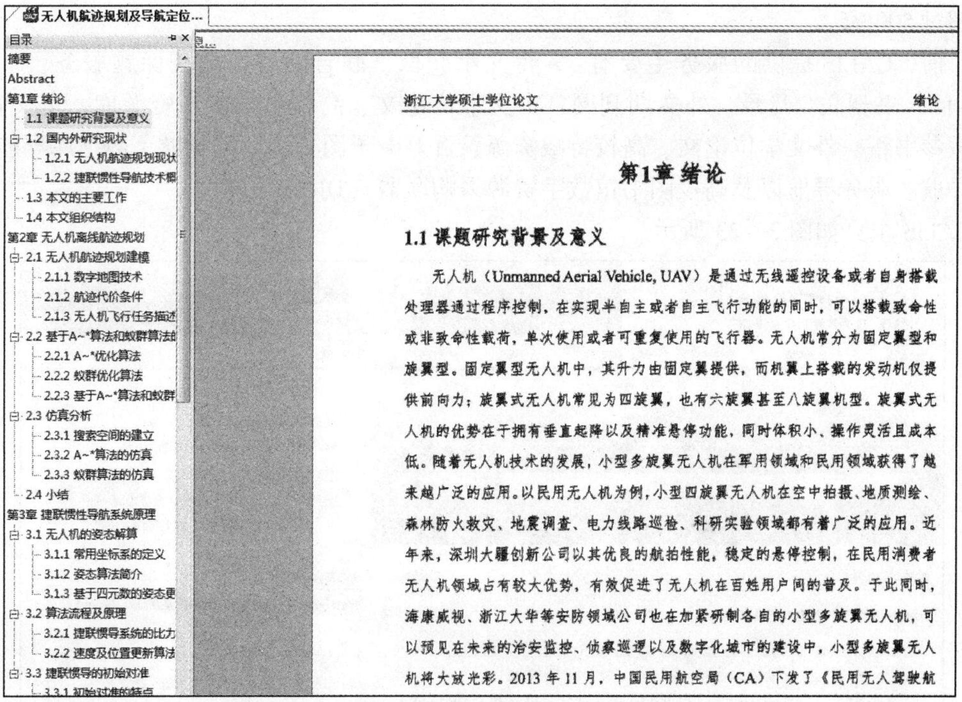
无人机航迹规划及导航定位...

目录
摘要
Abstract
第1章 绪论
1.1 课题研究背景及意义
1.2 国内外研究现状
1.2.1 无人机航迹规划现状
1.2.2 捷联惯性导航技术概
1.3 本文的主要工作
1.4 本文组织结构
第2章 无人机离线航迹规划
2.1 无人机航迹规划建模
2.1.1 数字地图技术
2.1.2 航迹代价条件
2.1.3 无人机飞行任务描述
2.2 基于A~*算法和蚁群算法的
2.2.1 A~*优化算法
2.2.2 蚁群优化算法
2.2.3 基于A~*算法和蚁群
2.3 仿真分析
2.3.1 搜索空间的建立
2.3.2 A~*算法的仿真
2.3.3 蚁群算法的仿真
2.4 小结
第3章 捷联惯性导航系统原理
3.1 无人机的姿态解算
3.1.1 常用坐标系的定义
3.1.2 姿态算法简介
3.1.3 基于四元数的姿态更
3.2 算法流程及原理
3.2.1 捷联惯导系统的比力
3.2.2 速度及位置更新算法
3.3 捷联惯导的初始对准
3.3.1 初始对准的特点

浙江大学硕士学位论文　　绪论

第1章 绪论

1.1 课题研究背景及意义

无人机（Unmanned Aerial Vehicle, UAV）是通过无线遥控设备或者自身搭载处理器通过程序控制，在实现半自主或者自主飞行功能的同时，可以搭载致命性或非致命性载荷，单次使用或者可重复使用的飞行器。无人机常分为固定翼型和旋翼型。固定翼型无人机中，其升力由固定翼提供，而机翼上搭载的发动机仅提供前向力；旋翼式无人机常见为四旋翼，也有六旋翼甚至八旋翼机型。旋翼式无人机的优势在于拥有垂直起降以及精准悬停功能，同时体积小、操作灵活且成本低。随着无人机技术的发展，小型多旋翼无人机在军用领域和民用领域获得了越来越广泛的应用。以民用无人机为例，小型四旋翼无人机在空中拍摄、地质测绘、森林防火救灾、地震调查、电力线路巡检、科研实验领域都有着广泛的应用。近年来，深圳大疆创新公司以其优良的航拍性能，稳定的悬停控制，在民用消费者无人机领域占有较大优势，有效促进了无人机在百姓用户间的普及。于此同时，海康威视、浙江大华等安防领域公司也在加紧研制各自的小型多旋翼无人机，可以预见在未来的治安监控、侦察巡逻以及数字化城市的建设中，小型多旋翼无人机将大放光彩。2013 年 11 月，中国民用航空局（CA）下发了《民用无人驾驶航

图 2－22　阅读全文

2.3 中国高等教育文献保障系统

2.3.1 数据库介绍

网址：http：//www. calis. edu. cn

中国高等教育文献保障系统（China Academic Library & Information System，CALIS）是经国务院批准的我国高等教育“211 工程”“九五”“十五”总体规划中三个公共服务体系之一。CALIS 的宗旨是，在教育部的领导下，把国家的投资、现代图书馆理念、先进的技术手段、高校丰富的文献资源和人力资源整合起来，建设以中国高等教育数字图书馆为核心的教育文献联合保障体系，实现信息资源共建、共知、共享，以发挥最大的社会效益和经济效益，为中国的高等教育服务。

CALIS 管理中心设在北京大学，下设文理、工程、农学、医学四个全国文献信息服务中心，华东北、华东南、华中、华南、西北、西南、东北七个地区文献信息服务中心和一个东北地区国防文献信息服务中心。

从 1998 年开始建设以来，CALIS 管理中心引进和共建了一系列国内外文献数据库，包括大量的二次文献库和全文数据库；采用独立开发与引用消化相结合的道路，主持开发了联机合作编目系统、文献传递与馆际互借系统、统一检索平台、资源注册与调度系统，形成了较为完整的 CALIS 文献信息服务网络。迄今参加 CALIS 项目建设和获取 CALIS 服务的成员馆已超过 500 家。

目前，CALIS 提供的服务主要有：e 得文献获取、联合问答、高校课题服务、学苑汲古、e 问、书刊联合目录、外文期刊网、中文学位论文、高校教学参考资源库、全文资源、电子教参书籍、外文学位论文、高校特藏资源、百万电子图书、期刊导航、数据库导航、图书馆导航、服务导航以及高校图书馆数字资源采购联盟（DRAA）等。

CALIS 主页如图 2－23 所示。

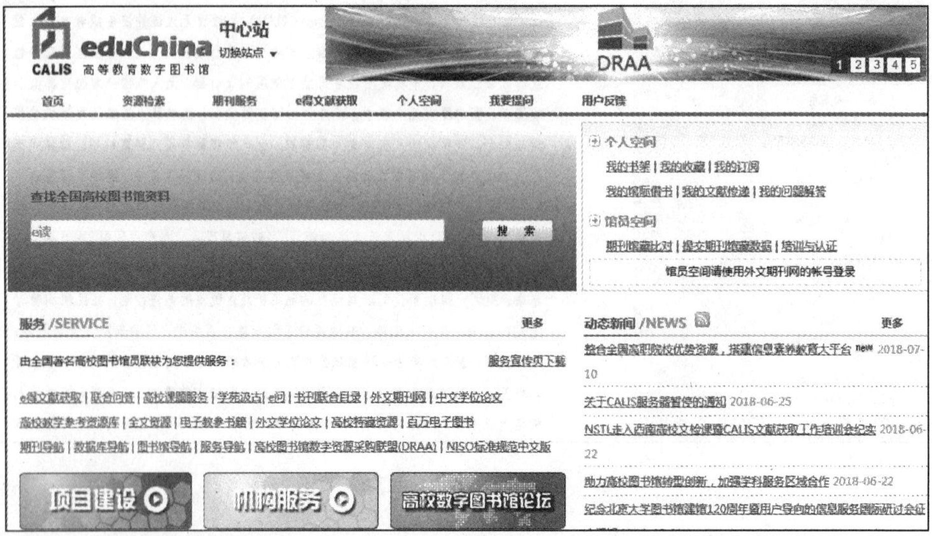

图 2－23　CALIS 主页

2.3.2　数据库资源

CALIS 资源系统经过多年的建设，主要有以下数据库。

1. 联合目录数据库子项目

CALIS 联机合作编目中心是中国高等教育文献保障系统的两大服务中心之一。CALIS 联合目录数据库建设始于 1997 年。联合目录数据库涵盖印刷型图书和连续出版物、电子期刊和古籍等多种文献类型；覆盖中文、西文和日文等语种；书目内容囊括了教育部颁发的关于高校学科建设的全部 71 个二级学科、226 个三级学科。

为了提高服务能力、扩大服务范围，CALIS 联机合作编目中心已在华南、华东南、华中、西南等地建立了镜像服务站，并在“十五”期间把联合目录数据库从一个以图书和期刊为主的联合目录数据库发展为以印刷型书刊书目记录为主流产品，还包括电子资源、古籍善本、非书资料、地图等书目记录，能连接图片、影像、全文数据库的多媒体联合数据库。

CALIS 联机合作编目中心目前有 470 余家成员馆，已经形成了相对稳定的数据建设队伍，该数据库检索范围包括 CALIS 联合目录中心数据库的所有中文、外文数据，目前包含书目记录 7 179 095 条。CALIS 联合目录检索界面如图 2－24 所示。

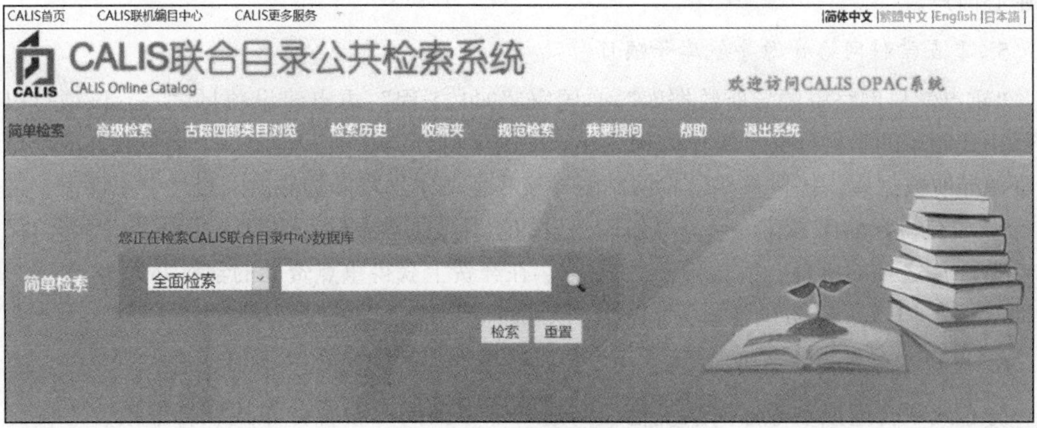

图 2－24　CALIS 联合目录检索界面

2. 引进数据库子项目

网址：http：//www. libconsortia. edu. cn/index. action

引进国外数据库和电子文献是 CALIS 资源建设中最重要的工作之一，全国文理中心与工程中心协同努力，采取灵活多变的引进方式，有效地发挥了国家投资的有限经费的作用。国外数据库的成功引进缓解了我国高校外文文献长期短缺，无从获取或获取迟缓的问题，对高校科研和教学起到了极大的推动作用，为高校的科研和教学创造了优异的支持环境。

3. 高校学位论文库子项目

CALIS 高校学位论文数据库子项目的建设目的是在“九五”期间建设的博/硕士学位论文文摘数据库的基础上，建设一个集中检索、分布式全文获取服务的 CALIS 高校博/硕士学位论文文摘与全文数据库。

CALIS 学位论文中心服务系统面向全国高校师生提供中/外文学位论文检索和获取服务。目前博/硕士学位论文数据逾 384 万条，其中中文数据约 172 万条，外文数据约 212 万条，数据持续在增长中。该系统采用 e 读搜索引擎，检索功能便捷灵活，提供简单检索和高级检索功能，可进行多字段组配检索，也可从资源类型、检索范围、时间、语种、论文来源等多角度进行限定检索。系统能够根据用户登录身份显示适合用户的检索结果，检索结果通过多种途径的分面和排序方式进行过滤、聚合与导引，并与其他类型资源关联，方便读者快速定位所需信息。

4. 专题特色数据库子项目

CALIS 专题特色数据库是 CALIS 建设的重点内容之一，全面挖掘、整理和发布国内各高校成员馆的一些未开发、散在各处、难以被利用的独有或稀缺资源、网络原生数字资源等，逐步形成具有学科特色、地方特色或民族特色鲜明的专题特色文献数据库服务群。已建成集中式的特色资源元数据仓储和服务平台，并面向全国用户提供多层次和个性化的特色资源服务。目前该数据库子项目已经建成具有相对统一建设标准、由不少于 50 个专题库组成的特色数据库群。数据库群建立在可独立运行的各个特色库的基础上，除了具备可分布式检索的基本功能外，还在 CALIS 管理中心的支持下，建立了一个基于集中式元数据库的特色资源库中心门户。

5. 重点学科网络资源导航库子项目

“重点学科网络资源导航数据库”是国家“211 工程”重点建设项目之一。该项目以教育部正式颁布的学科分类系统作为构建导航库的学科分类基础，建设一个集中服务的全球网络资源导航数据库，提供重要学术网站的导航和免费学术资源的导航。经过专家评审，共有 52 个学校获得导航库参建许可。导航库建设的学科范围涉及除军事学（大类）、民族学（无重点学科）之外的所有一级学科，共 78 个。在经费上获得重点资助的学科办为 48 个，一般资助学科为 13 个，非资助学科为 17 个。该项目的承建单位是西安交通大学。

6. 虚拟参考咨询子项目

分布式联合虚拟参考咨询系统旨在构建一个中国高等教育分布式联合虚拟参考咨询平台，建立有多馆参加的、具有实际服务能力的、可持续发展的分布式联合虚拟参考咨询服务体系，以本地化运作为主，结合分布式、合作式的运作，实现知识库、学习中心共享共建的目的。

中国高等教育分布式联合虚拟参考咨询平台以本地服务与分布式联合服务相结合，建立可持续发展的、多馆协作咨询的规则和模式，建立相关的知识库、学习中心。运行初期的虚拟参考咨询系统的中心知识库有 20 000 条以上经过组织整理的问答记录。该项目的承建单位为上海交通大学。

7. 教学参考信息子项目

教参系统以高校教学参考信息元数据集中服务和全文电子教学参考书数字对象的分布式服务为基本服务方式，信息分散采集、集中管理，为全国高校的教学提供高水平的教学信息和全文电子教参书文献保障的服务平台，提供各高校教参信息的检索、在线浏览、在线阅读及教参书采购等功能以及其他与教学有关的信息服务，使高校读者通过网络共享教参信息，促进各高校教学信息的交流。

CALIS 教参资源检索界面如图 2-25 所示。

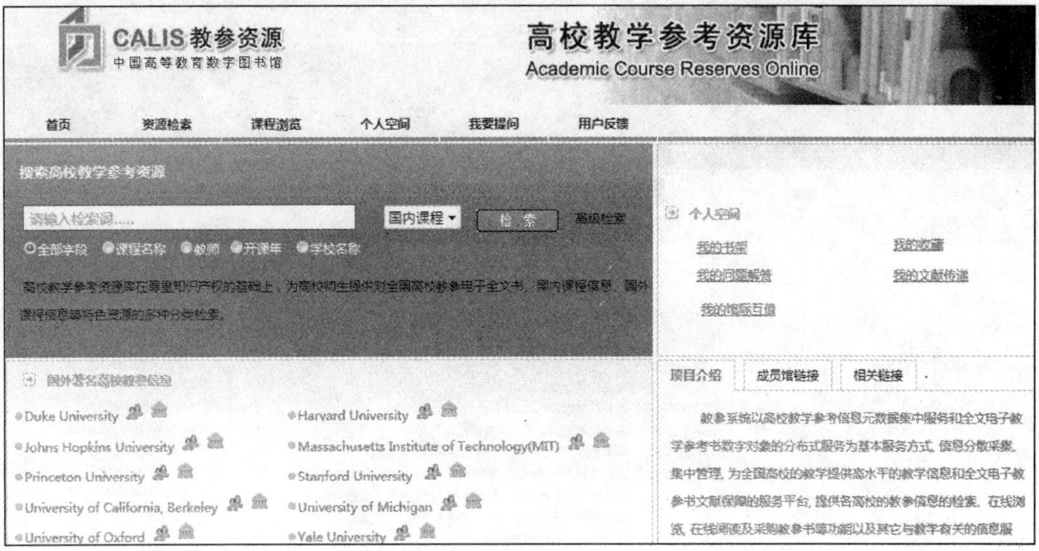

图 2-25　CALIS 教参资源检索界面

2.3.3　数据库检索

CALIS 资源系统的主要服务功能有：e 得文献获取、联合问答、高校课题服务、学苑汲古、e 问、书刊联合目录、外文期刊网、中文学位论文、电子教参书籍、外文学位论文、高校特藏资源、百万电子图书、期刊导航、数据库导航、图书馆导航、服务导航、高校图书馆数字资源采购联盟（DRAA）等。除此之外，CALIS 资源系统还拥有这些产品与技术：统一检索平台、联机合作编目系统、虚拟参考咨询系统、馆际互借与文献传递、资源调度系统、CCC 西文期刊篇名目次、数字图书馆门户、统一认证、结算等。部分数据库的检索，在后面的章节中介绍。

2.4　国家科技图书文献中心

2.4.1　数据库介绍

网址：http：//www. nstl. gov. cn/

国家科技图书文献中心主页如图 2-26 所示。

国家科技图书文献中心（NSTL）是根据国务院领导的批示于 2000 年 6 月 12 日组建的一个虚拟的科技文献信息服务机构，成员单位包括中国科学院文献情报中心、工程技术图书馆（中国科学技术信息研究所、机械工业信息研究院、冶金工业信息标准研究院、中国化工信息中心）、中国农业科学院图书馆、中国医学科学院图书馆。网上共建单位包括中国标准化研究院和中国计量科学研究院。中心设办公室，负责科技文献信息资源共建共享工作的

图 2－26　国家科技图书文献中心主页

组织、协调与管理。

国家科技图书文献中心成立的宗旨为根据国家科技发展需要，按照“统一采购、规范加工、联合上网、资源共享”的原则，采集、收藏和开发理、工、农、医各学科领域的科技文献资源，面向全国开展科技文献信息服务。其发展目标是建设成为国内权威的科技文献信息资源收藏和服务中心、现代信息技术应用的示范区、同世界各国著名科技图书馆交流的窗口。

主要任务：统筹协调，较完整地收藏国内外科技文献信息资源；制定数据加工标准、规范，建立科技文献数据库；利用现代网络技术，提供多层次服务；推进科技文献信息资源的共建共享；组织科技文献信息资源的深度开发和数字化应用；开展国内外合作与交流。

2.4.2　主要服务内容

国家科技图书文献中心的主要服务内容有：文献检索、全文文献、目次浏览、目录查询、热点门户、网络导航、参考咨询、预印本、特色文献等。

1. 全文文献

国家科技图书文献中心订购的国外网络版期刊，面向中国大陆学术界用户开放。用户为了科研、教学和学习目的，可少量下载和临时保存这些网络版期刊文章的书目、文摘或全文数据。

2. 目次浏览

该服务主要提供西文、日文和俄文科技期刊的目次页（Current Contents）浏览功能，报道内容均为国家科技图书文献中心各单位收藏的各文种期刊。浏览和查询方法如下：

（1）通过网页上方的查询框以刊名或完整刊名为关键词分别检索西文、日文和俄文期刊，或者以 ISSN 号码检索所需期刊。日、俄文输入方法参见日文输入方法和俄文输入方法介绍。

（2）通过字顺或分类方式浏览刊名。在每一个字母或每一个类目中，可以逐页浏览刊名，也可以在查询框中输入刊名关键词或完整刊名，定位所需期刊的页面。

（3）单击所需刊名，进入具体期刊信息页面，分年（卷）列出本系统可提供目次浏览的期次。

（4）单击“浏览目次”按钮，可以 PDF 格式显示该期期刊的目次页（需使用 Acrobat Reader 软件）。单击“浏览题录”按钮，可以文本格式显示该期期刊的文章题名。单击相应题名，可显示文摘，注册用户进而可请求全文。

3. 目录查询

该服务主要提供由国家科技图书文献中心成员单位共建并实时更新的联机联合编目数据库，国家科技图书文献中心成员单位共建馆有：中国科学院文献中心、中国科学技术信息研究所、机械工业信息院、中国化工信息中心、冶金信息院情报所、中国医学科学院情报所、中国农业科学院图书馆。目前主要收录西文期刊、西文会议和西文图书。该库可及时反映成员单位文献到馆状况，显示文献的详细编目信息。通过期刊登到信息可直接浏览该卷期的目次页，进而可进行文摘信息查询。该库主要收录了英、法、德、日、俄等国家自然科学、工程技术、农业、医学等学科领域 2000—2004 年间的外文期刊、2003 年的西文会议录和西文图书。

4. 热点门户

热点门户是国家科技图书文献中心组织建设的一个网络信息资源门户类服务栏目，其目标是针对当前国内外普遍关注的科技热点问题，搜集、选择、整理、描述和揭示互联网上与之相关的文献资源、机构信息、动态与新闻，以及专业搜索引擎等，面向广大用户提供国内外主要科技机构和科技信息机构的网站介绍与导航服务，帮助用户从总体上把握各科技热点领域的发展现状、资源特色与信息获取途径。目前提供服务的热点门户包括以下几个领域：汽车科技、环保科技、汽车电子、工业控制与自动化、物流、机床、塑料、低压电气等。

5. 网络导航

网络导航为用户提供国内外主要科技机构和科技信息机构的网站介绍及导航。本栏目广泛搜集、整理了有代表性的研究机构、大学、学会、协会以及公司的网站资源，并对这些网站进行了有组织的揭示，目的在于帮助用户从总体上把握各学科领域科技机构和科技信息机构的发展现状、资源特色和资源获取途径。本栏目分为以下三个部分：

（1）资源指南：资源指南的编辑宗旨在于深入揭示和全面报道网上可获取的科技信息资源。介绍的信息资源涉及科学技术的各个领域，着重介绍各学科网上资源的种类、数量、更新情况、使用方法等。用户可以通过本介绍了解这些信息资源的简要情况，并了解相关资源的获取途径，进而获得所需文献信息。本栏目目前介绍了 400 余个网上资源，以后将陆续增加新的条目。

（2）分类导航：分类导航按照学科分类，报道和链接各种类型的科技信息网站。其目的在于为用户提供广泛的网络信息资源的导航与链接，便于用户了解和获取所需信息。

（3）机构导航：机构导航按照地理位置和机构分类，报道和链接各种科技文献机构网站。其目的在于为用户提供广泛的网络信息资源的导航与链接，以便用户了解和获取所需信息。

6. 参考咨询

参考咨询包括实时咨询与非实时咨询两种服务方式，其主要目的是协助用户解决在查询利用科技文献的过程中遇到的问题。

7. 预印本

预印本（preprint）是指科研工作者的研究成果还未在正式刊物发表，而出于和同行交流的目的自愿通过邮寄或网络等方式传播的科研论文、科技报告等文献。与刊物发表的论文相比，预印本具有交流速度快、利于学术争鸣的特点。预印本服务包括中国预印本中心和国外预印本门户（SINDAP）两个服务栏目。

中国预印本中心主要向国内广大科技工作者提供预印本文献全文的上载、修改、检索、浏览等服务，同时还提供他人对现有文献的评论功能。

国外预印本门户（SINDAP）是国家科技图书文献中心建立的一个国际预印本门户网站，汇聚了世界知名的17个预印本系统，实现了国外预印本文献资源的一站式检索。用户输入的检索式，可同时在汇聚的所有预印本系统中进行检索，并可获得相应系统提供的预印本全文。目前本系统已累积约70万条预印本文献记录。

8. 特色文献

该服务以文摘、简介和题录等形式报道中心成员单位的科技成果、研究报告、资料汇编、计量基准、LB工具书等文献。如需要全文，可与文献提供单位直接联系。该服务以浏览方式揭示数据内容，用户也可利用关键词查询所需文献。

2.4.3 检索功能

该数据库主要有普通检索、高级检索、期刊检索、分类检索四种检索方式，根据不同的数据库配备不同的检索字段。

国家科技图书文献中心的数据库资源主要有：西文期刊（25 645 363条）、外文会议（7 847 149条）、外文学位论文（426 999条）、国外科技报告（1 308 062条）、文集汇编（108 993条）、科技丛书（268 801条）、俄文期刊（869 013条）、日文期刊（2 160 337条）、中文期刊（58 825 067条）、中文会议（2 101 242条）、中文学位论文（3 011 005条）、美国专利（4 113 178条）、英国专利（1 904 412条）、法国专利（957 865条）、德国专利（3 318 161条）、瑞士专利（714 305条）、日本专利（23 133 779条）、欧洲专利（2 856 264条）、韩国专利（3 480 187条）、印度专利（395 056条）、以色列专利（169 026条）、俄罗斯专利（514 505条）、苏联专利（462 308条）、加拿大专利（79 038条）、世界知识产权组织专利（2 621 260条）、中国大陆专利（12 502 604条）、中国台湾专利（1 165 323条）、国外标准（124 948条）、中国标准（33 247条）、计量检定规程（3 321条）等。

国家科技图书文献中心一站式检索界面如图2-27所示。

图 2－27　国家科技图书文献中心一站式检索界面

2.5　Web of Knowledge

2.5.1　数据库介绍

网址：http：//apps. isiknowledge. com

Web of Knowledge 是 Thomson Scientific 公司开发的信息检索平台，通过这个平台用户可以检索关于自然科学、社会科学、艺术与人文学科的文献信息，包括国际期刊、免费开放资源、图书、专利、会议录、网络资源等，可以同时对多个数据库（包括专业数据库和多学科综合数据库）进行单库或跨库检索，可以使用分析工具，可以利用书目信息管理软件。

2.5.2　数据库资源

Web of Knowledge 的数据库资源主要有以下几种。

1. *文献数据库*

1）BIOSIS Previews

BIOSIS Previews（BP）由美国生物科学信息服务社（BIOSIS）出版，是世界上最大的关于生命科学的文摘索引数据库。该数据库覆盖学科范围广，从传统生物学领域（例如植物学、动物学、微生物学），到与生物学相关的领域（例如生物医学、农业、药理学、生态学等），再到交叉学科领域（例如医学、生物化学、生物物理、生物工程、生物技术等），共收录了 1926 年以来的 1 800 万条记录（注：本馆仅订购 1994 年以来的数据），数据来源于 90 多个国家出版的 5 000 多种期刊、1 500 多种会议录，以及图书和专利说明书等出版物。BIOSIS Previews 所具有的关系检索（context-sensitive indexing）可以帮助用户提高检索效率。数据库每周更新，每年新增记录约 56 万条。

2）Current Contents Connect

Current Contents Connect（CCC）提供 1998 年以来 8 000 多种世界上重要学术期刊和 2 000 多种图书的完整目录和文献书目信息，属题录快讯型数据库，包括 7 个分册和 2 个合集。利用其中的 Current Web Contents 模块，用户可以查看与具体学科相关的、经编辑部学科专家们按特定标准评估、筛选的学术网络资源，同时还可检索到 Internet 上关于预印本、基金信息和研究活动的全文。数据库每日更新。

3）Derwent Innovations Index

Derwent Innovations Index（DII）是以德温特世界专利索引（Derwent World Patent Index）和德温特世界专利引文索引（Patents Citation Index）为基础形成的专利信息和专利引文信息数据库，是世界上最大的专利文献数据库，目前可检索 1963 年以来全球 50 多个专利授权组织 100 多个国家的 1 100 多万项基本发明专利、2 000 多万项专利信息专利和其他文章，并提供部分专利全文的链接。DII 每周增加 15 000 条专利文献记录，包括 Chemical、Electrical & Electronic、Engineering 三个子数据库。检索 Chemical 子库前需要下载、安装结构式绘制软件 ISIS Draw 和插件 MDL Chime plug-in，否则无法正常显示和绘制化学结构式。

4）Inspec

由 The Institution of Engineering and Technology（IET）出版的 Inspec 数据库收录 1898 年至今世界上关于物理学、电气工程、电子与通信、计算机与控制工程、信息技术、制造与生产等领域的科技文献。目前数据库中包含源自全球超过 3 850 种科技期刊、图书、技术报告，2 000 种会议录的超过 1 000 万条文献书目记录，每年新增记录 40 万条。

5）MEDLINE

MEDLINE 是由美国国家医学图书馆（NLM）及其合作机构编制的关于生命科学（包括生物医学、生命科学、生物工程、公共健康、临床护理，以及植物科学和动物科学）的文献数据库。记录来源于 1950 年以来的 4 900 百多种以 30 多种语言出版的期刊，目前已有约 1 700 万条书目记录，每年新增记录约 50 万条。利用 Web of Knowledge 可以检索到正在处理中的 MEDLINE 记录（In-Process Records），了解最新的研究进展，但处理中的记录暂时缺少 MeSH 标题等信息。

6）Web Citation Index

Web Citation Index 是基于知识库的文献索引数据库，由 Thomson Scientific 的编辑从世界上重要机构的网络知识库（包括 arXiv. org e-Print Archive、DSpace at MIT 等）中选择编制而成，内容包括技术报告、会议录、预印本、学位论文、白皮书、灰色文献多种文献类型，记录包括完整的书目信息、内容摘要和知识库名称，并提供全文（主要以 PDF 和 PS 两种格式为主）的链接。

7）中国科学引文数据库

该数据库收录 1989 年以来我国出版的核心科学和工程期刊上的文献，提供题录信息和引用信息，支持中文和英文检索。

8）Web of Science 核心合集

Web of Science（WOS）是世界上较有影响的多学科的学术文献文摘索引数据库，包含 9 个子库：

（1）3 个期刊引文子数据库——Science Citation Index Expanded（SCIE，1900 至今）、Social Sciences Citation Index（SSCI，1998 年至今）和 Arts & Humanities Citation Index（A&HCI，2002 年至今）。数据来源于自然科学、社会科学、艺术及人文科学等多学科领域的 1 万多种期刊，数据每周更新。

（2）2 个会议论文引文子数据库——Conference Proceedings Citation Index-Science（CPCI-S，1998 年至今）、Conference Proceedings Citation Index-Social Science & Humanities（CPCI-SSH，1998 年至今），数据来源于自然科学、社会科学及人文科学等多学科领域的超过 120 000 个国际会议的记录，数据每周更新。

（3）2 个图书引文子数据库——Book Citation Index-Science（BKCI-S，2005 年至今）、Book Citation Index-Social Sciences & Humanities（BKCI-SSH，2005 年至今）。

（4）2 个化学数据库——Current Chemical Reactions 收录了来自期刊和专利文献的一步或多步新合成方法；Index Chemicus 收录了世界上有影响的期刊报道的新颖有机化合物。两个化学数据库可以用结构式、化合物和反应的详情和书目信息进行检索。

利用引文数据库，用户不仅可以通过主题、著者、刊名和著者地址等途径进行检索，还可以用被引用文献的著者和来源进行检索。

2. 分析工具

1）Essential Science Indicators

Essential Science Indicators（ESI）是一个深度分析工具，通过对世界上 11 000 种期刊的分析，提供近 10 年各学科的科学家、机构、国家和期刊的排名数据。数据每 2 个月更新一次。

2）Journal Citation Reports

Journal Citation Reports（JCR）是重要的期刊评价工具。JCR 通过对世界上 7 500 多种期刊引用数据的定量统计分析，帮助用户了解出版物的影响力。

3. 个人文献管理工具

1）EndNote Web

EndNote Web 是一个个人文献管理工具，利用它可以在远程服务器上建立个人文献数据库而有效地管理从各个渠道获取的书目信息，同时能方便快捷地利用这些书目记录。

2）Publons

Publons 于 2012 年建立，其主要功能是对审稿人的学术成绩提供权威的认证，Publons 目前已有 21 000 多种期刊、11 万多位评审人、超过 60 万份评审意见被认证。目前中国学者的注册数量大约在 1 000 人左右。

Publons 的主要功能如下：

（1）让研究人员的同行评审工作获得认同，即同行评议的认证功能；

（2）记录和存档专家评审过的文章和所撰写的评审报告；

（3）便于期刊主编和编委发现好的审稿人和专家；

（4）为专家申请新的职位、课题，甚至技术移民等提供专业证据；

（5）培训科研人员了解和学习如何去作同行评议。

3）ResearcherID

ResearcherID 可以构建作者在 Web of Science（WoS）平台的个人简历。WoS 是研究者最常用的文献检索平台，ResearcherID 即该平台作者的唯一姓名标识符。注册一个 ResearcherID 账号，可以在 WoS 平台上创建自己的成果主页。ResearcherID 能有效地解决重名问题；创建 ResearcherID 后，就可编辑相关个人信息，比如研究领域、关键词、学历背景、任职机构、个人描述，添加个人主页的链接，并展示 WoS 的成果列表；具有完善的统计功能。

4. 网络搜索工具

1）Thomson Scientific WebPlus

利用 Thomson Scientific WebPlus 快速发现相关主题的网络资源。

2）ISIHighlyCited. com

ISIHighlyCited. com 是一个专业网关，利用引用数据揭示了 21 个学科领域中在世界上最有影响的 250 位科学家的个人信息及其出版物列表。用户可以按姓名检索，也可以按学科浏览。

5. 免费网络资源

Web of Knowledge 提供了多个免费网络资源的链接，主要包括：

（1）BiologyBrowser；

（2）Index to Organism Names；

（3）in-cites；

（4）ResearcherID. com；

（5）Science Watch ©；

（6）Special Topics ©。

2.5.3 数据库检索

Web of Knowledge 的跨库检索的主要检索项为：主题、标题、作者、作者识别号、编者、团体作者、出版物名称、DOI、出版年、地址等字段。

Web of Knowledge 一站式检索界面如图 2 – 28 所示。

2.5.4 检索示例

检索 2000—2011 年关于"Stable and Real-time Tracking Algorithm for Outdoor Augmented Reality"的文献。

1. 课题分析

（1）时间范围：2000—2011 年。

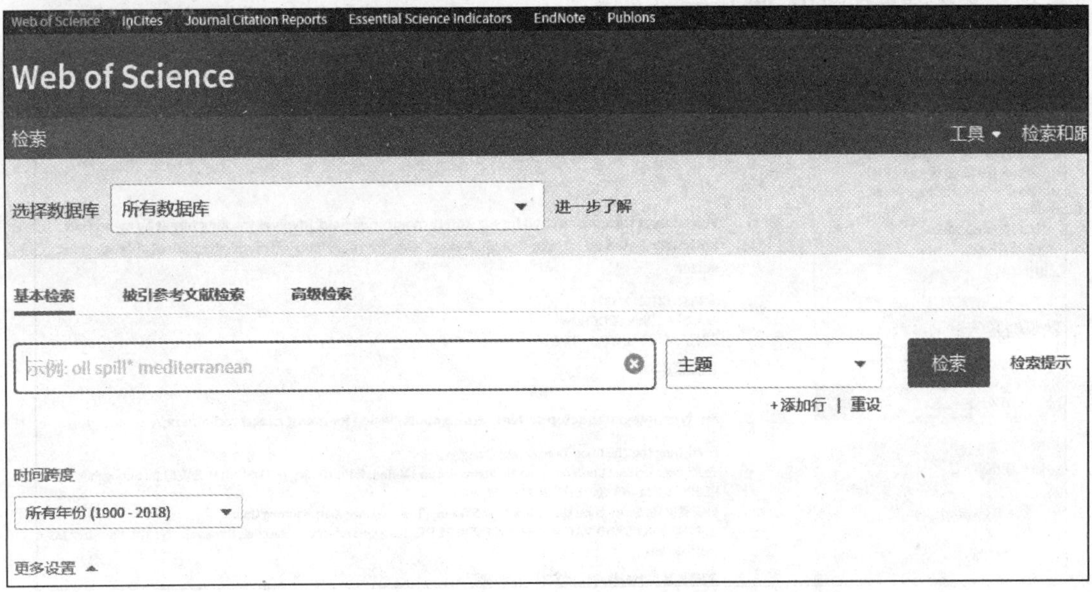

图 2-28　Web of Knowledge 一站式检索界面

（2）关键词选取：SIFT、Scale Invariant Feature Transform、real-time tracking、outdoor tracking、outdoor augmented reality。

（3）检索策略：实行一站式检索。

2. 具体检索过程

（1）根据检索词编辑检索式：(SIFT or (Scale Invariant Feature Transform)) and ((real-time tracking) or (outdoor tracking) or (outdoor augmented reality))。

（2）进入数据库一站式检索界面，选定检索字段为“主题”，输入检索式，进行检索，如图 2-29 所示。

图 2-29　检索界面

（3）检索结果如图 2－30 所示。

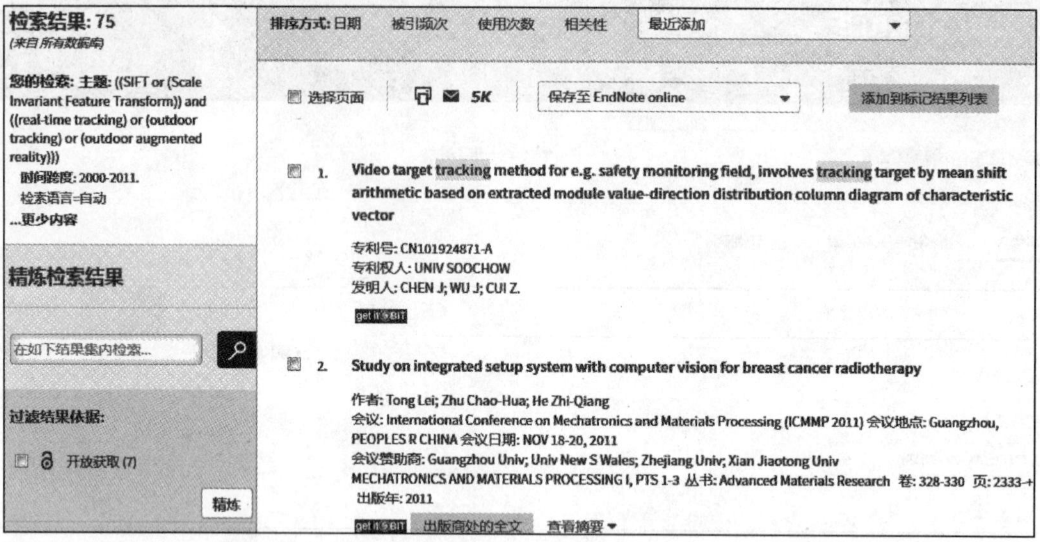

图 2－30　检索结果

（4）查看具体摘要信息——专利文献，如图 2－31 所示。

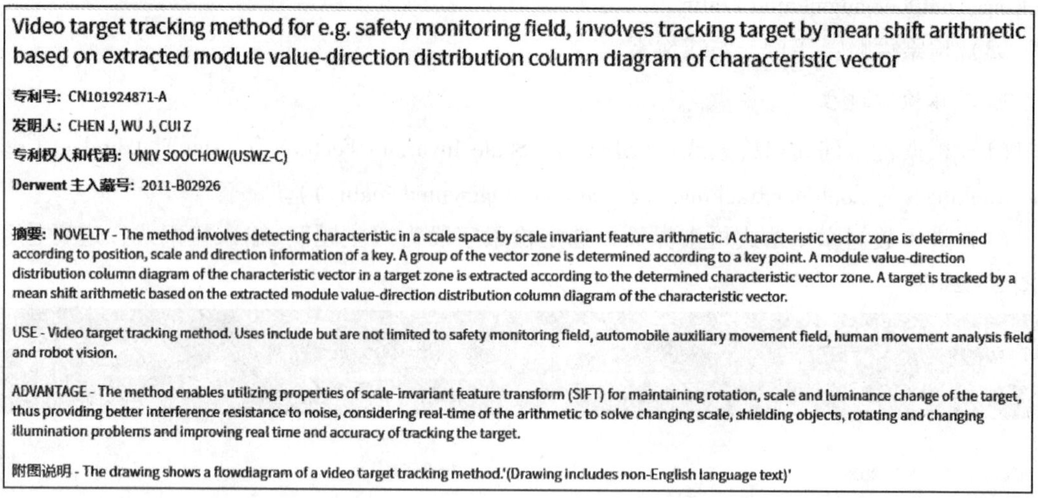

Video target tracking method for e.g. safety monitoring field, involves tracking target by mean shift arithmetic based on extracted module value-direction distribution column diagram of characteristic vector

专利号: CN101924871-A

发明人: CHEN J, WU J, CUI Z

专利权人和代码: UNIV SOOCHOW(USWZ-C)

Derwent 主入藏号: 2011-B02926

摘要: NOVELTY - The method involves detecting characteristic in a scale space by scale invariant feature arithmetic. A characteristic vector zone is determined according to position, scale and direction information of a key. A group of the vector zone is determined according to a key point. A module value-direction distribution column diagram of the characteristic vector in a target zone is extracted according to the determined characteristic vector zone. A target is tracked by a mean shift arithmetic based on the extracted module value-direction distribution column diagram of the characteristic vector.

USE - Video target tracking method. Uses include but are not limited to safety monitoring field, automobile auxiliary movement field, human movement analysis field and robot vision.

ADVANTAGE - The method enables utilizing properties of scale-invariant feature transform (SIFT) for maintaining rotation, scale and luminance change of the target, thus providing better interference resistance to noise, considering real-time of the arithmetic to solve changing scale, shielding objects, rotating and changing illumination problems and improving real time and accuracy of tracking the target.

附图说明 - The drawing shows a flowdiagram of a video target tracking method.'(Drawing includes non-English language text)'

图 2－31　专利文献摘要信息界面

2.6　OCLC FirstSearch

2.6.1　数据库介绍

网址：http：//firstsearch. oclc. org

OCLC FirstSearch（第一检索）现称“信息第一站”（已在中国大陆注册）是大型综合

的、多学科的数据库平台，涉及广泛的主题范畴，覆盖所有领域和学科。

2.6.2　数据库资源

OCLC FirstSearch 基本组数据库共有 13 个子数据库，涵盖的文献类型多样，包括图书、硕/博士论文、学术期刊、会议论文、机构知识库等；涵盖所有学科，如农业、商业、科学、技术、文学、医学、宗教、哲学、语言、法律、政治学、心理学、社会学、经济学、教育学、地理学、历史学、人类学、美术以及图书馆学等；所有信息来源于全世界知名图书馆和知名信息提供商。

OCLC FirstSearch 的数据库资源主要如下：

（1）ArticleFirst 数据库包括 1990 年以来的 16 000 多种来自世界各大出版社的期刊目次表页面上的各项内容，每条记录都对期刊中的一篇文章、新闻故事、信件和其他内容进行描述，并且提供收藏该期刊的图书馆名单。这些期刊的语言大多为英文，同时也有部分为其他语种。目前该库有超过 3 200 万条记录，主题涵盖商业、人文、医学、科学、技术、社会科学、大众文化等。该数据库每天更新。

（2）ClasePeriodica 数据库由 Clase 和 Periodica 两部分组成，其中 Clase 专门登载对社会科学与人文科学的拉丁美洲期刊中的文献所作的索引；Periodica 则涵盖专门登载科学与技术文献的期刊。该数据库对 2 700 多种以西班牙文、葡萄牙文、法文和英文发表的学术期刊中的 65 万多条书目引文提供检索，不但包括以泛美问题为主的期刊中的信息，还含有在 24 个不同的拉丁美洲和加勒比海地区出版的文章、论文、单行本、会议录、技术报告、采访以及简注。其中，Clase 收录的期刊从 1975 年开始至今，Periodica 收录的期刊从 1978 年开始至今。其主题有农业科学、历史、人类学、法律、艺术、图书馆学与信息科学、生物学、语言学与文学、化学、管理与会计、通信科学、医药学、人口统计学、哲学、经济学、物理学、教育学、政治学、工程学、心理学、精密科学、宗教学、外交事务、社会学和地球科学。该数据库每三个月更新一次。

（3）Ebooks 收录了 OCLC First Search 成员图书馆编目的所有电子书的书目信息，接近 1 300 万种，涉及所有主题，涵盖所有学科，收录日期从公元前 1 000 年至今。该数据库每天更新。

（4）ECO-Index（Electronic Collection Online）是一个学术期刊索引数据库，收录了自 1995 年以来来自世界上 70 多家出版社的 5 000 多种期刊，总计 680 多万条记录，涉及几乎所有学科，主要有农业、商业、科学、技术、文学、医学、宗教、哲学、语言、法律、政治学、心理学、社会学、经济学、教育学、地理学、历史学、人类学、美术以及图书馆学等。该数据库每天更新一次。

（5）ERIC 是由美国教育资源信息中心整理的已出版的和未出版的教育方面文献的一个指南，涵盖数千个教育专题，提供了最完备的教育书刊的书目信息，包括对发表在 Resources in Education（RIE）月刊上的非期刊资料与每个月发表在 Current Index to Journals in Education（CIJE）上的期刊文章的注释参考，涵盖了从1966 年到现在的有关教育方面的几乎所有资料。ERIC 收录了 1 000 多种期刊和其他资料，共有记录 140 多万条，包括一个 ERIC 叙词表，可免费阅读约 24 万篇全文文章。其主题有成人教育、职业教育、教育评估、残疾与天才教育、小学与幼儿教育、高等教育、城市教育、教育管理、信息与技术、语言学与语音学、阅读与交流、教师与教师教育等。该数据库每月更新一次。

（6）MEDLINE 数据库标引了国际上出版的近 2 万种期刊，相当于印刷型的索引，如同 Index Medicus、Index to Dental Literature 和 International Nursing Index，包括成千上万条附有实质性摘要的记录。MEDLINE 数据库收录了从 1950 年至今的 2 100 多万条记录，主题涵盖了所有医学领域，包括临床用药、牙科学、教育、试验、药品、健康服务管理、护理、营养、病理学、精神病学、毒物学和兽医药品。该数据库每天更新。

（7）OAIster 全球联合机构知识库是 2002 年密歇根大学在美国梅隆基金会的资助下开展的项目，目前发展成全球最大的开放档案资料数据库，为研究者提供多学科数字资源。该数据库的记录数量已达 2 100 多万条，来自 1 100 多家图书馆及研究机构，包括数字化图书与期刊文章、原生数字文献、音频文件、图像、电影资料、数据集、论文、技术报告、研究报告等。每条记录包括数字资源的全文链接，用户可以查看、下载和保存大量的图片及全文内容。数据库每三个月更新一次。

（8）PapersFirst 数据库是一部在世界范围内召开的大会、座谈会、博览会、研讨会、专业会、学术报告会上发表的论文的索引，涵盖 1993 年以来所有来自大英图书馆文献供应中心的发表过的研讨会、大会、博览会、研究讲习会和会议的资料，共有 810 多万条记录，所包含的主题就是在所报道的会议中讨论的各种主题，可通过馆际互借获取全文。该数据库每两周更新一次。

（9）ProceedingsFirst 是 PapersFirst 的相关库，是一部在世界范围内召开的大会、座谈会、博览会、研讨会、专业会、学术报告会上发表的会议录的索引，涵盖了 1993 年以来所有来自大英图书馆文献供应中心的发表过的研讨会、大会、博览会、研究讲习会和会议的资料，而且每条记录都包含一份在每次大会上所呈交的文件的清单，从而提供了各次活动的概貌，共有近 46 万条记录。该数据库每周更新两次。

（10）WorldCatDissertations 收集了 WorldCat 数据库中的所有硕/博士论文和以 OCLC FirstSearch 成员馆编目的论文为基础的出版物，涉及所有学科，涵盖所有主题。WorldCat 硕/博士论文数据库最突出的特点是其资源均来自世界一流高校的图书馆，如美国的哈佛大学、耶鲁大学、斯坦福大学、麻省理工学院、哥伦比亚大学、杜克大学、西北大学以及欧洲的剑桥大学、牛津大学、帝国理工大学、欧洲工商管理学院、巴黎大学、柏林大学等，共有 1 800 多万条记录，其中 100 多万篇有免费全文链接，可免费下载，是学术研究中十分重要的参考资料。该数据库每天更新。

（11）WorldCat 是世界上最大的书目记录数据库，包含 OCLC FirstSearch 近两万家成员馆编目的书目记录和馆藏信息。WorldCat 从 1971 年建库到目前为止，共收录有 480 多种语言总计近 19 亿条馆藏记录、2. 8 亿多条独一无二的书目记录，每个记录中还带有馆藏信息，基本上反映了从公元前 1 000 多年至今世界范围内的图书馆所拥有的图书和其他资料，代表了 4 000 年来人类知识的结晶。文献类型多种多样，包括图书、手稿、地图、网址与网络资源、乐谱、视频资料、报纸、期刊与杂志、文章以及档案资料等。该数据库平均每 10 秒更新一次。

（12）GPO 是美国政府出版物数据库（U. S. Government Printing Office），由美国政府出

版署创建，覆盖1976年以来各种各样的美国政府文件，包括美国国会的报告、听证会、辩论、记录、司法资料以及由行政部门（国防部、国务院、总统办公室等）颁布的文件，每条记录包含一个书目引文，共有60多万条记录。该数据库每月更新一次。GPO的用户包括美国国会图书馆、纽约大学、华盛顿大学、密歇根大学、俄亥俄州图书馆和信息网络（OhioLINK）等。

（13）SCIPIO是世界上唯一一个在线的艺术品和珍本拍卖目录数据库，涵盖了从16世纪晚期到目前已排定日期但尚未举行的拍卖中的出售目录，共有300多万条记录。每条记录包含出售日期和地点、目录题名、拍卖行、出售者、拥有馆藏的图书馆。SCIPIO提供北美和欧洲主要拍卖行以及许多私下销售的拍卖目录，是了解艺术品、珍本、收藏历史、古今市场趋势的珍贵信息来源。其涉及的主题有珍本、绘画、艺术作品、雕塑、素描、家具、珠宝、房地产、纺织品和地毯等。该数据库每天更新。SCIPIO的用户包括美国国会图书馆、哈佛大学、芝加哥大学、芝加哥艺术学院、耶鲁大学、普林斯顿大学、加州大学系统的10所分校等。

2.6.3　数据库检索

1. 检索途径

进入OCLC FirstSearch页面后，页面有左、右两栏，先在左栏选择学科类目，之后在下一个页面中选择数据库，在输入框中输入检索词或检索式即可。

输入网址进入OCLC New FirstSearch（新版OCLC FirstSearch）页面后，第一个界面下部有四个输入框。在左上输入框，输入某一关键词，单击“List”按钮，可检出含有该关键词的数据库。之后在数据库左边的小方框中单击选择数据库，最多可选择3个数据库。此时的界面中有一输入框，在其中输入检索词或检索式，单击“检索”按钮后，显示屏上出现简单检索结果。

每条记录左边都有一个小方框，可单击作标记。或者在左下输入框内，点选学科类目，右下输入框中点选数据库；之后在右上输入框中输入检索词，单击“检索”按钮后，即可完成检索。

检索字段有：关键词、著者、篇名。

显示检索结果时可对检索出的记录作标记，即在记录的左边小方框中单击，出现小勾，表示已作上标记。检索结果界面的左边有一排选择键：显示记录的详细信息，显示作过标记的记录，前记录，检索，退出。右上方有一排选择键：E-mail，打印，帮助。通过单击界面上部的按钮“E-mail”或“print”可将检索结果直接发回自己的E-mail信箱或打印。

在检索结果表上，可获得用图标指明的CALIS馆藏情况。若属于CALIS馆藏，可以通过CALIS成员馆进行馆际互借索取原文。

2. 一站式检索界面

OCLC FirstSearch一站式检索界面如图2－32所示。

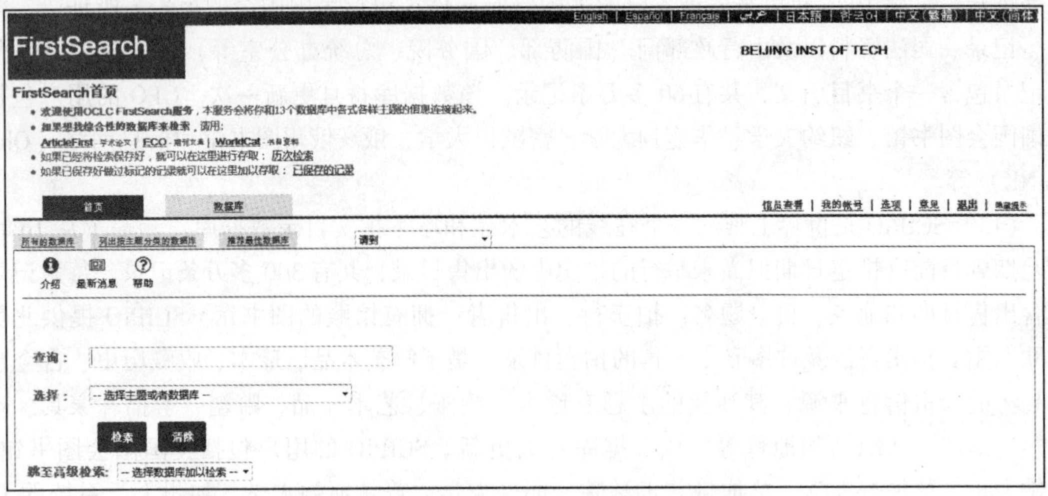

图 2-32　OCLC FirstSearch 一站式检索界面

2.7　EBSCOhost

2.7.1　数据库介绍

网址：http：//search. ebscohost. com/

EBSCO 出版公司是世界上最大的全文期刊数据集成出版商，具有功能强大的数据库检索系统，通过 EBSCOhost 检索平台可以访问超过 375 种全文和辅助研究数据库，内含外文期刊、杂志、图书、产业报告、行业出版物、专著、市场研究报告等多类资源。

2.7.2　数据库资源

EBSCO host 检索平台提供如下数据库的使用。

1. 综合学科全文数据库（Academic Search Complete）

数据库收录期刊 16 000 多种，包括 8 500 多种全文期刊（其中 7 000 种为专家评审期刊）、800 多种非期刊类全文出版物（如图书、报告及会议论文等）。

收录文献的主题范畴：社会科学、教育、法律、医学、语言学、人文、工程技术、工商经济、信息科技、通信传播、生物科学、教育、公共管理、社会科学、历史学、计算机、科学、传播学、法律、军事、文化、健康卫生医疗、宗教与神学、生物科学、艺术、视觉传达、表演艺术、心理学、哲学、妇女研究、各国文学等。收录年限：1887 年至今。

2. 商管财经全文数据库（Business Source Premier）

该数据库收录 6 200 多种期刊索引及摘要，其中近 2 200 种为全文期刊（包括 1 100 多种同行评审全文期刊）及 24 000 多种非刊全文出版物（如案例分析、专著、国家及产业报告等）。

独特的全文期刊主要有：

（1）Harvard Business Review（自1922年10月1日第一卷第一期至今，没有时滞）；

（2）Administrative Science Quarterly；

（3）Academy of Management Journal；

（4）Academy of Management Review；

（5）Journal of Marketing；

（6）Journal of Marketing Research（JMR）；

（7）MIS Quarterly；

（8）Communications of the ACM；

（9）International Journal of Production Research 等。

同时还收录以下期刊：

（1）Business Monitor International；

（2）CountryWatch Incorporated；

（3）Datamonitor Plc.；

（4）EIU：Economist Intelligence Unit；

（5）Global Insight Inc.；

（6）ICON Group International Inc.；

（7）PRS Group Inc.（Political Risk Yearbook）等1 400种各种知名出版社的国家/地区报告（全文）。

收录文献的主题范畴：金融、银行、国际贸易、商业管理、市场行销、投资报告、房地产、产业报道、经济评论、经济学、企业经营、财务金融、能源管理、信息管理、知识管理、工业工程管理、保险、法律、税收、电信通信等。收录年限：1886年至今。

3. 大众传媒全文数据库（Communication & Mass Media Complete，CMMC）

收录如下著名学/协会及出版社的1 000多种期刊，其中642种为全文收录：

（1）美国传播协会（National Communication Association）；

（2）国际商业交流学会（International Association of Business Communicators）；

（3）美国营销学会（American Marketing Association）；

（4）新闻传媒教育学会（Association for Education in Journalism & Mass Communication）；

（5）Blackwell Publishing Limited；

（6）剑桥大学出版社（Cambridge University Press / UK）；

（7）加拿大传播期刊（Canadian Journal of Communication）；

（8）哥伦比亚新闻业评论（Columbia Journalism Review）；

（9）报纸研究期刊（Newspaper Research Journal）；

（10）Springer Science & Business Media B. V.；

（11）影视大学协会（University Film & Video Association）；

（12）世界传播协会（World Communication Association）。

4. H. W. Wilson 全文期刊精选库（OmniFile Full Text Select）

H. W. Wilson 全文期刊精选库收录期刊3 000余种，内容覆盖应用科技、艺术、生物农业、教育、普通科学、人文、社会科学、法律、图书馆与信息情报学、商业等几乎所有学科领域。文献最早回溯至1980年。其提供HTML全文以及可以下载的MP3音频文件。HTML全文可即时译成包括简/繁体中文在内的12国语言。

5. 艺术与建筑数据库（Art & Architecture Source）

艺术与建筑数据库是由Art & Architecture Complete和Art Full Text两个数据库合并而成的。其收录的内容有：室内设计、广告艺术、装饰艺术、景观设计、城市规划、建筑历史、建筑设计、环境艺术、考古、工艺、美术及雕塑等方面的期刊、手册、图书及博物馆公报等文献；包括来自法国、意大利、荷兰、德国和西班牙的730多种全文期刊和220多种全文书籍，63 000多幅来自Picture Desk等出版社的图片集等。

6. 艺术博物馆影像图库（Art Museum Image Gallery）

该数据库收录公元前3 000年至今的艺术作品，跨越5 000年文化艺术；提供大量近、现代艺术家作品；囊括非洲、亚洲、欧洲、美洲艺术，包括土著美国文化及美国中部文化。为文化研究、区域研究、妇女研究、考古、历史、宗教、社会科学、文学、戏剧研究及戏剧服装、道具设计等领域提供丰富的电子艺术资源；包括全球1 800多家博物馆、美国国会图书馆图片与摄影部（The Library of Congress, Prints and Photographs Division）的166 000幅博物馆馆藏高清图片、1 000多个博物馆馆藏多媒体文件，全部图片均可供教学研究使用，无版权之忧。

7. EBSCO美洲回溯典藏文献

EBSCO与美国古文物学会（American Antiquarian Society, AAS）合作，提供1684—1912年从美国殖民时期到内战和重建生活的丰富历史档案回溯文献，包括50多个主题的子库，收录约8 000多种杂志和期刊的数字图像，内容有广告、健康、女权平等运动、科学、奴隶历史、工业和职业、宗教问题、文化和艺术等。

8. “一带一路”资源中心（The Belt and Road Initiative Reference Source）

“一带一路”资源中心是EBSCO公司专为研究人物、文化以及“一带一路”涵盖的国家政策经济所设计，提供包含“一带一路”沿线的65个国家的出版文献。该数据库收录超过5 100种特色全文期刊，可回溯至1975年；此外还收录有120多种报纸与电讯新闻全文内容以及500多种报告及会议录，提供多语种检索。

9. EBSCO电子图书（原NetLibrary电子图书）

EBSCO电子图书涉及学科广泛，包括商业与经济、计算机科学、教育、工程与技术、历史、法律、数学、哲学、心理学、政治学、社会学、艺术与建筑等。截至2012年9月底，可访问电子图书共10 000多种，既可以直接搜索，也可以按照目录分类浏览。所有电子图书都内嵌了在线字典功能，方便查询词义和读音。

10. GreenFile

GreenFile提供人类对环境产生的影响的深入研究信息，包括全球变暖、绿色建筑、污染、可持续农业、再生能源、资源回收等。

11. Library, Information Science & Technology Abstracts (LISTA)

该数据库收录期刊、图书、研究报告，包括240多种期刊的全文；主题涉及图书分类、目录、书目计量、在线信息检索、信息管理等；收录年限为1960年至今。

12. MEDLINE

MEDLINE由美国National Library of Medicine创建，采用了包含树、树层次结构、副标题的医学主题词表（MeSH）索引方法，可从4 800多种医学期刊中检索文献。

13. Newspaper Source

该数据库收录了40多种美国和国际报纸以及精选的300余种美国区域性报纸全文，此外还提供电视和广播新闻脚本。

14 美国博士论文档案数据库（American Doctoral Dissertations, 1933—1955）

该数据库为文摘数据库，内容为1933—1955年的美国博士论文，包含知名作家，例如Martin Luther King、Jr.、Henry Kissinger、Milton Friedman、Margaret Clapp等的著作。

15. Regional Business News

该数据库提供美国城市和乡村的244种商业期刊以及报纸和新闻。数据库每日更新。

16. H. W. Wilson图书评论摘要增强版数据库（Book Review Digest Plus）

该库收录涉及图书评论的8 000余种期刊，包括小说及非小说类文学作品的书评；共提供22万余篇书评全文；涉及近80万本图书；同一本书的全部评论与该书显示于同一界面；被评论书籍摘要均由威尔逊公司的专业人士撰写；适合各年龄段读者。

17. 教育学数据库

1）ERIC（Education Resource Information Center）

ERIC是美国教育部的教育资源信息中心数据库，收录了980多种教育及教育相关的期刊文献的题录和文摘。收录年限：1966年至今。

2）Education Source

该数据库收录了2 800多种学术期刊的索引和摘要，其中1 800种期刊提供全文；还收录了500多本图书和专著、教育领域会议文献、400多万篇文章（包括书评）的引文，以及超过10万种受控和互见参照的教育测验名称。其内容囊括了从幼儿早期教育一直到高等教育的完整教育阶段以及一些教育专业，例如多语言教育、健康教育和实验等，收录的全文文献最早回溯至1930年。数据库每月更新。

3）Teacher Reference Center

该数据库提供了280多种最畅销的教师和管理者期刊的索引和摘要，旨在为专业教育者提供帮助。

18. EBSCO运动科学全文数据库（SPORTDiscus with Full Text）

该数据库的内容来自加拿大的Sport Information Resource Center，是目前唯一收录全球运动信息的数据库。其收录了国际间和运动、健康有关的各类期刊、会议记录、研究报告、专著、学位论文；其中的960多种期刊中有670多种提供全文，全文最早回溯至1930年。此外还提供美国University of Oregon——International Institute for Sports and Human Performance收藏的7 000多种缩微胶片关于运动科学、健康、体能体育及舞蹈的相关文献，内容回溯至1947年。数据库涉及的学科有：运动医学、护理、运动科学、心理学、行政、运动法规、训练、体育、健康、运动生理学、休闲活动、历史等。

19. EBSCO eClassics 免费电子书

（1）富兰克林自传（The Autobiography of Benjamin Franklin）；

（2）《隐形人》（The Invisible Man）；

（3）《常识》（Common Sense）；

（4）《失乐园》（Paradise Lost）；

（5）《黛西·米勒》（Daisy Miller）；

（6）《一个美国黑奴的自传》（Narrative of the Life of Frederick Douglass）；

（7）《双城记》（A Tale of Two Cities）；

（8）《红色的英勇勋章》（The Red Badge of Courage）；

（9）《黑暗的心》（Heart of Darkness）；

（10）《超越奴役》（Up From Slavery）；

（11）《论自由》（On Liberty）；

（12）《鹰河桥事件》（An Occurrence at Owl Creek Bridge）；

（13）《屠场》（The Jungle）；

（14）《圣歌》（Anthem）；

（15）《理想国》（The Republic）；

（16）《远大前程》（Great Expectations）；

（17）《朗费罗的诗歌创作》（The Complete Poetical Works of Henry Wadsworth Longfellow）；

（18）《傲慢与偏见》（Pride and Prejudice）；

（19）《野性的呼唤》（The Call of the Wild）；

（20）《草叶集》（Leaves of Grass）；

（21）《白鲸记》（Moby Dick）；

（22）《最后的莫希干人》（The Last of the Mohicans）；

（23）《哈克贝利·费恩历险记》/《汤姆·索亚历险记》（The Adventures of Huckleberry Finn/Tom Sawyer's Comrade）；

（24）《红字》（The Scarlet Letter）；

（25）《呼啸山庄》（Wuthering Heights）。

2.7.3 数据库检索

EBSCOhost 主要提供检索选项、基本检索、高级检索、视觉搜索以及检索历史记录/快讯等检索服务。

EBSCOhost 主页如图 2－33 所示，Academic Source Premier 检索界面如图 2－34 所示。

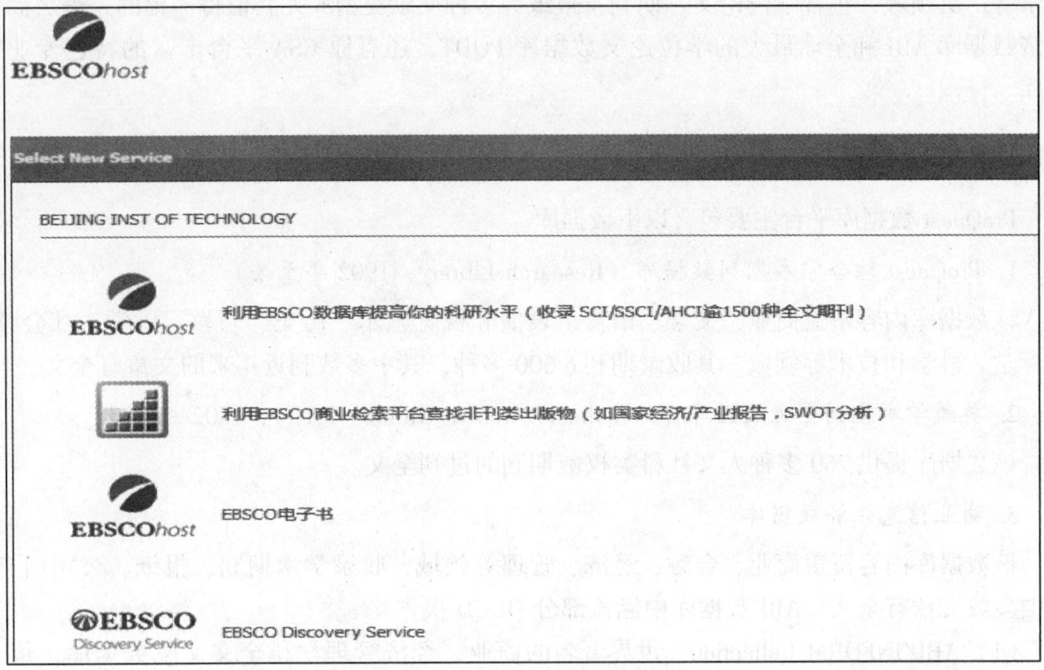

图 2-33　EBSCOhost 主页

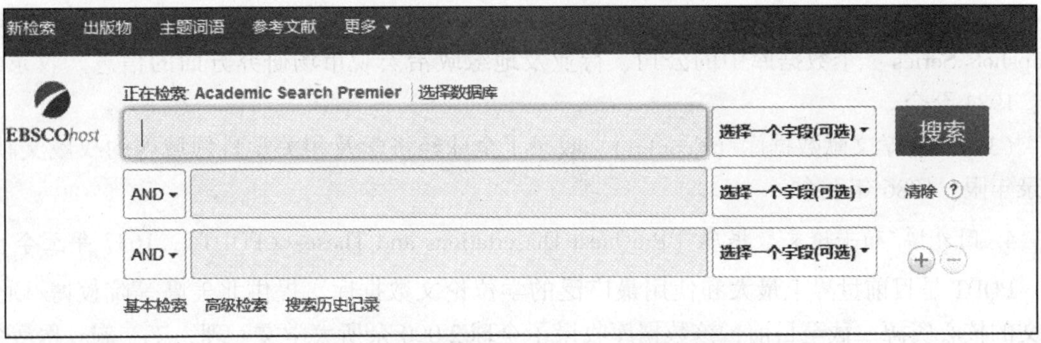

图 2-34　Academic Source Premier 检索界面

2.8　ProQuest 数据库平台

2.8.1　数据库介绍

网址：http：//search. proquest. com/

ProQuest Information and Learning 公司通过 ProQuest 数据库平台提供 60 多个文献数据库，包含文摘题录信息和部分全文。自 2012 年起，原剑桥科学文摘（Cambridge ScientificAbstracts，CSA）平台的数据库全部合并到 ProQuest 数据库平台。这些数据库涉及商业经济、人文社会、医药学、生命科学、水科学与海洋学、环境科学、土木工程、计算机科学、材料科学等广泛领域，包含学位论文、期刊、报纸等多种文献类型，尤其值得一提的是著名商业经济数据库 ABI 和全球最大的学位论文数据库 PQDT，还有原 CSA 平台丰富的特色专业数据库。

2.8.2 数据库资源

ProQuest 数据库平台主要包含以下数据库。

1. ProQuest 综合学术期刊数据库（Research Library，1902 年至今）

该数据库内容覆盖商业、文学、语言、表演和视觉艺术、历史、宗教、医学、社会学、教育学、科学和技术等领域。其收录期刊 6 600 多种，其中多数刊近年来的文章有全文。

2. 典藏学术期刊全文数据库［Periodicals Archive Online（PAO），1802—2006］

该数据库提供 760 多种人文社科类权威期刊的过刊全文。

3. 商业信息经济数据库

该数据库内容覆盖商业、金融、经济、管理等领域，收录学术期刊、报纸、公司信息，其中多数文章有全文。ABI 数据库中涵盖部分 OECD 报告。

（1）ABI/INFORM Collection：世界著名的商业、经济管理学科全文文献数据库，包含 ABI/INFORM Global、ABI/INFORM Trade & Industry 及 ABI/INFORM Dateline 三个子库的内容。

（2）Business Market Research Collection：包含 Hoover's Company Profiles、OxResearch、Snapshots Series 三个数据库中的公司、行业及地缘政治宏观市场研究方面的信息。收录年限：1984 至今。

（3）经济学文献数据库（EconLit）：收录了全球经济学及相关学科领域内的权威文献。收录年限：1886 年至今。

4. 国外博/硕士论文数据库［ProQuest Dissertations and Theses（PQDT），1637 年至今］

PQDT 是目前世界上最大和使用最广泛的学位论文数据库，提供北美高等院校博/硕士论文的核心资源。截至目前，该数据库收录了全球 2 000 余所大学文、理、工、农、医等领域近 400 万篇毕业论文的摘要及索引信息。目前，该数据库中还收录了 CALIS 高校学位论文文摘数据近 15 万篇，并且在不断增加中。该数据库中多数论文的前 24 页可以免费预览。如需完整论文原文，可先查询 ProQuest 学位论文全文库，若没有可向图书馆申请免费荐购 ProQuest 学位论文。此外，还可通过清华图书馆馆际互借处（逸夫馆大厅）办理订购手续。

5. 心理学数据库

（1）心理学全文期刊数据库（PsycARTICLES，1894 年至今）；

（2）心理学文摘索引数据库（PsycINFO，1963 年至今）；

（3）美国国家创伤后应激障碍中心数据库（PILOTS，1871 年至今）。

6. 科学与技术全辑（SciTech Premium Collection，1946 年至今）

该数据库囊括自然科学全文资源专辑（Natural Science Collection）与技术全文资源专辑（Technology Collection）两部分的内容，并提供特定专业的文摘索引数据库。

1）自然科学全文资源专辑（Natural Science Collection）

该专辑广泛收录了农业科学、水生科学、大气科学、生物学、地球科学、环境科学及其他相关学科领域出版的核心学术期刊及其他类型出版物的内容。其包含以下三个主要数据库：

（1）农业科学与环境科学期刊全文数据库（Agricultural & Environmental Science Database，1950年至今）：由著名的AGRICOLA数据库、环境科学与污染管理数据库（Environmental Sciences and Pollution Management）及环境影响力评价数据库（Environmental Impact Statement database）三个数据库组成，收录农业及环境学领域出版的全球核心出版物的全文文献，资源类型包含学术期刊、行业出版物、杂志、技术报告、会议论文、政府出版物等。该数据库还为研究人员提供撰写全面的文献综述所需的其他类型的资源，如专业的文摘索引信息，便于读者获取其研究领域相关学科的重要学术研究文献及技术材料。

（2）地球科学、大气科学与水产科学期刊全文数据库（Earth，Atmospheric & Aquatic Science Database，1950年至今）：包含气象学和地球天体物理学文摘数据库（Meteorological & Geoastrophysical Abstracts）和水产科学与渔业文摘数据库（Aquatic Sciences & Fisheries Abstracts database），以及地球科学、大气科学与水产科学领域出版的全球核心出版物的全文文献，资源类型包含学术期刊、行业期刊、杂志、技术报告、会议论文、政府出版物等。

（3）生物科学期刊全文数据库（Biological Science Database，1809年至今）：包含生物科学数据库（Biological Sciences）、医学文献数据库（MEDLINE）及毒理学文献数据库（TOXLINE）三个子库，收录生物学领域全球核心出版物的全文文献，资源类型包含学术期刊、行业期刊、杂志、技术报告、会议论文、政府出版物等。

2）技术全文资源专辑（Technology Collection）

该专辑涵盖广泛的学术文章，配备受控词表功能。其包含以下两个主要数据库：

（1）高科技与航空航天期刊全文数据库（Advanced Technologies & Aerospace Database，1890年至今）：包含著名的航空航天数据库，提供从全球学术期刊、商业和行业期刊、杂志、技术报告、会议论文、政府出版物和更多资料收录的全文出版物。

（2）材料学与工程学期刊全文数据库（Materials Science & Engineering Database，1900年至今）：索引世界上最重要的材料科学和工程文献，将它们与众多全文内容（学术期刊、行业期刊、杂志、技术报告、会议论文、政府出版物等其他资料）精妙结合。

7. 美国政府报告题录数据库［National Technical Information Service（NTIS），1964年至今］

NTIS收录了1964年以来美国国防部、能源部、内政部、宇航局（NASA）、环境保护局、国家标准局等国家、州及地方政府部门立项研究完成的项目报告，少量收录世界各国（如加拿大、法国、日本、芬兰、英国、瑞典、澳大利亚、荷兰、意大利）和国际组织的科学研究报告、期刊文献、数据集、计算机程序以及音视频文献，包括项目进展过程中所做的初期报告、中期报告和最终报告等，能够及时反映科技的最新进展。

8. 设计与应用艺术索引（Design and Applied Art Index，DAAI）

该数据库收录了1964年至今600多种设计与工艺领域的学术期刊，同时收录了19世纪中期以来的创新设计、设计和应用艺术方面的发展信息。该数据库收录了大量美国以外国家出版的重要期刊，比如澳大利亚、德国、荷兰、意大利、西班牙、日本和土耳其等。

2.8.3 数据库检索

ProQuest 数据平台的检索功能主要有：简单检索、高级检索以及浏览。

ProQuest 数据平台的检索界面如图 2－35 所示。

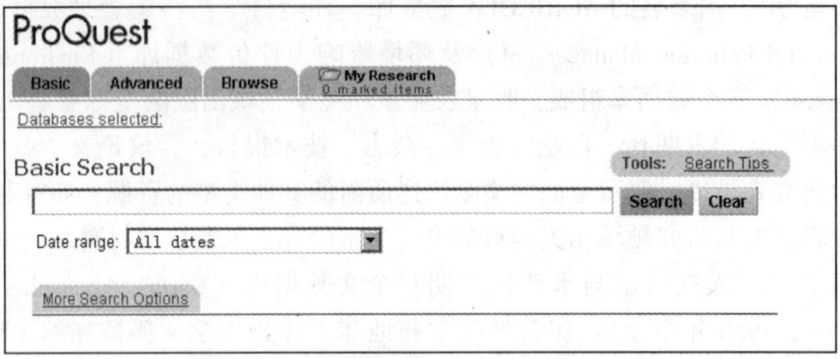

图 2－35　ProQuest 数据平台的检索界面

本章小结

本章主要介绍了国内外著名的综合信息资源检索系统和学术资源发现系统。我国著名的四大综合信息资源检索系统为万方数据知识服务平台、中国知网、中国高等教育文献保障系统、国家科技图书文献中心。国外著名的信息资源检索系统主要有 Web of Knowledge、OCLC FirstSearch、EBSCO、ProQuest 等。

思考题

一、简答题

1. 万方数据知识服务平台的数据库有哪些特色？其资源类型可以分为哪几种？
2. 中国知网的数据库有哪些特色？它包含哪些重要的子数据库？
3. 中国高等教育文献保障系统中有哪些数据库资源？如何对这些资源进行检索？
4. 国家科技图书文献中心有哪些服务内容？如何对其中的资源进行跨库检索？

二、实习题

1. 利用万方数据知识服务平台的跨库检索系统，检索“差分微带天线”方面的文献。
2. 利用中国知网的跨库检索系统，检索“差分射频”方面的文献。

第3章

图书信息资源检索系统

3.1 概述

3.1.1 图书

1. 图书的定义

图书是通过一定的方法与手段将知识内容以一定的形式和符号（文字、图画、电子文件等），按照一定的体例，系统地记录于一定形态的材料之上，用于表达思想、积累经验的一种特定的不断发展着的保存知识与传播知识的工具，它是人类社会实践的产物。

图书是经过加工重组的文献，同其他类型出版物相比，具有系统、完整、全面、成熟、定型、独立等特点，是目前科技文献最主要的出版形式，但科技图书出版时间较长，不能及时、迅速地反映最新的科研成果。

图书按其内容和读者对象可分为以下 4 类：

（1）专著：是从事某项专业的专家所撰写的某一专题、某一学科方面的全面系统的著作，它是构成科技图书的主体，主要为科技人员提供参考。

（2）科普读物：指以普及科学知识为目的的读物，有初、中、高级之分。这种读物发行量较大，读者面比较广。

（3）教科书：指根据教学大纲要求，结合学生的知识水平编写的教学用书，其内容一般都是基本原理和事实，具有通俗易懂、准确可靠等特点。

（4）参考工具书：指各种手册、年鉴、词典、百科全书、图册、组织机构指南、人名录、地名录一类的图书。这类图书出版周期长，但信息量大，内容全面，是查找事实、数据、情报、信息的有用的工具。

一本正式出版的印刷型图书包括封面、书名页、版权页、正文等部分。其中版权页是判别图书价值的重要依据。版权页一般包括出版单位信息、版次、印次、开本、字数、国际标准书号。

国际标准书号（International Standard Book Number，ISBN）是国际通用的图书或独立的出版物代码。国际标准书号由13位数字组成：前3位数字代表图书，中间的9个数字分为3组，分别表示组号、出版社号和书序号，最后1个数字是校验码。4组数字之间一般用连字符“-”连接，如978-7-5618-2503-7，但人们经常在书目记录中省略连字符，如9787561825037。

2. 构成图书的要素

图书主要由以下几个方面构成：

（1）被传播的知识信息。

传播知识信息是图书的基本职能，知识信息是构成图书的基本因素。图书的内容是伴随着人类对自然与自身认识的不断深化而发展的。整个人类思想文化的发展史都可以在图书的内容中得到反映。

（2）记录知识的文字、图像信号。

（3）记载文字、图像信号的物质载体。

（4）图书的生产技术和工艺。

图书的生产技术包括两个方面：一是把文字符号转移到载体之上的复制技术；一是把载体加工成便于使用的装帧形式的技术。我国古代发明了造纸技术后，图书的装帧形式就逐渐由简策式发展到卷轴式。后来以抄写为手段的复制方式又被我国人民发明的印刷技术所取代，于是装帧形式又由卷轴式发展为册页式。图书生产技术上的进步，使大量生产图书的理想变为现实。

3.1.2 图书的检索

在现代文献资源中，图书是最普通的一种文献形式，世界上每年出版的图书有近百万种，在各高校图书馆、专业图书馆以及公共图书馆的馆藏中，图书占有相当大的比例。要掌握图书检索技术，必须掌握图书检索系统——书目检索系统。

到目前为止，我国所有的图书馆都建立了OPAC书目检索系统。书目检索系统以提供和确定文献的来源信息为主要内容，从图书的外表特征出发，可以通过书名、丛书名、著者、出版社、ISBN、索书号、分类号等途径来检索图书；从图书的内容特征出发，检索图书主要有分类与主题两种途径。

1. OPAC系统

目前，书目检索系统主要有书目数据库OPAC系统。OPAC（On line Public Access Catalog）即联机公共检索目录，于20世纪70年代初发端于美国大学和公共图书馆，是一种通过网络查询馆藏信息资源的联机检索系统，用户可以在任何地方查询各图书馆的OPAC资源。

2. OPAC的发展简史

一般将OPAC的发展分为三代：第一代OPAC起源于编目系统，是卡片目录的机读版本，虽然比手工方式查询速度快，但检索功能没有本质上的变化；第二代OPAC更多地吸收了情报系统的优点，不仅检索功能完善，而且收录范围扩大，更多地考虑了用户的需求；第三代OPAC在20世纪90年代开始形成，与第二代OPAC相比，在智能化检索、交互式查询、参考咨询服务等方面有突破性进展，成为用户使用图书馆数字化资源的主要入口。

3. OPAC 系统的检索

OPAC 系统一般设置题名、责任者、主题词、分类号、索取号、ISBN/ISSN 号、出版社等字段，输入检索词就可以检索。系统执行后将逐条显示命中的书刊的基本信息，单击某个题名进一步显示详细的书目信息和馆藏及流通借阅信息，读者可以据此前往图书馆借阅。

由于图书馆的藏书数量相当庞大，读者不可能尽知每本图书的准确书名，因此在使用 OPAC 系统时，可以先通过题名、责任者、主题词等途径找出若干所需图书，然后从这些分类号入手，通过分类途径浏览、查询，最终找到自己所需要的图书。

3.1.3　检索中文图书常用的书目工具

检索中文图书常用的书目工具除了各图书馆的书目数据库外，还有全国性的书目工具，例如《全国新书目》《全国总书目》《中国国家书目》等书目数据库。

1.《全国新书目》

《全国新书目》是中国新闻出版总署主管、新闻出版总署信息中心主办的一份书目检索类期刊，该刊创刊于 1951 年 8 月，每月出版一期，全面介绍当月的新书出版信息。《全国新书目》设有“书业观察”“特别推荐”“新书评介”“书评文摘”“畅销书摘”“精品书廊”和“新书书目”等栏目。其中“新书书目”使用了国际标准图书分类法，读者可以简便、快捷地检索到所需内容。

《全国新书目》依托中国版本图书馆的 CIP 数据及馆藏样本数据，内容上以打造国家级书目杂志为目标，并根据市场需要对数据进行二级分类研发，根据不同读者群体的需要进行差异化服务、定向服务。与此同时，其还关注当前出版业、图书馆业的热点问题、实际需要，开辟一系列具有实用、专业服务功能的栏目，使杂志真正成为行业必备、读者需要的专业书目刊物。

2.《全国总书目》

《全国总书目》由新闻出版总署信息中心、中国版本图书馆编，由中华书局出版。

《全国总书目》收录 8.55 万余种图书，4 030 页，1 056 万字，16 开，精装本。全书分为上、下册，由“分类目录”“专门目录”和“书名索引”三部分组成。其所收录图书按“中国图书馆分类法”分类。文献著录依据中华人民共和国国家标准《普通图书著录规则》GB3792.2—85 著录。

《全国总书目》是国内唯一的年鉴性编年总目，自 1949 年以来逐年编纂，收录全国当年出版的各类图书，是出版社、图书馆、情报资料和科研教学等部门必备的工具书。《全国总书目》以中国版本图书馆征集的样本为依据，收录当年中国出版的公开发行和只限国内发行的各种文字的初版和改版图书（不包括重印书），也收录中小学、师范学校、业余学校教学用书。它由分类目录、专题目录和附录 3 部分组成。

自 2004 年开始，《全国总书目》以光盘的形式出版，目前可提供到 2016 年的书目数据。

3.《中国国家书目》

《中国国家书目》（Chinese National Bibliography）由北京图书馆《中国国家书目》编委会主编并出版。自 1985 年起，《中国国家书目》先以手工方式编印年累积本；自 1990 年 9

月开始以计算机为手段编制每月两期的速报本；可向国内外提供卡片、书本、磁盘、磁带、光盘等多种形式的书目工具。

该书目不但收录我国大陆出版的文献，而且还收录我国台湾、香港、澳门地区出版的文献和中国与其他国家共同出版的文献。其具体收录的文献类型和范围包括图书、连续出版物、地图、技术标准、博士论文、书刊索引、少数民族语言文献、盲文文献等。因此，它是目前我国收录文献最全的书目，是图书馆必备的一种采选文献的参考工具。

款目依据中国文献著录国家标准、“中国图书馆图书分类法”和《汉语主题词表》进行著录和标引。著录项目包括：文献题名、著者名称、版本项、发行项、载体形态项、丛书项、附注项、内容提要、国际标准书号、分类号、主题词等全部详细项目。款目按“中国图书馆图书分类法”分类顺序排列。该书目还有题名、著者、主题三种索引，均依汉语拼音顺序排列。主要的检索点有题名、作者、主题、关键词、分类号、出版社、题名与作者名汉语拼音等，可通过精确检索、模糊检索、单项检索、组配检索等进行。

3.2 OPAC 书目检索系统

3.2.1 单一馆藏 OPAC 目录与查询系统

到目前为止，我国的图书馆都已经建立了 OPAC 联机检索系统，因此，必须进入某一个具体图书馆的 OPAC 系统中，才能进行图书检索。

在图书的 OPAC 著录系统中，有很多必须著录的项目，如图书的书名、责任者、出版信息、载体形态、主题词、摘要等。在我国，虽然同时存在几种图书分类法，但大部分图书馆都是按照“中国图书馆分类法”来对图书进行分类排放。在图书的 OPAC 系统中，读者可以检索到题名、作者、出版信息、分类号、关键词等项目。

在我国高校图书馆和公共图书馆中，图书集成管理系统有很多种，其中比较著名的有中国科学院国家科学图书馆的 OPAC 系统，中国国家图书馆的 OPAC 系统，清华大学图书馆的 INNOPAC 系统，北京理工大学、北京航空航天大学图书馆等国内众多图书馆使用的南京汇文文献信息服务系统。下面主要介绍北京理工大学图书馆、中国科学院国家科学图书馆、中国国家图书馆的书目检索系统。

1. 北京理工大学图书馆的书目检索系统

北京理工大学图书馆的书目检索系统采用南京汇文文献信息服务系统。该系统的检索功能主要分为简单检索和多字段检索。简单检索界面主要提供题名、责任者、主题词、ISBN、订购号、分类号、索书号、出版社、丛书名、题名拼音、责任者拼音等字段的检索。其既可以对所有书刊进行检索，也可以单独对中文图书、西文图书、中文期刊、西文期刊进行检索。多字段检索界面同时提供题名、出版社、责任者、ISBN/ISSN、丛书名、索书号、主题词、起始年代等字段的检索。

其“馆藏书目简单检索”界面如图 3－1 所示。

其“馆藏书目多字段检索”界面如图 3－2 所示。

输入检索词“信息资源检索”，进行检索，如图 3－3 所示。

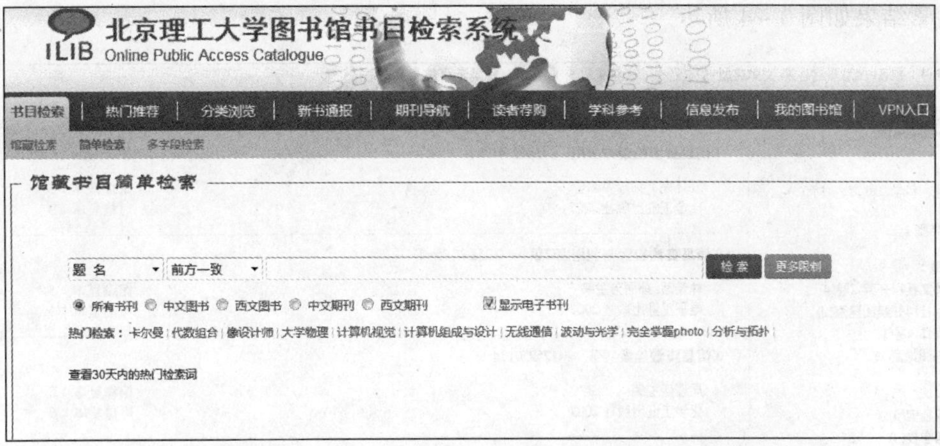

图 3-1　北京理工大学图书馆书目检索系统“馆藏书目简单检索”界面

图 3-2　北京理工大学图书馆书目检索系统“馆藏书目多字段检索”界面

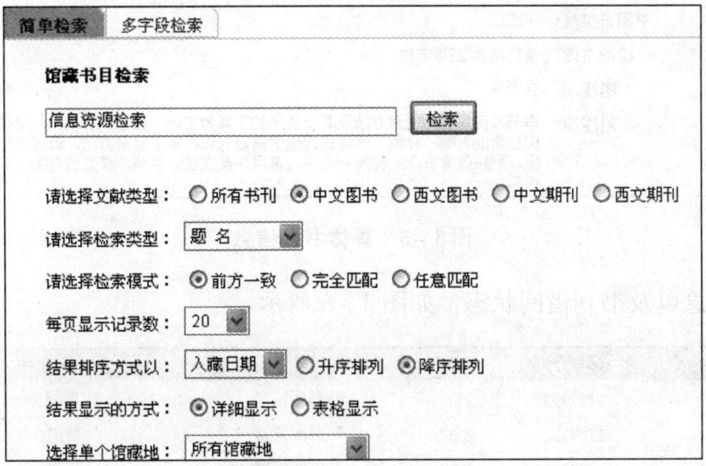

图 3-3　输入检索词

检索结果如图 3－4 所示。

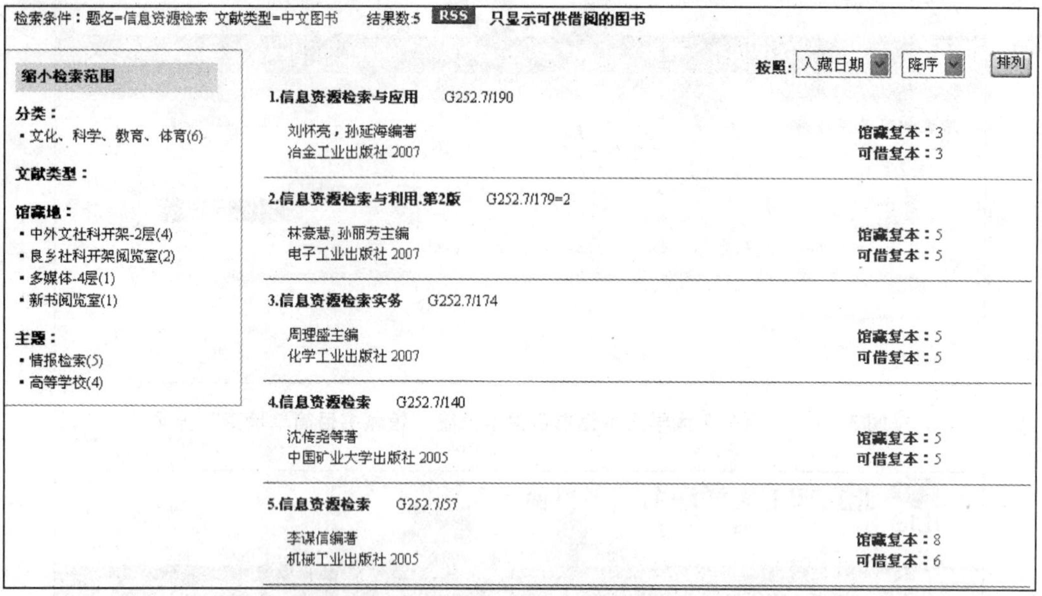

图 3－4　检索结果

查看具体书目信息，如图 3－5 所示。

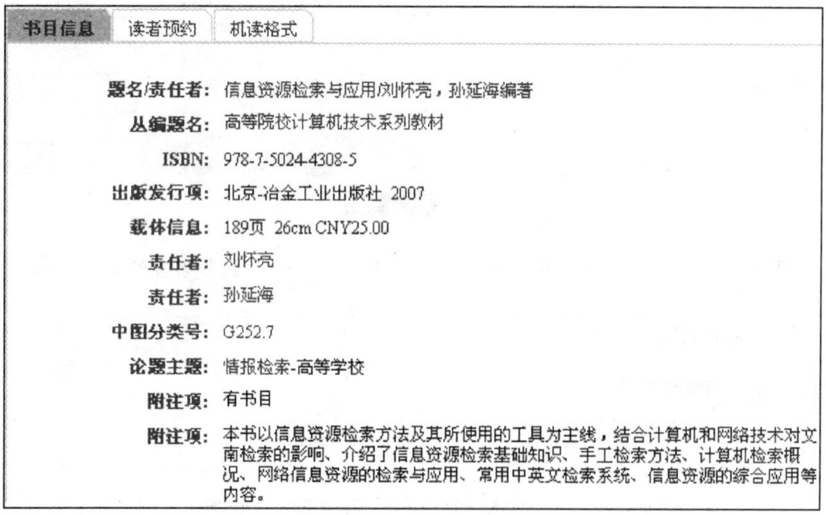

图 3－5　具体书目信息

具体馆藏信息以及书刊借阅状态，如图 3－6 所示。

索书号	条码号	年卷期	馆藏地	书刊状态
G252.7/190	1787923	2007	新书阅览室	可借
G252.7/190	1787922	2007	新书阅览室	可借
G252.7/190	1787921	2007	新书阅览室	可借

图 3－6　具体馆藏信息及书刊借阅状态

2. 中国科学院国家科学图书馆的书目检索系统

网址：http：//www. las. ac. cn

中国科学院国家科学图书馆检索界面如图3－7所示。

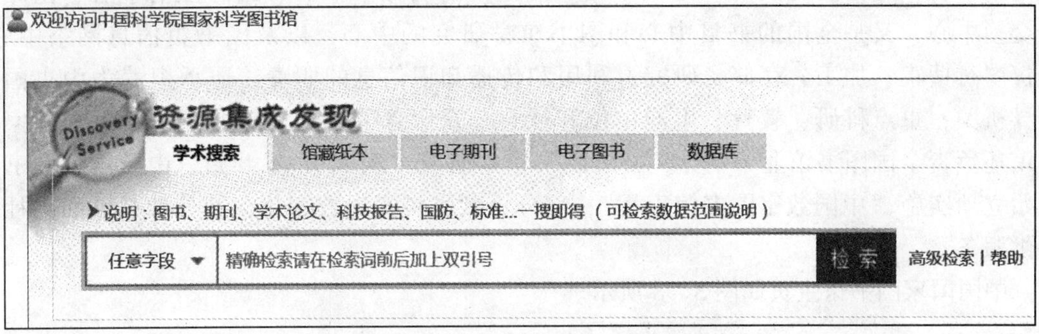

图3－7 中国科学院国家科学图书馆检索界面

在中国科学院国家科学图书馆的书目检索系统中不仅可以检索总馆馆藏目录，还可以检索兰州分馆馆藏目录、成都分馆馆藏目录、武汉分馆馆藏目录。除此之外，读者还可以选择使用更多研究所图书馆馆藏。其检索功能主要有：

（1）简单检索，检索途径包括作者、题名、主题、中图分类号、科图分类号、索书号等。

（2）高级检索，融合了 Alta vista 技术，提供关键词检索、二次检索、限定检索等；读者可以对自己的借阅情况进行查看；提供新书推荐服务，读者可以在此进行好书或新书的推荐；支持读者进行续借、预约/取消预约、续借等操作。

（3）提供新书通告服务，读者可以查看图书馆最近购买的新书，可以同时查询 OCLC、RLIN 等多个单位的 WebPAC。

（4）提供读者与图书馆的交流园地，读者可以在此提出建议或意见；提供 My Millennium 个性化服务，用户在检索过程中无须重复确认身份，读者可收到基于其兴趣的图书馆到书通知。

（5）查看历史借阅记录：单击左侧导航条中的“读者记录查询”按钮后，输入“读者证号”和“口令”，进入个性化界面，单击“My Reading History”按钮，就可以查看个人的历史借阅记录。

（6）网上自动续借功能：如果读者有权限进行续借，收到过期通知单3天内都可以进行续借，3天之后就不能进行续借操作了。

（7）网上自动预约功能：馆藏地为“四层西文自科图书区”和“四层中文自科图书区”的图书可以预约。

3. 中国国家图书馆

网址：http：//www. nlc. cn/

中国国家图书馆是综合性研究图书馆，是我国的国家总书库，是国家建立的负责收集和保存本国出版物，担负国家总书库职能的图书馆。中国国家图书馆馆藏资源包括图书、期刊、报纸、学位论文、古籍善本、特藏专藏、工具书、年鉴、电子出版物、缩微资料、视听资料。中国国家图书馆一般除收藏本国出版物外，还收藏大量外文出版物（包括有关本国的外文书刊），并负责编制国家书目和联合目录。中国国家图书馆是一个国家图书馆事业的推动者，是面向全国的中心图书馆，既是全国的藏书中心、馆际互借中心、国际书刊交换中心，又是全国的书目中心和图书馆学研究的中心，以及图书馆信息网络中心，不仅履行搜集、加工、存储、研究、利用和传播知识信息的职责，还承担着为中央国家领导机关，重点科研、教育、生产单位和社会公众服务的任务。除此之外，中国国家图书馆还负责全国图书馆业务辅导，开展图书馆学研究。从1998年开始，中国国家图书馆开始立项实施“中国数字图书馆工程”，部分馆藏资料实现数字化，部分数据已面向社会提供服务。

中国国家图书馆主页如图3－8所示。

图3－8　中国国家图书馆主页

中国国家图书馆分为总馆南馆、总馆北馆和古籍馆，馆藏3 518.15万册件、数字资源1 160.98 TB，其中古籍善本有200余万册。2008年中国国家图书馆建筑面积为28万平方米，是亚洲规模最大的图书馆，居世界国家图书馆第三位。

通过馆藏目录，读者可查看某本图书是否被国家图书馆收藏，还可查阅某本图书的具体馆藏信息，包括索书号、馆藏地址、单册信息等，通过读者卡登录，读者还可办理该书的网上预约、续借等手续。

中国国家图书馆的OPAC馆藏目录数据库可以对正题名、其他题名、著者、外文第一著者、主题词、中图分类号、论文专业、论文研究方向、论文学位授予单位、论文学位授予时间、出版地、出版者、出版年、丛编、索取号、ISSN、ISBN、ISRC、条码号等字段进行检索。

检索网址如下：

http：//opac. nlc. cn/F/B2LYQVUJH7V1LX1Q879MVTBI6FSA3XR8QTFMLLTCE1I6DSNA8G－84640？func＝file&file_name＝login－session

中国国家图书馆馆藏目录简单检索界面如图 3－9 所示。

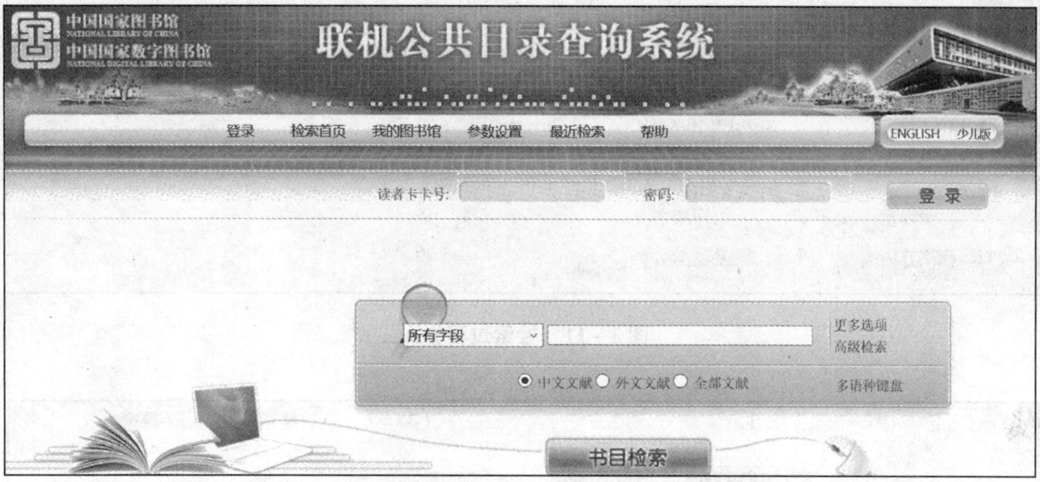

图 3－9　中国国家图书馆馆藏目录简单检索界面

中国国家图书馆馆藏目录高级检索界面如图 3－10 所示。

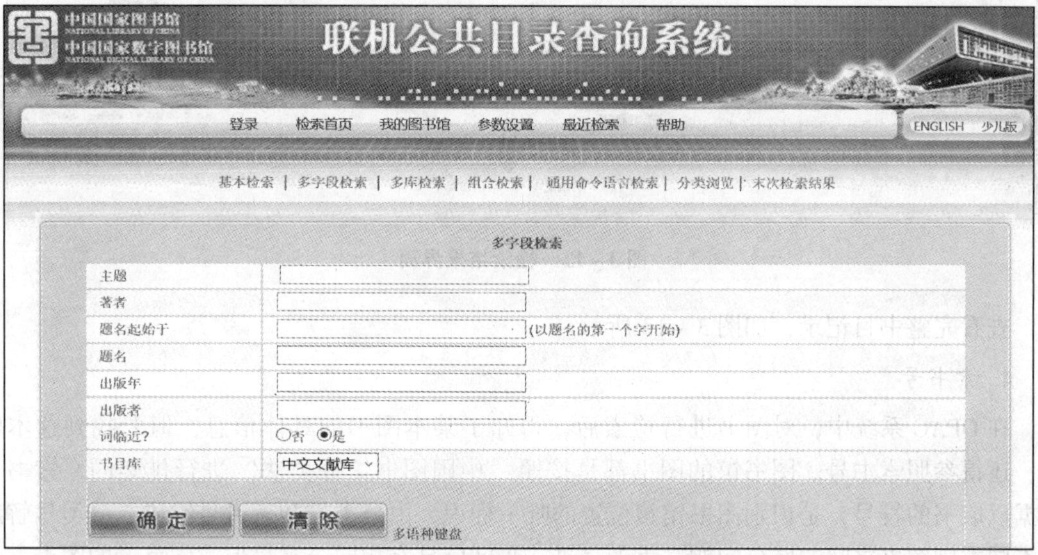

图 3－10　中国国家图书馆馆藏目录高级检索界面

在中国国家图书馆馆藏目录数据库中检索“清华大学出版社出版的计算机网络”方面的图书，检索过程如图 3－11 所示。

检索结果如图 3－12 所示。

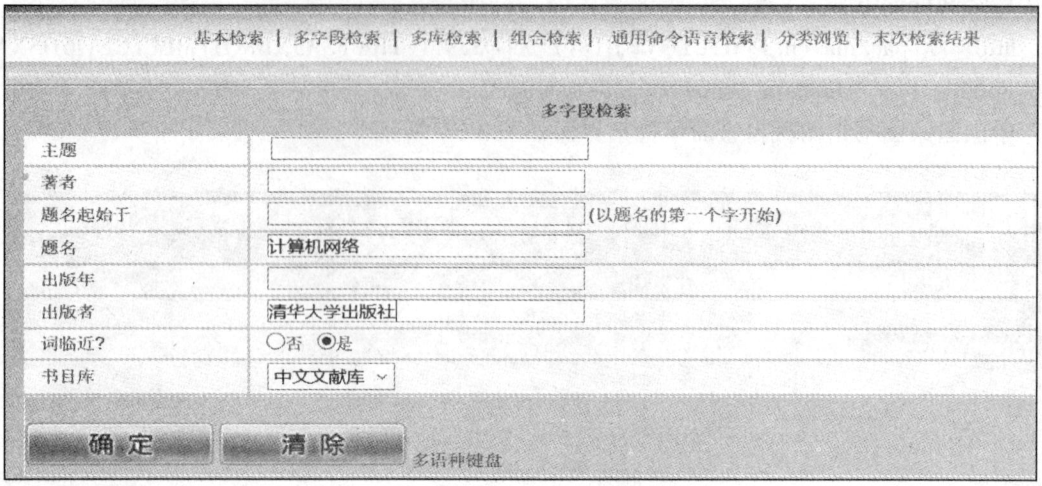

图 3-11　检索过程界面

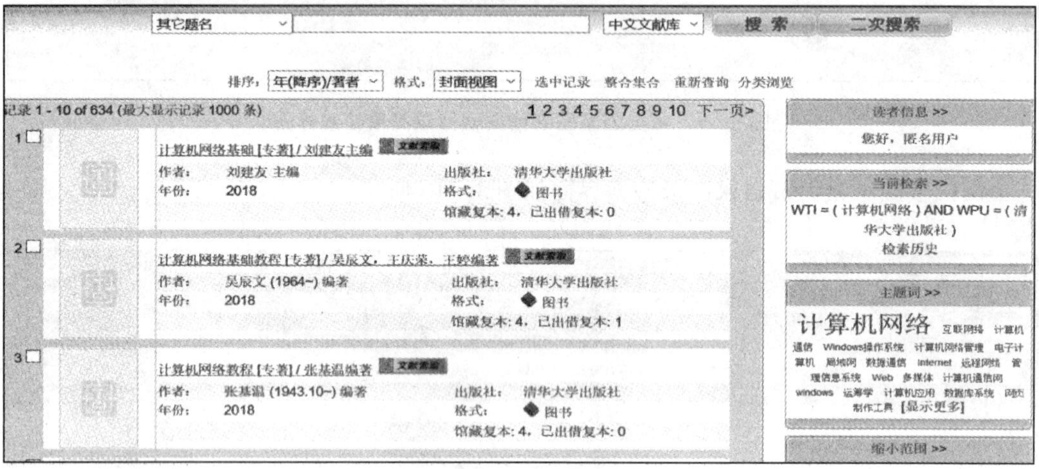

图 3-12　检索结果界面

查看完整书目记录，如图 3-13 所示。

4. 索书号

在 OPAC 系统中，对图书进行检索后，得知了某本图书的具体信息，但要找到这本图书，还得参照索书号。图书馆的图书都是按照“中国图书馆分类法”进行排架的。索书号是据以取书的符号，是识别图书馆藏位置的唯一标识，由分类号和著者号组成。分类号解决了不同类别图书之间的区分问题，著者号进一步区分具有相同分类号但不同著者的图书。索书号标于每本书的书脊位置。图书的架位排列先按分类号从小到大排。分类号相同，按著者号排。例如：F241/188 表示“人力资源管理”方面的书籍。

3.2.2　联合目录

联合目录（union catalogue）揭示与报道多个文献收藏单位所藏文献的目录。按地域范

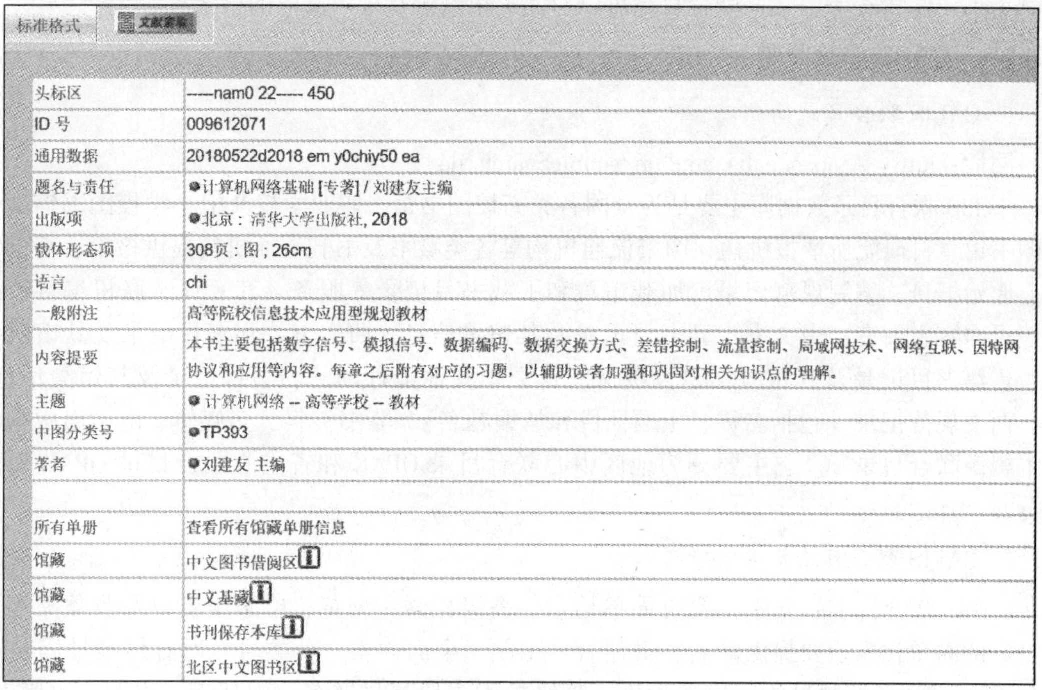

标准格式　文献索取

头标区	-----nam0 22----- 450
ID 号	009612071
通用数据	20180522d2018 em y0chiy50 ea
题名与责任	计算机网络基础 [专著] / 刘建友主编
出版项	北京：清华大学出版社, 2018
载体形态项	308页：图；26cm
语言	chi
一般附注	高等院校信息技术应用型规划教材
内容提要	本书主要包括数字信号、模拟信号、数据编码、数据交换方式、差错控制、流量控制、局域网技术、网络互联、因特网协议和应用等内容。每章之后附有对应的习题，以辅助读者加强和巩固对相关知识点的理解。
主题	计算机网络 -- 高等学校 -- 教材
中图分类号	TP393
著者	刘建友 主编
所有单册	查看所有馆藏单册信息
馆藏	中文图书借阅区
馆藏	中文基藏
馆藏	书刊保存本库
馆藏	北区中文图书区

图 3－13　完整记录界面

围可分为国际性的、国家性的和地区性的联合目录，按文献类型可分为图书联合目录、期刊联合目录等，按收录文献的内容范围可分为综合性的、专科性的联合目录。联合目录能扩大读者检索和利用文献的范围，也便于图书馆藏书协调、馆际互借和实现图书馆资源共享。

13 世纪的《英格兰图书馆登记册》是世界上最早的联合目录。19 世纪以后，各国联合目录工作得到很大发展。20 世纪初，在美国“国会图书馆联合目录”方案中较早使用“联合目录”这一术语。1956—1984 年美国国会图书馆主持编辑的《1956 年以前出版物全国联合目录》是一部著名的大型联合目录（见《全国联合目录》）。20 世纪中期，联合目录的编制出现了国际化和计算机化的趋势。

中国较早的联合目录是《北平各图书馆所藏中文期刊联合目录》（1929）。中华人民共和国建立以后，1957 年 11 月成立的全国图书联合目录编辑组编制了 300 多种全国性和地区性的书刊联合目录。1980 年成立了全国联合目录工作协调委员会并制订了《建立全国联合目录报导体系的初步方案》《1980—1985 年全国联合目录选题规划（草案）》。中国自 20 世纪 80 年代开始采用计算机编制联合目录。

联合目录通常由若干文献收藏单位合作编制。事先须制定统一的著录项目和标准，明确收录范围。一般由一个或若干个收藏丰富的图书馆馆藏为基础，负责提供草目，其他有关图书馆对此进行核对补充，注明收藏单位，最后由编辑部汇总。采用计算机技术编制联合目录较为方便迅速，主要由若干个图书馆共同建立联机联合目录数据库，除供联机检索外，还可生产书本式和机读式的联合目录。

目前，国内著名的联合目录主要有中国高等教育文献保障系统的 CALIS 联合目录、中国科学院国家科学图书馆组织编撰的全国期刊联合目录等，国外著名的联合目录主要有

WorldCat、WebPac 等，这些联合目录可以对多家馆藏进行统一高效的检索。

3.2.2.1 CALIS 联合目录

1. CALIS 联合目录简介

网址：http：//opac. calis. edu. cn/simpleSearch. do

CALIS 联合目录数据库主要是为全国各类高校图书馆、职业学校及中小学校图书馆、公共图书馆、科研院所情报机构、图书流通机构等各类藏书及书刊流通机构提供检索、套录编目、原始编目、编制规范记录、加载馆藏和下载书目记录等服务。其 CALIS 联机编目数据库建设内容主要有：中文书、刊书目记录及其馆藏信息，西文书、刊书目记录及其馆藏信息，古籍书目记录及其馆藏信息，俄文、日文和其他语种书、刊书目记录及其馆藏信息，中、西文规范记录（包括名称、主题标目和丛编题名），非书资料、多媒体、电子出版物及网上资源联合目录等。它主要分为地区中心联合目录 OPAC 和省中心联合目录 OPAC 两大部分。

2. CALIS 联合目录检索

CALIS 联合目录数据库主要有简单检索、高级检索、浏览、检索历史以及收藏夹等功能，它的简单检索主要提供题名、责任者、主题、全面检索、分类号、所有标准号码、ISBN、ISSN、记录控制号等字段的检索；高级检索主要提供题名、责任者、主题、出版者、出版地、期刊题名、丛编题名、统一题名、个人责任者、团体责任者、会议名称、分类号、所有标准号码、ISSN、ISBN、记录控制号等字段的检索。数据库的语种范围主要有：中文、西文、日文以及俄文等，目前包含书目记录 7 179 865 条。

CALIS 联合目录公共检索系统（以下简称“OPAC”）采用 Web 方式提供查询与浏览，其主要功能如下：

（1）多库分类检索：OPAC 中的数据，按照语种划分，可分为中文、西文、日文、俄文四个数据库；按照文献类型划分，可分为图书、连续出版物、古籍。

（2）排序功能：默认的排序优先次序——题名、相关度。

（3）检索历史：保留用户发出的最后 10 个检索请求，用户关闭浏览器后，检索历史将被清空。

（4）多种显示格式：检索结果分为两种格式显示——详细文本格式、MARC 显示格式。前一种格式对所有用户免费开放，MARC 显示格式只对 CALIS 联合目录成员馆开放，查看或下载 MARC 记录，均按照 CALIS 联合目录下载费用标准收取。

（5）多种格式输出：对所有用户提供记录引文格式、简单文本格式、详细文本格式的输出，此外，对 CALIS 联合目录成员馆还提供 ISO2709、MARCXML、CALIS bookXML、MARC 列表的输出。提供 E-mail 与直接下载到本地两种输出方式。输出字符集提供常用的“GBK”“UTF－8”“UCS2”“MARC8”四种。用户可根据自己的需要进行选择。

（6）浏览功能：对古籍数据提供四库分类的树型列表浏览。

（7）收藏夹功能：对有权限的用户提供保存用户的检索式与记录列表、标注书签、添加和维护用户评论的功能，目前这些功能不对普通用户开放。

（8）馆际互借：OPAC 提供用户直接发送请求到本馆的馆际互借网关，用户无须填写书目信息。

CALIS 联合目录公共检索系统简单检索界面如图 3－14 所示。

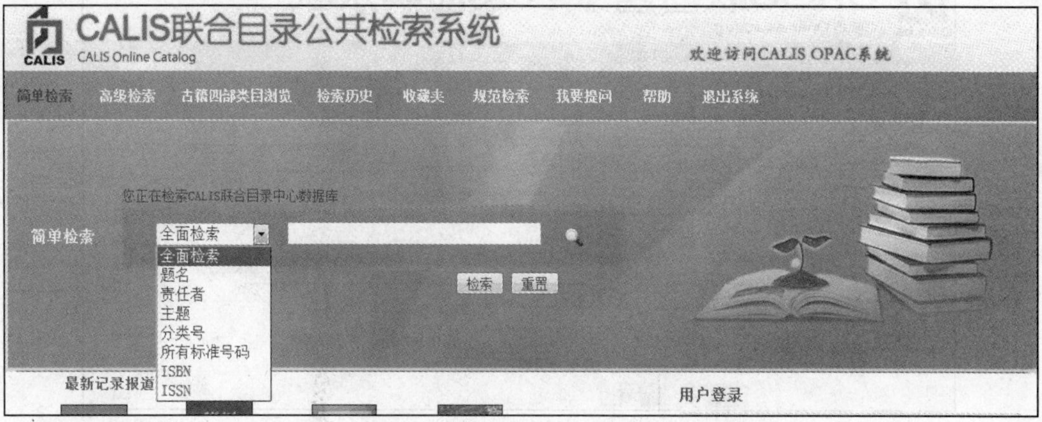

图 3－14　CALIS 联合目录公共检索系统简单检索界面

CALIS 联合目录公共检索系统高级检索界面如图 3－15 所示。

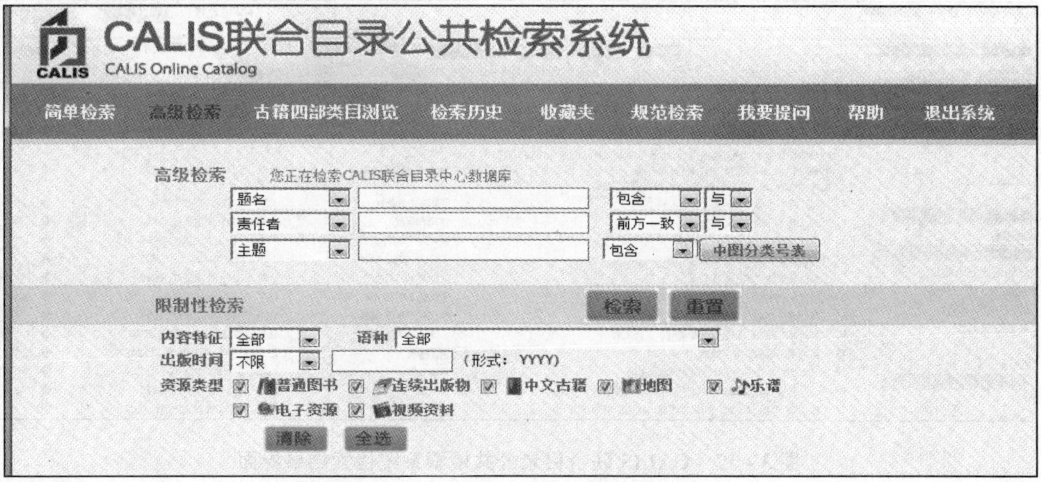

图 3－15　CALIS 联合目录公共检索系统高级检索界面

用户输入检索词，执行检索后，命中结果显示序号、题名、责任者、出版信息、形式、馆藏、资源链接等信息。如果想查看具体信息，可以继续点击某条记录，系统将分简单和详细两种方式显示该馆藏目录的文本格式信息，简单信息主要包括题名、责任者、出版项、载体形态等，详细信息包括题名、责任者、出版项、载体形态、主题、中图分类号、附注、ISBN 或者 ISSN、馆藏基本信息等，方便读者进一步到具体的图书馆去借阅相关图书。

3. 检索示例

在 CALIS 联合目录公共检索系统中检索“文献计量学”方面的著作，并查看该书目国内高校图书馆的馆藏情况。

（1）检索过程如图 3－16 所示。

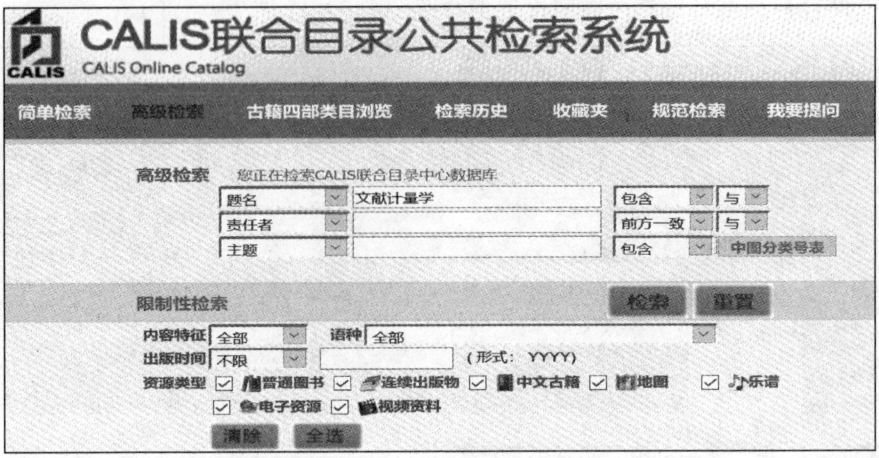

图 3－16　CALIS 联合目录公共检索系统检索过程界面

（2）检索结果如图 3－17 所示。

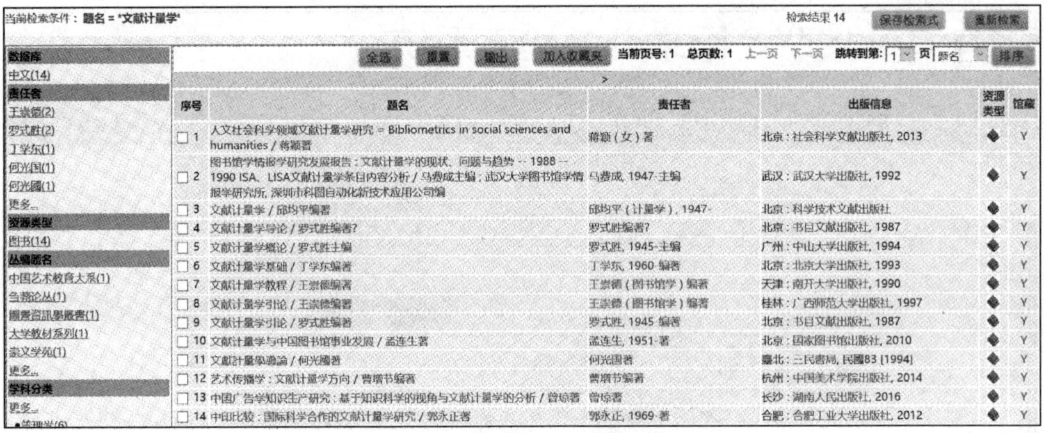

图 3－17　CALIS 联合目录公共检索系统检索结果界面

（3）CALIS 联合目录具体记录如图 3－18 所示。

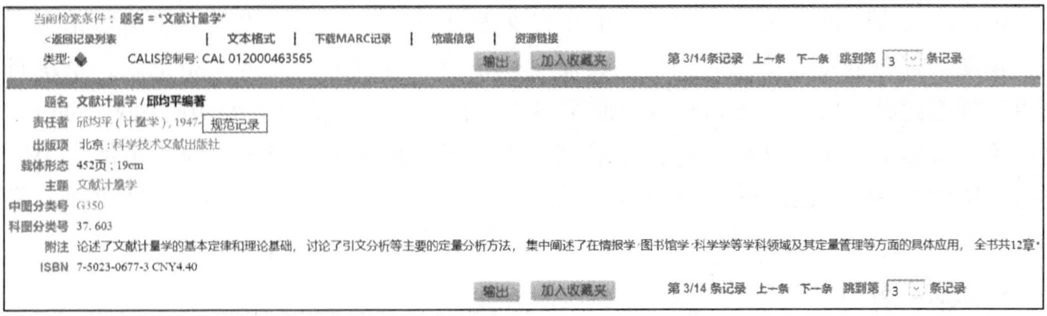

图 3－18　CALIS 联合目录具体记录

（4）CALIS 联合目录全国馆藏信息如图 3－19 所示，读者可以根据全国的馆藏信息就近申请馆际互借。

书目基本信息：文献计量学

馆藏基本信息：显示馆藏信息：10

选择馆	地区	馆藏机构	馆际互借状态	索书号
☑	东北	延边大学图书馆	返回式馆际互借	
☑	华北	中国人民大学图书馆	文献传递	
☑	华东北	南京航空航天大学图书馆	返回式馆际互借	
☑	华东南	上海交通大学图书馆	文献传递	
☑	华南	华南理工大学图书馆	返回式馆际互借	
☑	华中	华中科技大学图书馆	返回式馆际互借	
☑	华中	武汉理工大学图书馆	返回式馆际互借	
☑	华中	郑州大学图书馆	返回式馆际互借	
☑	西北	西北师范大学图书馆	返回式馆际互借	
☑	西南	四川大学图书馆	返回式馆际互借	

图 3－19　CALIS 联合目录全国馆藏信息

3.2.2.2　全国期刊联合目录

1. 全国期刊联合目录简介

网址：http：//union. csdl. ac. cn/Reader/query. jsp

全国期刊联合目录是一个全国性的，多学科、多语种的综合性数据库，揭示了 400 余家图书馆的期刊联合目录；是网上外文期刊目次文摘及部分免费全文期刊的导引库。其共收录印刷版期刊、各种连续出版的会议录、年鉴、报告、指南、学会会志、备忘录以及连续出版的光盘和网上电子期刊等，涉及理、工、农、林、医、军事和社会科学等学科领域。其共收录西文期刊 4. 5 万种，馆藏 25 万条，并可追溯至 17 世纪；收录日文期刊 6 600 种，馆藏 2. 1 万条；收录俄文期刊 6 700 种，馆藏 1. 6 万条，收录的日文和俄文馆藏可追溯至 18 世纪；收录中文期刊 4. 5 万种，馆藏 5 万余条。

全国期刊联合目录是最为齐全的揭示国内各馆馆藏期刊信息的数据库，并同时提供网上期刊目次、文摘和部分全文的期刊导引。通过该数据库可检索到全国 400 余家图书情报机构的中、西文期刊馆藏信息，并在“目次/文摘上网期刊”和“全文上网期刊”中提供了可获得目次及全文期刊的网络版链接。

全国期刊联合目录数据库由中国科学院文献情报中心组织出品，主要功能如下：

（1）显示各成员馆的馆藏和单位信息，以便开展馆际互借和文献复印服务。

（2）查看期刊各期的目次、文摘。现数据库已收集 3 000 余种可供查看目次文摘的互联网上的电子期刊。

（3）浏览互联网上免费期刊全文。现有近 50 种网上免费全文期刊供读者浏览。

（4）成员馆热线连接。可从联合目录主页连接到成员馆主页，形成一个网上互联系统。

该数据库提供题名、ISBN/ISSN、出版年、出版者、分类号、主题词、著者、副题名、首字母缩写、罗马字拼音、拉丁拼音等字段进行检索。

2. 全国期刊联合目录检索

（1）全国期刊联合目录检索界面如图 3－20 所示。

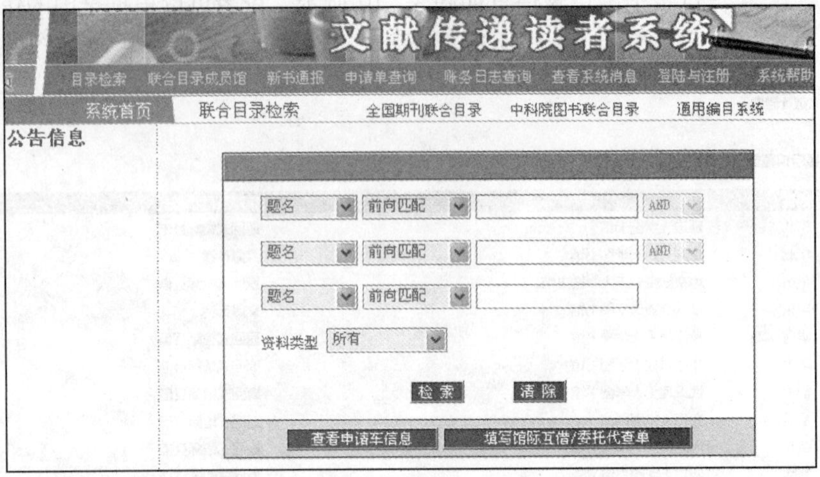

图 3-20　全国期刊联合目录检索界面

（2）把检索项定为“题名”，输入检索词“物理学报”，进行检索，如图 3-21 所示。

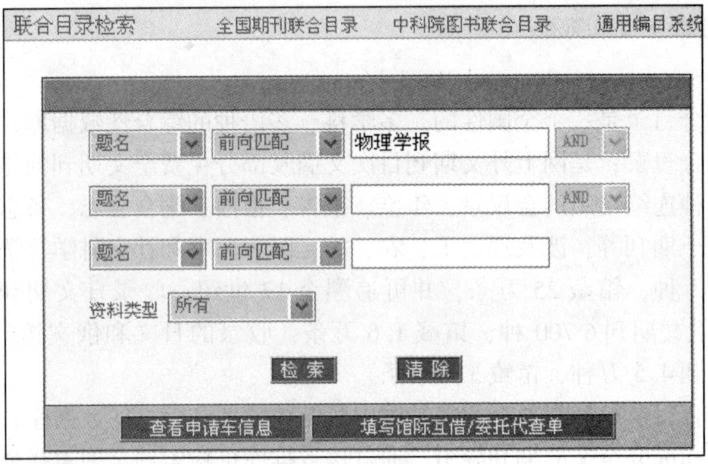

图 3-21　进行检索

（3）检索结果如图 3-22 所示。

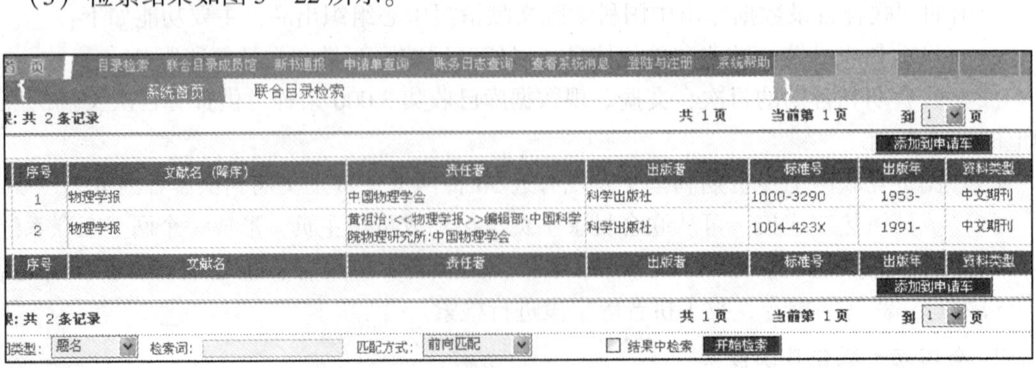

图 3-22　检索结果

(4) 查看具体记录，如图 3－23 所示。

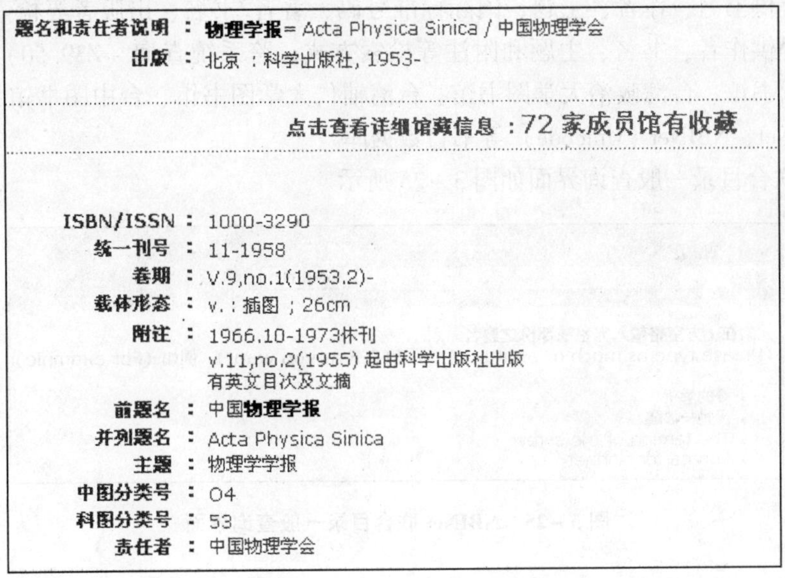

图 3－23　查看具体记录

(5) 查看收藏单位，如图 3－24 所示。

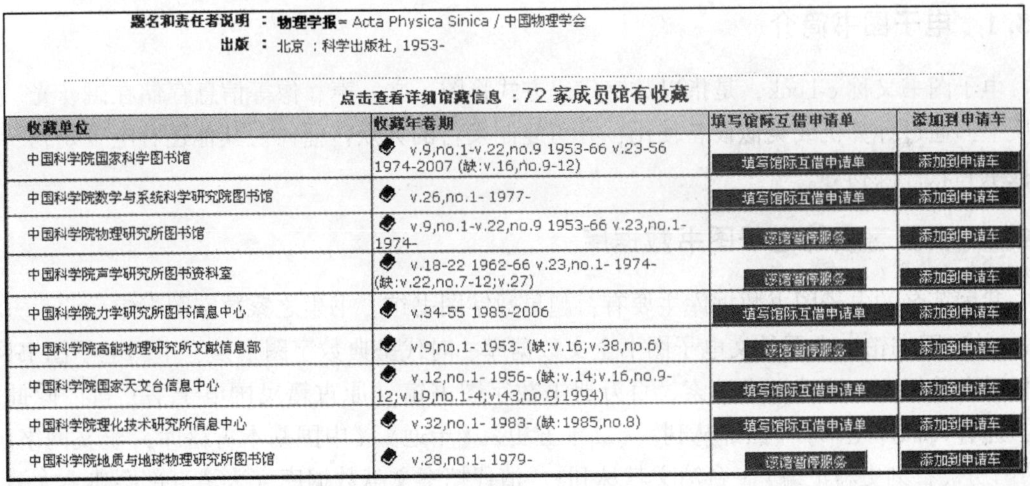

收藏单位	收藏年卷期	填写馆际互借申请单	添加到申请车
中国科学院国家科学图书馆	v.9,no.1-v.22,no.9 1953-66 v.23-56 1974-2007 (缺:v.16,no.9-12)	填写馆际互借申请单	添加到申请车
中国科学院数学与系统科学研究院图书馆	v.26,no.1- 1977-	填写馆际互借申请单	添加到申请车
中国科学院物理研究所图书馆	v.9,no.1-v.22,no.9 1953-66 v.23,no.1- 1974-	[illegible]	添加到申请车
中国科学院声学研究所图书资料室	v.18-22 1962-66 v.23,no.1- 1974- (缺:v.22,no.7-12;v.27)	[illegible]	添加到申请车
中国科学院力学研究所图书信息中心	v.34-55 1985-2006	填写馆际互借申请单	添加到申请车
中国科学院高能物理研究所文献信息部	v.9,no.1- 1953- (缺:v.16;v.38,no.6)	[illegible]	添加到申请车
中国科学院国家天文台信息中心	v.12,no.1- 1956- (缺:v.14;v.16,no.9-12;v.19,no.1-4;v.43,no.9;1994)	填写馆际互借申请单	添加到申请车
中国科学院理化技术研究所信息中心	v.32,no.1- 1983- (缺:1985,no.8)	填写馆际互借申请单	添加到申请车
中国科学院地质与地球物理研究所图书馆	v.28,no.1- 1979-	[illegible]	添加到申请车

图 3－24　查看收藏单位

3.2.2.3　中国台湾地区的图书书目联合目录

网址：http：//nbinet2. ncl. edu. tw/index. php

台湾地区的图书书目联合目录主要为 NBINet 联合目录，该数据库目前包括下列两部分：(1) 合作馆馆藏目录（含馆藏地名称），提供本馆及 76 所合作馆馆藏书目资料；(2) 出版资讯（馆藏地为“无”，处理状态为“仅供参考”），书目来源包括：①本馆国际标准书号中心提供的 ISBN 及 CIP 书目；②中华民国 1—38 年出版图书的回溯建档书目；③香港大学冯平山图书馆提供的我国香港、澳门地区出版书目。

该联合目录主要提供一般查询、关键字查询、跨系统查询（Z39.50）等检索方式。一般查询主要提供书名、作者、主题、国际标准号码、著者/书名、出版者等检索字段；关键字查询主要提供作者、书名、主题和附注等检索方式；跨系统查询（Z39.50）可以同时检索台湾大学图书馆、台湾政治大学图书馆、台湾辅仁大学图书馆、台中图书馆、NCL Taiwan Branch、NBINet、NBINet（Unicode）等书目数据库。

NBINet联合目录一般查询界面如图3-25所示。

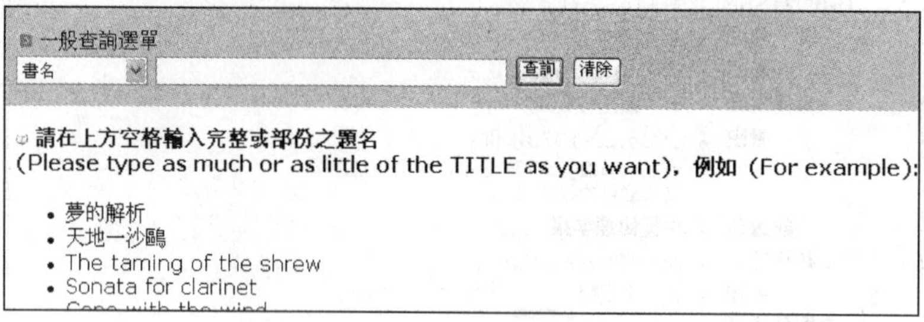

图3-25　NBINet联合目录一般查询界面

3.3　电子图书

3.3.1　电子图书简介

电子图书又称e-book，是指以数字代码方式将图、文、声、像等信息存储在磁、光、电介质上，通过计算机或类似设备使用，并可复制发行的大众传播体。其他还有电子期刊、电子报纸和软件读物等。

3.3.2　我国著名的电子图书数据库

我国著名的电子图书数据库主要有：超星数字图书馆、书生之家数字图书馆、北大方正apabi数字图书馆、中图外文电子图书全文数据库、时代圣典数字图书馆、中国电子图书网、高校教参数据库、读秀学术搜索、百万册书数字图书馆（原古籍民国电子书）等。除此之外，还有《四库全书》《四部丛刊》《二十五史》《十通》《中国基本古籍库》全文网络版、《中国历代石刻史料汇编》《台湾文献丛刊》、清代档案文献数据库（大清五部会典、大清历朝实录）等电子图书数据库。下面分别详细介绍这些数据库。

3.3.2.1　超星数字图书馆

网址：http：//www.ssreader.com/

1. 超星数字图书馆简介

超星数字图书馆（图3-26）成立于1993年，是国内专业的数字图书馆解决方案提供商和数字图书资源供应商。超星数字图书馆是国家“863”计划中国数字图书馆示范工程项目，于2000年1月在互联网上正式开通。它由北京世纪超星信息技术发展有限责任公司投资兴建，设文学、历史、法律、军事、经济、科学、医药、工程、建筑、交通、计算机和环保等几十个分馆，目前拥有数字图书十多万种。目前，该数据库包括 51 个学科分类，涉及哲学、宗教、社科总论、经典理论、民族学、经济学、自然科学总论、计算机等各个学科门类的图书，收录年限自 1977 年至今。

图 3－26　超星数字图书馆主页

2. 检索方法

在该数据库中，可以对全部图书、免费图书、会员馆，以及电子书店等进行检索，其检索功能主要如下。

1）关键词检索

关键词检索，即用所需信息的主题词（关键词）进行查询的方法。

2）高级检索

如果需要精确地搜索某一本书，可以进行高级检索。单击主页上的“高级检索”按钮，则会进入高级检索页面。在此可以输入多个关键字进行精确搜索。

3）分类检索

超星数字图书馆中的图书按“中国图书馆分类法”分类，点击一级分类即进入二级分类，依此类推。末级分类的下一层是图书信息页面，单击书名超链接可阅读图书。

3. 电子图书的阅读

第一次阅读电子图书之前，须先下载阅读器并注册（在图书馆主页下载中心或超星网主页均可下载）。若需建立个人书签的新用户，应先注册，以便下次登录后阅读标记书签的图书。

4. 电子图书的检索

1）简单检索

超星数字图书馆的简单检索主要提供书名、作者、目录和全文四种检索方式（图 3－27）。

2）高级检索

超星数字图书馆的高级检索主要提供书名、作者、主题词、年代、分类以及中图分类号

图 3－27　超星数字图书馆简单检索界面

等几个检索项，通过“并且”“或者”两种逻辑方式进行组配（图 3－28）。

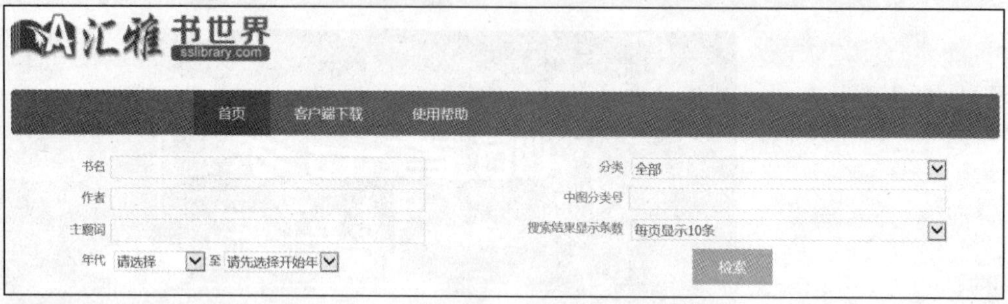

图 3－28　超星数字图书馆高级检索界面

超星数字图书馆除了提供简单检索和高级检索两种检索方式外，还对图书进行分类，把图书主要分为经典理论、哲学、宗教、社会科学总论、政治、法律、军事、经济、文化教育、语言、文字、文学、艺术、历史、地理、自然科学总论、数理科学和化学、天文学、地球科学、生物科学、医药、卫生、农业科学、工业技术、交通运输、航空航天、环境科学、安全科学、综合性图书等类别，读者对某一方面的图书方感兴趣，可以直接点击该栏目进入浏览该栏目的图书，还可以在该类目下进行简单检索和高级检索（图 3－29）。

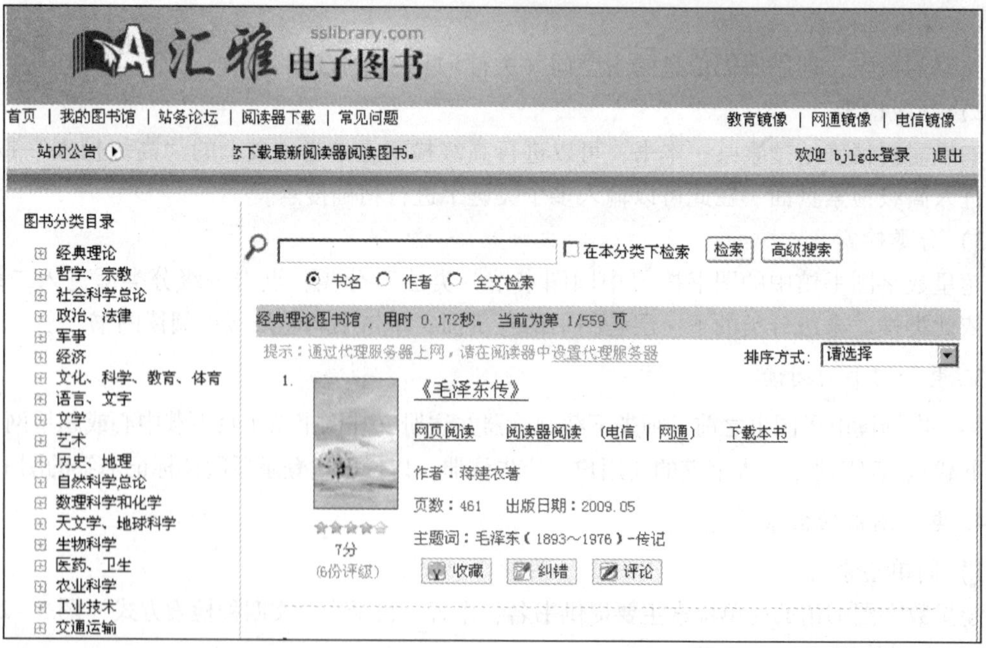

图 3－29　超星数字图书馆图书分类目录界面

3.3.2.2 北大方正 apabi 数字图书馆

网址：http：//www. apabi. cn/solution/source/1/

1. 方正 apabi 数字图书馆简介

方正 apabi 数字图书馆（图 3－30）由北大方正电子有限公司制作，收录了全国 400 多家出版社出版的最新中文图书，绝大部分为 2000 年以后出版的，并与纸质图书同步出版。方正电子图书为全文电子化的图书，可输入任意知识点或全文中的任意单词进行检索，支持词典功能；也可在页面上进行添加书签、划线等多种操作，内容涵盖广泛，检索、阅读方便快捷。该数据库涵盖了社会学、哲学、宗教、历史、经济管理、文学、艺术、数学、化学、地理、生物、航空、军事等多个领域的图书。

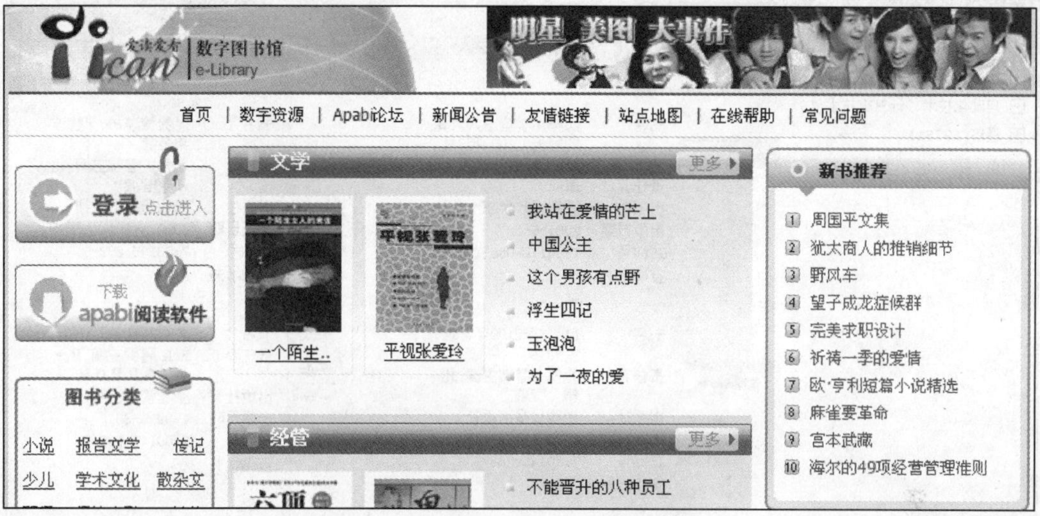

图 3－30 北大方正 apabi 数字图书馆

目前北大方正 apabi 数字图书馆有 220 余万册可供阅读的电子图书，共 2.2 亿章节。其中可全文下载的共 68.9 万，可试读本数 183 万，支持移动阅读 17 万（目前正在替换书苑的 CEB 文件，全部完成后有 38 万本可适用于移动阅读）。其有外文图书 5 000 多种、民国期刊 20 000 多期、中医古籍 2 000 余册、国学要览 80 000 余册。

2. 检索方法

（1）快速检索：在北大方正 apabi 数字图书馆主页上的输入窗中直接输入检索词，默认在所有文档中检索。

（2）单击北大方正 apabi 数字图书馆主页上的“电子图书”按钮，进入检索界面。用户可以通过图书的书名、责任者、主题词/关键词、摘要、出版社、年份、全文等检索途径来检索图书。

（3）分类导航：可通过检索界面左边的“中国图书馆图书分类法”列表分类浏览图书，根据要检索的图书所属分类细化从而满足检索需求。

（4）高级检索 ：在检索界面的上方，单击“高级检索”按钮，即可进入高级检索界面。高级检索就是将多个检索词（书名、责任者、主题词、关键词、摘要、出版社等）进行逻辑组合（“并且”“或者”）查询；查询结果命中率高，对于查准要求较高的检索，建议使用该检索方式。

3. 数据库检索

利用 apabi 数字资源平台可进行数据库检索，如图 3－31 所示。

图 3－31 apabi 数字资源平台检索界面

3.3.2.3 中图外文电子图书全文数据库

1. 数据库简介

中图外文电子图书全文数据库是北京中图得瑞科技发展有限公司研发的外文数字文献管理平台，其中收录了 40 多个大类，40 000 余种 2000 年以后出版的外文电子图书。图书按照美国国家图书馆的图书分类法分类，内容涉及艺术、生命学、商业、经济管理、计算机、地球科学、教育、法律、语言学、文学、医学、心理学、社会科学、旅游地理等学科。其检索界面如图 3－32 所示。

2. 检索功能

（1）单项检索：支持以 ANMARC 字段——书名、作者、出版社、出版年月、ISBN——为检索途径，进行单项检索。

（2）高级复合检索：支持以 OR、AND 两种逻辑算符，结合单项检索中的字段进行组配检索查询。

（3）可以通过关键词的检索查找所有的资源信息，包括图书、视频、百科、影视等。

图 3－32　中图外文电子图书全文数据库检索界面

（4）全文检索：可以对 PDF 格式的文本图书和外文图书进行全文检索。支持书名、作者、出版商、ISBN、摘要、主题词、分类等单项检索功能，可实现高级检索功能（或称组合检索），通过多项检索入口，可实现全文检索，并且能定位到页，使读者能在最短的时间里查到所需的资料。

3.3.2.4　时代圣典数字图书馆

1. 数据库简介

时代圣典数字图书馆（图 3－33）是由中国大学出版社协会与北京时代圣典科技有限公司精诚合作，共同建设推出的一个电子图书知识库，它囊括了中国数百家著名出版社的最新图书、最具学术价值的图书和最专业的图书，是教学、科研、工作、生活必不可少的知识资源中心。所有资源均有效地解决了版权问题，以教育类图书、最新出版图书为主，所有图书全部为文本格式，阅读效果清晰，检索便捷，支持文字拷贝、图片下载、打印等多种功能。

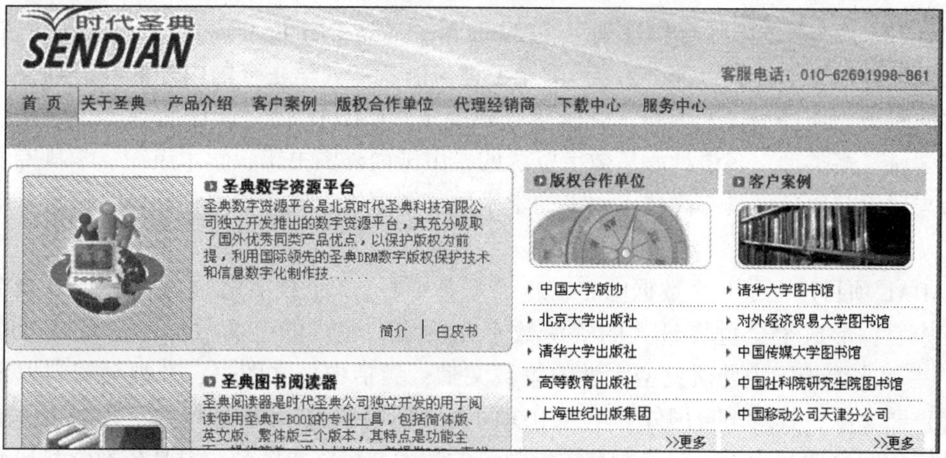

图 3－33　时代圣典数字图书馆主页

2. 检索方法

该数据库具有友好的用户界面，易于理解，检索功能强大，检索方式多样，具有全文检索、多项检索、高级检索与二次检索等七种检索方式。

（1）简单检索：时代圣典数字图书馆主页正上方为默认的初级检索界面（图3－34），显示图书书名、图书分类、出版社、著作者、出版日期、ISBN等检索字段和检索词输入框。其过程为，选择检索字段，在检索词输入框中输入检索词，最后单击“搜索”按钮完成检索。

图3－34　时代圣典数字图书馆检索界面

（2）高级检索：点击主页左上方的“高级搜索”按钮，可进入高级检索页面。高级检索可进行字段内和字段间的组配检索。先选取要检索的字段名，并输入检索词，再通过“并且”“或者”组配，然后单击“高级搜索”按钮，即可进行检索。

（3）中图法浏览检索：登录到时代圣典电子图书系统主页后，点击主页左边的“中图法分类”按钮，页面左边下方出现“学科分类”，包括22个学科分类；选择某一分类目录，页面右边出现该目录下的馆藏书籍，双击选中书名，可点击“下载”以及“在线阅读”。

3.3.2.5　百万册书数字图书馆（原古籍民国电子书）

网址：http：//www. cadal. zju. edu. cn/Index. action

1. 数据库简介

“大学数字图书馆国际合作计划”（China Academic Digital Associative Library，CADAL）由国家投资建设，作为教育部“211”重点工程，由浙江大学联合国内外的高等院校、科研机构共同承担，项目负责人为浙江大学潘云鹤院士。CADAL项目建设的总体目标是：构建拥有多学科、多类型、多语种海量数字资源的，由国内外图书馆、学术组织、学科专业人员广泛参与建设与服务，具有高技术水平的学术数字图书馆，成为国家创新体系信息基础设施之一。

CADAL项目建立了8个数据中心、33个服务中心、2个数字化加工基地和40余个数字化加工中心，形成了全世界最大的资源数字化网络，建成的全文数据库总量达250万册（件），主要来源于国内外研究型大学的馆藏文献，囊括中外文图书、音视频资料以及报刊论文等重要文献，其对来自国外、境外组织的英文图书逾50万册进行数字化加工。这是一个以数字化图书期刊为主、覆盖所有重点学科的学术文献资源体系，对高校教学科研起到了巨大的支撑作用。

所有 CADAL 参建单位的读者可以访问 CADAL 平台上的中文古籍、民国书刊和英文图书等资源。目前 CADAL 平台实行数字借阅模式，访问全文需登录/注册。CADAL 平台为推广该数字借阅模式，CADAL 参建单位注册用户亦可访问部分现代图书、学位论文、视频等资源。

2. 检索方法

CADAL 数据库主要有快速检索、高级检索、图像检索、视频检索以及书法字检索等几种检索方式，提供古籍、民国图书、民国期刊、现代图书、学位论文、绘画、视频、英文等字段的检索（图 3－35、图 3－36），除此之外还提供双语、视频结构化与摘要、多媒体信息检索、文物数字化修复、多媒体资源综合推理、海量信息检索与知识服务、多模式信息呈现、虚拟现实等特色服务。

图 3－35　百万册书数字图书馆检索浏览界面

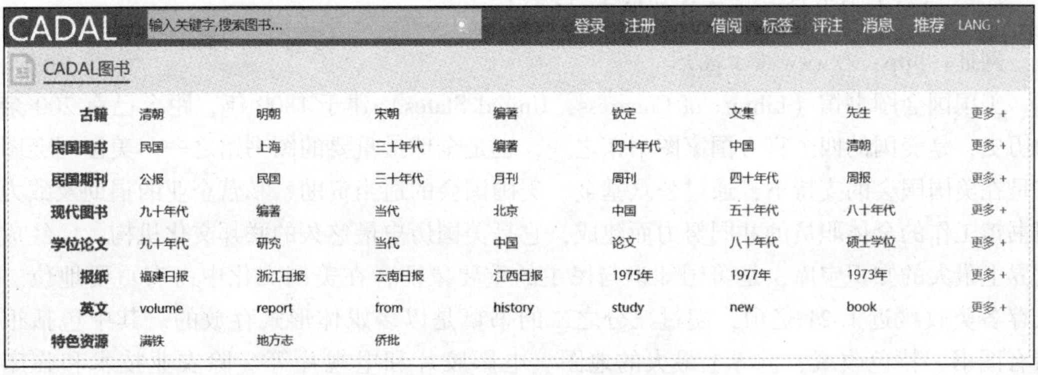

图 3－36　百万册书数字图书馆快速检索界面

百万册书数字图书馆的视频检索主要提供影片名称、作者、内容介绍、版权和等级等检索字段，采用输入关键字的方式进行检索。

3.4 国外图书检索系统

3.4.1 书目检索

国外的书目检索工具主要有专门的书目数据库和各类图书馆的馆藏联机目录。

3.4.1.1 书目检索工具

1.《书目索引》

《书目索引》（Bibliographic Index）由美国威尔逊公司编辑出版，是一部现期性书目之书目，是集书目和索引于一体的检索刊物，每年三期。其收录内容涉及 2 800 种英文期刊以及其他西文期刊，重点为美国出版物，按主题字顺排列。

2.《世界书目之书目》

《世界书目之书目》（A World Bibliography of Bibliographical Catalogues）由英国当代目录学家贝斯特曼编。其收录范围是图书、稿本、文摘、专刊等的目录，涉及各学科，是一部收录范围非常广泛的回溯性书目。

3.《在版图书》

《在版图书》（Books in Print，BIP）由美国鲍克公司编辑出版，为年刊，是美国《出版商年鉴》（Publisher's Trade List Annual）的索引本，收录美国大多数出版商出版的图书、专题文集、丛书等。其按著者和书名顺序分别编排，是美国著名的再版编目。

4.《累积图书索引》

《累积图书索引》（Cumulative Book Index，CBI）由美国威尔逊公司编辑出版，为月刊，该索引广泛收录世界英文图书，是一部国际性书目，报道及时，出版历史悠久，编排结构良好，体系完备，便于检索。

3.4.1.2 图书馆馆藏联机目录

1. 美国国会图书馆联机目录数据库（LC）

网址：http：//www. loc. gov

美国国会图书馆（Library of Congress，United States）建于1800 年，距今已有 200 余年的历史，是美国的四个官方国家图书馆之一，也是全球最重要的图书馆之一。美国国会图书馆是在美国国会的支持下，通过公众基金、美国国会的适当资助、私营企业的捐助及致力于图书馆工作的全体职员的共同努力而建成，它是美国历史最悠久的联邦文化机构，已经成为世界上最大的知识宝库，是美国知识与民主的重要象征，在美国文化中占有重要地位。它保存各类收藏近 1. 21 亿项，超过三分之二的书籍是以多媒体形式存放的。其中包括很多稀有图书、特色收藏、世界上最大的地图、电影胶片和电视片等（除农业技术和临床医学方面的信息分别由国家农业图书馆和国家医学图书馆收藏外，其他信息均被美国国会图书馆收藏）。

目前，该图书馆以 1.28 亿册的馆藏量成为图书馆历史上的巨无霸，图书馆书架的总长超过 800 千米。据美国国会图书馆网站的最新介绍，目前藏品总数为 1.3 亿，包括 0.29 亿本书籍、0.12 亿张照片、0.58 亿件手稿。读者只有使用借阅证才能进入读者阅览室和借阅读书。美国国会图书馆为读者提供美国国会的史料、会议记录、宪法等重要资料，供读者查阅。

美国国会图书馆主页如图 3－37 所示。美国国会图书馆联机目录数据库高级检索界面如图 3－38 所示。

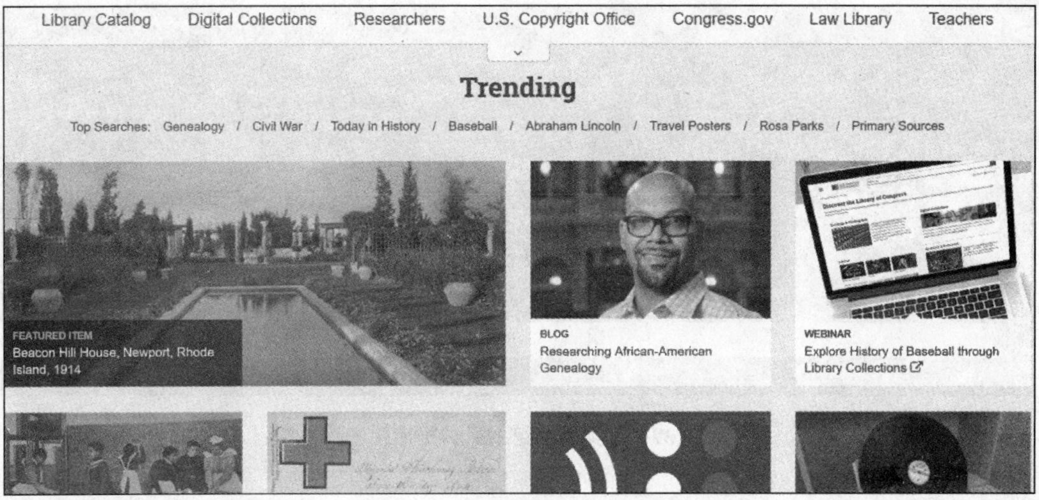

图 3－37　美国国会图书馆主页

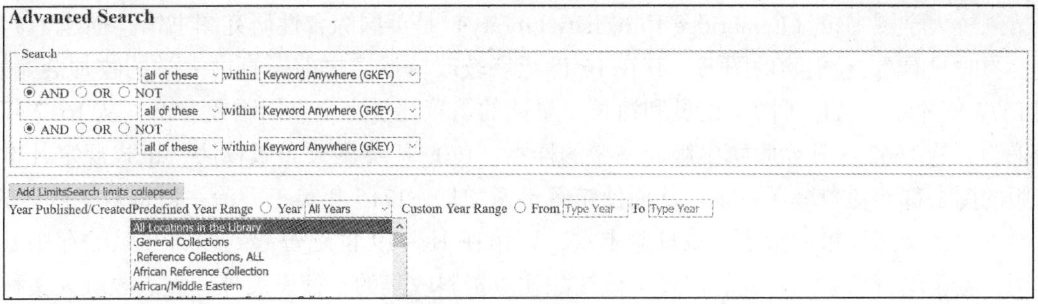

图 3－38　美国国会图书馆联机目录数据库高级检索界面

2. 大英图书馆馆藏联机目录

网址：http：//www. bl. uk/

大英图书馆（The British Library，也称为不列颠图书馆、英国国家图书馆），是世界上最大的学术图书馆之一。它根据 1972 年颁布的《英国图书馆法》于 1973 年 7 月 1 日建立。它由前大英博物馆图书馆、国立中央图书馆、国立外借科技图书馆以及英国全国书目出版社等单位所组成。该馆的参考部收藏 1 000 万余册印刷本图书、12 万册手写本图书、10 万件印玺及 3 000 余册莎草纸抄写本和其他资料。外借部约有图书 1 300 万册，现有期刊、报纸

92 000种和缩微胶卷文件350万件，以及300万份录音资料。其出版物有《英国国家书目》《英国印本书总目录》《不列颠图书馆连续出版物目录》等。

大英图书馆是一座具有创造性、资源性，高效率的图书馆，它立足于英国，服务全世界。它拥有独一无二的精美馆藏，堪称世界上学术、研究和创新的主要源泉之一。除了是全球信息的储藏库之一外，还是全国图书馆网络枢纽。图书馆鼓励更多的公众了解国家有记载的遗产；图书馆的计划、产品和服务对国家经济、科研、教育和创新均有重大贡献，并丰富了文化生活。

大英图书馆书目数据库检索界面如图3－39所示。

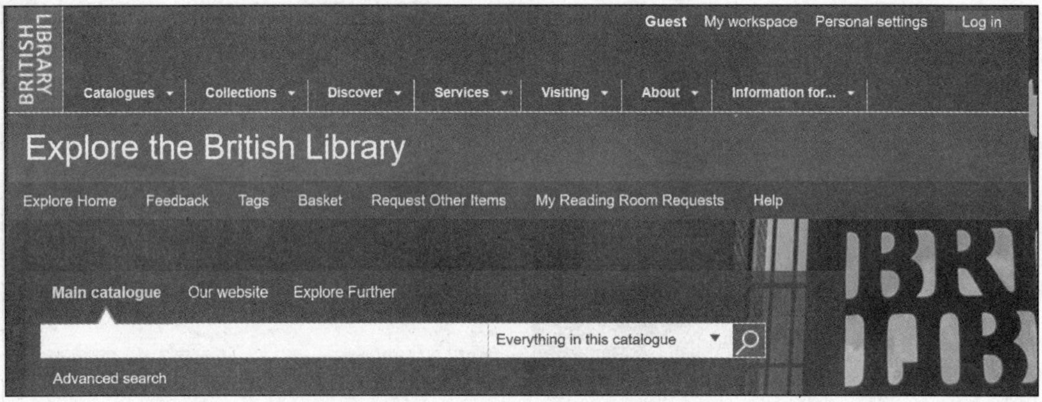

图3－39　大英图书馆书目数据库检索界面

3. 剑桥大学图书馆馆藏目录

网址：http：//www. lib. cam. ac. uk/

剑桥大学图书馆（Cambridge University Library）是英国综合性研究图书馆，创建于1424年，当时只有76卷捐赠的图书。其在16世纪宗教改革运动之前一直由大学的牧师会兼管，到1577年才专门聘任了图书馆员和馆长。早期的馆藏几乎完全靠捐赠或遗赠，从1617年开始采购，从1662年开始收藏出版商呈缴的样本。1709年英国颁布版权法，正式规定凡本国出版的图书都要免费缴送该馆，从而使馆藏迅速增加。1715年英王乔治一世将多年搜集的3万卷书全部赠送该馆。由于馆藏日益丰富，该馆在18—19世纪曾起到国家文献贮存中心的作用。鉴于学校教学和研究的需要，该馆除注重资料收集的平衡发展外，重点收藏人文科学方面的文献，其次是法律、科学与技术方面的文献。现在的馆舍建于1934年。1982年该馆有图书360多万册、现刊4万多种、善本特藏4 000多卷、地图9万多幅，以及大量缩微胶卷和平片等。著名的馆藏有以历史书为主的艾克顿文库（约6万卷），英王乔治一世赠予的皇家图书馆文库（3万卷），查理·达尔文收藏的图书及其笔记等手稿，英国著名学者如鲍德温、克鲁、哈定等人的论著、手稿和该大学的学位论文等。

该馆不仅为本校学生和研究人员、教学人员服务，也为议会的议员服务。其服务方式有馆内阅览、外借（包括馆际互借、国际互借）、打字服务、缩微和静电复制服务等。总馆下设有科技期刊图书馆、医学图书馆和法律图书馆。此外，剑桥大学的各系和各学院都分别设有为本系和本学院学生服务的专业图书馆。如果其他系或学院的学生使用这些图书馆需先提出申请或通过馆际互借实现。

剑桥大学图书馆主页如图 3－40 所示。

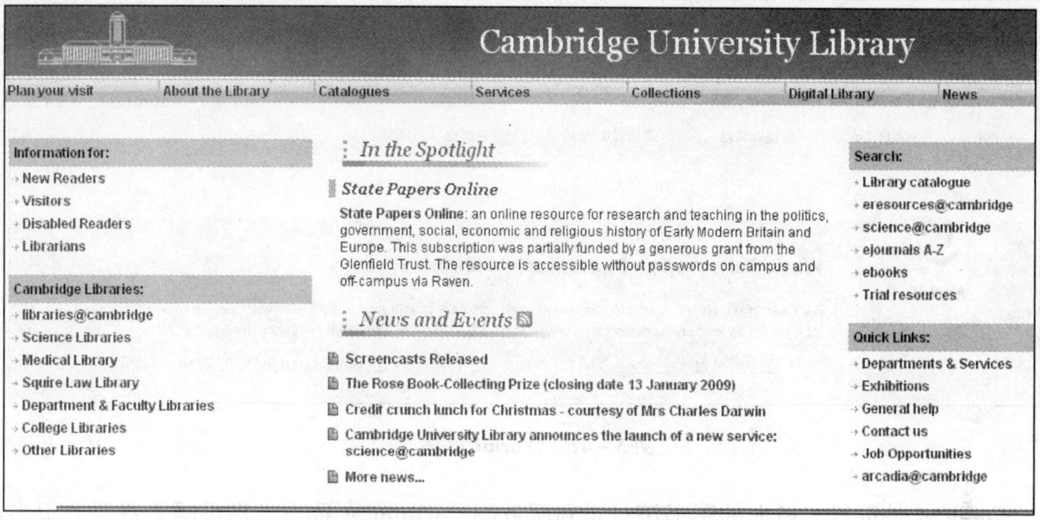

图 3－40　剑桥大学图书馆主页

剑桥大学图书馆馆藏目录检索界面如图 3－41 所示。

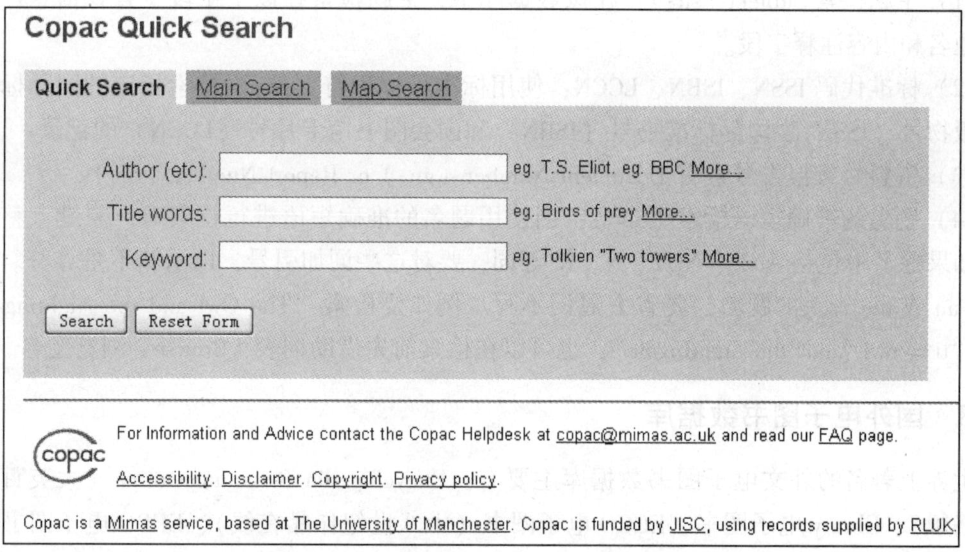

图 3－41　剑桥大学图书馆馆藏目录检索界面

3.4.2　联合目录——WorldCat

1. 数据库简介

国外著名的联合目录数据库主要有 WorldCat（图 3－42），该数据库是 OCLC 的联合目录数据库，是一个全球统一目录，目前包括 4 560 多万条记录，这些记录来自 370 多种语言的文献，覆盖了从公元1000年到现在的资料，主题范围广泛，堪称同类数据库中最大最全面的一个，基本上反映了世界范围内的图书馆所拥有的图书和其他资料。

图 3－42　WorldCat 主页

WorldCat 是世界上最大的图书馆目录和服务网，WorldCat 致力于提供网上资源，很多读者利用它搜索信息。

2. 检索功能

（1）主题检索 Subject（su:）：在该数据库中，主题检索在以下字段中查找信息：主题词、题名和内容注释字段。

（2）标准代码 ISSN、ISBN、LCCN：使用标准号标识符（sn:）检索指定的国际标准连续出版物号（ISSN）、国际标准书号（ISBN）和国会图书馆卡片号（LCCN）的记录。

（3）资料号或报告号索引 Document Number（gn:）or Report Number（rn:）。

（4）题名的准确短语检索（ti =）：当使用题名的准确短语进行检索时，需键入整个题名。如果题名中包括 AND、NOT、N、W 等词，要对这些词加引号，以示其不是算符。以冠词 a、an 或 the 开头的题名，要省去冠词不写。例如要检索“The Owl and the Nightingale”，键入“ti = owl "and" the nightingale”，也可以在检索前先借助词表（Browse）浏览题名。

3.4.3　国外电子图书数据库

世界上著名的外文电子图书数据库主要有：Encyclopedia BritannicaOnline（大英百科全书网络版）、Ebrary 电子图书、ECCO 电子图书（十八世纪作品在线）、EEBO 电子图书（早期英文图书在线）、Springer 电子图书、Safari 电子图书（IT 类电子图书）、NetLibrary 电子图书、NAP 免费电子图书、Knovel 四种免费化学参考书、eScholarship Editions 免费电子图书、SIAM 电子图书。本书主要介绍以下几种。

1. NetLibrary 电子图书

网址：http://www.netlibrary.com

　　　http://legacy.netlibrary.com

NetLibrary 是世界上电子图书的主要提供商之一，它创建于1999年，总部在美国科罗拉多州的博尔德市。2002 年 1 月，NetLibrary 被 OCLC 收购，目前 NetLibrary 是全球最大的在线计算机图书馆中心（OCLC）的下属部门，它整合了来自 350 多家出版机构的 5 万多册电子图书，这些电子图书的 90% 是 1990 年后出版的，每月均增加 2 000 多种。NetLibrary 电子图书的 80% 面向大学的读者，涉及自然科学和人文科学的各个领域，其中不仅包含学术性强的著名专业著作，还收录最新出版的各类人文、社会科学图书，它覆盖了以下主要学科：科学、技术、医学、生命科学、计算机科学、经济、工商、文学、历史、艺术、社会与行为科学、哲学、教育学等。

NetLibrary 电子图书数据库系统以模仿传统图书的借阅流通方式来提供电子图书的浏览和外借功能，解决了电子图书阅览的知识产权问题，在国外各大图书馆中已有成功的运行实例，目前已经为世界上 7 300 多家大学图书馆、公共图书馆和专业图书馆提供服务。

NetLibrary 电子图书采用通用的 HTML 格式，所以在线阅读全文无须下载特殊阅读软件。阅读限制：同一时间一个图书馆或集团的电子图书读者数不限，但一本书同时只能供一位读者阅读。目前可以访问的除正式订购的 3 530 种电子图书外，还可以免费访问 3 407 种无版权图书，如莎士比亚的《哈姆雷特》。单击首页的“What's Available”按钮浏览所有可阅读的电子图书。

NetLibrary 提供“Basic Search”“Advanced Search”两种检索方式。可通过关键词、书名、作者、全文、主题、ISBN 几个字段进行检索。所有电子图书都内嵌了 American Heritage© Dictionary of the English Language（4th Edition），方便读者查询词义和读音。全文内容不能下载，但允许复制和打印（一次一页），持续打印数量过大会收到系统发出的警告。

2. Ebrary 电子图书

网址：http：//www. ebrary. com/corp/

Ebrary 公司于 1999 年 2 月正式成立，由 McGraw-Hill Companies、Pearson plc 和 Random House Ventures 三家出版公司共同投资组建。ProQuest 公司于 2011 年收购 Ebrary 公司。Ebrary 公司整合了来自 400 多家学术、商业和专业出版商的权威图书和文献，覆盖了商业经济、计算机、技术工程、语言文学、社会科学、医学、历史人文、科技和法律等主要科目的书籍。目前与 Ebrary 公司合作的主要出版社包括 The McGraw-Hill Companies、Random House、Penguin Classics、Elsevier、Oxford University Press、Yale University Press、MIT Press、Palgrave Macmillan、University of California Press、John Wiley & Sons 等著名出版社。

Ebrary 公司允许多用户同时访问；具有特色高级检索工具，可以与现有图书馆 ILS 系统（如 Innovative、Sirsi 等系统）和数字资源整合；提供全部书籍的 MARC 记录。

Ebrary 公司是一个电子书内容、技术和服务的提供商。Ebrary 电子图书数据库整合了来自 500 多家学术、商业和专业出版商的 27 万册权威图书和文献，覆盖商业经济、社科人文、历史、法律、计算机、工程技术、医学等 17 个领域，提供一整套独一无二的在线数据库集合。

Ebrary 电子图书数据库按学科分为 16 个子库以及 1 个综合学术类书库（Academic Complete），包含总计 86 352 册图书，其中 2005 年以后出版的图书超过 35 000 册，而且每月新增图书几百种。分库情况见表 3 - 1。

表 3－1　Ebrary 电子图书按学科分类统计

Academic Complete（综合学术类书库，含所有书库及新增图书 86 352 册）	Law, International Relations and Political Philosophy（法律、国际关系和政治哲学类书库，6 439 册）
Business and Economics（商业经济类书库，13 018 册）	Life Sciences（生命科学类书库，4 862 册）
Computers and IT（计算机和信息技术类书库，4 236 册）	Medicine（医学类书库，3 090 册）
Education（教育类书库，3 741 册）	Nursing and Allied Health（护理和联合健康类书库，4 146 册）
Engineering & Technology（工程与技术类书库，6 270 册）	Physical Sciences（自然科学类书库，4 146 册）
Humanities（人文类书库，4 684 种）	Psychology and Social Work（心理学和社会工作类书库，4 315 册）
History and Political Science（历史和政治学类书库，16 687 册）	Religion, Philosophy and Classics（宗教哲学和古典名著类书库，8 556 册）
Interdisciplinary and Area Studies（跨学科和区域研究类书库，5 616 册）	Sociology and Anthropology（社会学和人类学类书库，9 243 册）
Language Literature and Linguistics（语言文学和语言学类书库，10 134 册）	—

Ebrary 公司主页如图 3－43 所示。

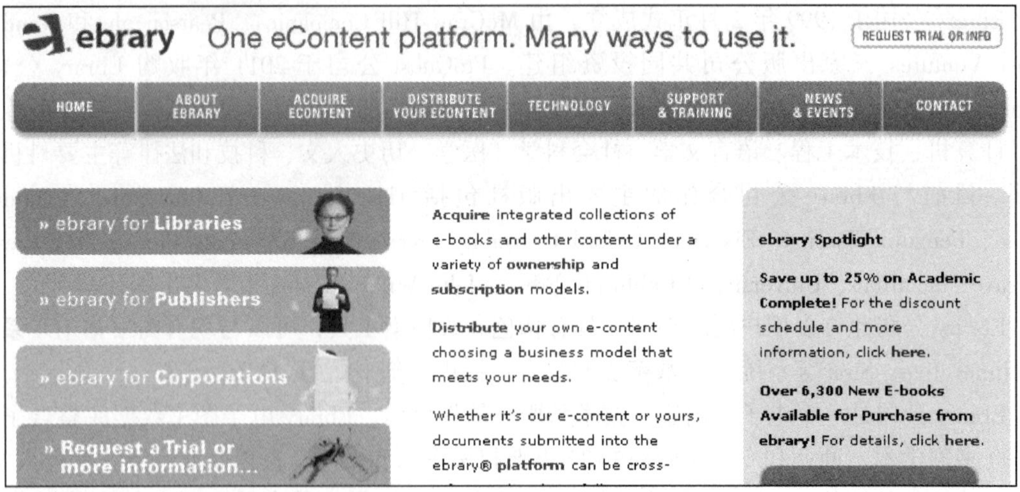

图 3－43　Ebrary 公司主页

3. Safari 电子图书

网址：http：//proquest. safaribooksonline. com/

Safari 由世界两大著名 IT 出版商 O'Reilly & Associates, Inc. 和 The Pearson Technology Group 共同组建，主要提供 IT 类电子图书，其中 95% 以上是 2000 年以后出版的，22% 的书目列入了 Amazon 书店前 10 000 种需要的图书清单中。Safari 覆盖的主题包括 Programming、Operating Systems、Networking 等。

在 Safari 中可以按主题或出版商分类浏览图书，可进行高级检索，并可直接定位浏览图书中的编程信息。阅读全文时可由检索结果中的"Table of Contents"直接跳到书中的章/节，也可单击图书封面，再选择页面右侧的"Start Reading"从头开始阅读。

4. SIAM 电子图书

网址：http://www.igpublish.com/SIAM-ebook

工业和应用数学学会（Society for Industry and Applied Mathematics，SIAM）于 20 世纪 50 年代前期在美国成立，是一个以促进应用和计算数学的研究、发展、应用为目的的协会。到目前为止其个人会员数已超过 10 000 人，由来自世界各国的应用和计算数学家、计算机科学家、工程师、统计学家和数学教育者组成。此外，SIAM 还有 500 多个由大学、公司和研究机构组成的机构会员。

SIAM 出版的期刊和图书在应用和计算数学的高等研究领域非常著名。SIAM 图书按学科主题分成 14 个类别，每个主题都有一个由来自大学的专家所组成的编委会负责，出版品质得到保证。SIAM 电子图书收录 20 世纪 70—80 年代直到最新的 SIAM 出版物，目前有 355 本图书，每年新增图书 20~25 种。

5. The National Academies Press（NAP）免费电子图书

网址：http://www.nap.edu/browse.html

The National Academies Press（NAP）是美国国家科学院下属的学术出版机构，主要出版美国国家科学院、国家工程院、医学研究所和国家研究委员会的报告。从 1992 年开始，NAP 计划将印刷本图书逐渐转化成电子图书。

目前通过其主站点可以免费在线浏览 2 500 多种电子图书，包括清华大学图书馆已购买的 36 种纸本图书，如《Condensed-matter Physics》（1986）、《The Digital Dilemma: Intellectual Property in the Information Age》（2000）、《Plasmas and Fluids》（1986）、《Virtual Reality: Scientific and Technological Challenges》（1995）等一批很有学术价值的图书。图书内容覆盖农业、行为与社会科学、生物与生命科学、计算机信息技术、冲突与安全、地球科学、教育、能源与节能、工程技术、环境、食品与营养、健康与医药、工业、数学、化学、物理、自然科学、航空航天、交通运输等诸多领域。电子图书采用 PDF 文档格式，保持了书的原貌，并提供网上免费浏览，还可以进行全文检索、打印（一次一页）。访问无须账号和口令，也无须下载电子图书专用阅读软件。

进入后可以按学科分类浏览，也可以输入检索词，在书名或全文中检索。在每一本书中可以像阅读印刷本图书一样按目次和章节阅读，也可输入检索词进行全文检索，然后直接点击进入有关的章节或页面。

NAP 主页如图 3-44 所示。

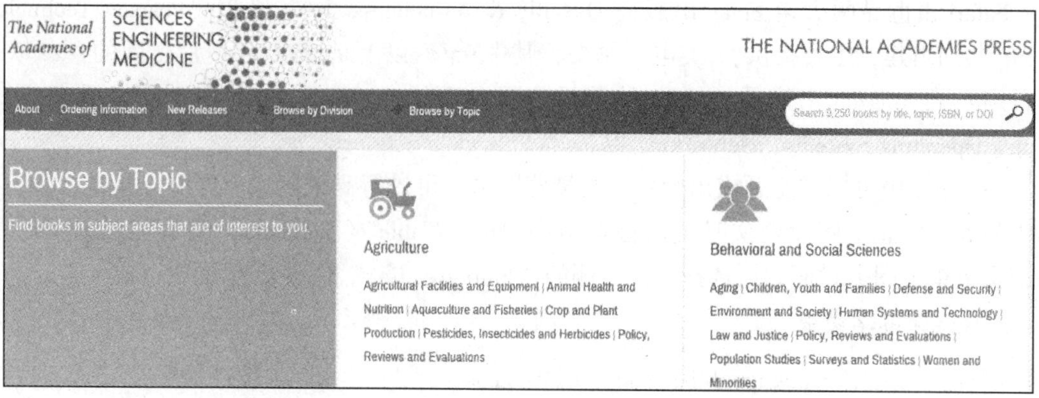

图 3－44　NAP 主页

6. eScholarship Editions 免费电子图书

网址：http：//content. cdlib. org/escholarship/

eScholarship Editions 是加利福尼亚数字图书馆（California Digital Library，CDL）eScholarship 课题的子项目。作为加州大学图书馆的组成之一，CDL 旨在为加州大学师生的分布式和创造性世界学术知识交流提供支持。

eScholarship Editions 包含约 2 000 种学术出版社的电子图书，图书内容覆盖艺术、科学、历史、音乐、宗教和小说等诸多领域。除提供加州大学师生利用外，eScholarship Editons 特别提供其中的 518 种电子图书免费在线浏览（以“public”标识）。这些可被公众免费阅览的图书列表有这些链接：主题列表（Subject List）、题名列表（Title List）、作者列表（Author List）等。

本章小结

本章主要介绍了图书的定义、构成要素以及检索、OPAC 系统，检索中文图书常用的检索工具（《全国新书目》《全国总书目》《中国国家书目》等书目数据库，OPAC 书目检索系统）；介绍了北京理工大学图书馆、中国国家图书馆、中国科学院国家科学图书馆的书目检索系统，联合目录的概念，讲述了全国期刊联合目录、CALIS 联合目录的检索方法，中国台湾地区的图书书目联合目录的检索方法，国外著名的书目检索工具（《书目索引》、《世界书目之书目》、《在版图书》以及《累计图书索引》），世界著名的图书馆馆藏联机目录 WorldCat 等。

本章还介绍了我国著名的电子图书数据库：超星数字图书馆、北大方正 apabi 数字图书馆、中图外文电子图书全文数据库、时代圣典数字图书馆以及百万册书数字图书馆。与此同时，还讲述了国外著名的电子图书数据库：NetLibrary 电子图书、Ebrary 电子图书、Safari 电子图书、SIAM 电子图书、The National Academies Press（NAP）免费电子图书和 eScholarship Editions 免费电子图书等。

思考题

一、简答题

1. 什么是图书？图书有哪些构成要素？
2. 什么是书目检索系统？它经历了哪些发展历程？
3. 检索中文图书常用的检索工具主要有哪些？简述各个检索工具的功能。
4. 什么是联合目录？我国有哪些著名的联合目录检索系统？
5. 我国著名的电子图书数据库有哪些？简述它们的主要检索功能。

二、实习题

利用中国科学院国家科学图书馆的书目检索系统检索“锂离子电池”方面的图书。

第4章

期刊信息资源检索系统

4.1 期刊信息资源概述

4.1.1 期刊

1. 期刊的概念

期刊（journal，periodical）俗称“杂志”，是指采用统一名称定期或不定期出版的连续性出版物。它的名称相对统一，版式、篇幅和内容范围相对固定。与图书相比，期刊的出版周期短、报道速度快、数量大、学科广泛、内容新颖、流通面广，能及时反映世界科技发展水平，是科技情报的重要来源。期刊产生于17世纪的法国和英国，以1965年法国的《学者杂志》、英国的《皇家学会哲学汇刊》为最早。

期刊按内容和用途，可分为知识普及期刊、娱乐性期刊、理论性或学术性期刊、文学艺术性期刊、宣传报道性期刊、资料与检索性期刊、综述与评述性期刊等。

2. ISSN

正式出版的期刊均有国际标准连续出版物编号（International Standard Serial Number，ISSN）。ISSN是根据国际标准ISO3297制定的连续出版物国际标准编码，其目的是使世界上每一种不同题名、不同版本的连续出版物都有一个国际性的唯一代码标识。

该编号以ISSN为前缀，由8位数字组成。8位数字分为前、后两段各4位，中间用连接号相连，格式如下：

ISSN XXXX – XXXX

前7位数字为顺序号，最后1位是校验位。ISSN由设在法国巴黎的国际ISDS中心管理。1975年起建立世界性的连续出版物标准书目数据库，目前已有近200个国家和地区出版的65万种期刊（包括已停刊的）登记入库，成为国际上最权威的期刊书目数据网络系统。我国于1985年建立了ISSN中国分中心（设在北京图书馆），负责中国期刊ISSN的分配与管理，目前已有近 5 000 种中文期刊分配了 ISSN 并进入国际 ISSN 数据系统。ISSN 通常都印在期刊的封面或版权页上。例如：ISSN 1000－3428 代表“计算机工程”这本期刊。

4.1.2　核心期刊

1931 年著名文献学家布拉德福首先揭示了文献集中与分散规律，发现某时期某学科 1/3 的论文刊登在 3.2% 的期刊上；1967 年联合国教科文组织研究了二次文献在期刊上的分布，发现 75% 的文献出现在 10% 的期刊中；1971 年，SCI 的创始人加菲尔德统计了参考文献在期刊上的分布情况，发现 24% 的引文出现在 1.25% 的期刊上，等等。这些研究都表明期刊存在“核心效应”，从而衍生了“核心期刊”的概念。

依据布拉德福定律，如果科学期刊按其所刊载某一学科论文的数量多少，依递减顺序排列并划分出一个与该学科密切相关的期刊所形成的核心区以及另外几个区，使每个区中的期刊载文数量相当，则核心区期刊数量与相继区的期刊数量比例为 $1:n^2:n^3:n^4$……。

4.1.3　中文核心期刊

中文核心期刊是中华人民共和国期刊中学术水平较高的刊物，是我国学术评价体系的一个重要组成部分。中文核心期刊是对中国大陆地区出版的期刊中核心期刊的认定。目前，我国核心期刊目录主要有这几种：（1）综合性核心期刊：《中文核心期刊要目总览》《中国科技期刊引证报告》；（2）自然科学类核心期刊：中国科学引文数据库；（3）社会科学类核心期刊系统：中文社会科学引文索引。

1.《中文核心期刊要目总览》

《中文核心期刊要目总览》创刊于 1992 年，已于 1992 年、1996 年、2000 年、2004 年、2008 年、2011 年出版过六版，收编包括社会科学和自然科学等各种学科类别的中文期刊，对核心期刊的认定通过五项指标综合评估，主要是为图书情报部门对中文学术期刊的评估与订购和读者阅读提供参考依据。第七版（2014 年版）于 2015 年 9 月由北京大学出版社出版。目前，该刊正在修订第八版。

《中文核心期刊要目总览》由北京大学图书馆朱强馆长等任主编，北京多所高校图书馆及中国科学院文献情报中心、中国社会科学院图书馆、中国人民大学书报资料中心、中国学术期刊（光盘版）电子杂志社、中国科学技术信息研究所、北京万方数据股份有限公司、国家图书馆等 28 个相关单位的百余名专家和期刊工作者参加研究。

通常所说的中文核心期刊，是指《中文核心期刊要目总览》中列出的期刊。《中文核心期刊要目总览》一共分为七编，各编所代表的学科及期刊数量如下：

（1）第一编：哲学、社会学、政治、法律、军事；

（2）第二编：经济；

（3）第三编：文化、教育、历史；

（4）第四编：自然科学；

（5）第五编：医药、卫生；

（6）第六编：农业科学；

（7）第七编：工业技术。

《中文核心期刊要目总览》第七编“工业技术”各类及核心期刊数量如图 4－1 所示。

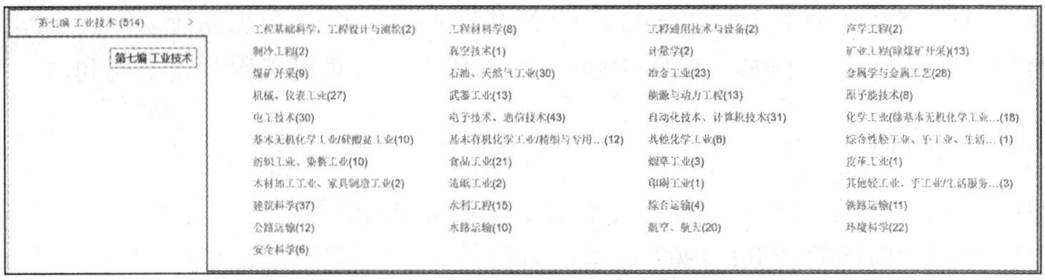

图 4－1 《中文核心期刊要目总览》第七编“工业技术”各类及核心期刊数量

2. 《中国科技期刊引证报告》

《中国科技期刊引证报告》由潘云涛主编，分为核心版及扩刊版。其核心版选用的是中国科技论文统计源期刊。为了全面、准确、公正、客观地评价期刊，《中国科技期刊引证报告》核心版结合中国期刊实际情况选用了诸如总被引频次、影响因子、即年指标、他引率、引用刊数、扩散因子、学科扩散指标、学科影响指标、被引半衰期等多种指标，根据不同的权重系数对期刊进行综合评价。其中影响因子是一个国际上通行的评价指标，计算方法为该刊前两年发表论文在统计当年被引用的总次数与该刊前两年发表论文总数的比值，其能够较好反映期刊在学术领域中的地位。通常，期刊的影响因子越大，它的学术影响力和作用也越大。《中国科技期刊引证报告》（核心版）每年 11 月出版。

3. 中国科学引文数据库（Chinese Science Citation Database，CSCD）

网 址：http：//apps. webofknowledge. com/CSCD _ GeneralSearch _ input. do? product = CSCD&SID = 7BmRj1pDnKA8zIYEPJa&search_mode = GeneralSearch

中国科学引文数据库收录 1989 年至今中国出版的 1 200 余种中、英文科技核心期刊和优秀期刊，覆盖数学、物理、化学、天文学、地学、生物学、农林科学、医药卫生、工程技术、环境科学和管理科学等学科领域。数据库支持中、英文检索，既能用被收录文献的题录信息检索，还能用被引用文献的著者和来源检索。目前该数据库已经集成到 Web Of Knowledge 数据库系统中。

中国科学引文数据库检索界面如图 4－2 所示。

图 4－2 中国科学引文数据库检索界面

4. 中文社会科学引文索引（Chinese Social Sciences Citation Index，CSSCI）

网址：http：//cssci. nju. edu. cn/

中文社会科学引文索引是由南京大学中国社会科学研究评价中心开发研制的文摘数据库，用来检索中文社会科学领域的论文收录和文献被引用情况。CSSCI 遵循文献计量学规律，采取定量与定性相结合的方法从全国 2 700 余种中文人文社会科学学术性期刊中精选出学术性强、编辑规范的期刊作为来源期刊。其目前收录包括法学、管理学、经济学、历史学、政治学等在内的 25 大类的 500 多种学术期刊，来源文献 100 余万篇，引文文献 600 余万篇。利用 CSSCI 可以检索到所有 CSSCI 来源刊文献的收录和被引情况（CSSCI 扩展版及 CSSCI 集刊文献目前在数据库中检索不到，其来源刊名录请见 http：//cssrac. nju. edu. cn/a/zlxz/）。

中文社会科学引文索引数据库简单检索界面如图 4－3 所示。

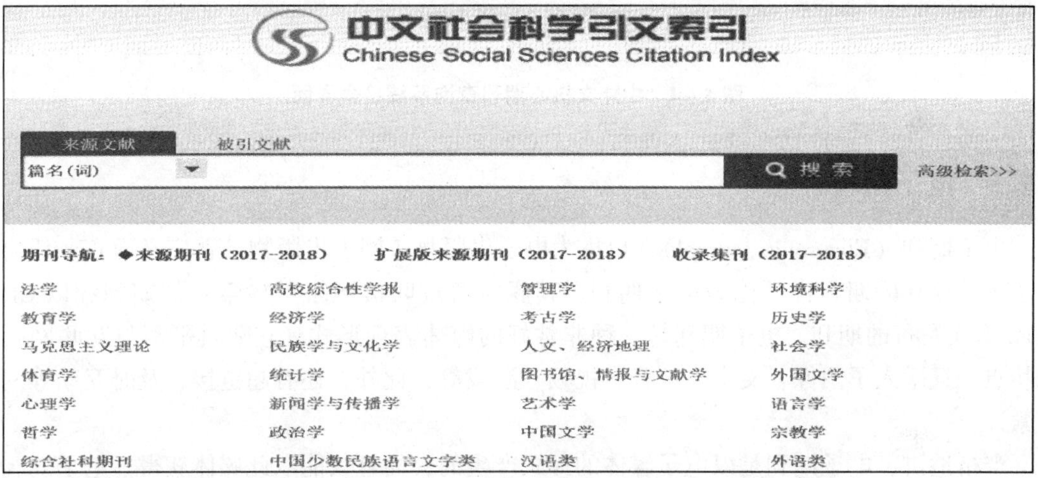

图 4－3　中文社会科学引文索引数据库简单检索界面

4.1.4　中外文核心期刊查询系统

网址：http：//coreej. cceu. org. cn/index. html

中外文核心期刊查询系统是基于 Ex Libris 公司的 SFX 产品开发的，由中国 SFX 用户提出需求并共享数据，由公司北京代表处提供技术支持的核心期刊查询平台，提供 Web of Science（SCIE、SSCI、A&HCI）、Ei Compendex、MEDLINE、中国科技期刊引证报告、中文核心期刊要目总览、中文社会科学引文索引（CSSCI）、中国科学引文数据库核心库（CSCD）等七种数据库或评价体系中已收录期刊的浏览、检索、期刊影响因子链接等功能。该系统将不同数据库或期刊评价体系设立的不同类目和评价方式有机地整合在一起，如果一个期刊同时被几个数据库收录或被评价体系评价，可以在该期刊的记录中同时查看相应的影响因子或排名信息。该系统还针对中文核心刊评价体系保留了原有的学科分类，分别给出各自的分类检索途径。

中外文核心期刊查询系统检索界面如图 4－4 所示。

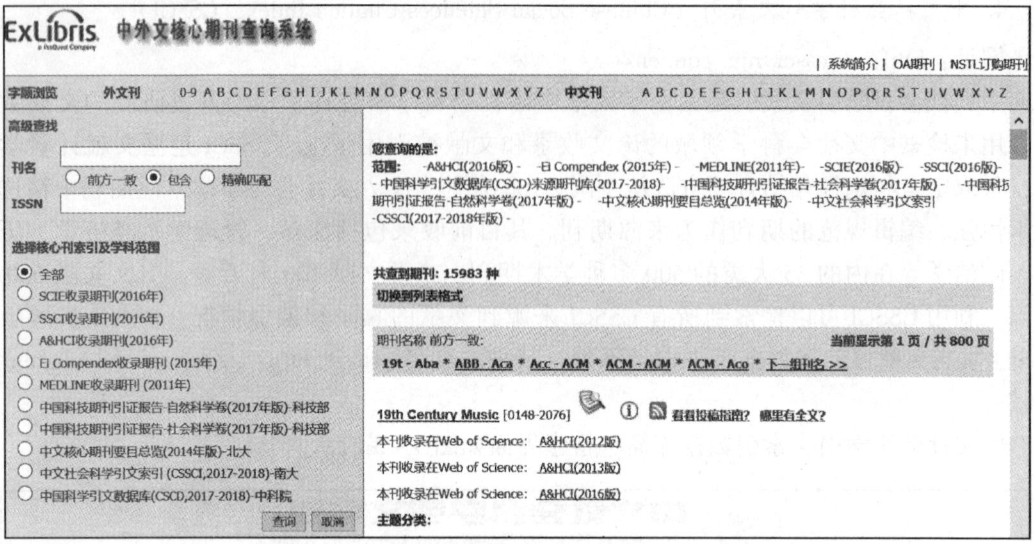

图 4-4　中外文核心期刊查询系统检索界面

4.1.5　电子期刊

电子期刊（Electronic Journal），也称为电子出版物、网上出版物。就广义而言，任何以电子形式存在的期刊皆可称为电子期刊，其涵盖通过联机网络可检索到的期刊和以 CD-ROM 形式发行的期刊。电子期刊是一种非常好的媒体表现形式，它兼具平面与互联网两者的特点，且融入了图像、文字、声音、视频、游戏等，此外，还有超链接、及时互动等网络元素。

严格地讲，电子期刊是以电子媒体的形式产生的，而且仅能以此媒体获得。电子期刊从投稿、编辑出版、发行订购、阅读乃至读者意见反馈的全过程都是在网络环境中进行的，任何阶段都不需要用纸，它与传统的印刷型期刊有着本质的区别。电子期刊是以高新技术，包括光盘、网络通信技术为载体，经过信息技术人员的加工处理，运用现代技术检索手段，以满足信息需求的出版物。

4.1.6　期刊的检索

在图书馆 OPAC 系统中，印刷型期刊的检索与图书相差不多，其检索项主要有刊名、ISSN、订购号（外文期刊的中图订购号，中文期刊的邮发代号、全国统一刊号）、关键词、分类号等。

4.2　国内电子期刊数据库

我国著名的电子期刊数据库主要有：中国学术期刊网络出版总库、中文科技期刊全文数据库、中国学术期刊数据库、国家哲学社会科学学术期刊数据库、龙源期刊网、中国光学期刊网、全国报刊索引数据库、中国财经报刊数据库以及中国重要报纸数据库等。

4.2.1　中国学术期刊网络出版总库

网址：http：//www. cnki. net

1. 数据库简介

中国学术期刊网络出版总库（China Academic Journal Network Publishing Database，CAJD）是世界上最大的连续动态更新的中国学术期刊全文数据库，是“十一五”国家重大网络出版工程的子项目，是《国家“十一五”时期文化发展规划纲要》中国家“知识资源数据库”出版工程的重要组成部分。其以学术、技术、政策指导、高等科普及教育类期刊为主，内容覆盖自然科学、工程技术、农业、哲学、医学、人文社会科学等各个领域。截至 2012 年 6 月，该数据库收录国内学术期刊 7 900 多种，其中创刊至 1993 年 4 600 种，1994 年至今 7 700 余种，全文文献总量为 3 400 多万篇。核心期刊收录率为 96%；特色期刊（如农业、中医药等）收录率为 100%；独家或唯一授权期刊共 2 300 余种，约占我国学术期刊总量的 34%。

数据库的更新频率：CNKI 中心网站及数据库交换服务中心每日更新 5 000 ~ 7 000 篇文献，各镜像站点通过互联网或卫星传送数据可实现每日更新，专辑光盘每月更新，专题光盘年度更新。除此之外，该数据库还收录了各种期刊的名录。

2. 数据库的特点

（1）海量数据的高度整合，集题录、文摘、全文文献信息于一体，实现一站式文献信息检索；

（2）参照国内外通行的知识分类体系组织知识内容，具有知识分类导航功能；

（3）设有包括全文检索在内的众多检索入口，用户可以通过某个检索入口进行初级检索，也可以运用布尔算符等灵活组织检索提问式进行高级检索；

（4）具有引文连接功能，除了可以构建成相关的知识网络外，还可用于个人、机构、论文、期刊等方面的计量与评价；

（5）将全文信息完全数字化，通过免费下载的最先进的浏览器，可实现期刊论文原始版面结构与样式不失真的显示与打印；

（6）数据库内的每篇论文都获得清晰的电子出版授权；

（7）具有多样化的产品形式，及时更新数据，可满足不同类型、不同行业、不同规模用户个性化的信息需求；

（8）具有遍布全国和海外的数据库交换服务中心，配备常年的用户培训与高效的技术支持。

CAJD 除了提供信息检索、信息咨询、原文传递等常规服务外，还提供以下专项服务：

（1）引文服务，生成引文检索报告；

（2）查新服务，生成查新检索报告；

（3）期刊评价，生成期刊评价检索报告；

（4）科研能力评价，生成科研能力评价检索报告；

（5）项目背景分析，生成项目背景分析检索报告；

（6）定题服务，生成 CNKI 快讯。

3. 学科专辑

中国学术期刊网络出版总库以“专题数据库”的形式设计 CNKI 知识仓库分类导航体系，将各学科、各门类的知识分为 168 个专题，兼顾各学科之间的内在联系、交叉渗透，分层次对知识按其属性及相互从属关系进行并行或树状排列，逐级展开到最小知识单元。根据各篇论文所涉及的学科知识属性，将它们分别编入 168 个专题数据库的各相应知识单元。各专辑名称及覆盖学科范围如下所示：

（1）基础科学：自然科学理论与方法、数学、非线性科学与系统科学、力学、物理学、生物学、天文学、自然地理学和测绘学、气象学、海洋学、地质学、地球物理学、资源科学；

（2）工程科技Ⅰ：化学、无机化工、有机化工、燃料化工、一般化学工业、石油天然气工业、材料科学、矿业工程、金属学及金属工艺、冶金工业、轻工业手工业、一般服务业、安全科学与灾害防治、环境科学与资源利用；

（3）工程科技Ⅱ：工业通用技术及设备、机械工业、仪器仪表工业、航空航天科学与工程、武器工业与军事技术、铁路运输、公路与水路运输、汽车工业、船舶工业、水利水电工程、建筑科学与工程、动力工程、核科学技术、新能源、电力工业；

（4）农业科技：农业基础科学、农业工程、农艺学、植物保护、农作物、园艺、林业、畜牧与动物医学、蚕蜂与野生动物保护、水产和渔业；

（5）医药卫生科技：医药卫生方针政策与法律法规研究、医学教育与医学边缘学科、预防医学与卫生学、中医学、中药学、中西医结合、基础医学、临床医学、感染性疾病及传染病、心血管系统疾病、呼吸系统疾病、消化系统疾病、、内分泌腺及全身性疾病、外科学、泌尿科学、妇产科学、儿科学、神经病学、精神病学、肿瘤学、眼科与耳鼻咽喉科、口腔科学、皮肤病与性病、特种医学、急救医学、军事医学与卫生、药学、生物医学工程；

（6）哲学与人文科学：文艺理论、世界文学、中国文学、中国语言文字、外国语言文字、音乐舞蹈、戏剧电影与电视艺术、美术书法雕塑与摄影、地理、文化、史学理论、世界历史、中国通史、中国民族与地方史志、中国古代史、中国近现代史、考古、人物传记、哲学、逻辑学、伦理学、心理学、美学、宗教；

（7）社会科学Ⅰ：马克思主义，中国共产党，政治学，中国政治与国际政治，思想政治教育，行政学及国家行政管理，政党及群众组织，军事，公安，法理、法史，宪法，行政法及地方法制，民商法，刑法，经济法，诉讼法与司法制度，国际法；

（8）社会科学Ⅱ：社会科学理论与方法、社会学及统计学、民族学、人口学与计划生育、人才学与劳动科学、教育理论与教育管理、学前教育、初等教育、中等教育、高等教育、职业教育、成人教育与特殊教育、体育；

（9）信息科技：无线电电子学、电信技术、计算机硬件技术、计算机软件及计算机应用、互联网技术、自动化技术、新闻与传媒、出版、图书情报与数字图书馆、档案及博物馆；

（10）经济与管理科学：宏观经济管理与可持续发展、经济理论及经济思想史、经济体制改革、经济统计、农业经济、工业经济、交通运输经济、企业经济、旅游、文化经济、信息经济与邮政经济、服务业经济、贸易经济、财政与税收、金融、证券、保险、投资、会计、审计、市场研究与信息、管理学、领导学与决策学、科学研究管理。

4. 检索方式与功能

该数据库主要提供文献检索与期刊导航。文献检索的方式主要有：快速检索、标准检索、专业检索、作者发文检索、科研基金检索、句子检索和来源期刊检索等方式；期刊导航主要有自然科学与工程技术期刊、人文社会科学期刊、优先出版期刊、独家授权期刊、世纪期刊、核心期刊、数据库刊源、期刊荣誉榜、中国高校精品科技期刊、刊期、出版地、主办单位、发行系统期刊导航等。

数据库检索方式如下。

1）快速检索（图4－5）

可以直接在检索词输入框中输入检索词，比如关键词等，系统针对所输入的检索词直接在“题名”字段进行检索，这种检索方式比较适合针对某个所感兴趣的主题进行快速检索。

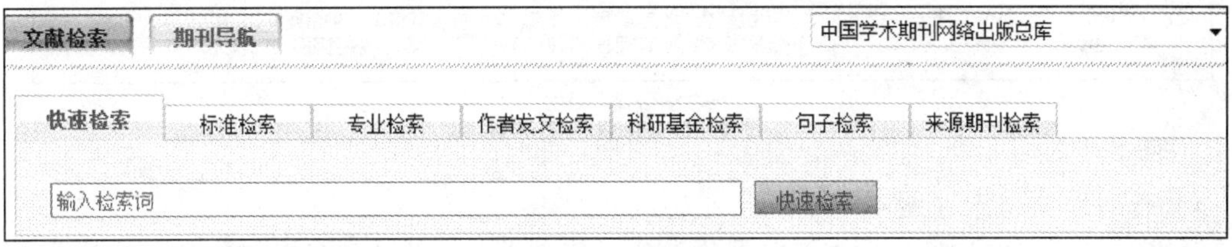

图4－5　快速检索界面

2）标准检索（图4－6）

可以在“输入检索控制条件”和“输入内容检索条件”两项中进行选择，在“输入检索控制条件”选项中，提供文献发表时间、文献出版来源、文献作者及其所在工作单位等文献外部特征选项，在“输入内容检索条件”选项中，提供文献主题、题名、主题词、关键词、分类号以及全文等文献内容特征选项。选择主题字段进行检索，比简单检索只是在题名字段进行检索扩大了检索范围，因此检索结果远远多于简单检索。

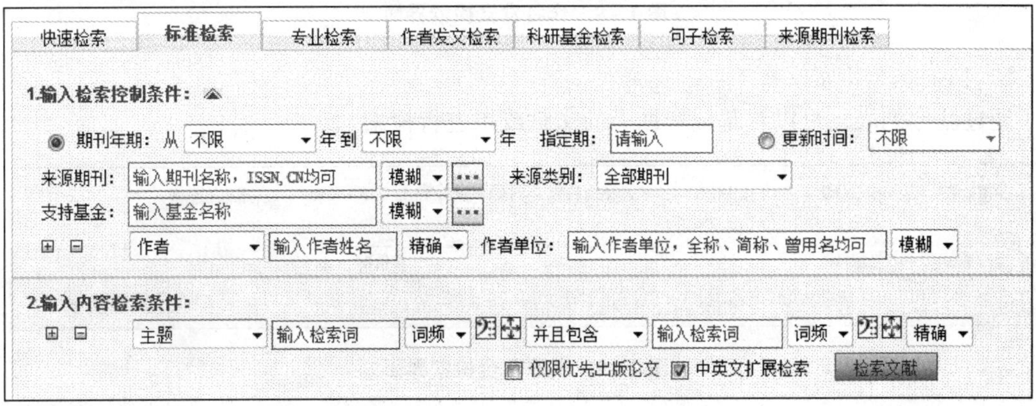

图4－6　标准检索界面

3）专业检索（图4－7）

在专业检索界面下，需要运用布尔逻辑算符 and 或 or 将多个检索词组配起来，对于含有空格或其他特殊字符的单个检索词用引号（""）括起来，提供检索的字段有 SU（主题）、TI（题名）、KY（关键词）、AB（文摘）、FT（全文）、AU（作者）、FI（第一责任人）、AF（机构）、JN（刊名）、RF（引文）、YE（出版年）、FU（基金）、CLC（中图分类号）、SN（ISSN）、CF（被引频次）等。

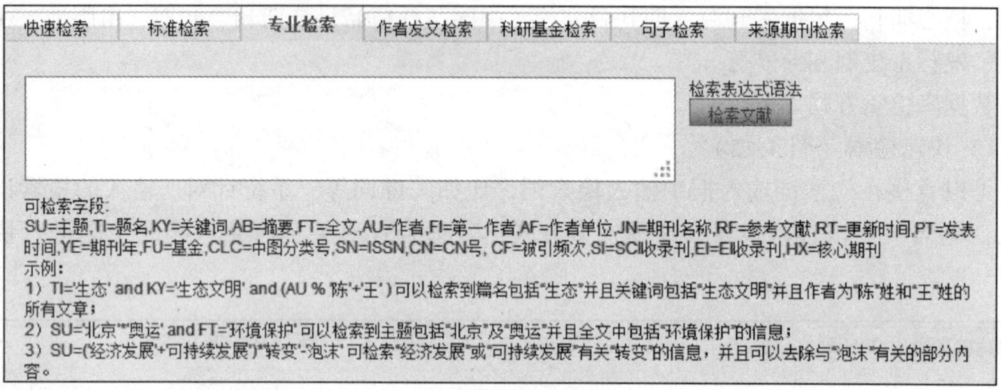

图4－7　专业检索界面

4）作者发文检索（图4－8）

作者发文检索专门针对作者及其工作单位、研究方向、曾获得的科研资助以及曾经发表文章的情况进行检索，适用于了解某位学者的学术情况。

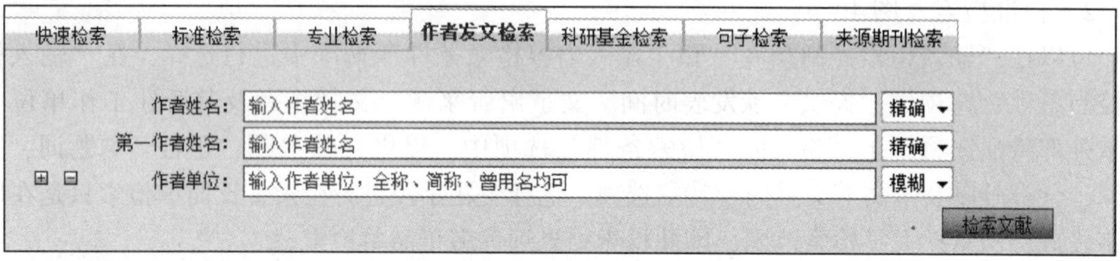

图4－8　作者发文检索界面

5）科研基金检索（图4－9）

通过基金列表，可以对基金资助下的文献成果进行检索。

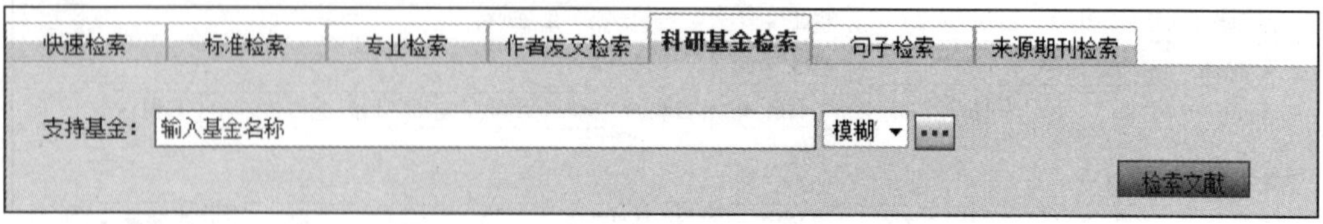

图4－9　科研基金检索界面

6）句子检索（图4－10）

通过句子检索可以查找在同一句中含有的关键词或者主题词等。

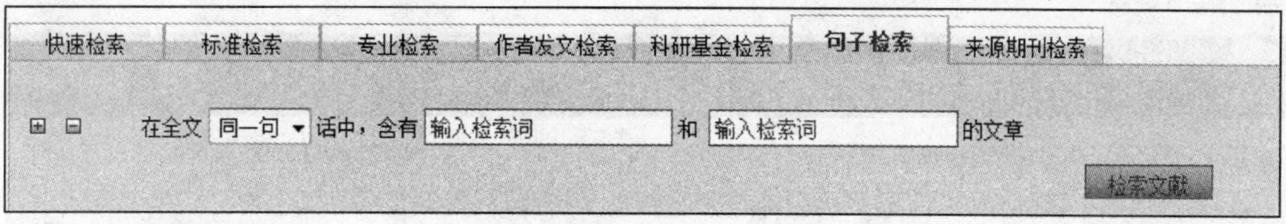

图 4－10　句子检索界面

7）来源期刊检索

来源期刊检索界面如图 4－11 所示。

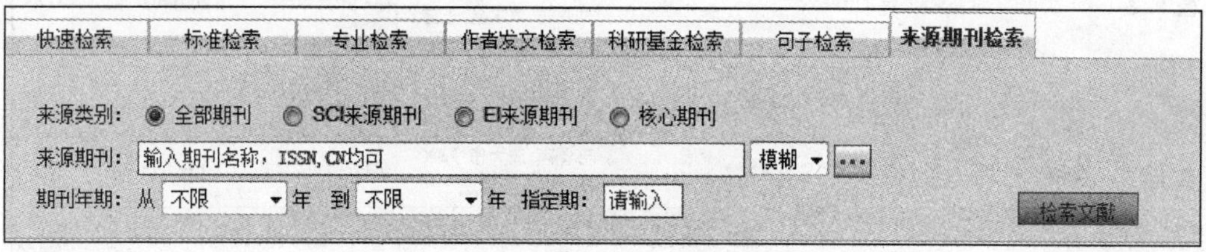

图 4－11　来源期刊检索界面

5. 检索示例

检索 2002—2012 年期间“基于碳化硅的高温 MEMS 传感技术研究”方面的文献。

1）检索分析

（1）时间范围：2002—2012 年。

（2）关键词：碳化硅、高温、MEMS、微机电系统、Micro－Electro－Mechanical Systems。

（3）检索式：碳化硅＊高温＊（MEMS＋微机电系统）。

（4）检索方式：标准检索、专业检索。

2）检索过程

输入检索式，进行检索，如图 4－12 所示。

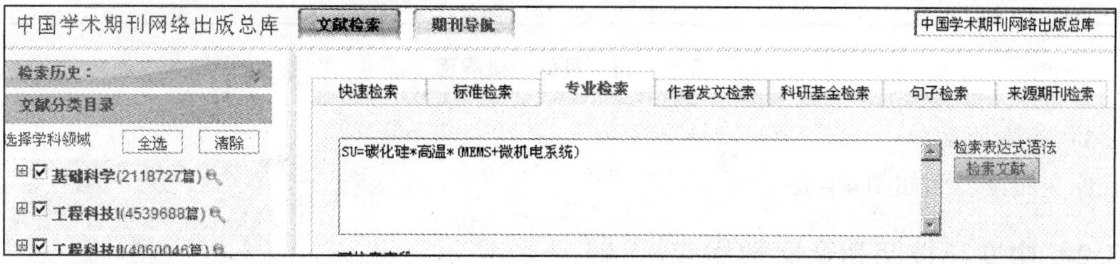

图 4－12　检索界面

3）检索结果

检索结果界面如图 4－13 所示。

4）查看具体记录

具体记录界面如图 4－14 所示。

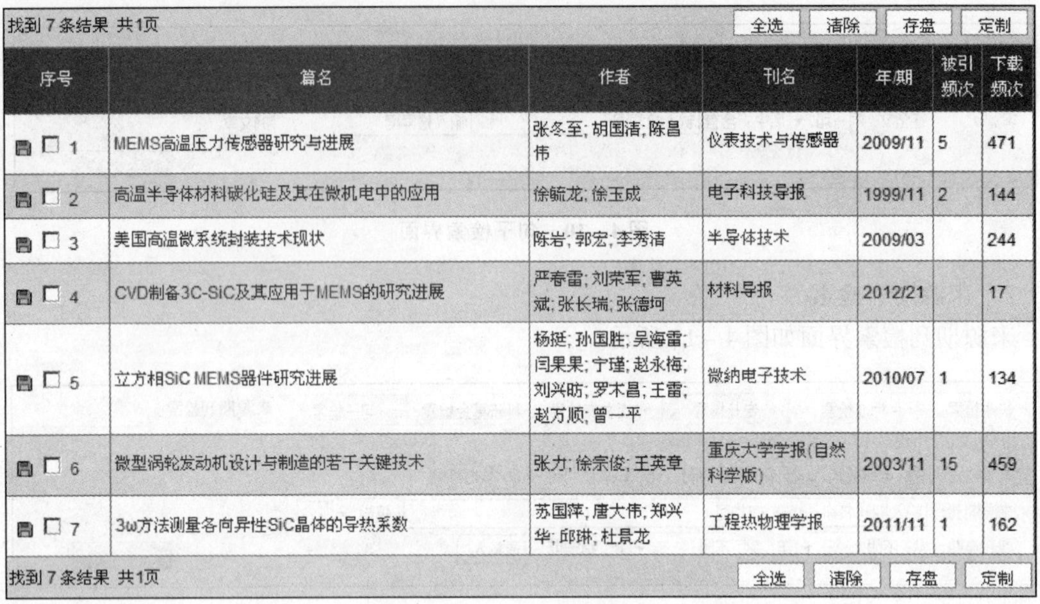
找到 7 条结果 共1页　全选　清除　存盘　定制

序号	篇名	作者	刊名	年/期	被引频次	下载频次
1	MEMS高温压力传感器研究与进展	张冬至; 胡国清; 陈昌伟	仪表技术与传感器	2009/11	5	471
2	高温半导体材料碳化硅及其在微机电中的应用	徐毓龙; 徐玉成	电子科技导报	1999/11	2	144
3	美国高温微系统封装技术现状	陈岩; 郭宏; 李秀清	半导体技术	2009/03		244
4	CVD制备3C-SiC及其应用于MEMS的研究进展	严春雷; 刘荣军; 曹英斌; 张长瑞; 张德珂	材料导报	2012/21		17
5	立方相SiC MEMS器件研究进展	杨挺; 孙国胜; 吴海雷; 闫果果; 宁瑾; 赵永梅; 刘兴昉; 罗木昌; 王雷; 赵万顺; 曾一平	微纳电子技术	2010/07	1	134
6	微型涡轮发动机设计与制造的若干关键技术	张力; 徐宗俊; 王英章	重庆大学学报(自然科学版)	2003/11	15	459
7	3ω方法测量各向异性SiC晶体的导热系数	苏国萍; 唐大伟; 郑兴华; 邱琳; 杜景龙	工程热物理学报	2011/11	1	162

找到 7 条结果 共1页　全选　清除　存盘　定制

图 4－13　检索结果界面

图 4－14　具体记录界面

5）查看原文

原文阅读界面如图 4－15 所示。

4.2.2　中文科技期刊全文数据库

网址：http：//qikan. cqvip. com/

1. 数据库简介

中文科技期刊数据库源于重庆维普资讯有限公司于 1989 年创建的中文科技期刊篇名数据库，其全文和题录文摘版一一对应，经过多年的推广使用和完善，全面解决了文摘版收录量巨大但索取原文烦琐的问题。全文版的推出受到国内广泛赞誉，同时成为国内各省市高校

2009年 第 11期　　仪表技术与传感器 Instument Technique and Sensor　　2009 No. 11

MEMS高温压力传感器研究与进展

张冬至, 胡国清, 陈昌伟

(华南理工大学机械与汽车工程学院, 广东广州 510641)

摘要: MEMS高温压力传感器随着新型半导体材料和加工工艺的不断深入研究而迅速发展, 近年来这一研究方向涌现出不少研究成果。对国内外具有主导影响的多晶硅、SOI, SOS, 金刚石薄膜、SiC, 电容式、声表面波、光纤式等几类耐高温压力传感器的研究进展、技术关键及应用情况等做回顾论述, 并针对各自的主要优缺点进行对比分析和讨论, 最后展望了高温压力传感器的发展趋势。

关键词: 高温; 压力传感器; 多晶硅; 碳化硅; 金刚石薄膜; 声表面波 光纤

中图分类号: TN354　　文献标识码: A　　文章编号: 1002- 1841(2009)11- 0004- 03

Research and Progress of MEMS High2temperature Pressure Sensors

ZHANG Dong2zhi, HU Guo2qing, CHEN Chang2wei

(School of Mechanical and Automotive Engineering, South China University of Technology, Guangzhou 510641, China)

图 4－15　原文阅读界面

文献保障系统的重要组成部分。该数据库包含 1989 年至今的 8 000 余种期刊刊载的 1 370 余万篇文献，并以每年 150 万篇的速度递增。该数据库涵盖自然科学、工程技术、农业、医药卫生、经济、教育和图书情报等学科的 8 000 余种中文期刊数据资源，按照“中国图书馆分类法”进行分类，所有文献被分为 8 个专辑：社会科学、自然科学、工程技术、农业科学、医药卫生、经济管理、教育科学和图书情报。

8 个专辑又细分为 43 个专题：马克思主义、列宁主义、毛泽东思想、邓小平理论、哲学、宗教、社会科学总论、政治、法律、军事、语言、文字、文学、艺术、历史、地理、数理科学、化学、天文和地球科学、生物科学、金属学与金属工艺、机械和仪表工业、经济管理、一般工业技术、矿业工程、石油和天然气工业、冶金工业、能源与动力工程、原子能技术、教育科学、电器和电工技术、电子学和电信技术、自动化和计算机、化学工业、轻工业和手工业、图书情报、航空航天、环境和安全科学、建筑科学与工程、水利工程、交通运输、农业科学、医药卫生等。

2. 数据库的特点

（1）由专业质检人员对题录文摘数据进行质检（包括标引和录入错误），确保原始文本数据的质量。考虑到在期刊收录过程中存在缺期情况，公司定期进行刊期统计并作增补，数据完整率达到 99% 以上。在主题标引的基础上，编制了同义词库、同名作者库并定期修订，有助于提高文献检全率。

（2）具有检索入口多、辅助手段丰富、查全查准率高和人工标引准确的传统优点，系统内核采用国内最先进的全文检索技术。

（3）配备了功能强大的全文浏览器；内嵌北京汉王 OCR 识别技术，能直接把图像文件转换成文本格式进行编辑；对于无法转换成文字的图形、表格、公式等部分，可通过维普资讯营销服务中心的“区域识别”和“复制”功能把图像粘贴到 Word 文档或其他文档中；设置了“题录下载”的输出选项，解决了 Web 检索方式下用户不能自行选择输出字段的问题。

（4）期刊全文采用扫描方式加工，保持了全文原貌。采用专有压缩技术，每页文献容量仅为 25KB 左右，800 万篇文献容量不超过 800GB，避免了图像文件容量大、不能编辑的缺点，全文文件支持通用的文字识别软件。

（5）该数据库在大数据环境下增加了文献引证追踪、科学指标分析及高被引析出文献等服务内容。

3. 数据库的应用范围

该数据库广泛应用于我国高等院校、公共文化单位、情报研究机构及个人，提供专业、全面的学术文献资源的数字化应用服务，同时，凭借强大的数据挖掘、数据分析能力，将学术文献资料与应用实践相结合，不仅为用户提供优质的学术文献使用体验，更为用户提供集知识发现、知识管理、知识服务于一体的专业信息解决方案，目前其服务机构已经达到 7 000 余家。

4. 检索功能

该数据库主要提供快速检索、传统检索、高级检索、分类检索和期刊导航等检索功能。检索项主要有：题名、关键词、刊名、作者、第一作者、机构、文摘、分类号、作者简介、基金资助、栏目信息等。中文科技期刊全文数据库检索界面如图 4－16 所示。

图 4－16　中文科技期刊全文数据库检索界面

1）选择检索入口

中文科技期刊全文数据库提供十种检索入口——关键词、作者、第一作者、刊名、任意字段、机构、题名、文摘、分类号、题名或关键词，用户可根据自己的实际需求选择检索入口，输入检索式进行检索。

2）限定检索范围

该数据库可进行范围限定（核心期刊、全部期刊等）、时间限定（1989—2008），以及学科限定用户可根据需要来限制检索范围，从而更精准地得到自己所需的数据。

3）检索式和复合检索

用户直接输入关键词检索到的数据往往是比较多的，可能有些数据是不需要的，这就说明用户检索条件过宽，可以考虑二次检索。

二次检索是在一次检索的结果中运用“与”“或”“非”进行再限制检索，其目的是缩小检索范围，最终得到期望的检索结果。

中文科技期刊全文数据高级检索界面如图 4－17 所示。

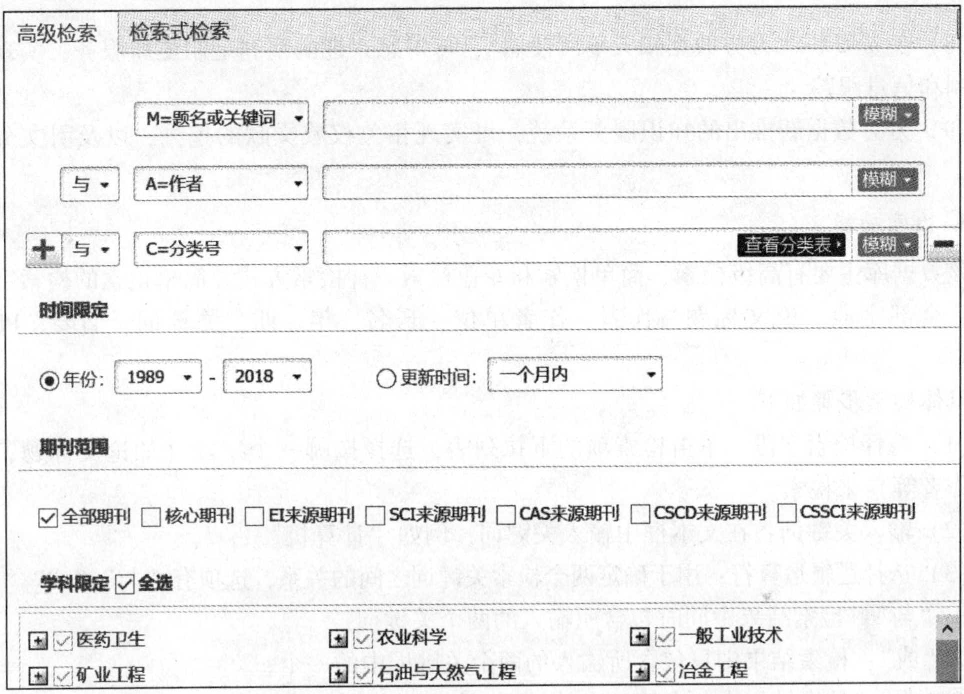

图 4－17　中文科技期刊全文数据库高级检索界面

4.2.3　中国学术期刊数据库

网址：http：//www. wanfangdata. com. cn/perio/toIndex. do

1. 数据库简介

中国学术期刊数据库（China Science Periodical Database，CSPD）中的期刊资源包括中文期刊和外文期刊，其中中文期刊共 8 000 余种，核心期刊有 3 200 种左右，涵盖了自然科学、工程技术、医药卫生、农业科学、哲学政法、社会科学、科教文艺等各个学科；外文期刊主要来源于 NSTL 外文文献数据库以及牛津大学出版社等国外出版机构，收录了 1995 年以来世界各国出版的 20 900 种重要学术期刊。目前，该数据库的期刊论文总量已经达到126 780 480 篇。

2. 数据库的特点

（1）核心期刊收齐率达 98% 以上，是中文期刊数据库中核心期刊收录最齐全的数据库。

（2）滞后期短，只比纸质期刊晚出版1~2个月。

（3）以刊为单位，符合传统的阅读习惯。可以整刊浏览、学科浏览、地区浏览、首字母浏览等方式查阅，提供具有十多个检索入口的简单检索、高级检索等检索方式。

（4）对期刊全文采用国际通用的PDF格式，可直接转化为文本格式。

（5）免费提供详细的期刊论文摘要信息，以快速判断是否为需求文章。

（6）提供“收藏室”增值服务，可收录常用期刊，提高找到常用期刊的效率。

（7）提供“热链服务”，对主题、热点、作者的动态等都可以进行追踪，实现定题检索的功能。

（8）免费安装“万方数据知天下阅读器”，可对感兴趣的期刊定制更新服务，实现个性化定制和信息跟踪。

（9）万方数据新推出的知识服务系统，可实现相关权威文献的挖掘，以及引文分析等功能。

3. 检索功能

该数据库主要有高级检索、简单检索和专业检索三种检索方式。简单检索的检索字段主要有：全部字段、论文标题、作者、作者单位、刊名、年、期、关键词、摘要、PDF全文等。

具体检索步骤如下：

（1）选择检索字段：单击检索项的下拉列表，选择按哪一个字段（如论文标题、关键词、作者等）来检索。

（2）输入关键词：在文本框中输入关键词，例如“计算机”。

（3）选择逻辑运算符：用于确定两个检索关键词之间的关系，选项有“与”“或”“非”。

①“与”：检索结果中同时包含所输入的两个关键词；

②“或”：检索结果中只包含所输入的两个关键词中的一个；

③“非”：检索结果中包含第一个关键词，但不包含第二个关键词。

（4）选择年限：勾选限定年限范围前的复选框，单击“发表时间”下拉列表框，选择起始年份，在限定的年份范围内检索。

（5）执行检索：当所有的检索信息都填写完毕后，单击“检索”按钮，执行检索。

4. 具体检索过程

1）检索界面

简单检索界面如图4－18所示。高级检索界面如图4－19所示。

2）检索示例

（1）检索课题：高精度便携式脑电采集分析系统。

（2）关键词：高精度、便携式、脑电、采集、分析。

（3）检索式：（高精度 or 便携式）and 脑电 and（采集 or 分析）。

（4）检索方式：题名或者关键词、主题。

3）检索过程。

检索过程界面如图4－20所示。

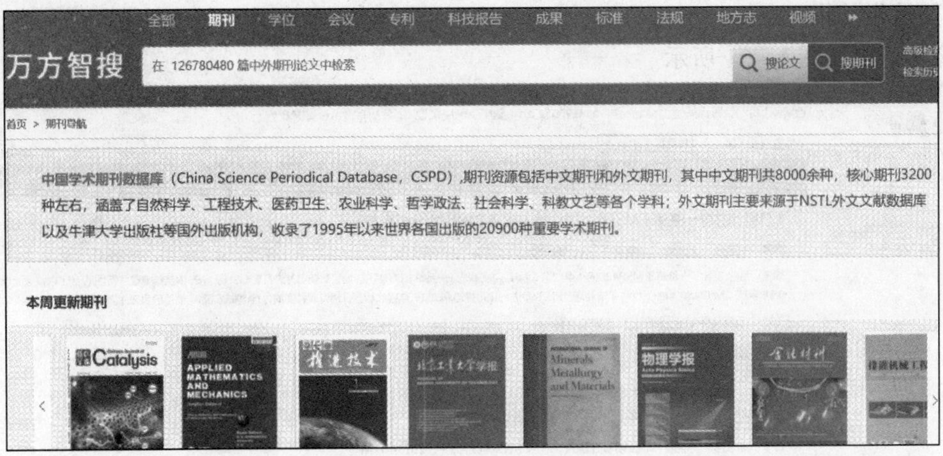

图 4－18　检索界面

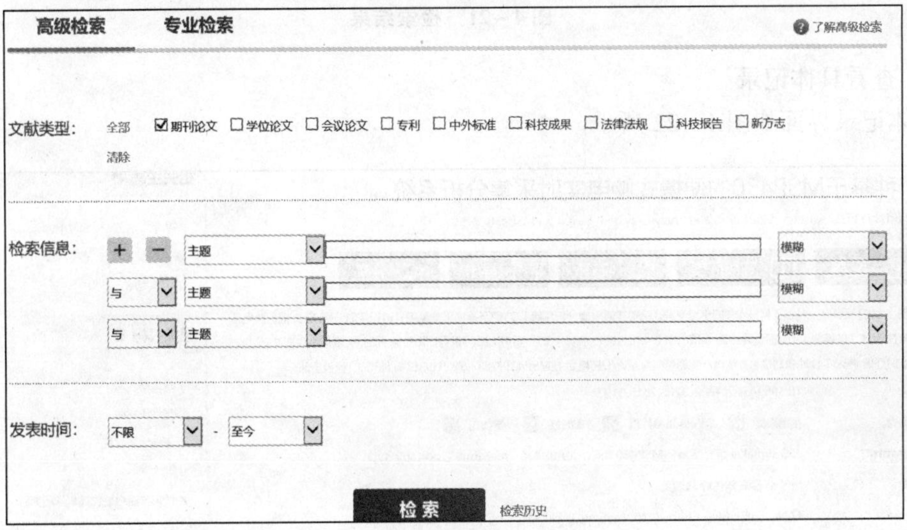

图 4－19　高级检索界面

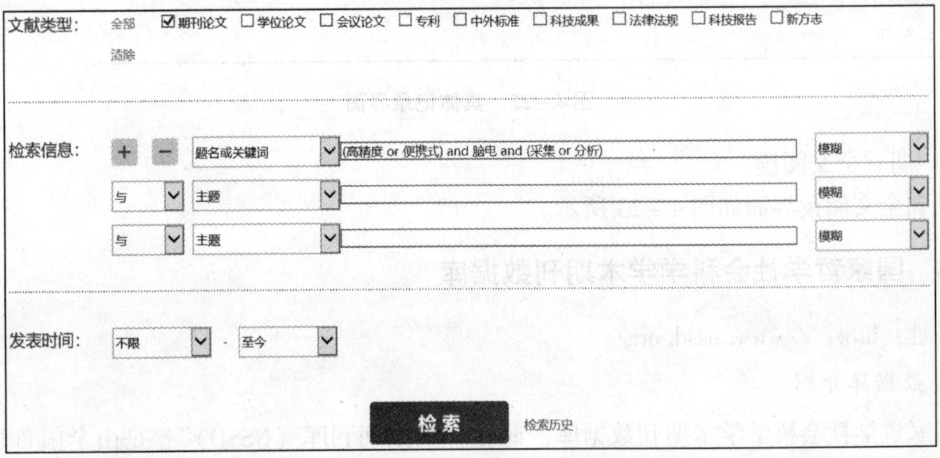

图 4－20　检索过程界面

4）检索结果

检索结果如图 4－21 所示。

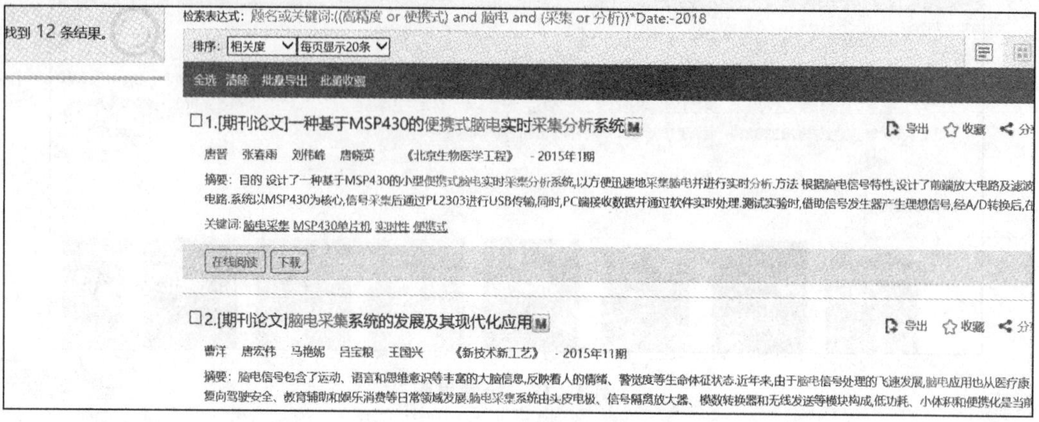

图 4－21 检索结果

5）查看具体记录

具体记录界面如图 4－22 所示。

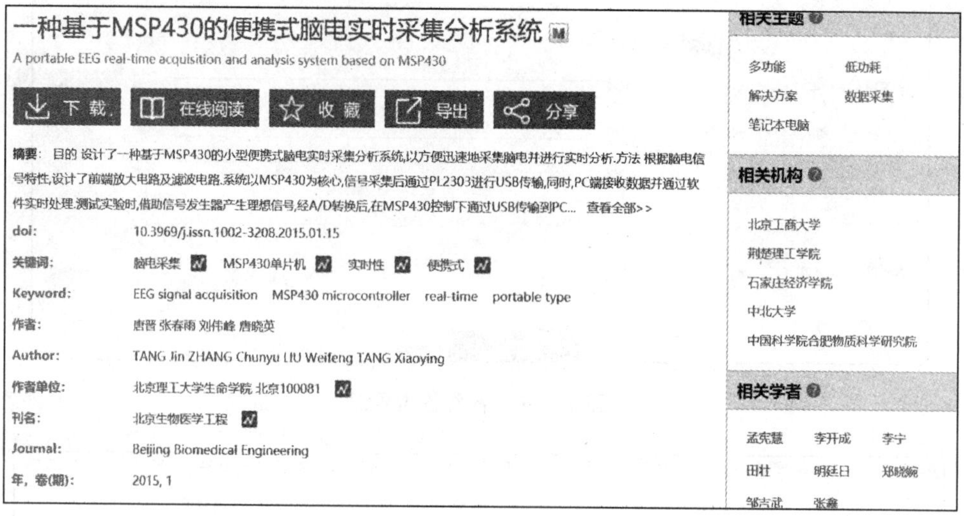

图 4－22 具体记录界面

6）期刊全文阅读

期刊全文阅读界面如图 4－23 所示。

4.2.4 国家哲学社会科学学术期刊数据库

网址：http：//www. nssd. org/

1. 数据库介绍

国家哲学社会科学学术期刊数据库，简称“国家期刊库（NSSD）”，是由全国哲学社会科学规划领导小组批准建设，中国社会科学院承建的国家级、开放型、公益性哲学社会科学

第34卷　第1期　　北京生物医学工程　　Vol. 34　No. 1
2015年　2月　　Beijing Biomedical Engineering　　February　2014

一种基于MSP430的便携式脑电实时采集分析系统

唐晋　张春雨　刘伟峰　唐晓英

摘　要　目的　设计了一种基于MSP430的小型便携式脑电实时采集分析系统，以方便迅速地采集脑电并进行实时分析。方法　根据脑电信号特性，设计了前端放大电路及滤波电路。系统以MSP430为核心，信号采集后通过PL2303进行USB传输，同时，PC端接收数据并通过软件实时处理。测试实验时，借助信号发生器产生理想信号，经A/D转换后，在MSP430控制下通过USB传输到PC端并进行实时处理。结果　经多次试验，使用该系统在PC端得到较好的信号。后续对正常人在午休（浅睡眠）和清醒放松（听音乐）两种状态下进行实测及实时频域分析，得到较好结果。结论　该系统便于携带，使用方便，实用性强，特别适用于高等院校实验室科学研究，应用潜力大。

关键词　脑电采集；MSP430单片机；实时性；便携式

DOI：10.3969/j. issn. 1002-3208. 2015. 01. 15.

中图分类号　R318.6　　文献标志码　A　　文章编号　1002-3208(2015)01-0079-06

图4－23　期刊全文阅读界面

信息平台，具体责任单位为中国社会科学院图书馆（调查与数据信息中心）。作为国家社会科学基金特别委托项目，该数据库于2012年3月正式启动，系统平台于2013年7月16日上线开通。

国家哲学社会科学学术期刊数据库旨在建设成为我国国内最大的公益性社会科学精品期刊数据库、最大的社会科学开放获取平台，实现学术资源的开放共享，为学术研究提供有力的基础条件，促进学术成果的社会传播，推动我国哲学社会科学繁荣发展、走向世界。

该数据库收录精品学术期刊600多种，论文近300万篇以及近67万位学者、近1.8万家研究机构的相关信息。其期刊来源为：国家社科基金重点资助期刊200种、中国社会科学院主管主办期刊70多种、三大评价体系（中国社会科学院、北京大学、南京大学）收录的500多种核心期刊等。在这些期刊中，回溯到创刊号期刊400多种，最早回溯到1921年。该数据库提供人性化、多样化的功能服务，持续推出新功能、新服务。

国家哲学社会科学学术期刊数据库检索界面如图4－24所示。

2. 检索方法

该数据库提供的检索方法主要有：

（1）免费在线阅读和全文下载；

（2）多种论文检索和期刊导航方式；

（3）论文检索方式：题名、关键词、机构、作者、摘要、刊名、年份、分类号、ISSN、基金资助、全文检索；

（4）期刊导航方式：同步上线期刊导航、学科分类导航、核心期刊导航、社科基金资助期刊导航、中国社科院期刊导航、地区分类导航等；

图 4－24　国家哲学社会科学学术期刊数据库检索界面

（5）对检索结果可进行聚类统计分析、多种排序、多种分面显示、导出等；

（6）多种用户定制功能：历史记录查询、定制推送、收藏订阅等；

（7）部分期刊实现与纸本期刊同步出版；

（8）学术统计以及评价。

4.2.5　龙源期刊网

网址：http：//www. qikan. com. cn/

1. 数据库介绍

龙源期刊网于 1998 年 12 月试运营，于 1999 年 6 月开通，具有完备的网上交易结算功能和简/繁体字转换功能，是全球最大的中文期刊网，到 2003 年年底已有独家签约的 800 多种著名刊物的电子版，同时代理 3 000 种科技期刊电子版和 6 000 多种纸版期刊的网上订阅。龙源期刊网还同中国万方数据集团、重庆维普公司、北大方正、中文在线等公司结成战略合作伙伴，在全球范围内推广中文的数字化内容资源。龙源期刊网主页如图 4－25 所示。

2. 检索方法

龙源期刊网提供简体中文和繁体中文两种模式，单击提示条即可以在这两种模式之间进行切换。龙源期刊网提供分类浏览、基本检索和全文检索三种检索方式。

1）分类浏览

在龙源期刊网的主页可以按类别浏览全部电子期刊。

图 4－25　龙源期刊网主页

2）基本检索

基本检索主要包括期刊名称、ISSN、作者以及关键词等检索字段。

检索时应注意：

（1）为了保证结果有实际意义，不要输入“的”“了”“中国”“经济”等太笼统的词语。

（2）利用刊名、刊号、作者和标题这四项即可以单独进行检索，也可以结合起来进行检索。

（3）作者姓名的输入方法为：当作者姓名为两个字时，姓和名之间需加空格键，如“胡敏”；当作者姓名为三个字时，直接输入即可。

（4）当检索结果显示后，可以在“在结果中再查”栏中输入关键词进行二次检索，或进行重新检索。

（5）查询结果按时间顺序排列。

3）全文检索

（1）在关键字栏中输入相应的检索词（文章中出现的词）；

（2）单击搜索键，开始搜索。

注：

（1）为了保证结果有实际意义，不要输入“的”“了”“中国”“经济”等太笼统的词语。

（2）“＋”号的作用：检索全文中同时含有各个词的文章，例如，要查询“汽车产量”，请输入“汽车＋产量”。

（3）“－”号的作用：检索全文中包含“－”号左边，不包含“－”号之后的词语文章，例如，要查询“汽车产量”，但其中不包含“北京汽车产量”，请输入“汽车产量－北京”。

（4）当检索结果显示后，可以在“在结果中再查”栏中输入关键词进行二次检索。

（5）查询结果按时间顺序排列。

4）检索结果的显示和保存

（1）检索结果的显示：当计算机显示检索结果以后，单击某一条文献，即可以显示此条文献。

（2）检索结果的保存：可以通过 E-mail 、打印机、文字处理软件保存检索结果。

4.2.6　中国光学期刊网

网址：http：//www. opticsjournal. net/

1. 数据库介绍

中国光学期刊网由《中国激光》杂志社承办，隶属于中国光学界高水平的研究机构——中国科学院上海光学精密机械研究所，整合了国内40余种知名光电期刊，是我国光电行业旗舰型光电网络服务平台。该数据库的宗旨是为会员提供更好的光电资讯、文献情报、展会、培训及光电产品等相关服务，它是服务于读者、作者、专家、企业的期刊数字出版服务平台。中国光学期刊网检索界面如图 4－26 所示。

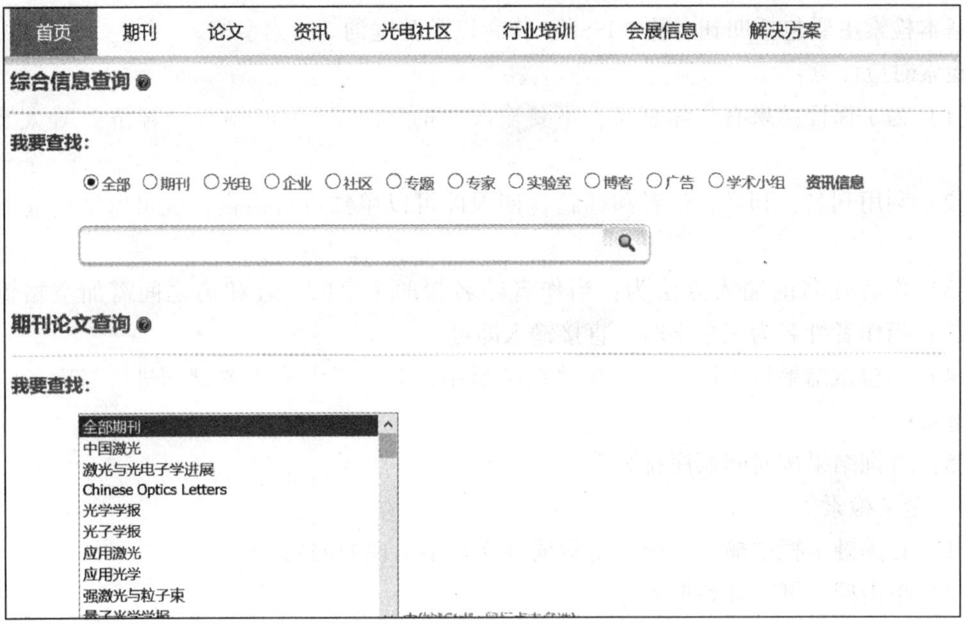

图 4－26　中国光学期刊网检索界面

2. 数据库检索

该数据库的信息检索服务包含对网站论文、资讯等全网站信息的检索，分简单信息检索和高级信息检索两种类型，支持简单关键词检索、布尔逻辑符号检索和正则表达式检索。

（1）简单关键词检索。假定检索关键词为 A、B、C，且 A、B、C 等之间以空格分开，则查询结果将包含 A 或 B 或 C。

（2）布尔逻辑符号检索。若某个检索条件包含“^”“!”“*”“|”四个字符中的一个，则该条件转变为布尔逻辑检索条件，目前只支持 2 个检索关键词 A、B 和一个逻辑符号

的结合，即 A * B、A！B、A^B、A | B，在 A 和 B 内部遵循简单关键词检索规则，具体规则为：

①A^B 表示检索结果包含同时满足 A 和 B 条件的内容，且 B 的位置在 A 之后，因此 A * B 不一定等于 B^A。

②A！B 表示检索结果包含满足 A 且不满足 B 条件的内容。

③A * B 表示检索结果包含同时满足 A 和 B 条件的内容，因此 A * B = B * A。

④A | B 表示检索结果包含满足 A 或者满足 B 条件的内容，因此 A | B = B | A。

（3）正则表达式检索。如果某个检索关键词的开头包含“Reg:”，则在“Reg:”之后的所有内容作为正则表达式对数据库进行匹配，满足该正则表达式的检索结果为符合条件的记录，如：查询包含年份的信息，输入“Reg：\d {4}”。

（4）检索式不区分大小写；布尔逻辑符号要求用半角；单个检索式长度应控制在 30 个字符以内。

3. 期刊收录

全文收录 27 种光电类中文核心精品期刊，另外收录 13 种光学期刊的文摘，国内光学期刊资源全收录。其中：

（1）SCI 收录的有：《中国光学快报（COL）》《红外与毫米波学报》《光谱学与光谱分析》三刊；

（2）EI 收录的有 7 本刊物：《中国激光》《光学学报》《中国光学快报（COL）》《强激光与粒子束》《光学精密工程》《光谱学与光谱分析》《发光学报》；

（3）CA 收录的有 12 本刊物；

（4）SA 收录的有 12 本刊物；

（5）AJ 收录的有 8 本刊物。

4.2.7　全国报刊索引数据库

网址：http：//www. cnbksy. com/ShanghaiLibrary/pages/jsp/fm/index/index. jsp

1. 数据库简介

全国报刊索引数据库即原中文社科报刊篇名数据库，是由文化部立项、上海图书馆承建的重大科技项目。全国报刊索引数据库（社科版）收录了全国社会科学类期刊 6 000 多种、报纸 200 余种，基本上覆盖了全国邮发和非邮发的报刊。其内容涉及马列主义、毛泽东思想、哲学、社会科学、政治、军事、经济、文化、科学、教育、体育、语言文字、文学、艺术、历史地理等各个学科。条目收录采取核心期刊全收、非核心期刊选收的原则，现年更新量约 20 余万条，为目前国内特大型文献数据库之一。该数据库具有文献信息量大、检索点多、查检速度快等特点，并有光盘和软盘两种载体形式，是《全国报刊索引》新一代电子版检索工具。2000 年起其分哲社版和科技版两个单列库发行。全国报刊索引数据库主页如图 4－27 所示。

2. 数据库数据著录

数据库格式严格按照国家有关标准，其著录字段包括顺序号、分类号、题名、著者、著

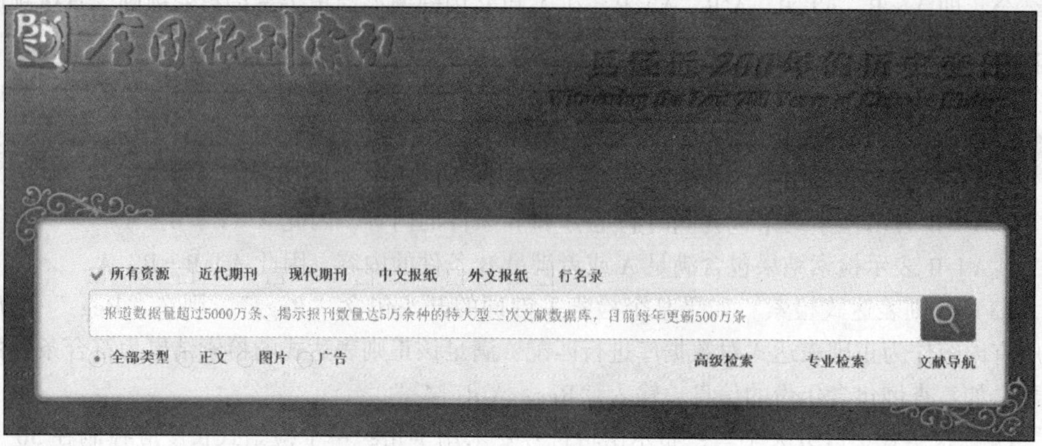

图 4-27　全国报刊索引数据库主页

者单位、报刊名、卷期年月、所在页码、关键词等 10 项。从 2000 年开始其采用“中国图书馆分类法”第四版对数据进行分类标引。

3. 检索说明

该数据库的检索系统采用 Web 界面，在浏览器中检索界面分为三个功能区，即左功能区、右上功能区、右下功能区。其中，左功能区用于输入检索式（以下称为“检索区”），进行格式控制，浏览检索历史；右上功能区用于浏览检索结果的简要信息（以下称为“简要信息区”）；右下功能区用于察看检索结果的详细信息（以下称为“详细信息区”）。要查找所需文献，用户需按如下步骤进行操作。

1）在检索区选择检索途径

本数据库有 8 个可检索字段，它们分别是：分类、题名、著者、单位、刊名、年份、主题和文摘。其中，题名和文摘两个字段支持全文检索，其余字段为整词索引字段，可输入检索词进行完全一致或前方一致检索。此外，本数据库还支持全字段检索，即对上述 8 个可检索字段进行逻辑“或”运算。

2）在检索区输入检索式

该数据库支持单字段检索和布尔检索。

（1）单字段检索：进行单字段检索，用户只需在检索途径中选择相应的字段，然后在检索式文本框中输入检索词。例如，要查找题名中有“文化”的文献，可先从检索途径中选择“B = 题名”，从而将题名字段设置为当前检索字段，再输入检索式：文化。

（2）布尔检索：进行布尔检索，可首先在检索途径中选择某一字段作为当前字段，然后便可在检索式文本框内输入检索式。该检索式为布尔表达式，其中包含的检索词最多可为 15 个，检索式中的字符除汉字外皆为半角西文字符。

3）二次检索

该数据库支持二次检索。所谓二次检索，是在前次检索结果集合的范围内，通过追加限定条件，进一步缩小检索结果集的范围。具体操作方法如下：

当检索命中结果后，可采用类似上文所述的方法，先在简要信息区的顶部选择检索途径，并在文本框内输入检索词或布尔检索式，再用鼠标单击二次检索按钮，进行二次检索。

4）控制检索结果集

该数据库可显示的最大命中记录数为 5 000，当命中记录数超过 5 000 时，仅显示前 5 000 条记录。因此，当命中记录数较大时，为获得所需的查询结果，可采用专指的检索词或布尔逻辑检索，将检索命中记录数控制在 5 000 以下。

4. 检索结果浏览、查看、保存和打印

1）简要信息浏览

当检索命中结果后，其简要信息被显示在简要信息区，可通过单击首页、上页、下页、末页的箭头来进行浏览。

2）详细信息查看

当要查看某条记录的详细信息时，可在简要信息区单击该条记录的题名，则该条记录的详细信息将被显示在详细信息区。

3）检索结果的保存和打印

当要保存和打印某些记录时，可在简要信息区的选择栏中先选中这些记录，然后再单击简要信息区左上角的“存盘”/“打印”按钮，则会弹出一个新的浏览器窗口，其中包含所选中记录的详细信息，这时便可用浏览器“文件”菜单中的“另存为”和“打印”菜单项来保存和打印检索结果，可保存和打印的最大记录数为 200 条。

5. 索引词

该数据库提供索引词列表。用户可在检索区单击“索引词”按钮，则在简要信息区出现索引词列表，选择列表框中适当的索引字段，以得到所希望的索引词列表，继而可在索引词输入框中输入一检索词，再单击定位按钮，系统即在索引中进行定位，并将结果显示在简要信息区，这时，可单击索引词前的按钮，将其添加到检索式中。

6. 格式控制

用户可在检索区中单击“格式控制”按钮，则在简要信息区出现题录库和刊名库的字段列表，用户可从中选择所需的字段，用于显示、存盘或打印，同时还可将详细信息及存盘/打印的格式设定为字段方式或条目方式。

7. 检索历史

系统保留最近 20 次检索结果。用户可在检索区单击“检索历史”按钮，则在简要信息区出现最近 20 次检索结果，用户可单击“浏览”超链接查看以前的检索结果。

4.2.8　中国重要报纸全文数据库

网址：http：//acad. cnki. net/Kns55/brief/result. aspx？dbPrefix = CCND

1. 数据库简介

中国重要报纸数据库（China Core Newspapers Full - text Database，CCND）是收录 2000 年以来中国国内重要报纸刊载的学术性、资料性文献的连续动态更新的数据库。其累积出版报纸全文文献近 740 万篇。其文献来源于国内公开发行的近 500 种重要报纸。该数据库产品分为10个专辑：基础科学、工程科技Ⅰ、工程科技Ⅱ、农业科技、医药卫生科技、哲学与人文科学、社会科学Ⅰ、社会科学Ⅱ、信息科技、经济与管理科学。10个专辑下分为168个专题文献数据库和近3 600个子栏目。其产品形式主要有Web版（网上包库）、镜像站版、光盘版、流量计费等。中国重要报纸全文数据库检索界面如图4－28所示。

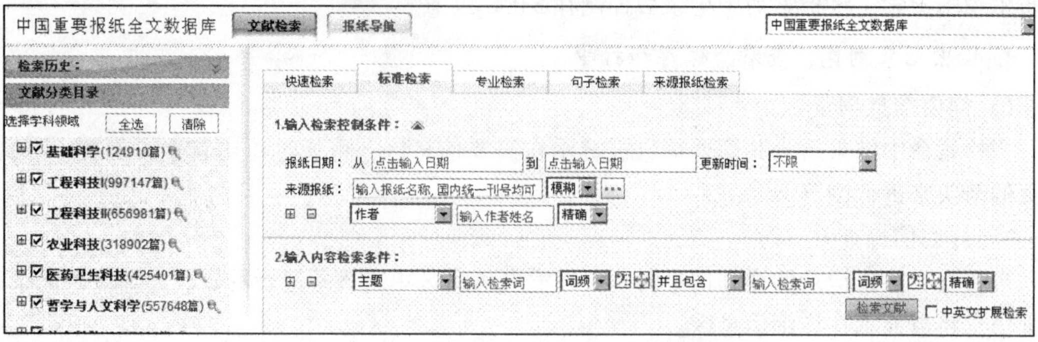

图4－28　中国重要报纸全文数据库检索界面

2. 检索功能

该数据库主要提供报纸导航与文献检索，文献检索的检索方式有快速检索、标准检索、专业检索、句子检索以及来源报纸检索，检索字段主要有：主题、标题、作者、第一作者、关键词、全文、报纸名称、日期、版号、栏目、统一刊号等。

除了以上报刊数据库以外，著名的报刊数据库还有《参考消息》《经济日报》《中华读书报》等全文数据库，在这里就不再赘述。

4.3　国外电子期刊数据库

到目前为止，国外有很多电子期刊数据库，这些数据库主要有文摘型电子期刊数据库和全文型电子期刊数据库两种类型。

4.3.1　文摘型电子期刊数据库

1. Web of Science——SCIE、SSCI、A&HCI

Web of Science（WOS）是世界上较有影响的多学科的学术文献文摘索引数据库，它包含3个期刊数据库：Science Citation Index Expanded（SCIE，1900至今）、Social Sciences Citation Index（SSCI，1998年至今）和Arts & Humanities Citation Index（A&HCI，2002年至今）。其Web of Science期刊检索界面如图4－29所示。数据来源于自然科学、社会科学、艺术及人文科学等多学科领域的1万多种期刊，数据每周更新。

2. Ei CompendexWeb（美国工程索引）

网址：http://www.engineeringvillage2.org.cn

美国工程信息公司（Ei）公司始建于1884年，作为世界领先的应用科学和工程学在线信息服务提供者，它一直致力于为科学研究者和工程技术人员提供专业化、实用化的在线数

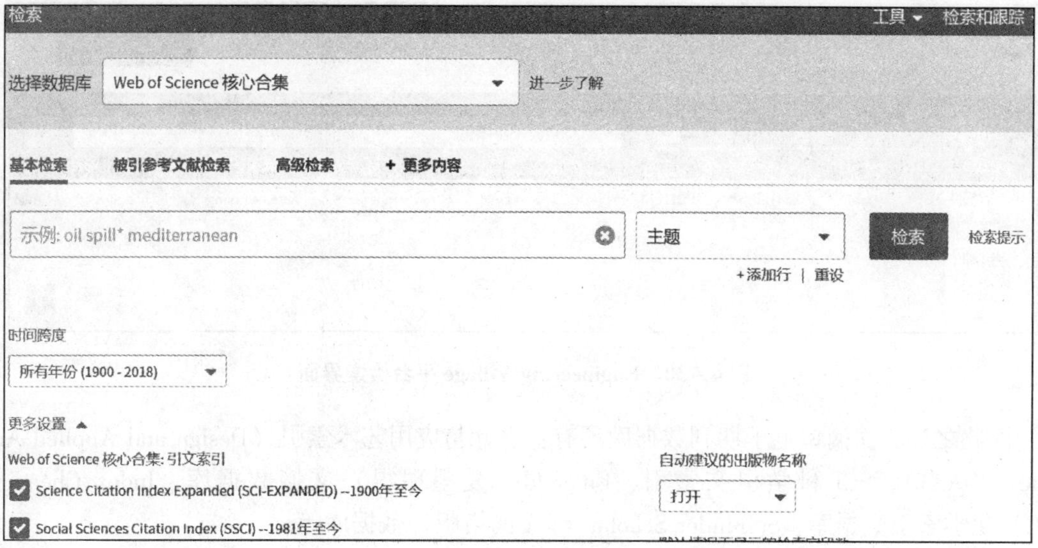

图 4－29　Web of Science 期刊检索界面

据信息服务。Engineering Village 是由 Ei 公司在互联网上提供的网络数据库，它的核心产品《Engineering Index》（工程索引）闻名于世。20 世纪 90 年代以来，随着网络通信技术的发展，Ei 公司开始提供网络版《工程索引》数据库 Ei CompendexWeb，同时开始研究基于 Internet 环境的集成信息服务模式，于 1997 年左右推出的 Engineering Village 以 Ei CompendexWeb 为核心数据库，将世界范围内的工程信息资源组织、筛选、集成在一起，向用户提供“一步到位”的便捷式服务。

Ei Compendex Web 是目前全球最全面的工程领域二次文献数据库，侧重提供应用科学和工程领域的文摘索引信息，涉及核技术、生物工程、交通运输、化学和工艺工程、照明和光学技术、农业工程和食品技术、计算机和数据处理、应用物理、电子和通信、控制工程、土木工程、机械工程、材料工程、石油、宇航、汽车工程以及这些领域的子学科。该数据库每年新增 500 000 条工程类文献，数据来自 5 100 种工程类期刊、会议论文和学术报告，其中 2 600 种有文摘，可在网上检索 1884 年至今的文献，其中化工和工艺的期刊文献最多，约占 15%，计算机和数据处理类文献占 12%，应用物理类文献占 11%，电子和通信类文献占 12%，另外还有土木工程类（占 6%）文献和机械工程类文献（占 6%）等，其中有大约 22% 的数据是经标引和摘要过的会议论文，90% 的文献是英文文献，数据每周更新。目前该数据库收录我国出版的期刊 200 多种。

Engineering Village 平台检索界面如图 4－30 所示。

3. INSPEC（英国科学文摘）

INSPEC（1898 年—）对应的印刷版检索期刊为《科学文摘》，由英国机电工程师学会（IEE，于 1871 年成立）出版，专业面覆盖物理、电子与电气工程、计算机与控制工程、信息技术、生产和制造工程等领域，还收录材料科学、海洋学、核工程、天文地理、生物医学工程、生物物理学等领域的内容。其数据来源于全球 80 个国家出版的 4 000 多种科技期刊、2 200 多种会议论文集以及其他出版物的文摘信息。数据每周更新。

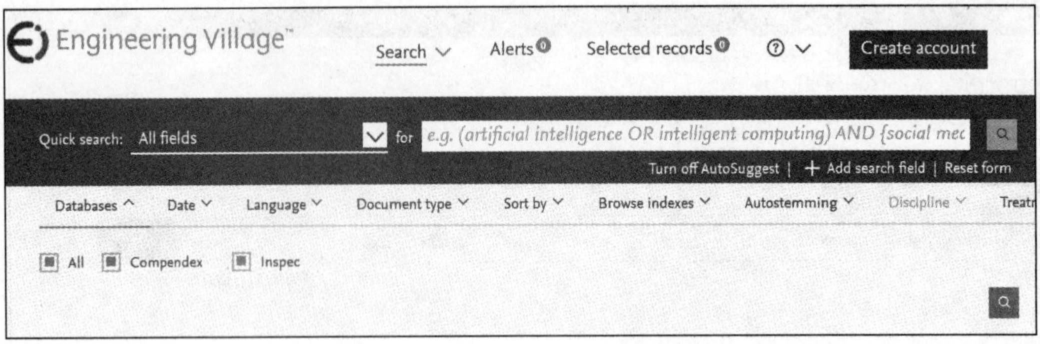

图 4-30　Engineering Village 平台检索界面

除此之外，文摘型电子期刊数据库还有：设计与应用艺术索引（Design and Applied Arts Index，DAAI）、SCI 科学引文索引、Emerald（爱墨瑞得）文摘数据库、Index Chemicus（IC）化学索引数据库、SciFinder Scholar（CA 网络版）数据库等。

4.3.2　全文型电子期刊数据库

4.3.2.1　Kluwer Online Journals 全文电子期刊数据库

网址：http：//kluwer. calis. edu. cn

1. 数据库简介

Kluwer Acdemic Publisher 是荷兰具有国际性声誉的学术出版商，它出版的图书、期刊一向品质较高，备受专家和学者的信赖和赞誉。Kluwer Online Journals 是其出版的 800 种期刊的网络版，专门基于互联网提供 Kluwer 电子期刊的检索、阅览和下载全文服务。Kluwer Online Journals 检索界面如图 4-31 所示。

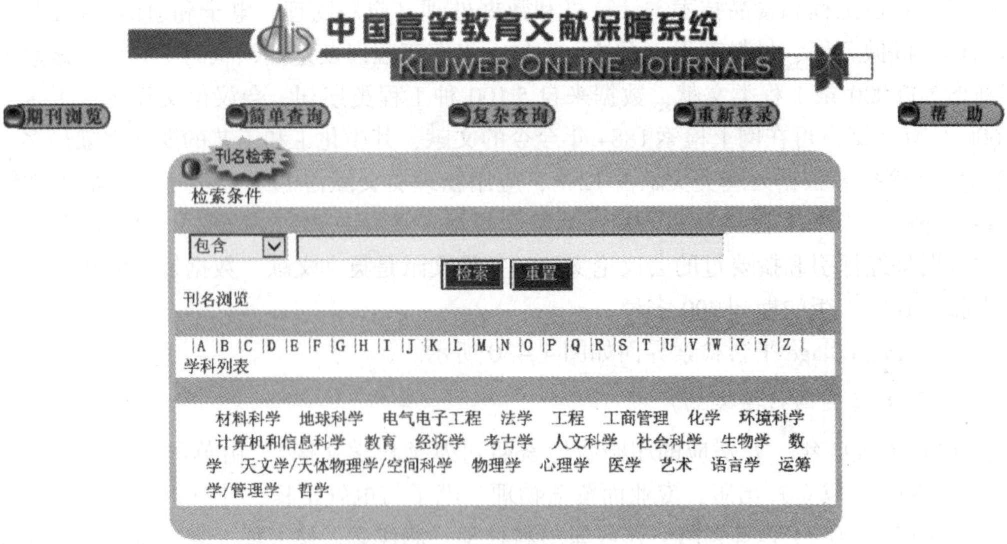

图 4-31　Kluwer Online Journals 检索界面

Kluwer Online Journals 覆盖材料科学、地球科学、电气电子工程、法学、工程、工商管理、化学、环境科学、计算机和信息科学、教育、经济学、考古学、人文科学、社会科学、生物学、数学、天文学/天体物理学/空间科学、物理学、心理学、医学、艺术、语言学、运筹学/管理学、哲学等 24 种学科的 800 余种期刊。其中大部分期刊是被 SCI、SSCI 和 EI 收录的核心期刊，是科研人员的重要信息源。

2. 数据库收录范围

Biological Sciences（生物科学，73 种）；

Law（法律，59 种）；

Medicine（医学，71 种）；

Psychology（心理学，57 种）；

Physics（物理学，14 种）；

Philosophy（哲学，35 种）；

Astronomy（天文学，7 种）；

Education（教育，22 种）；

Earth Sciences（地球科学，18 种）；

Linguistics（语言学，8 种）；

Mathematics（数学，33 种）；

Social Sciences（社会科学，37 种）；

Computer Sciences（计算机科学，35 种）；

Business Administration（工商管理，15 种）；

Engineering（工程，19 种）；

Operations Research/Management Science（运筹学/管理学，4 种）；

Electrical Engineering（电子工程，13 种）；

Archaeology（考古学，5 种）；

Materials Sciences（材料科学，13 种）；

Humanities（人文学，2 种）；

Environmental Sciences（环境科学，8 种）；

Chemistry（化学，23 种）。

3. 检索方式

1）简单查询

（1）简单查询有一个检索条件输入框和选择检索字段的下拉框，确定一个或几个检索词输入到该文本框中，不必考虑词序和区分大小写。词与词之间默认的逻辑关系是 and，它的含义是检索结果中必须含有所有检索词。

（2）可以检索所有字段（将字段区域设定为“全面”），也可以将检索词限定在某一个字段中出现，包括篇名、作者、文摘、刊名。

（3）限制检索：通过限制出版日期、文献种类，可以把检索结果规定在一定范围内，从而达到快速查准的目的。单击相应的下拉箭头进行选择，文献种类包括论文、目次、书评、索引及其他，如果不改变这两项设置，系统默认的检索范围是全部文献。

（4）二次检索：执行检索之后，在显示结果页面有一个检索条件输入框，允许在检中结果中直接进行二次检索，或者选择重新检索。

2）复杂查询

（1）复杂查询有多个检索条件输入框，可以输入一个检索条件进行简单查询或输入多个检索条件实现多个检索字段的组合检索。

（2）可检索字段和简单查询基本相同，增加了国际统一刊号（ISSN）、作者关键词［指作者给出的关键词，即文中的关键词部分（keywords，与某些数据库或电子期刊的全文关键词检索不同）］、作者单位三个检索入口。

（3）多个检索条件默认的逻辑关系为 and，表示检索必须同时满足多个检索条件。单击相应的下拉框，可以根据需要改变为 or、not。

（4）检索限制：通过限制出版日期、文献种类，可以把检索结果规定在一定范围内，从而达到快速查准的目的。单击相应的下拉箭头进行选择，文献种类包括论文、目次、书评、索引及其他，如果不改变这两项设置，系统默认的检索范围是全部文献。

3）检索作者姓名

（1）如果能够确定作者的姓名，可以这样输入：姓氏在前，名字在后，中间加逗号间隔。如："White，Robert" 表示检索姓 White，名 Robert 的作者。系统将逗号前面的内容确定为姓，将逗号后面的内容确定为名。这样可以快速准确地查询特定的作者姓名。

（2）如果没有检索结果，或没有相关作者，也可以用模糊检索。比如输入一个字，如 "Robert"，只要姓名中出现 "Robert"，无论是姓还是名，都会被检索出来。

（3）输入两个或以上的字，中间不加逗号，如 "RobertWhite"，只要姓名中 "Robert" 和 "White" 同时出现，无论姓 Robert 还是姓 White，都会被检索出来。

（4）复姓及有前缀的姓名，中间不加逗号，如 "J. P. vanderMeer"，只要每个字同时出现在姓名里，即被检索出来。

（5）复姓及有前缀的姓名，中间加逗号，如 "vanderMeer，J. P."，确定 "VanderMeer" 为姓，"J. P." 为名。

（6）姓名中间允许加 "＊" 表示截断，如输入 "M＊Smith" 或 "Smith，M＊"，将把 "MarkSmith" "MichcaleSmith" "M. L. Smith" 检索出来。

4. 检索技术

（1）布尔逻辑（boolean）：在同一检索字段中，可以用两个逻辑算符 and、or 来确定检索词之间的关系。如果没有算符，系统默认各检索词之间的逻辑关系为 and。不同检索字段之间的默认关系为 and，同时也可以设定为 or 、not。

（2）截词检索：允许使用 "＊" 作为截词符，如 "micro＊" 可以检索 "microscope" "microcomputer" 等一系列以 "micro" 开始的词。

（3）词组、短语检索：系统默认的是字检索（word），对于连续输入的多个检索词，系统将同时包含所有检索词的文章检索出来，忽视检索词的位置和顺序。如果要检索一个词组或短语（phrase），就必须使用引号 """。系统查找包含引号内指定顺序的检索词的文章。例如，键入 "hypermedia database"，检索结果只包含这个词；如果键入的是 "hypermedia database”，即没有引号，检中的结果则分别包括“hypermedia... database”“database... hypermedia”，或“hypermedia database”。

（4）禁用词表（stop words）。

5. 检索结果的显示、标记、下载、打印

（1）检索后，首先显示的是检索结果的数量和篇名目录页，每一条记录包括篇名、作者、刊名、ISSN、出版年月、卷期、起止页码以及连到全文的链接。

（2）单击篇名后，将显示该篇目的详细内容，包括作者单位和文摘。单击作者，系统自动检索数据库中同一作者的所有相关文章。单击刊名，显示该期刊同一卷期的篇名目录。

（3）在每篇文章篇名的前面允许标记记录，以便只选择想要的篇目进行打印和下载，标记结束后，单击页尾的“浏览”按钮，即只出现标记过的记录；若检索结果不止一个页面，可以逐页标记，最后在任一页单击页尾的“浏览”按钮；进入标记记录浏览后，可用浏览器的“后退”功能返回检索结果页面，增选记录，再单击页尾的“浏览”按钮，已标记过的不需重选；浏览格式可以选择简单格式（只包括篇目的基本信息）和详细格式（显示文摘）。可利用IE浏览器的保存和打印功能进行下载或打印。注意：标记多篇文章一次性显示、保存、打印的功能只适用于文章篇目。文章的全文部分只能逐篇显示、保存、打印。

（4）Kluwer Online Journals电子期刊的文件全部采用PDF格式，可以存盘、打印，但使用前必须下载Adobe Acrobat Reader软件。

4.3.2.2　Springer Link全文电子期刊数据库

网址：http：//springer. lib. tsinghua. edu. cn（清华镜像服务）

　　　http：//www. springerlink. com（德国施普林格网址）

德国施普林格（Springer－Verlag）是世界上著名的科技出版集团，通过Springer Link系统提供其学术期刊及电子图书的在线服务。自2002年7月开始，施普林格公司和EBSCO/Metapress公司在国内开通了Springer Link服务。目前Springer Link共包含490多种全文电子学术期刊，其中390多种为英文期刊，按学科分为11个《在线图书馆（Online Libraries）》：生命科学、医学、数学、化学、计算机科学、经济、法律、工程学、环境科学、地球科学、物理学与天文学。这些期刊是科研人员的重要信息源。

4.3.2.3　Elsevier Science电子期刊全文数据库

网址：http：//www. sciencedirect. com

荷兰Elsevier Science公司出版的期刊是国际公认的高水平的学术期刊，大多数都被SCI、EI所收录，属国际核心期刊。该公司近几年已经与Pergamon、North Holland、Excerpt Medica等著名出版社合并，将其出版的1 100多种期刊全部数字化，通过网络向用户提供服务。国内在清华图书馆和上海交通大学图书馆设有两个镜像服务器，通过校园网提供1995年以来Elsevier Science公司的1 560余种电子期刊全文数据库（Science Direct OnSite，SDOS）的服务。

数据库收录范围如下：

Life Science（生命科学）；

Agricultural and Biological Sciences（农业和生物科学）；

Chemistry and Chemical Engineering（化学和化学工程）；
Clinical Medicine（临床医学）；
Computer Science（计算机科学）；
Earth and Planetary Science（计算机和行星学）；
Engineering，Energy and Technology（工程、能源和技术）；
Environmental Science and Technology（环境科学和技术）；
Materials Science（材料科学）；
Mathematics（数学）；
Physics and Astronomy（物理和天文学）；
Social Sciences（社会科学）。

除了上面介绍的这些电子期刊全文数据库之外，著名的全文型电子期刊数据库还有：ACG 电子期刊，ACM 美国计算机协会数据库，ACP 美国医师协会电子期刊，ACS 美国化学学会数据库，AIP 全文电子期刊，APS 全文电子期刊，ASABE 美国农业生物工程师学会电子期刊，ASHP 美国卫生系统药师协会电子期刊，ASME 期刊全文数据库，ASN 美国神经放射学会电子期刊，Berg 出版社电子期刊，Cell Press 期刊数据库，CIF 加拿大林业学会电子期刊，CUP（剑桥大学出版社）电子期刊数据库，Emerald（爱墨瑞得）管理学，经济学，工程学全文数据库，GSW 地球科学世界电子期刊，IEEE Xplore 电子期刊，IOP（Institute of Physics）电子期刊数据库，John Wiley 电子期刊数据库，Maney 出版公司网络版期刊，Multi-science 多科学出版有限公司电子期刊，Nature 电子期刊，SGT 英国玻璃技术学会电子期刊，SIAM（工业和应用数学学会）电子期刊，White Horse Press 英国白马出版社电子期刊，Woodhead Publishing Limited 伍德海地出版公司电子期刊以及 WSN 全文数据库等。在这些数据库中，部分是一些学会、协会出版的电子期刊，部分是专门的电子期刊数据库。

本章小结

本章主要介绍了期刊的概念以及 ISSN、核心期刊、中文核心期刊、电子期刊，介绍了我国著名的电子期刊数据库：中国学术期刊网络出版总库、中文科技期刊全文数据库、中国学术期刊数据库、国家哲学社会科学学术期刊数据库、龙源期刊网、中国光学期刊网、全国报刊索引数据库以及中国重要报纸全文数据库等。本章还讲述了国外著名的电子期刊数据库。

思考题

一、简答题

1. 什么是期刊？
2. 什么是核心期刊？我国的核心期刊有几种类型？
3. 简述中国期刊全文数据库的特点及功能。
4. 中国期刊全文数据库的学科专辑有哪些？它有哪些检索功能？
5. 比较中文科技期刊全文数据库和万方数字化期刊数据库的特点和检索功能。

6. 全国报刊索引数据库有哪些检索特点?
7. Kluwer Online Journals 数据库包括哪些学科?
8. Elsevier Science 数据库的学科收录范围是什么?
9. 国外有哪些著名的期刊数据库?

二、实习题

在中国学术期刊网络出版总库中检索2003年以来关于“机械工程车辆”方面的期刊论文。要求掌握检索过程，以及使用期刊全文数据库的方法（可以自己拟定课题)。

第5章

学位论文资源检索系统

学位论文与期刊、图书、报纸等文献资源类型一样，是记载人类知识的一种重要文献资源，其中蕴含着大量的创新思维和科技成果。但由于其特殊性，学位论文一般只在有限的范围内被利用。近年来随着研究生教育与互联网技术的发展，人们开始重视对学位论文资源的开发与使用，各种网络学位论文全文数据库相继出现，扩大了学位论文的使用范围，为用户提供了即时、共享的学位论文信息资源。对广大信息用户来说，如何全面系统地查找并获取相关专业领域的学位论文，了解国内外同行的最新研究进展是很有意义的。

5.1 学位论文资源系统概述

5.1.1 学位论文概述

1. 学位论文的概念

据美国标准学会的解释，学位论文是指为获得不同级别学位候选资格、专业资格或其他授奖提出的研究成果或研究结论的书面报告。我国国家标准则定义为学位论文是表明作者从事科学研究取得创造性成果或有了新的见解，并以此为内容撰写而成，作为提出申请授予相应的学位时评审用的学术论文。

学位论文是学位授予制度的产物。目前，我国和世界上大多数国家一样，实行三级学位制度，即学士学位、硕士学位和博士学位，由此相应地有了三个级别的学位论文。很多学位论文因选题能够接触前沿科学，所反映的创新见解和成果被企业所采纳或采用后直接变成了生产力和产品，而有较大的学术价值、情报价值和实用价值。

我国目前对学位论文进行规范的法律性文件是1980年2月第五届全国人民代表大会常务委员会第十三次会议审议通过的《中华人民共和国学位条例》和1981年5月颁布的《〈中华人民共和国学位条例〉暂行实施办法》，但这两个法律性文件中，都没有对学位论文的版权归属等问题作出明确的规定。

2. 学位论文的分类

学位论文是高等院校毕业生用来申请授予相应学位而提出作为考核和评审的文章。按照授予的学位来分，学位论文分为学士、硕士、博士三个等级。

1）学士论文

学士论文是合格的本科毕业生撰写的论文。毕业论文应反映出作者能够准确地掌握大学阶段所学的专业基础知识，基本学会综合运用所学知识进行科学研究的方法，对所研究的题目有一定的心得体会。论文题目的范围不宜过宽，一般选择本学科某一重要问题的一个侧面或一个难点，选择题目还应避免过小、过旧和过长。

2）硕士论文

硕士论文是攻读硕士学位研究生所撰写的论文。它应能反映出作者广泛而深入地掌握专业基础知识，具有独立进行科研的能力，对所研究的题目有新的独立见解。论文应具有一定的深度和较好的科学价值，对本专业学术水平的提高有积极作用。

3）博士论文

博士论文是攻读博士学位研究生所撰写的论文。它要求作者在导师的指导下，能够自己选择潜在的研究方向，开辟新的研究领域，掌握相当渊博的本学科有关领域的理论知识，具有相当熟练的科学研究能力，对本学科能够提供创造性的见解。论文应具有较高的学术价值，对学科的发展具有重要的推动作用。

5.1.2　印刷型学位论文的检索

20 世纪 80—90 年代，为了方便读者检索学位论文，我国有一些图书馆曾编撰了一些学位论文数据库。这些数据库主要有：《中国学位论文通报》、《中国科学院博士学位论文文摘》、《中国（1981—1990）博士学位论文提要》、《中国博士科研成果通报》、上海医科大学研究生院于 1985 年编的《上海医科大学 1981 级研究生毕业论文摘要汇编》、中国医科大学编的《中国医科大学 1982—1984 届硕士研究生学位论文摘要》等，它们主要收录了我国 20 世纪 80—90 年代的学位论文，如果要查找这段时间的学位论文，可以检索这些数据库。目前出现的电子版的学位论文数据库的收录范围大部分是从 2000 年开始的。

我国目前对研究生学位论文实行呈缴本制度，研究生毕业时，除了向本校图书馆提交纸本和电子版的学位论文外，还得向国家图书馆和中国科学技术信息中心提交纸本的学位论文。目前，我国只有极少数学校收集学士学位论文，例如清华大学，但博/硕士学位论文都是必须呈缴的。各高校和研究机构图书馆都提供纸型学位论文和电子版学位论文的检索。纸型学位论文的检索与图书的检索大同小异，本书不再介绍。

5.2　我国著名的学位论文数据库

随着我国研究生教育的发展，博/硕士学位论文成为非常重要的文献资源。到目前为止，我国已经有不少学位论文数据库，除了各高校和研究所自建的博/硕士学位论文数据库以外，著名的学位论文数据库还有：CALIS 学位论文数据库、中国学位论文全文数据库、中国学位论文文摘数据库、国家图书馆博士学位论文全文数据库、CNKI 中国优秀硕士学位论文全文数据库、CNKI 中国博士学位论文全文数据库及国家科技图书文献中心（NSTL）-中文学位论文数据库等。

5.2.1 各高校图书馆自建的学位论文数据库

高等院校是主要的研究生学位论文授予单位，所有的高校图书馆都承担了学位论文的收藏和提供利用功能，读者可以就近在本单位、本地或者本专业系统其他高等院校、科研机构的图书馆查找各单位自己培养的研究生学位论文，直接阅览、复印所需资料。大多数著名高等院校都建有自己的电子版学位论文数据库，访问高等院校图书馆的站点可获得大量的学位论文信息。

目前，有一部分高等院校图书馆不仅提供本校学位论文的摘要信息，还提供学位论文的全文。

下面主要以北京理工大学图书馆的学位论文数据库为例来讲解如何检索高等院校图书馆的学位论文数据库。

北京理工大学学位论文数据库收藏有 2002 年以来本校公开的博、硕士电子型全文学位论文，有 43 400 余篇，提供在线全文阅览服务。该数据库提供快捷检索和高级检索两种检索方式。快捷检索可以在关键词、题目、文摘、作者、博士、硕士、公开、内部、秘密、机密等字段中进行检索，而高级检索可以在关键词、题目、文摘、作者、作者学号、导师等字段中进行检索，同时可以通过学位级别、所属学科、所属院系、保密级别以及答辩时间范围等字段进行限定。

1. 检索界面

北京理工大学学位论文检索界面如图 5-1 所示。

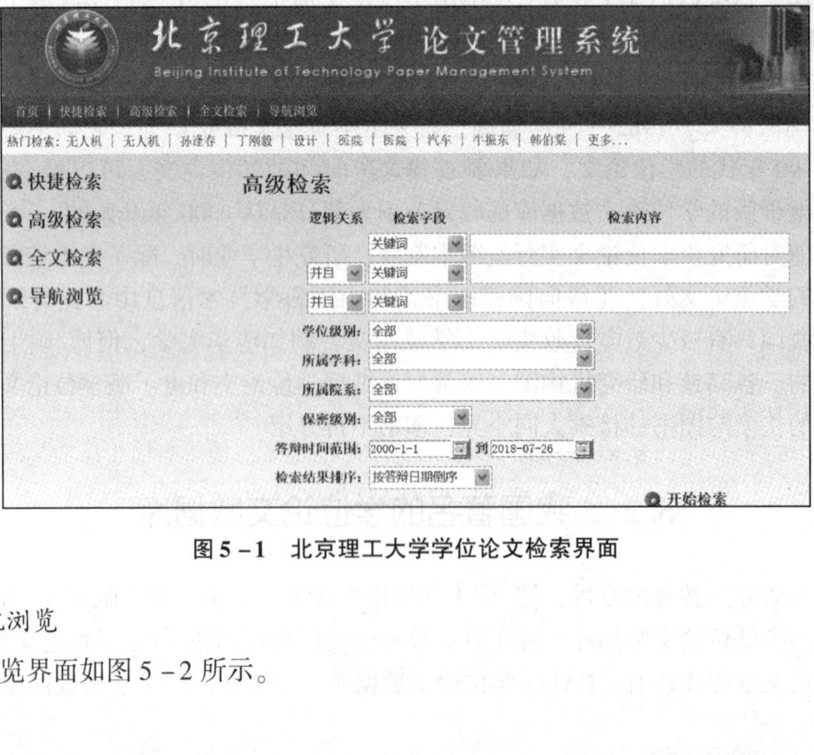

图 5-1 北京理工大学学位论文检索界面

2. 导航浏览

导航浏览界面如图 5-2 所示。

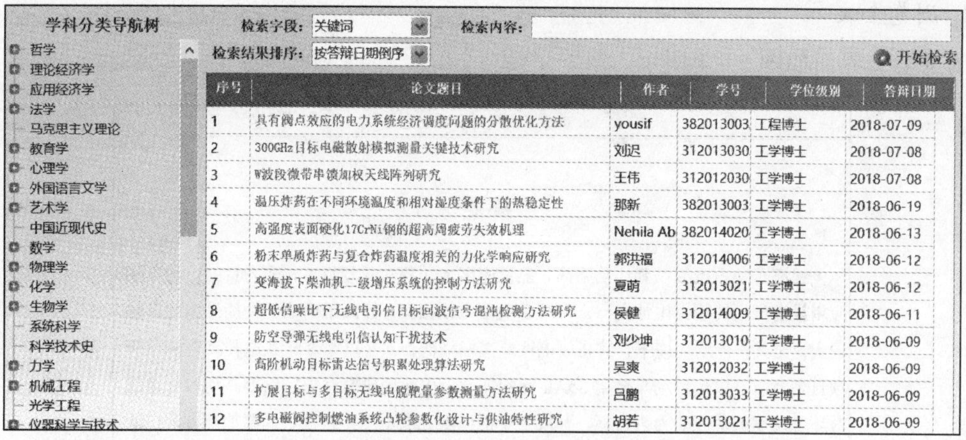

图 5－2　导航浏览界面

3. 查看具体记录

在该数据库中查看某篇学位论文的具体记录，可以显示该记录的学号、学位级别、所属学科、所属院系、论文专业、论文研究方向、论文题目、论文关键词、论文作者姓名、第一导师姓名、第一导师单位、论文保密级别、论文答辩日期、论文文摘以及论文全文下载地址等字段。具体记录界面如图 5－3 所示。

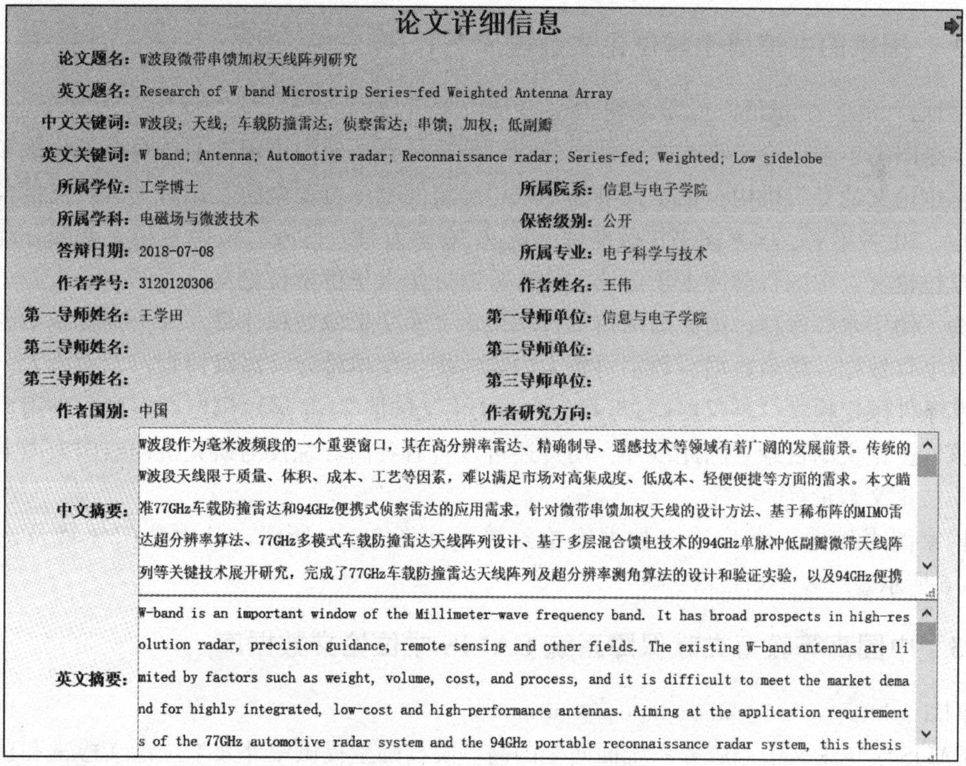

图 5－3　具体记录界面

4. 浏览全文

浏览全文界面如图 5 -4 所示。

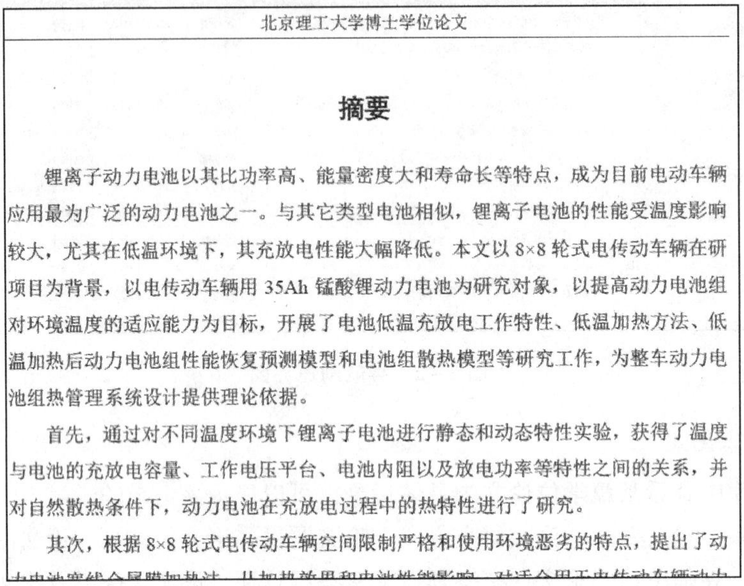
北京理工大学博士学位论文

摘要

锂离子动力电池以其比功率高、能量密度大和寿命长等特点，成为目前电动车辆应用最为广泛的动力电池之一。与其它类型电池相似，锂离子电池的性能受温度影响较大，尤其在低温环境下，其充放电性能大幅降低。本文以 8×8 轮式电传动车辆在研项目为背景，以电传动车辆用 35Ah 锰酸锂动力电池为研究对象，以提高动力电池组对环境温度的适应能力为目标，开展了电池低温充放电工作特性、低温加热方法、低温加热后动力电池组性能恢复预测模型和电池组散热模型等研究工作，为整车动力电池组热管理系统设计提供理论依据。

首先，通过对不同温度环境下锂离子电池进行静态和动态特性实验，获得了温度与电池的充放电容量、工作电压平台、电池内阻以及放电功率等特性之间的关系，并对自然散热条件下，动力电池在充放电过程中的热特性进行了研究。

其次，根据 8×8 轮式电传动车辆空间限制严格和使用环境恶劣的特点，提出了动

图 5 -4　浏览全文界面

5.2.2　国家图书馆博士学位论文数据库

网址：http：//mylib. nlc. cn/web/guest/boshilunwen

国家图书馆学位论文收藏中心是国务院学位委员会指定的全国唯一负责全面收藏和整理我国学位论文的专门机构，也是人事部专家司确定的唯一负责全面收藏博士后研究报告的专门机构。20 多年来，国家图书馆收藏博士论文 30 多万种。此外，该中心还收藏部分院校的硕士学位论文、中国台湾博士学位论文和部分海外华人华侨学位论文。

为了便于永久保存，国家图书馆进行学位论文全文影像数据建设。博士论文全文影像资源库以书目数据、篇名数据、数字对象为内容，提供简单检索、高级检索、二次检索、关联检索和条件限定检索，不仅提供 25 万余种博士论文的前 24 页展示浏览，还可以供用户免费查看该博士论文的目录。除此以外，用户还可以查看各高等院校与研究机构给国家图书馆提交的学位论文数量等。

国家图书馆博士学位论文数据库检索界面如图 5 – 5 所示，其中热门学科及论文如图 5 –6 所示。

5.2.3　中国高等教育文献保障系统 CALIS 学位论文数据库

网址：http：//etd. calis. edu. cn/？ artifact =

CALIS 学位论文中心服务系统面向全国高等院校师生提供中外文学位论文检索和获取服务。目前博/硕士学位论文数据逾 384 万条，其中中文数据约 172 万条，外文数据约 212 万条，数据持续增长中。该系统采用 e 读搜索引擎，检索功能便捷灵活，提供简单检索和高级

图 5－5　国家图书馆博士学位论文数据库检索界面

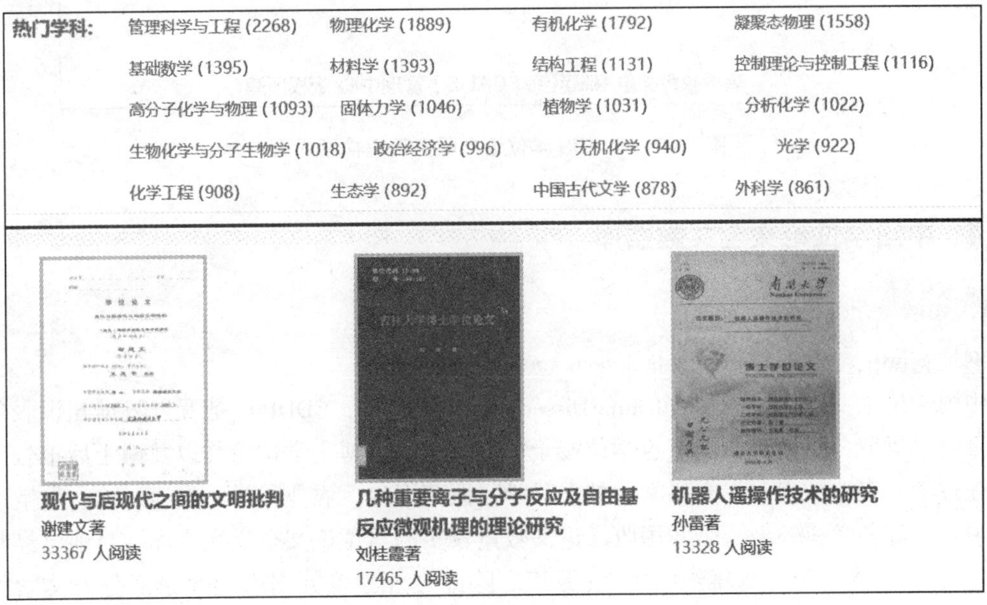

图 5－6　热门学科及论文

检索功能，可进行多字段组配检索，也可从资源类型、检索范围、时间、语种、论文来源等多角度进行限定检索。系统能够根据用户登录身份显示适合用户的检索结果，检索结果通过多种途径的分面和排序方式进行过滤、聚合与导引，并与其他类型资源关联，方便读者快速定位所需信息。

具体的检索功能如下：

（1）简单检索提供题名、论文作者、导师、作者专业、作者单位等 5 个可检字段，单个检索词可以实现截词检索，精确匹配、模糊匹配检索，多个检索词之间的组配方式有精确匹配、逻辑与、逻辑或 3 种。

（2）高级检索提供题名、论文作者、导师、作者专业、作者单位、摘要、全面检索、本地分类号、主题等 9 个字段，有 4 个检索词输入框，可以实现多个字段、多个检索词之间的复合检索。检索结果可选择显示简单记录或详细记录。

此外，在该数据库中还可以进行学科浏览和参建馆浏览，可以查询有哪些高等院校和研究机构参与了该数据库的建设。

数据库检索界面如图 5－7 所示。

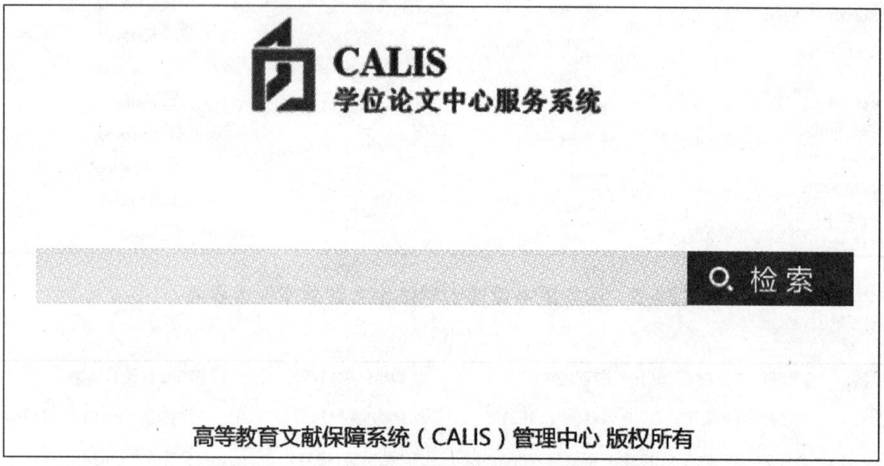

图 5－7　CALIS 学位论文服务系统检索界面

5.2.4　中国学位论文全文数据库

1. 数据库介绍

网址：http：//new. wanfangdata. com. cn/index. html

中国学位论文全文数据库（China Dissertation Database，CDDB）是万方数据知识服务平台的重要组成部分，精选全国重点学位授予单位的硕士、博士学位论文以及博士后报告，内容涵盖理学、工业技术、人文科学、社会科学、医药卫生、农业科学、交通运输、航空航天和环境科学等各学科领域，是我国收录论文数量较多的学位论文全文数据库，目前已经收录学位论文 4 033 677 篇，每年约增加 30 万篇。除此之外，该数据库还收录部分外文学位论文，外文学位论文收录始于 1983 年，累计收藏 11. 4 万余篇，年增量 1 万余篇。

2. 数据库特色

（1）权威专家参与学位论文加工，全程辅以专业的标引、分类及相关引文分析；

（2）收录数量多，海量全文资源辅以文摘库；

（3）收录单位及学科覆盖面广，涉及全国 985 高等院校和 211 重点高等院校、中国科学院、中国工程院、中国农业科学院、中国医学科学院、中国林业科学研究院等 600 余家机构的重点精选博/硕士论文；

（4）收录年限跨度长，重点收录 1980 年以来的学位论文，并将逐年回溯并月度追加，依托丰富的馆藏，可提供 1977 年以来的学位论文全文传递服务。

3. 数据库检索

中国学位论文全文数据库的简单查询可通过全文、论文题名、作者、导师、授予学位单位、分类号、关键词、作者专业、馆藏号等字段检索，逻辑关系可选择逻辑与、逻辑或、逻辑非，允许同一字段中两个不同关键词的组配、两个不同字段中同一关键词的组配、两个不同字段中不同关键词的组配。高级检索为专业界面，用户可以自己建立表达式，通过检索表达式实现各种限制检索。

该数据库还提供分类检索，它把学科门类划分为五大类，涵盖人文、理学、医药卫生、农业科学与工业技术等领域，每个大类下又分若干小类，直接点击小类就可以浏览该学科下的所有学位论文。

中国学位论文全文数据库检索界面如图 5－8 所示。其高级检索界面如图 5－9 所示。按学科专业浏览界面如图 5－10 所示。

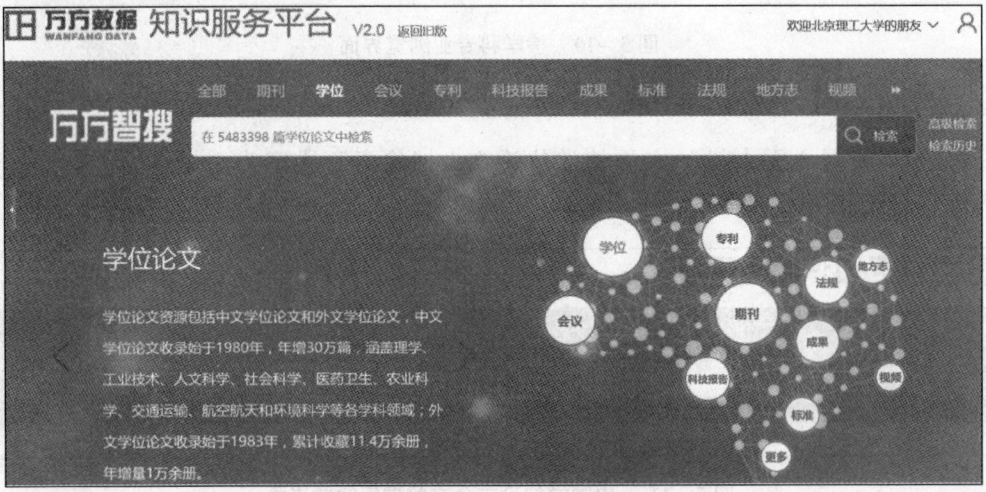

图 5－8　中国学位论文全文数据库检索界面

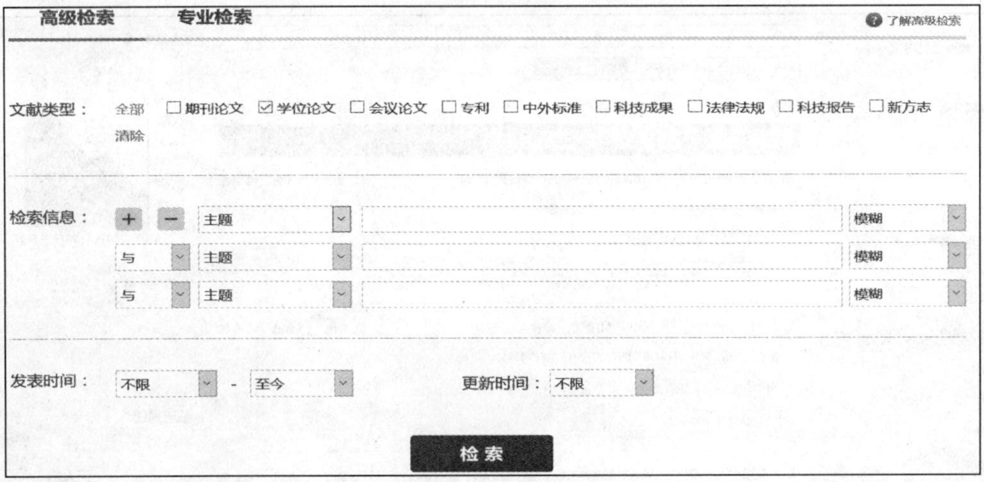

图 5－9　高级检索界面

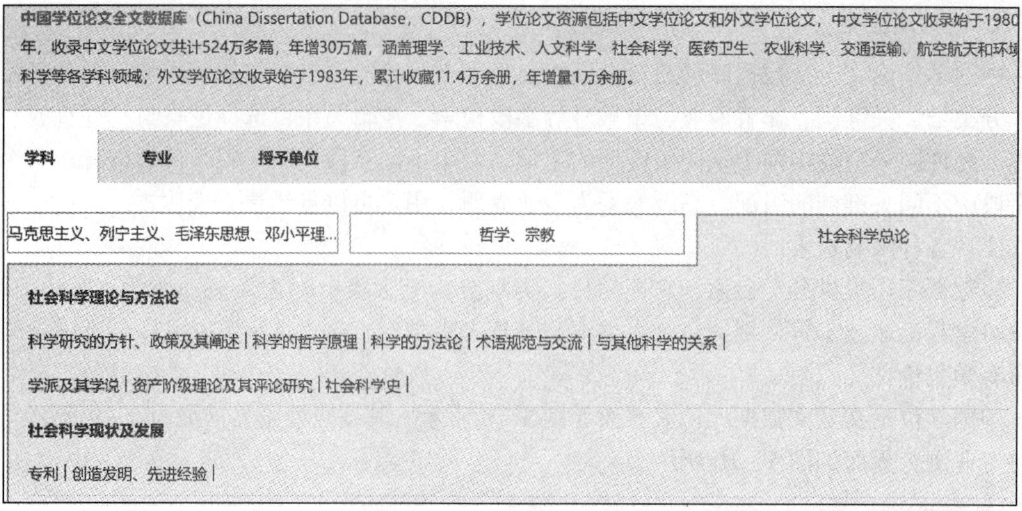

图5－10　按学科专业浏览界面

4. 检索示例

（1）检索我国“无人机”方面的学位论文，把检索字段定为“题名”，输入检索词“无人机”，进行检索，如图5－11所示。

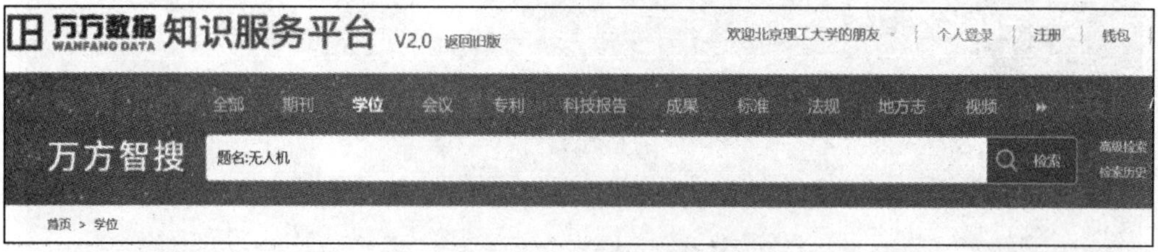

图5－11　中国学位论文全文数据库检索界面

（2）检索结果如图5－12所示。

图5－12　中国学位论文全文数据库检索结果界面

（3）具体文摘记录如图5－13所示。

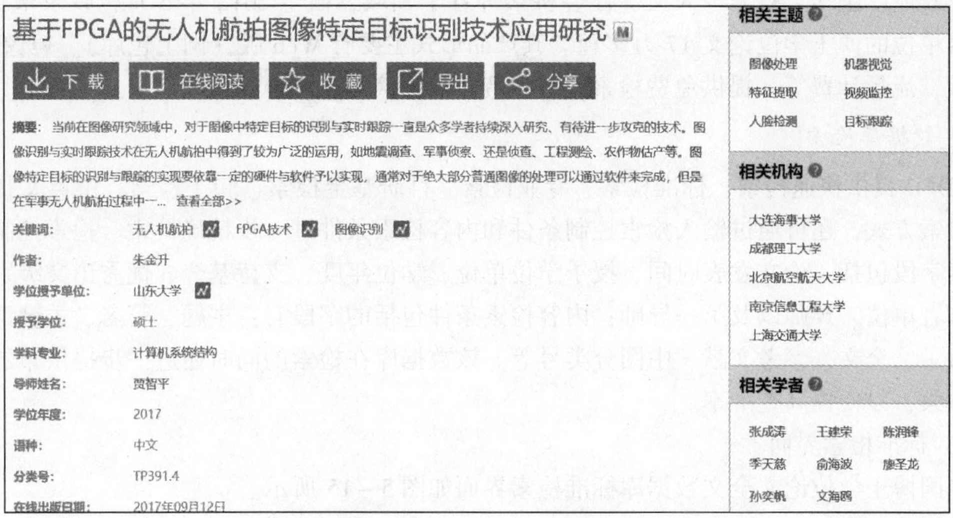

图5－13　中国学位论文全文数据库具体文摘记录界面

（4）全文下载阅读，如图5－14所示。

图5－14　中国学位论文全文数据库全文下载阅读界面

5.2.5　CNKI中国博士学位论文全文数据库

1. 数据库介绍

网址：http：//acad. cnki. net/Kns55/brief/result. aspx？dbPrefix＝CDFD

中国博士学位论文全文数据库（China Doctoral Dissertations Full-text Database，CDFD）由中国学术期刊（光盘版）电子杂志社与清华同方光盘股份有限公司共同研制，其文献来自全国404家博士培养单位的博士学位论文。CDFD具有覆盖学科广、文献源大、收录质量高、全文收录、每日更新、使用方式灵活等特点。CDFD按学科划分为基础科学、工程科技Ⅰ、工程科技Ⅱ、农业科技、医药卫生科技、哲学与人文科学、社会科学Ⅰ、社会科学

Ⅱ、信息科技、经济与管理科学共 10 个专业文献总库，168 个子库，覆盖基础科学、工程技术、农业、医学、哲学、人文、社会科学等各个领域，截至 2012 年 6 月，收录来自 404 家培养单位的博士学位论文 17 万多篇。其产品形式主要有 Web 版（网上包库）、镜像站版、光盘版、流量计费等，提供免费检索，可免费获取文摘信息。

2. 数据库检索

CDFD 提供快速检索、标准检索、专业检索、科研基金检索、句子检索、中英文扩展检索等检索方式，还可通过输入检索控制条件和内容检索条件进一步精确检索。检索控制条件的检索字段包括：论文发表时间、授予学位单位、学位年度、支持基金、优秀论文级别、作者、作者单位、导师以及第一导师；内容检索条件包括的字段有：主题、篇名、关键词、摘要、目录、全文、参考文献、中图分类号等。该数据库在检索的同时还进一步提供布尔逻辑组配检索，以便提高查准率。

1）标准检索界面

中国博士学位论文全文数据库标准检索界面如图 5－15 所示。

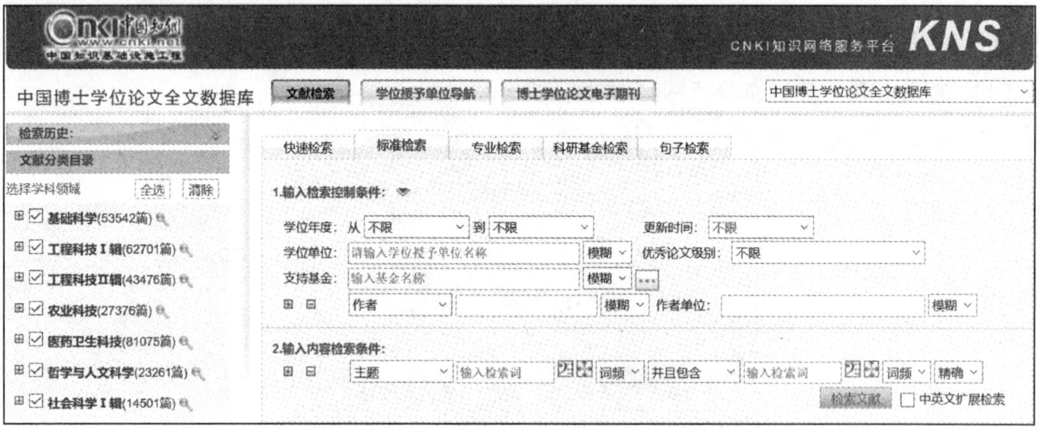

图 5－15　中国博士学位论文全文数据库标准检索界面

2）高级检索界面

中国博士学位论文全文数据库高级检索界面如图 5－16 所示。

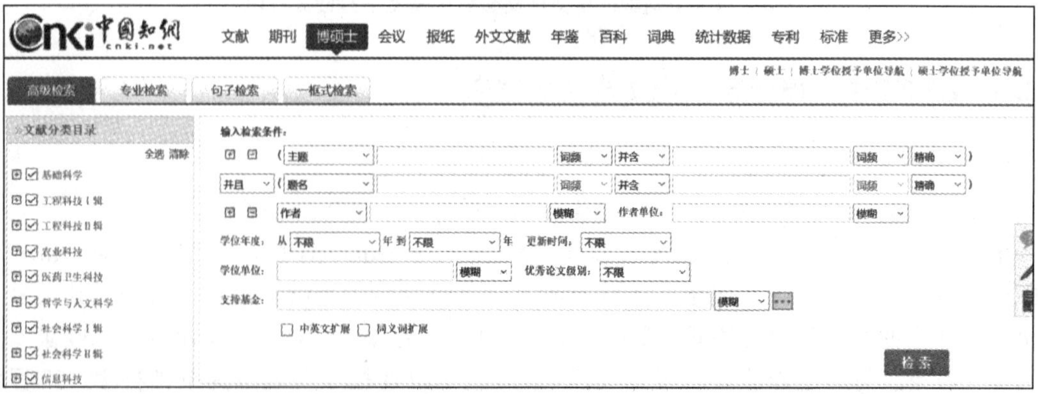

图 5－16　中国博士学位论文全文数据库高级检索界面

3）出版预报

可以根据篇名、作者、导师、学位授予单位、学位授予年度以及网络出版投稿人等字段进行检索，如图 5－17 所示。

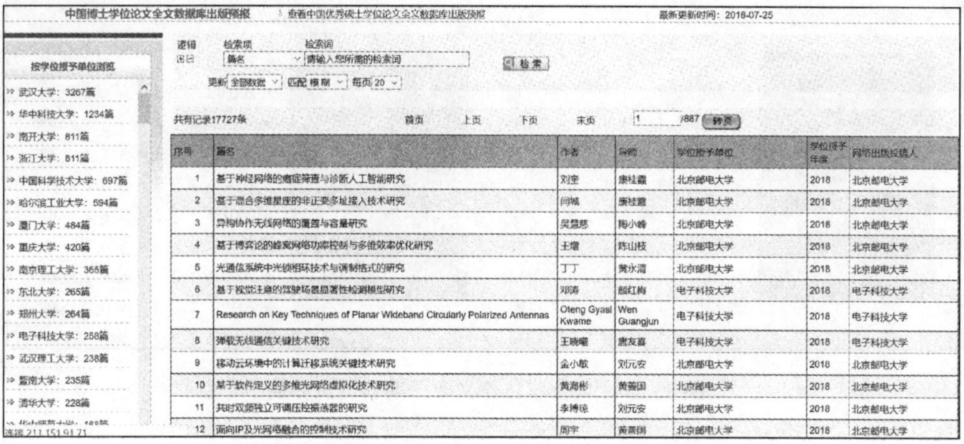

图 5－17　中国博士学位论文全文数据库出版预报界面

4）学位授予单位导航

中国博士学位论文全文数据库学位授予单位导航界面如图 5－18 所示。

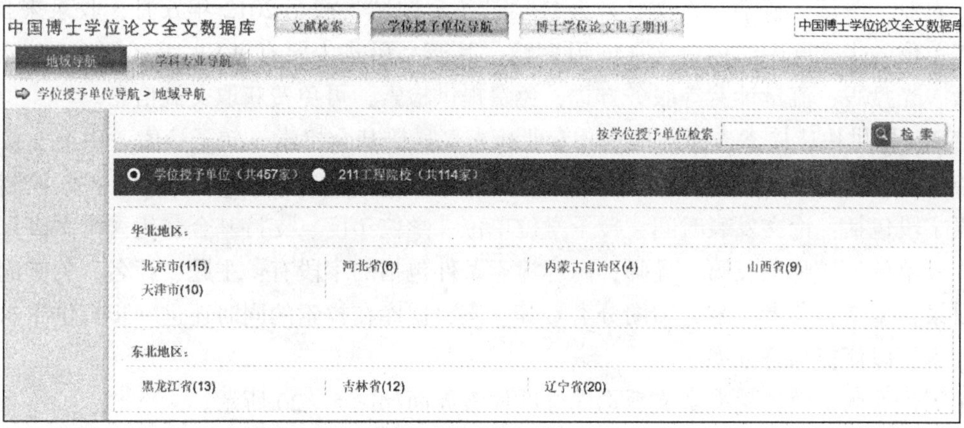

图 5－18　中国博士学位论文全文数据库学位授予单位导航界面

（5）博士学位论文电子期刊浏览

博士学位论文电子期刊浏览界面如图 5－19 所示。

5.2.6　CNKI 中国优秀硕士学位论文全文数据库

网址：http：//acad. cnki. net/Kns55/brief/result. aspx？dbPrefix＝CMFD

中国优秀硕士学位论文全文数据库（China Master's Theses Full－text Database，CMFD）由中国学术期刊（光盘版）电子杂志社与清华同方光盘股份有限公司共同研制，其文献来自全国 652 家硕士培养单位的硕士学位论文。CMFD 具有覆盖学科广、文献源大、收录质量

图 5－19　博士学位论文电子期刊浏览界面

高、全文收录、每日更新、使用方式灵活等特点，是目前国内相关资源较完备、质量高、连续动态更新的中国优秀硕士学位论文全文数据库。CMFD 按学科划分为基础科学、工程科技Ⅰ、工程科技Ⅱ、农业科技、医药卫生科技、哲学与人文科学、社会科学Ⅰ、社会科学Ⅱ、信息科技、经济与管理科学共 10 个专业文献总库，168 个子库，覆盖基础科学、工程技术、农业、医学、哲学、人文、社会科学等各个领域，截至 2012 年 6 月，收录来自 621 家培养单位的优秀硕士学位论文 146 万多篇。其产品形式主要有 WEB 版（网上包库）、镜像站版、光盘版、流量计费等服务方式，免费提供检索，可免费获取文摘信息。

CMFD 提供快速检索、标准检索、专业检索、科研基金检索、句子检索、中英文扩展检索等检索方式，还可通过输入检索控制条件和内容检索条件进一步精确检索。检索控制条件的检索字段包括：论文发表时间、授予学位单位、学位年度、支持基金、优秀论文级别、作者、作者单位、导师以及第一导师；内容检索条件包括的字段有：主题、篇名、关键词、摘要、目录、全文、参考文献、中图分类号等。该数据库在检索的同时还进一步提供布尔逻辑组配检索，以便提高查准率。

中国优秀硕士学位论文全文数据库标准检索界面如图 5－20 所示。

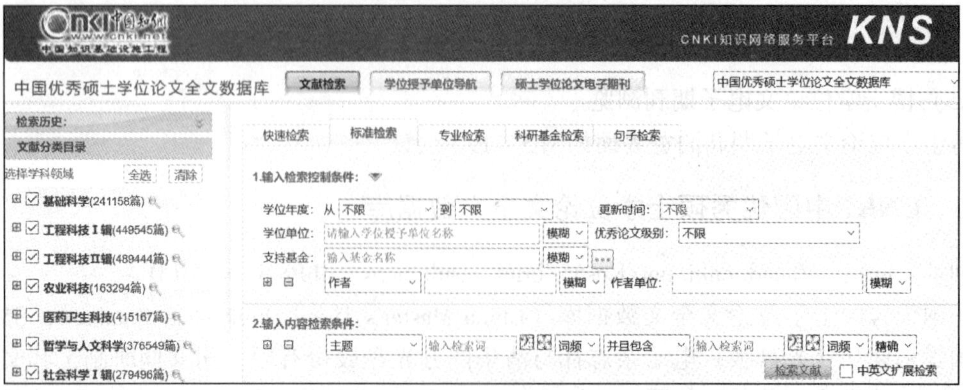

图 5－20　中国优秀硕士学位论文全文数据库标准检索界面

除此之外，该数据库还具有学位授予单位导航和硕士学位论文电子期刊两大功能，不仅可以按学位授予单位进行检索和浏览，还可以对硕士学位论文电子期刊进行检索。硕士学位论文电子期刊提供的检索字段主要有：主题、篇名、作者、作者单位、导师、第一导师、导师单位、摘要、关键词、目录、参考文献、全文、学科专业、学位授予单位、中图分类号、页码、预印本页码、学位年度、网络投稿时间。

5.2.7　中国科学技术信息研究所

网址：http：//www. istic. ac. cn

中国科学技术信息研究所也是国家法定的学位论文收藏机构，各高等院校研究生院及研究所均向该机构送交自然科学领域的硕士、博士和博士后的论文。中国科学技术信息研究所通过这些数据建成了文摘数据库以供检索，该数据库可以通过国家科技图书文献中心（http：//www. nstl. gov. cn）的原文检索与订购系统查询，包含 37 万余条记录数据。可按标题、作者、文摘、主题词、分类号、全文检索、年代范围等各种途径查找所需论文资料，该网站中的文献均提供免费检索服务，获取原文需付费。其检索界面如图 5 - 21 所示。

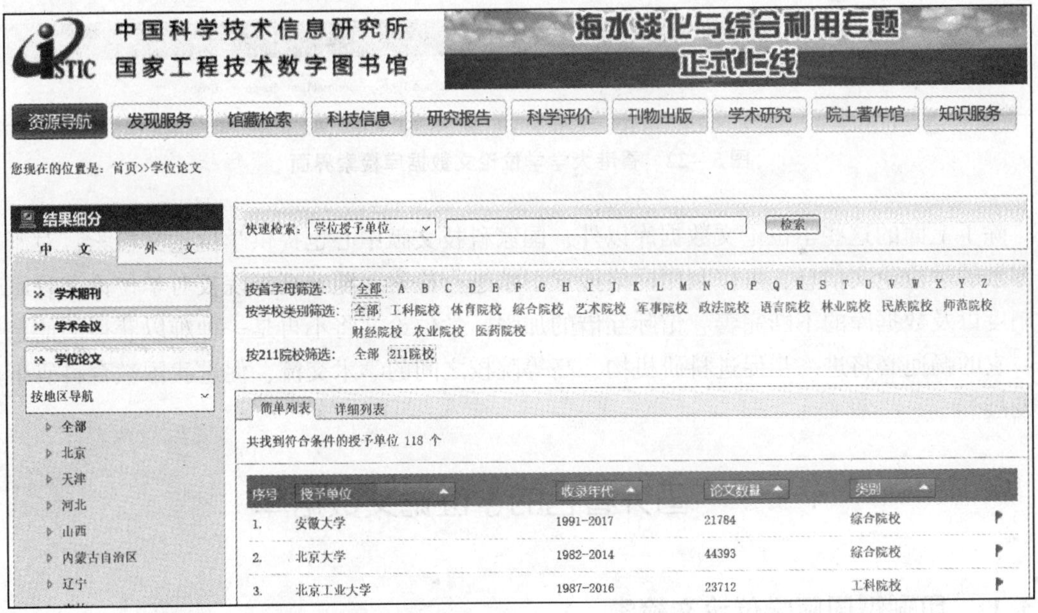

图 5 - 21　中国科学技术信息研究所国家工程技术数字图书馆学位论文检索界面

5.2.8　我国港澳台地区的学位论文数据库

1. 台湾博硕士论文加值系统

网址：https：//ndltd. ncl. edu. tw/cgi-bin/gs32/gsweb. cgi/ccd = EJidIY/login？ jstimes = 1&loadingjs = 1&o = dwebmge&ssoauth = 1&cache = 1532591571062

台湾博硕士论文加值系统包括已授权论文全文近 22 万篇、摘要 69 万余篇。该数据库可以提供简易查询、进阶查询、浏览查询、指令查询及智慧型选题，检索字段主要有作者、导师、关键词、摘要及参考文献等。

2. 香港大学学位论文数据库（Hong Kong University Theses Online）

网址：http：//hub. hku. hk/handle/10722/1057/

香港大学学位论文数据库提供 1941 年以来香港大学的学位论文，部分学位论文提供全文，读者可以免费获取这些学位论文资源。其检索界面如图 5－22 所示。

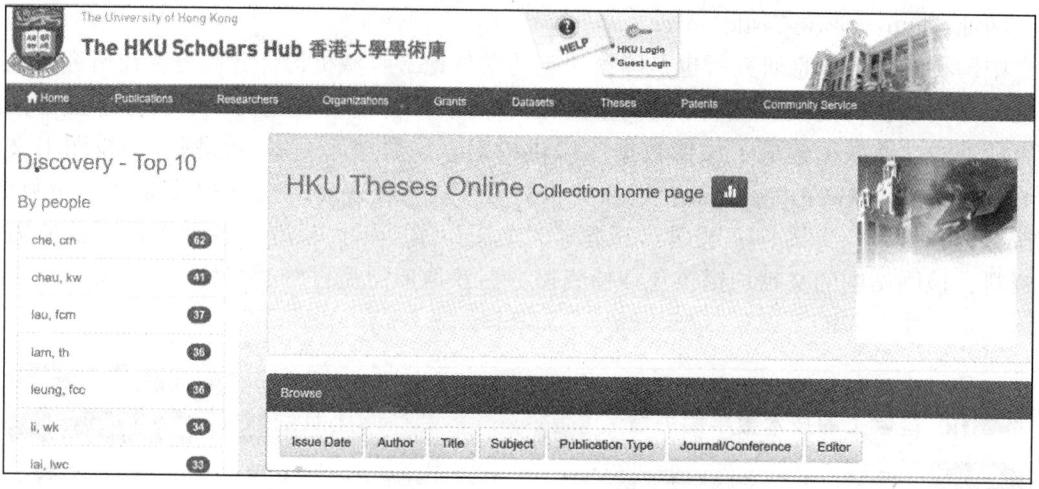

图 5－22　香港大学学位论文数据库检索界面

除了上面的这些学位论文数据库以外，国家科技文献中心也提供学位论文检索。对于网上零散的学位论文信息，可以利用网络搜索引擎进行检索。随着高等院校对学位论文收藏管理制度以及数据库的不断完善、馆际互借的加强，学位论文将不再是一种难以获得的信息资源，它的畅通必将进一步促进科研机构、高等院校之间的学术交流，促进我国教育科研事业的发展。

5.3　国外著名的学位论文数据库

5.3.1　印刷型国际学位论文检索

据统计，目前国际上较有影响的检索印刷型学位论文的工具书约有 20 多种，现介绍其中常用的一些。

1. 《国际学位论文摘要》

《国际学位论文摘要》（Dissertation Abstracts International，DAI）由美国 UMI 公司出版，创刊于 1938 年，收录 550 所北美和世界各国大学提交给 UMI 公司的博士论文文摘，文摘由作者撰写。UMI 公司每年收到大约 4 500 种博士论文，大多数被编在 DAI 中，用户可以购买相应的论文缩微品或印刷本。

DAI 分三辑出版：

A 辑——人文与社会科学（Section A：the Humanities and Social Sciences），包括交流与艺术、教育、语言、文学和语言学、哲学、宗教和神学、社会科学，月刊；

B 辑——科学与工程（Section B：Science and Engineering），包括生物科学、地球科学、健康与环境科学、物理学、心理学，月刊；

C 辑——欧洲学位论文文摘季刊（Section C：Abstracts Of European Dissertation），报道与A、B 两辑相同的内容，但来源于除美国、加拿大两国之外的欧洲各国著名大学的博士论文。

DAI 每期由导言、目次、文摘正文、关键词索引、著者索引构成，每年 1 卷，卷末分别按 A、B 两辑出版累积主题索引和累积著者索引。DAI 索引种类包括：①关键词索引（Keyword）；②著者索引（AuthorIndex）；③累积著者索引（CumulativeAuthorIndex）。用户可通过分类、关键词、著者途径查找学位论文信息。

2.《学位论文综合索引》

《学位论文综合索引》（Comprehensive Dissertation Index，CDI）包含累积本和年度补编，由 UMI 公司出版。累积本出版于 1973 年，共 37 卷，收录了美国 340 所大学和加拿大 22 所大学在 1861—1972 年间的所有博士学位论文 417 000 篇以上。第 1 ~ 32 卷是按 26 个大类编排的分类索引，第 33 ~ 37 卷是著者索引。自 1973 年起，又每年出版一册年度补编，而后又出版累积本以保持报道的连续性，它是回溯检索美国学位论文的好工具。

3. 美国 DAO 数据库

Dissertation Abstracts Ondisc（DAO）是美国著名国际联机检索系统 DIALOG 第 35 号文档的光盘数据库版本，该数据库收录的学位论文来源于美国、加拿大和欧洲等国家共 500 余所大学，内容包括 UMI 公司的 4 种学位论文印刷版本。DAO 数据库是检索美国自 1861 年首次设立博士学位以来的所有博士学位论文的权威性指南。该数据库收录了 180 多万篇博士学位论文和硕士学位论文的书目索引和摘要，且以每年 4 万多篇论文的速度增长。另外，DAO 数据库中还包括数千篇加拿大的博士学位论文和其他国家的学位论文的索引。DAO 数据库的学科范围包括数学和统计学、图书馆和情报学、地理和区域规划、农业、天文学、生物和环境科学、化学、保健科学、工程、地质学和物理等，每季度更新。目前同济大学图书馆的光盘检索系统提供对此数据库的查询。

4.《国际硕士学位论文文摘》

《国际硕士学位论文文摘》（Masters Abstracts International）由 UMI 公司出版，于 1962 年创刊，为双月刊。其主要报道美国和加拿大数百所大学的硕士论文，报道范围包括自然科学、社会科学和应用科学等各个方面。每年的第 4 期附有年度累积主题索引和著者索引，第 1 ~ 3 期只附有单期著者索引。每隔 5 年单独出版一次累积版。

5.《美国博士学位论文》

《美国博士学位论文》（American Doctoral Dissertation）由 UMI 研究图书馆协会每学年出版一次，为年刊。其包括美国和加拿大各大学接受的全部博士学位论文，收录有许多 DAI 上未摘录的学位论文，自 1957 年起作为《国际学位论文文摘》的副刊出版。正文按照分类编排，附有著者索引。

6.《美国博士学位论文目录》

《美国博士学位论文目录》(List of American Doctoral Dissertation) 是一种回溯性检索工具，专门报道美国国会图书馆所收藏的1912—1938年间的博士论文题目。

7.《物理学学位论文》

《物理学学位论文》(Dissertation in Physics) 由美国斯坦福大学编辑出版，报道1861年(美国首次颁发博士学位) 到1959年间美国颁发的全部物理学博士论文的题名，为回溯性检索工具。

8.《毕业生研究指南》

《毕业生研究指南》(Directory of Graduate Research) 由美国化学会 (ACS) 主办，于1953年创刊，为半年刊。该刊报道美国和加拿大两国大学颁发的化学、生物化学和化工等系科毕业论文的题名，按大学名称字顺排列。

9.《亚洲问题研究博士论文题录》

《亚洲问题研究博士论文题录》(Doctoral Dissertations on Asia) 由美国密执安大学亚洲研究所编辑出版，于1969年创刊，现为半年刊。该刊报道美国和加拿大两国大学研究亚洲国家和地区问题的博士学位论文。

除以上专门性检索学位论文的工具外，也可通过各种综合性和专业性检索工具查询信息，比如通过英国《科学文摘》(SA)、美国《化学文摘》(CA)、《金属文摘》(MA) 检索各自领域的学位论文。

5.3.2 网络版学位论文数据库检索

1. 数字化博硕士学位论文文摘数据库

网址：http：//wwwlib. global. umi. com/dissertations/gateway

数字化博硕士论文文摘数据库 (ProQuest Digital Dissertation，PQDD) 由美国UMI公司开发研制，收录1 700多所大学的270万篇博、硕士学位论文的题录和文摘，以欧美大学为主，最近增加了国内三四十所重点高校近20年的部分学位论文，近几年少量开放免费提供学位论文全文的服务。该数据库为美国国会图书馆认定的博硕士论文官方存储，也是加拿大国家图书馆的合作出版商。多数论文可看前24页扫描图像。如需完整论文原文，可先查询ProQuest学位论文全文库，若没有可向图书馆申请免费荐购ProQuest学位论文。

该数据库提供两种检索方式：基本检索和高级检索。高级检索界面分为上、下两部分：检索式输入框和检索式构造辅助表。辅助表包括四种方法：①“Keywords Fields”提供基本检索界面；②“Search History”选择检索历史的某一步；③“Subject Tree”选择学科；④“School Index”选择学校。四种方式都是通过单击“ADD”按钮，将检索条件加入检索式输入框中来辅助构成检索式。该数据库共提供14个字段的检索，常用字段包括：题名(title)、文摘 (abstract)、作者 (author)、导师 (advisor)、学校 (school)、学科 (subject)、年代 (year)、语种 (language) 等。该数据库还提供截词检索 (截词符：?)、位置检索 (位置算符：W/n——两词间距小于n个单词，且前后位置任意；Pre/n——两词间距小于n个单词，且前后位置一定）及词组检索（用空格将单词隔开进行精确的词组检索）。

2002年年底，中国高等教育文献保障系统（CALIS）与ProQuest公司合作，正式引进数字化博硕士论文文摘数据库，我国大部分高等院校和科研院所图书馆都购买了该数据库。

该数据库的基本检索界面如图5－23所示，高级检索界面如图5－24所示，浏览界面如图5－25所示，论文前24页浏览界面如图5－26所示。

图5－23　基本检索界面

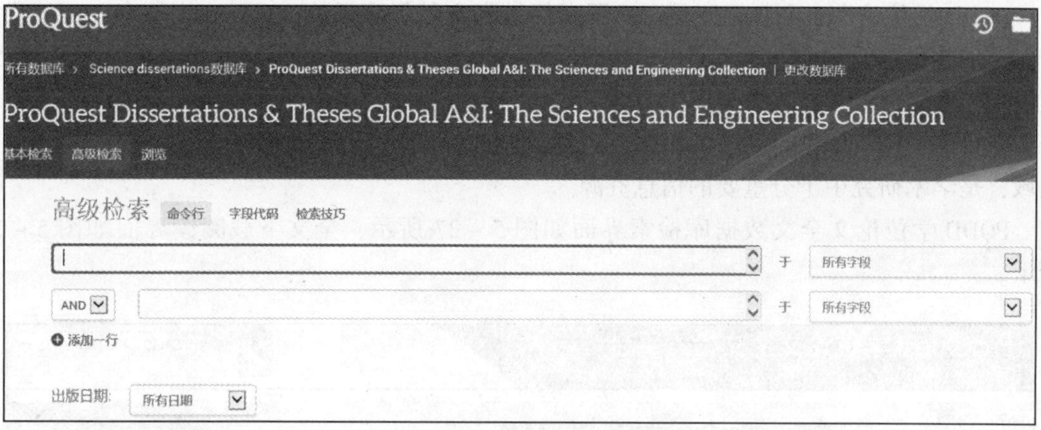

图5－24　高级检索界面

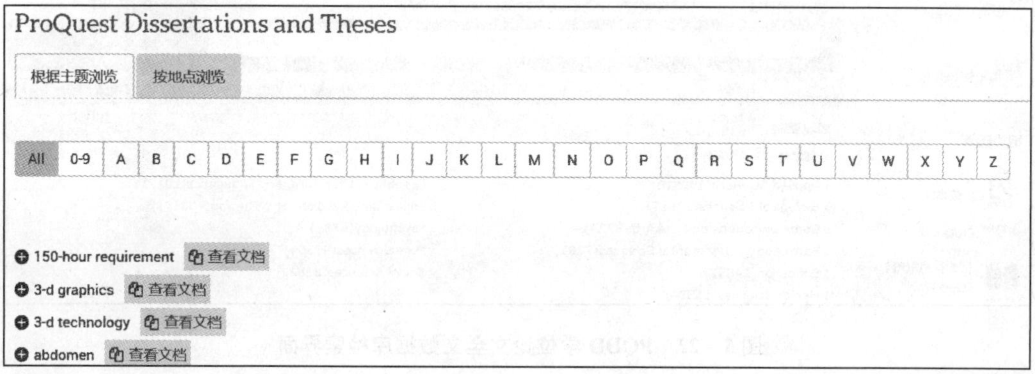

图5－25　浏览界面

图 5－26　论文前 24 页浏览界面

2. PQDD 学位论文全文数据库

CALIS 站点：http：//pqdt. calis. edu. cn/

上海交通大学站点：http：//pqdt. lib. sjtu. edu. cn/

中信所站点：http：//pqdt. bjzhongke. com. cn/

PQDD 学位论文全文数据库是由中国高等教育文献保障系统（CALIS）与 ProQuest 公司合作，正式引进的 ProQuest 博硕士学位论文全文数据库，收录了网络版的部分论文，镜像站点设在上海交通大学，该数据库主要收录了来自欧美国家 2 000 余所知名大学的优秀博硕士论文，目前中国集团可以共享的论文已经达到 708 583 篇，涉及文、理、工、农、医等多个领域，是学术研究中十分重要的信息资源。

PQDD 学位论文全文数据库检索界面如图 5－27 所示，全文下载阅读界面如图 5－28 所示。

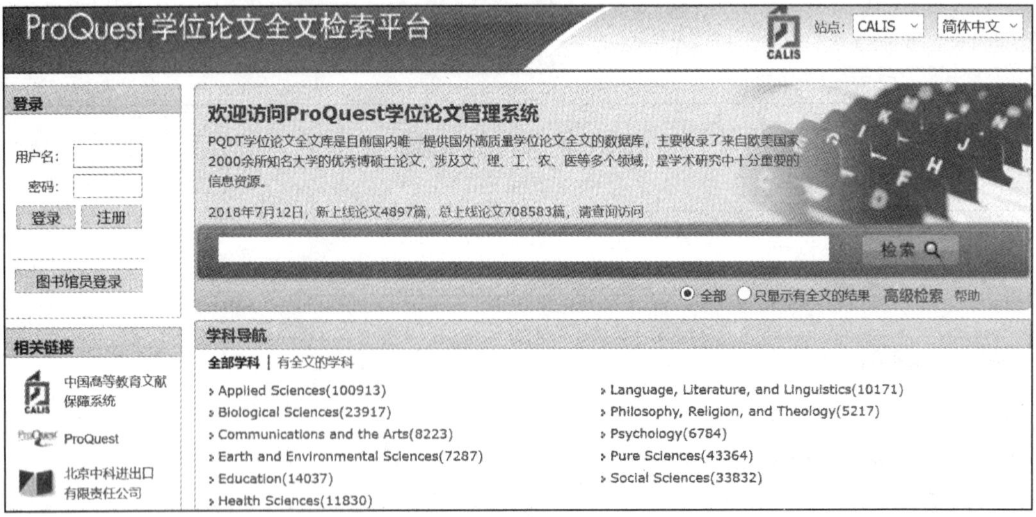

图 5－27　PQDD 学位论文全文数据库检索界面

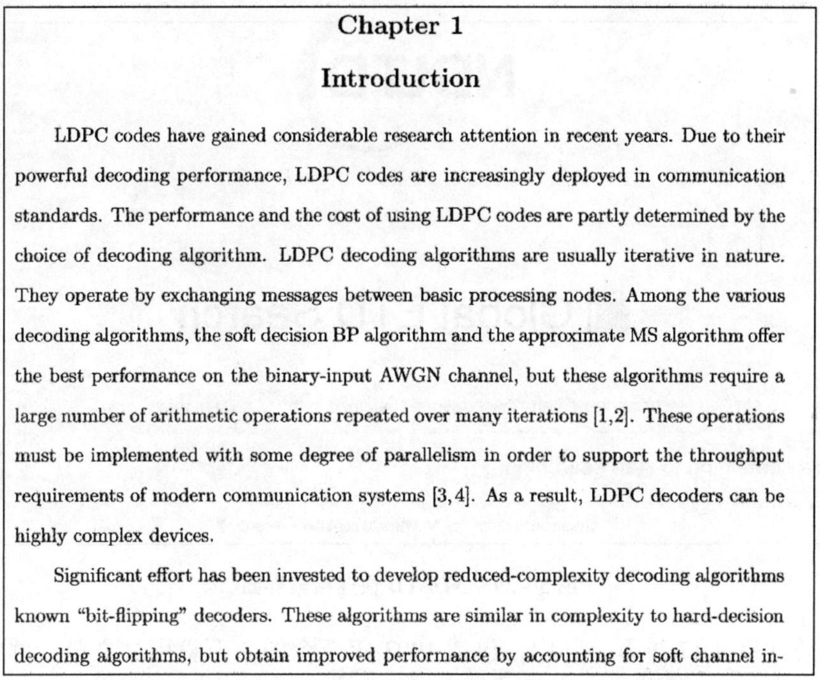

Chapter 1

Introduction

LDPC codes have gained considerable research attention in recent years. Due to their powerful decoding performance, LDPC codes are increasingly deployed in communication standards. The performance and the cost of using LDPC codes are partly determined by the choice of decoding algorithm. LDPC decoding algorithms are usually iterative in nature. They operate by exchanging messages between basic processing nodes. Among the various decoding algorithms, the soft decision BP algorithm and the approximate MS algorithm offer the best performance on the binary-input AWGN channel, but these algorithms require a large number of arithmetic operations repeated over many iterations [1,2]. These operations must be implemented with some degree of parallelism in order to support the throughput requirements of modern communication systems [3,4]. As a result, LDPC decoders can be highly complex devices.

Significant effort has been invested to develop reduced-complexity decoding algorithms known “bit-flipping” decoders. These algorithms are similar in complexity to hard-decision decoding algorithms, but obtain improved performance by accounting for soft channel in-

图 5－28 PQDD 学位论文全文数据库全文下载阅读界面

3. 国际博硕士论文数字图书馆（Networked Digital Library of Theses and Dissertations，NDLTD）

网址：http：//www. ndltd. org/

1991 年美国弗吉尼亚科技大学发起博硕士论文数字图书馆计划，开始有系统地收集各校博硕士学位论文，发展至今已扩及世界各国，这是一个整和国际论文资源的电子图书馆计划。该数据库有 152 个会员，包括 132 所大学和 20 个学会。通过 Federated Search 可以检索到 24 个单位的论文，另外更列出许多大学及研究机构的网址。该数据库还未提供统一的检索界面，仅将各会员各自发展的博硕士论文数字图书馆系统加以整和以方便检索，因此，各系统的检索指令、论文开放程度，及收费标准等均不同。

NDLTD 汇集了 194 个成员的学位论文资源（其中包含 170 个大学成员），提供对这些成员的电子学位论文联合目录的查询，包括浏览检索、关键词检索和专家检索三种检索方式，用户最终可以获得摘要与获取全文的链接信息。

该数据库提供的学位论文的学科范围主要有：数学、物理、材料与化工、计算机、电子信息、机电工程、纺织与服装、轨道交通、生物、医学、药学、文学、新闻传媒、历史学、社会学、政治学、管理学、语言学、经济学、法律、教育与心理、艺术、体育、建筑与环境等。

NDLTD 快速检索界面如图 5－29 所示。

4. 美国博士论文数据库

网址：http：//www. OpenDissertations. com

2016 年 11 月 17 日，EBSCO、俄亥俄州信息服务中心（OhioLINK）、H · W · 威尔森基金会、波士顿公共图书档案馆联合发布通告，为了更好地提供覆盖 20 世纪的全部研究及其研究内容的全文链接，美国博士论文数据库（图 5－30）实现开放获取。该数据库收录的博

图 5-29　NDLTD 快速检索界面

士论文数量总计超过 17.2 万。其中，包括 1902 年至今的 8 万篇引文文献，并提供全文链接，如需浏览全文，可通过链接跳转到相应机构库进行访问。该数据库是唯一收录被美国大学承认的博士论文最完整的档案数据库，可免费使用。用户可以通过浏览作者、主题、大学和出版年并组配检索。

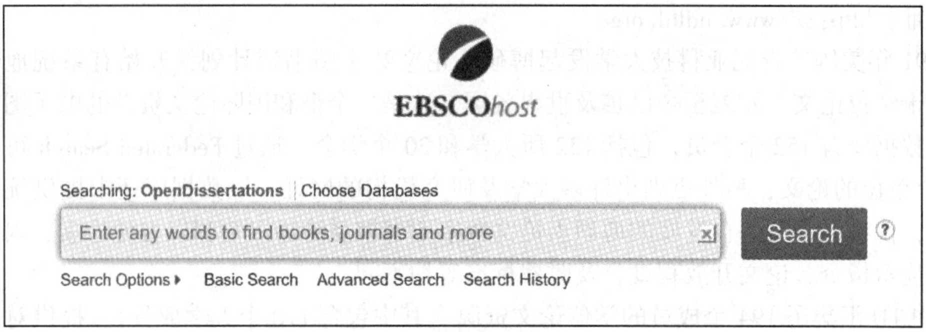

图 5-30　美国博士论文数据库检索界面

5.3.3　其他网络版学位论文数据库

1. DISSERTATION. COM

网址：http：//dissertation. com

该数据库提供关键词、主题、题目、作者等途径以供检索，论文前 25 页可免费浏览，可以通过 Amazon 网上书店订购全文。

2. 大英图书馆文献供应中心（The British Library Document Supply Centre，BLDSC）

网址：http：//blpc. bl. Uk

该数据库提供美国、加拿大、英国（自 1970 年起）的博士论文，用户先通过大英图书馆馆藏查询系统检索，再申请全文复印服务。

3. Electronic Thesis/Dissertation OAI Union Catalog

网址：http：//oai. dlib. vt. edu/ ~ etdunion/cgi-bin/OCLCUnion/UI/index. pl

该数据库利用 Open Archives Initiative（OAI）的学位论文联合目录，目前包含全球十几家成员，多数论文提供 PDF 格式全文。

4. MIT 学位论文

网址：http：//theses. mit. edu/index. html

该数据库在线提供美国麻省理工学院部分博硕士学位论文，可在线逐页或定位浏览全文。

5. Virginia Polytechnic Institute and State University 学位论文库

网址：http：//scholar. lib. vt. edu/theses/browse/

该数据库提供的学位论文大部分有全文，但论文列表前有“vt”标记的，不能访问全文。

6. Dspace 学位论文

网址：http：//dspace. mit. edu/handle/1721. 1/7582

Dspace 是一种开放式学位论文系统，由美国麻省理工学院开发，收集了包括麻省理工学院在内的 200 多家科研单位的学位论文。

7. 澳大利亚数字学位论文项目（Australian Digital Theses Program，ADT）

网址：http：//research. anu. edu. au/thesis/

该数据库是澳大利亚国家的合作计划，目的是建立澳大利亚大学博、硕士论文的分布式数据库，提供全文，如图 5－31 所示。

图 5－31 澳大利亚数字学位论文项目

本章小结

本章主要介绍了学位论文的概念及分类、印刷型学位论文的检索，我国著名的学位论文数据库（CALIS 学位论文数据库、中国学位论文全文数据库、国家图书馆博士学位论文数据库、CNKI 中国优秀硕士学位论文全文数据库、CNKI 中国博士学位论文全文数据库等）、我国港澳台地区的学位论文数据库，以及国外著名的学位论文数据库。

思考题

一、简答题

1. 什么是学位论文？它有哪些种类？

2. 比较国家图书馆博士学位论文数据库和CALIS学位论文数据库检索功能的异同。

3. 我国有哪些著名的学位论文数据库？

4. 比较中国学位论文全文数据库和CNKI中国博士学位论文全文数据库检索功能的异同。

5. 印刷型国际学位论文数据库的检索工具主要有哪些？

6. 什么是DAI？它分为哪几个专辑，每个专辑有什么特色？

7. 数字化博硕士学位论文文摘数据库有哪些检索功能？请简述。

二、实习题

在国家图书馆博士学位论文数据库中检索1999年以来我国“锂电池”研究方面的博士学位论文，并简述检索过程。

第 6 章

标准文献资源检索系统

随着经济全球化的发展，标准已经成为国家经济发展、国际经济竞争、企业发展水平高低的重要标志和组成部分。特别是我国加入 WTO 以后，标准、法规已成为世界各国发展贸易、技术创新和推动技术进步的重要手段，标准在经济和社会发展中发挥着越来越重要的作用。因此，标准文献是一种非常重要的文献，它与我们的工作、生活以至于各行各业都息息相关。本章我们主要介绍如何检索国内外各种标准文献数据库。

6.1　标准资源概述

6.1.1　标准

1. 标准的概念

我国国家标准 GB/T2000.1—2002《标准化工作指南第 1 部分：标准化和相关活动的通用词汇》中，对标准所下的定义是“为了在一定范围内获得最佳秩序，经协商一致制定并由公认机构批准，共同使用的或重复使用的一种规范性文件”。

可见，标准是一种特殊的文件，是一种特殊规范，本质上属于技术规范范畴。通过标准，对重复性事物作出统一规定，借以规范人们的工作、生活、生产行为。就生产而言，任何产品都是按照一定的标准生产的，任何技术都是依据一定的标准操作的。离开了标准，就没有衡量质量的尺度，产品和技术的质量就会因为没有比较的基准而无从谈起。

2. 标准的特点

（1）先进性：标准的内容和技术水平应当是先进的，否则标准就失去了其存在的价值。

（2）适用性：标准要求把“满足规定用途的能力”放在首位。

（3）经济性：有利于促进技术水平和科学管理水平位，即满足需方要求，安全标准的经济性不是体现在供方的成本和效益上，而是指社会的总体经济效益。

（4）可证实性：标准中所作的统一规定，原则上应是能用试验方法等加以验证的要求，即标准中的要求应尽可能用准确的数值定量地表示，而不应是不明确的概念性用语，另外，这些数值应该是能够检测的。

3. 构成标准的要素

构成标准的全部要素分为三类：

（1）概述要素：包括识别标准，介绍标准内容，说明标准背景、标准的制定以及与其他标准的关系等内容；

（2）标准要素：规定了标准的要求和必须遵守的条文；

（3）补充要素：提供有助于理解标准或使用标准的补充信息。

6.1.2 标准文献

1. 标准文献的介绍

标准文献有广义和狭义之分。狭义标准文献是指按规定程序制定，经公认权威机构（主管机关）批准的一整套在特定范围（领域）内必须执行的规格、规则、技术要求等规范性文献，简称标准。广义标准文献指与标准化工作有关的一切文献，包括标准形成过程中的各种档案，宣传推广标准的手册及其他出版物，揭示报道标准文献信息的目录、索引等。

标准文献一般有以下特点：

（1）每个国家对于标准的制定和审批程序都有专门的规定，并有固定的代号，标准格式整齐划一。

（2）标准文献是从事生产、设计、管理、产品检验、商品流通、科学研究的共同依据，在一定条件下具有某种法律效力，有一定的约束力。

（3）标准文献时效性强，它只以某时间阶段的科技发展水平为基础，具有一定的陈旧性。随着经济发展和科学技术水平的提高，标准文献不断地进行修订、补充、替代或废止。

（4）一个标准文献一般只解决一个问题，文字准确简练。

（5）不同种类和级别的标准文献在不同范围内贯彻执行。

（6）标准文献具有其自身的检索系统。

一件完整的标准文献一般应该包括以下各项标识或陈述：①标准级别。②分类号，通常是国际标准分类号和各国自编的标准文献分类法的分类号。③标准号，一般由标准代号、序号、年代号组成，如 DIN－11911－79，其中 DIN 为联邦德国标准代号，11911 为序号，79 为年代号；又如 GB1－73，其中 GB 是中国国家标准代号，1 为序号，73 为年代号。④标准名称。⑤标准提出单位。⑥审批单位。⑦批准年月。⑧实施日期。⑨具体内容项目。

2. 标准文献的分类

标准文献可按其使用范围、内容和性质、成熟程度来分类。

（1）按使用范围，可划分为：国际标准、区域性标准、国家标准、专业（部）标准和企业标准等。

①国际标准，指国际间通用的标准，如 ISO、IEC 等；

②区域标准，指世界某一地区通用的标准，如“全欧标准”等；

③国家标准，指由国家标准化机构批准颁布的标准，我国的国家标准代号是GB；

④专业标准，指根据某专业范围统一的需要，由专业主管机构和专业标准化机构批准发布的标准；

⑤部门标准，指由某个部门或企业单位等制定的适用于本部门的标准，如“部标准”“企业标准”等；

⑥企业标准，指由企业制定的标准，一般在国家标准和行业标准尚未颁布或企业为了提高产品质量制定的比国家标准要求更高的“内控标准”时采用。

（2）按内容及性质，可划分为技术标准和管理标准。

①技术标准包括基础标准、产品标准、方法标准、安全与环境保护标准；

②管理标准包括技术管理标准、生产组织标准、经济管理标准、行政管理标准、业务管理标准、工作标准。

（3）按成熟程度，可划分为法定标准、推荐标准、试行标准和标准草案等。

①法定标准又称为强制性标准，它具有法律属性，在一定范围内通过法律、行政法规等手段强制执行；其他标准是推荐标准。根据《国家标准管理办法》和《行业标准管理办法》，下列标准属于强制性标准：a. 药品、食品卫生、兽药、农药和劳动卫生标准；b. 产品生产、贮运和使用中的安全标准及劳动安全标准；c. 工程建设的质量、安全、卫生等标准；d. 环境保护和环境质量方面的标准；e. 有关国计民生方面的重要产品标准等。

②推荐标准又称为非强制性标准或自愿性标准，是指生产、交换、使用等方面，通过经济手段或市场调节而自愿采用的一类标准。这类标准不具有强制性，任何单位均有权决定是否采用。违犯这类标准不负经济或法律方面的责任。应当指出的是，推荐标准一经接受并采用，或各方商定同意纳入经济合同中，就成为各方必须共同遵守的技术依据，具有法律上的约束性。

③试行标准，也称为暂时标准或试用标准。

④标准草案，是指标准发布以前的标准征求意见稿、送审稿和报批稿。它是承担编制标准的单位或个人，根据任务书或工作计划起草的文稿，不是正式标准，因而不能作为标准使用。标准草案的主要构成有：概述部分（包括封面、目录、标准名称、引言、适用范围）；技术内容（包括名词术语、符号、代号、品种、规格、技术要求、试验方法、检验规则、标志、包装、运输、贮存等）；补充部分（包括附录等）。

3. 标准代号

在我国，标准代号主要有国家标准代号、行业标准代号和地方标准代号。国际标准组织也有国际标准代号，其他国家的标准也有国家标准代号。这里主要介绍我国的标准代号。

1）国家标准代号

国家标准代号见表6－1。

表6－1　国家标准代号

序号	代号	含义	管理部门
1	GB	中华人民共和国强制性国家标准	国家标准化管理委员会
2	GB/T	中华人民共和国推荐性国家标准	国家标准化管理委员会
3	GB/A	中华人民共和国国家标准化指导性技术文件	国家标准化管理委员会

（2）行业标准代号

行业标准代号见表6－2。

表6－2　行业标准代号

序号	代号	含义	序号	代号	含义
1	BB	包装	30	MZ	民政
2	CB	船舶	31	NY	农业
3	CH	测绘	32	QB	轻工
4	CJ	城镇建设	33	QC	汽车
5	CY	新闻出版	34	QJ	航天
6	DA	档案	35	QX	气象
7	DB	地震	36	SB	商业
8	DL	电力	37	SC	水产
9	DZ	地质矿产	38	SH	石油化工
10	EJ	核工业	39	SJ	电子
11	FZ	纺织	40	SL	水利
12	GA	公共安全	41	SN	商检
13	GY	广播电影电视	42	SY	石油天然气
14	HB	航空	43		海洋石油天然气
15	HG	化工	44	TB	铁路运输
16	HJ	环境保护	45	TD	土地管理
17	HS	海关	46	TY	体育
18	HY	海洋	47	WB	物资管理
19	JB	机械	48	WH	文化
20	JC	建材	49	WJ	兵工民品
21	JG	建筑工业	50	WM	外经贸
22	JR	金融	51	WS	卫生
23	JT	交通	52	XB	稀土
24	JY	教育	53	YB	黑色冶金
25	LB	旅游	54	YC	烟草
26	LD	劳动和劳动安全	55	YD	通信
27	LY	林业	56	YS	有色冶金
28	MH	民用航空	57	YY	医药
29	MT	煤炭	58	YZ	邮政

注：行业标准代号分为强制性行业标准代号和推荐性行业标准代号。表中给出的是强制性行业标准代号，推荐性行业标准代号是在强制性行业标准代号后面加“/T”。

3）地方标准代号

地方标准代号见表6－3。

表6－3　地方标准代号

序号	代号	含义	管理部门
1	DB＋省级行政区划代码前两位	中华人民共和国强制性地方标准代号	省级质量技术监督局
2	DB＋省级行政区划代码前两位/T	中华人民共和国推荐性地方标准代号	省级质量技术监督局

4. 标准编号

标准编号是标准文献的一大外部特征。这种编号方式上的固定化使标准编号成为检索标准文献的途径之一。

无论是国际标准还是各国标准，在编号方式上均遵循一种固定格式，通常为“标准代号＋流水号＋年代号”。如GB9400－88表示1988年颁布的第9400号国家标准。

6.1.3　中国标准文献分类法

中国标准文献分类采用专用分类法——“中国标准文献分类法”（Chinese Classification for Standards，CCS），简称“中标法”。

“中国标准文献分类法”的类目设置以专业划分为主，适当结合科学分类。序列采取从总到分，从一般到具体的逻辑系统。该分类法采用二级分类，一级主类的设置主要以专业划分为主，二级类目设置采取非严格等级制的列类方法；一级分类由24个大类组成，每个大类有100个二级类目；一级分类由单个拉丁字母组成，二级分类由双数字组成。“中国标准文献分类法”大类标识符号及类名见表6－4。

表6－4　“中国标准文献分类法”大类标识符号及类名

符号	类名	符号	类名	符号	类名
A	综合	J	机械	S	铁路
B	农业、林业	K	电工	T	车辆
C	医药、卫生、劳动保护	L	电子元器件与信息技术	U	船舶
D	矿业	M	通信、广播	V	航天、航空
E	石油	N	仪器、仪表	W	纺织
F	能源、核技术	P	工程建设	X	食品
G	化工	Q	建材	Y	轻工、文化与生活用品
H	冶金	R	路、水路运输	Z	环境保护

6.1.4　国际标准文献分类法

国际标准分类法（International Classification for Standards，ICS）是由国际标准化组织编制的标准文献分类法。它主要用于国际标准、区域标准和国家标准以及相关标准化文献的分类、编目、订购与建库，从而促进国际标准、区域标准、国家标准以及其他标准化文献在世界范围内的传播。

1. 特点

ICS 采用的是数字分类法［另外如德国工业标准（DIN）］，数字分类法与字母分类法［如美国材料与试验协会标准（ASTM）］和字母与数字混合分类法［如日本工业标准（JIS）、中国国家标准（GB）］相比，具有扩充方便、计算机管理方便等优点，而且没有文种障碍，有利于交流与推广。

ICS 类目设置有以下特点：

（1）有些类目设置比较新颖，如“37 成像技术”（包括复印技术和印刷技术）。

（2）受欧洲传统分类思想影响较大，由于 ICS 与 DIN 的渊源，ICS 中某些类目的设置主要是围绕德国分类法思想进行的。如“39　精密机械，珠宝”，此类目下只有手表和珠宝，其他仪表、仪器没法入类，所以不合理。

（3）有些类目分得过细；有些类目界定不明显；有些类目设置比较陈旧，难以入类等。

（4）第一级 41 个大类的编码全为单数。

2. 体系结构

ICS 采用层累制分类法，由三级类目构成。第一级 41 个大类，例如：道路车辆工程、农业、冶金。每个大类以二位数字表示，例如“43　道路车辆工程”。

全部一级类目再分为 387 个二级类目。二级类目的类号由一级类目的类号和被一个圆点隔开的三位数组成，例如“43．040　道路车辆装置”。

二级类目下又再细分为三级类目，共有 789 个，三级类目的类号由一、二级类目的类号和被一个圆点隔开的二位数组成，例如“43．040．50　传动装置、悬挂装置”。

3. 分类原则

（1）按标准文献主题内容所属学科、专业归类，总的分第一级，较具体的分第二级，再具体的分第三级。

（2）术语标准和图形符号标准可先分入术语和图形符号类，再按标准化对象所属专业分入专业类。

（3）一级标准可根据其主题或主题侧面分入多个二级类目或三级类目中。

（4）一级标准所涉及的主题范围包括一个二级类目以下的全部三级类目，则标准应分入此二级类目。

（5）为便于计算机检索，涉及某二级类目全部主题的标准，可标为“XX. XXX. 00”，这样在检索时用“XX. XXX. 00”提问，将得到“XX. XXX”下的综合标准；而用“XX. XXX”提问，将得到“XX. XXX”下以及“XX. XXX. 01 ~ XX. XXX. 99”下的全部标准。

（6）用户可自行扩类，多个分类号以分号相隔。

6.2　国内著名的标准数据库

我国的标准文献数据库主要有印刷型、光盘型和网络型三种形式。印刷型标准文献数据库主要有：《中华人民共和国国家标准目录及信息总汇》《中国标准化年鉴》《中国标准导报》《中国国家标准汇编》《机械标准汇编》。光盘型标准文献数据库主要有《中国国家标准文本数据库》系列光盘、《中华人民共和国机械行业标准（JB）》全文光盘、《中国国家标准题录总览》光盘、《中华人民共和国机械行业标准信息数据库》光盘、《中华人民共和国国家军用标准》光盘等。

我国著名的网络标准数据库主要有：中国标准数据库（知网版）、国家标准全文数据库（知网版）、国内外标准数据库（知网版）、中外标准数据库、中国标准服务网、中国标准在线服务网、全国标准信息公共服务平台、中国标准化研究院、标准网、中国国家标准化管理委员会、国家标准频道、中华人民共和国国家卫生健康委员会标准网站、国家军用标准化信息网及测绘地理信息标准化服务平台等。下面我们来详细讲解这些数据库的检索方法。

6.2.1　中国知网资源系统中的系列标准数据库

中国知网资源系统中的系列标准数据库主要有：中国标准数据库（知网版）、国家标准全文数据库（知网版）、国内外标准数据库（知网版）等。

1. 中国标准数据库（知网版）

网址：http：//dbpub. cnki. net/grid2008/dbpub/brief. aspx？ id = scsd。

中国标准数据库（知网版）是中国知网中的一个子库，收录所有的国家标准（GB）、工程建设国家标准（GBJ）、中国行业标准的题录信息，共计标准约 13 万条，标准的内容来源于中国标准化研究院标准馆。该数据库提供初级检索、高级检索和专业检索三种检索方式，可以通过中文标准名称、英文标准名称、中文主题词、英文主题词、标准号、发布单位名称、发布日期、被代替标准、采用关系、摘要等检索项进行检索。在检索过程中，可以随时查看检索历史。

该数据库包含农业、林业，医药、卫生、劳动保护，矿业，石油，能源、核技术，化工，冶金，机械，电工，电子元器件与信息技术，通信、广播，仪器、仪表，土木、建筑，建材，公路、水路运输，铁路，车辆，船舶，航空、航天，纺织，食品，轻工、文化与生活用品，环境保护等领域的标准。

（1）中国标准数据库（知网版）的初级检索界面如图 6 – 1 所示。

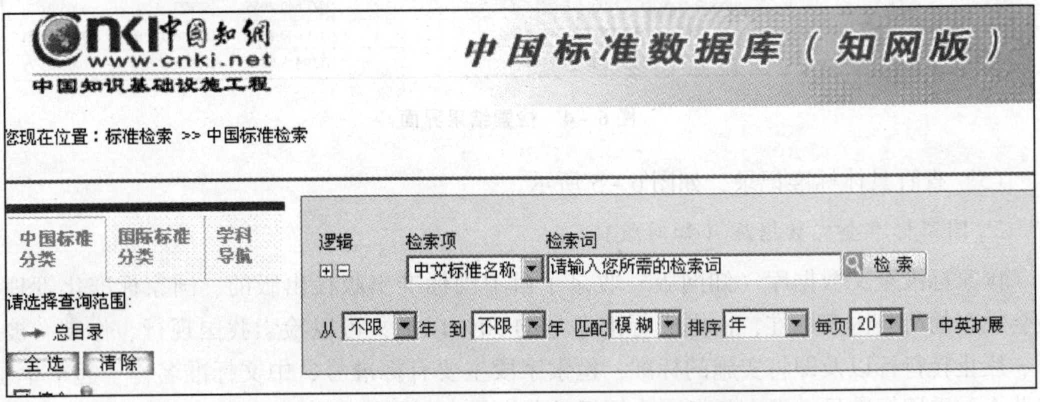

图 6 – 1　中国标准数据库（知网版）的初级检索界面

（2）中国标准数据库（知网版）的高级检索界面如图 6－2 所示。

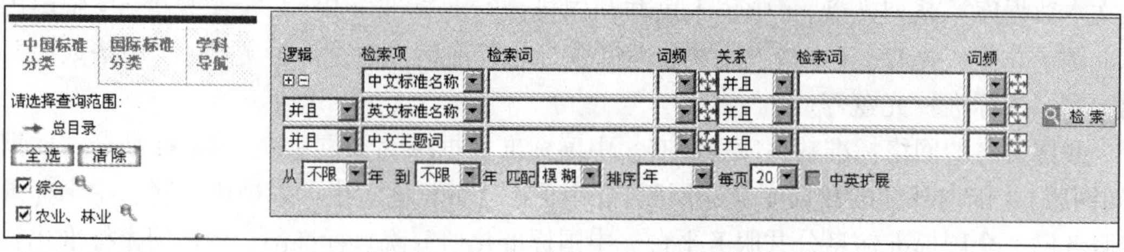

图 6－2　中国标准数据库（知网版）的高级检索界面

（3）输入检索词“汽车维修”，把检索项限定为“中文标准名称”，进行检索，如图 6－3 所示。

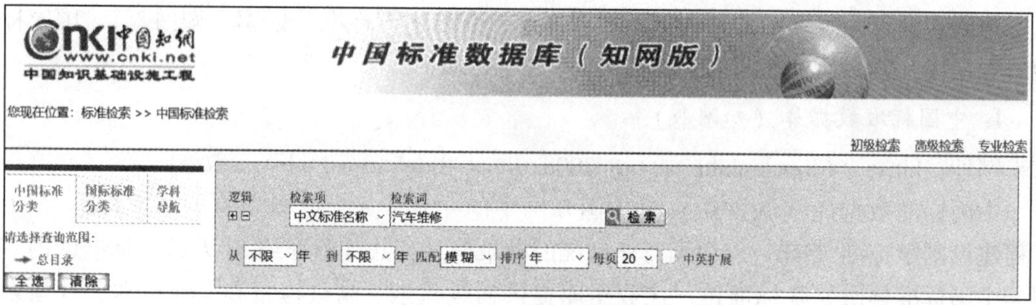

图 6－3　进行检索界面

（4）检索结果如图 6－4 所示。

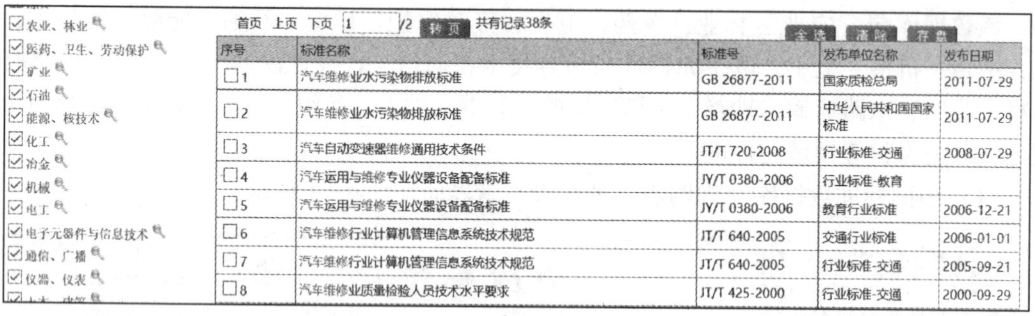

序号	标准名称	标准号	发布单位名称	发布日期
1	汽车维修业水污染物排放标准	GB 26877-2011	国家质检总局	2011-07-29
2	汽车维修业水污染物排放标准	GB 26877-2011	中华人民共和国国家标准	2011-07-29
3	汽车自动变速器维修通用技术条件	JT/T 720-2008	行业标准-交通	2008-07-29
4	汽车运用与维修专业仪器设备配备标准	JY/T 0380-2006	行业标准-教育	
5	汽车运用与维修专业仪器设备配备标准	JY/T 0380-2006	教育行业标准	2006-12-21
6	汽车维修行业计算机管理信息系统技术规范	JT/T 640-2005	交通行业标准	2006-01-01
7	汽车维修行业计算机管理信息系统技术规范	JT/T 640-2005	行业标准-交通	2005-09-21
8	汽车维修业质量检验人员技术水平要求	JT/T 425-2000	行业标准-交通	2000-09-29

图 6－4　检索结果界面

（5）查看具体标准记录，如图 6－5 所示。

2. 国家标准全文数据库（知网版）

国家标准全文数据库（知网版）收录了由中国标准出版社出版的、国家标准化管理委员会发布的所有国家标准，占国家标准总量的 90% 以上，可以检索我国现行、作废、被代替、废止转行标以及即将实施的标准，检索字段主要有标准号、中文标准名称、起草单位、起草人、采用标准号、发布日期、中国标准分类号、国际标准分类号等。

国家标准全文数据库（知网版）检索界面如图 6－6 所示。

知网节	汽车自动变速器维修通用技术条件
【英文标准名称】	Currency technical request for the maintenance and repair of motor automatic transmission
【原文标准名称】	汽车自动变速器维修通用技术条件
【标准号】	JT/T 720-2008
【国别】	中国
【发布日期】	2008-07-29
【实施或试行日期】	2008-11-01
【发布单位】	行业标准-交通(CN-JT)
【起草单位】	太原艾逊汽车检测设备有限公司
【中文主题词】	汽车;自动变速器;维修;技术条件;汽车修理
【英文主题词】	ROAD VEHICLES;GEAR SHIFTING;SPEED CHANGERS;MAINTENANCE;REPAIR;TECHNICAL REGULATIONS;TECHNICAL RULES;AUTOMATIC CONTROL SYSTEMS
【摘要】	本标准规定了汽车自动变速器维修的技术要求和质量保证。本标准适用于汽车自动变速器维修作业。
【中国标准分类号】	R16
【国际标准分类号】	03_220_20
【页数】	8P.;A4
【正文语种】	汉语

图 6－5　查看具体标准记录界面

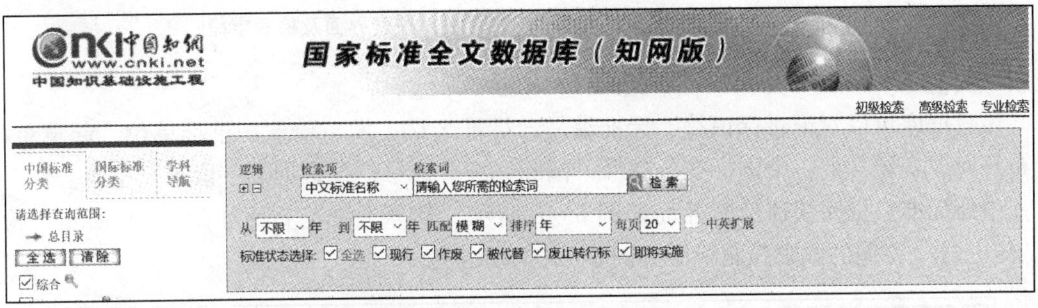

图 6－6　国家标准全文数据库（知网版）检索界面

3. 国内外标准数据库（知网版）

网址：http：//dbpub. cnki. net/grid2008/dbpub/SCPDindex. aspx？DBName = SMSDindex

该数据库的栏目主要有：标准库简介、中国标准检索、国外标准检索、标准资讯、标准知识等。通过该数据库可以检索我国和国外的标准，其检索字段为中文标准名称、英文标准名称、中文主题词、英文主题词、标准号、发布单位名称、发布日期、被代替标准、采用关系及摘要等。除此之外，该数据库还发布标准常识、国内外最新标准和标准动态等。

国内外标准数据库（知网版）检索界面及检索字段如图 6－7 所示。

6.2.2　中外标准数据库

网址：http：//www. wanfangdata. com. cn/navigations/standards. do

1. 数据库简介

中外标准数据库（Wanfang Standards Database，WFSD），收录了所有的中国国家标准（GB）、中国行业标准（HB），以及中外标准题录摘要数据，共计 43 万多条记录。其中中国国家标准全文数据内容来源于中国质检出版社；中国行业标准全文数据收录了机械、建材、地震、通信标准以及由中国质检出版社授权的部分行业标准；中外标准题录摘要数据内容来源于中国标准化研究院。该数据库的标准按照“中国标准文献分类法”分类。数据库半年

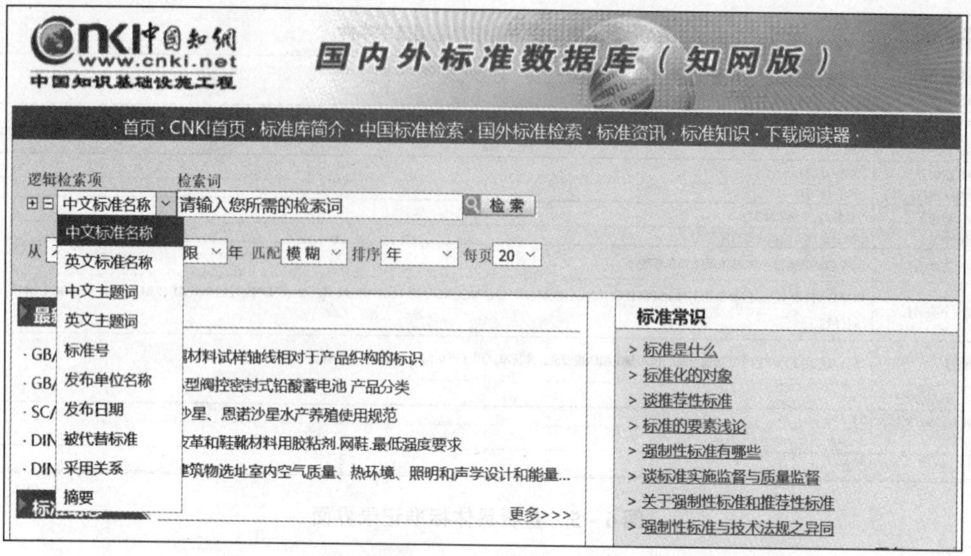

图 6－7　国内外标准数据库（知网版）检索界面及检索字段

更新一次。

该数据库可以对记录标识符、标准编号、标准名称、发布单位、批准单位、起草单位、发布日期、实施日期、中国标准分类号、国际标准分类号、关键词等字段进行检索。

中外标准数据库快速检索界面如图 6－8 所示，其分类浏览界面如图 6－9 所示。检索“低压电器”方面的国家强制标准如图 6－10 所示。

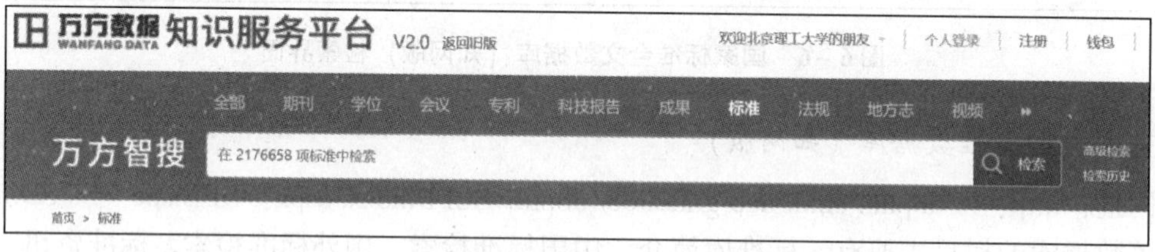

图 6－8　中外标准数据库快速检索界面

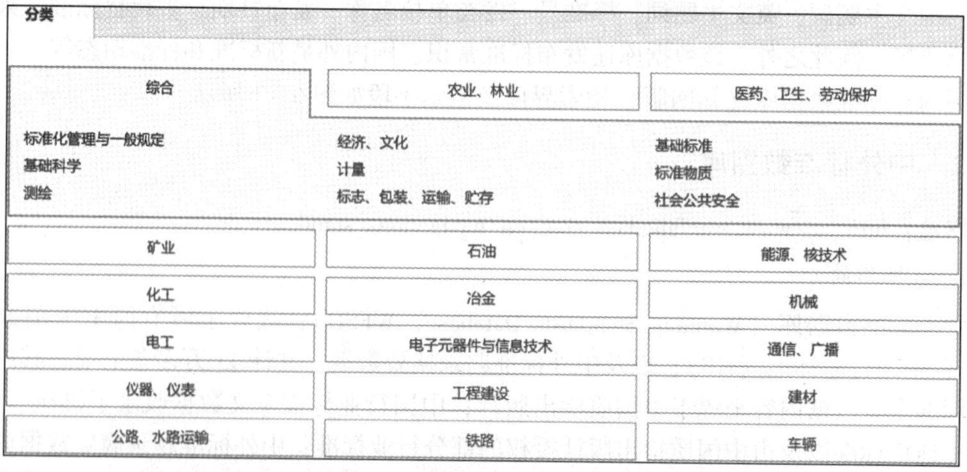

图 6－9　中外标准数据库分类浏览界面

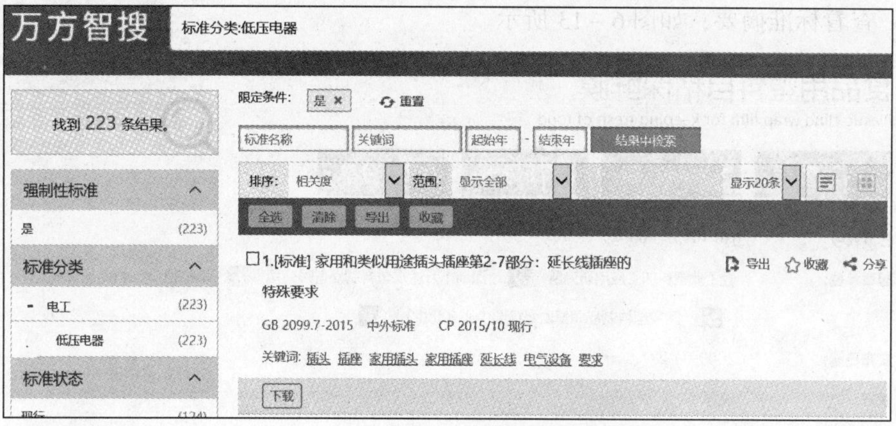

图 6－10 “低压电器”方面的国家强制性标准

2. 检索示例

检索我国 2000—2011 年颁布的食品保鲜膜的标准。

1）课题分析

（1）时间范围：2000—2011 年。

（2）关键词选取：食品、保鲜膜。

（3）检索策略：进行高级检索或经典检索。

2）具体检索过程

（1）进入数据库检索界面，选定检索字段，输入检索词，进行检索，如图 6－11 所示。

图 6－11 中外标准全文数据库检索界面

（2）检索结果界面如图 6－12 所示。

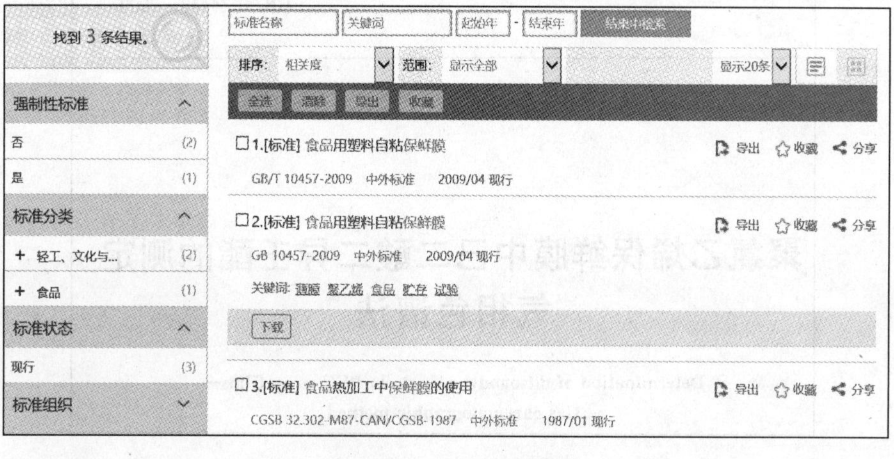

图 6－12 检索结果界面

（3）查看标准摘要，如图 6－13 所示。

食品用塑料自粘保鲜膜

Plastic cling wrap film for keeping fresh of food

下载　收藏　导出　分享

标准编号: GB 10457-2009

起草单位: 轻工业塑料加工应用研究所　深圳市万达杰塑料制品有限公司　深圳俊豪塑料制品有限公司　国家塑料制品质量监督检验中心（北京）

发布日期: 2009-04-27

状态: 现行

强制性标准: 是

实施日期: 2010-09-01

开本页数: 12

采用关系: GB 10457-2009

中图分类号: Y2

中国标准分类号: Y;Y28

轻工、文化与生活用品

└── 日用玻璃、陶瓷、搪瓷、塑料制品

国际标准分类号: 83;83.140.01

图 6－13　具体标准记录界面

（4）相关标准文献如图 6－14 所示。

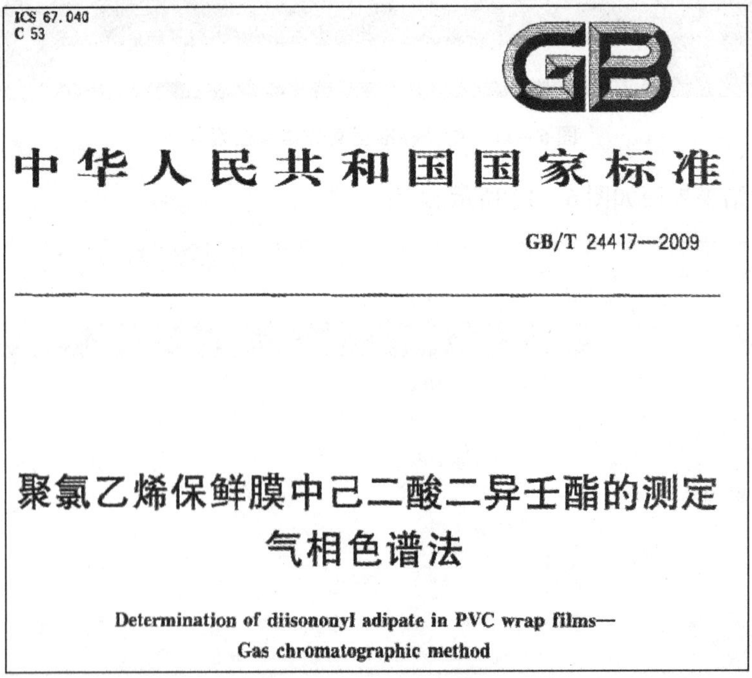

ICS 67.040

C 53

GB

中华人民共和国国家标准

GB/T 24417—2009

聚氯乙烯保鲜膜中己二酸二异壬酯的测定
气相色谱法

Determination of diisononyl adipate in PVC wrap films—
Gas chromatographic method

图 6－14　相关标准文献

6.2.3　中国标准服务网（CSSN）

网址：http：//www. cssn. net. cn

中国标准服务网（图 6 – 15）是国家级标准信息服务门户，是世界标准服务网（www. wssn. net. cn）的中国站点。中国标准化研究院标准馆负责该网站的标准信息维护、网页管理和技术支撑。

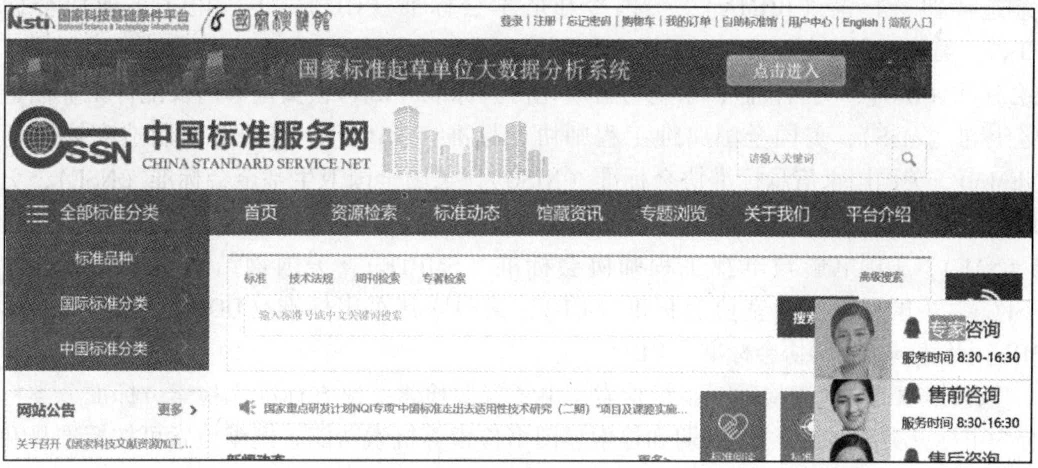

图 6 – 15　中国标准服务网主页

中国标准服务网的标准信息主要依托于国家标准化管理委员会、中国标准化研究院标准馆及院属科研部门、地方标准化研究院（所）及国内外相关标准化机构。中国标准化研究院标准馆收藏有 60 多个国家、70 多个国际和区域性标准化组织、450 多个专业学（协）会的标准以及全部中国国家标准和行业标准共计约 60 多万件。此外，该馆还收集了 160 多种国内外标准化期刊和 7 000 多册标准化专著，与 30 多个国家及国际标准化机构建立了长期、稳固的标准资料交换关系，还作为一些国外标准出版机构的代理，从事国外和国际标准的营销工作。该馆每年投入大量经费和技术人员，对标准文献信息进行收集、加工并进行数据库和信息系统的建设、维护与相关研究。

中国标准服务网提供用户检索查询的内容有：

（1）国家标准（GB）、国家建设标准（GBJ）、中国 70 余个行业标准、中国台湾地区标准、技术法规；

（2）国际标准（ISO）、国际电工标准（IEC）、国际电信联盟标准（ITU）、欧洲标准（EN）、欧共体法规（EC）、欧洲计算机制造商协会标准（ECMA）、欧洲电子元器件协会标准（CECC）；

（3）德国工业标准（DIN）、英国标准（BS）、法国标准（NF）、日本工业标准（JIS）、美国标准（ANSI）、澳大利亚国家标准（AS）、加拿大标准协会标准（CSA）、加拿大通用标准局标准（CGSB）；

（4）美国铝协会标准（AA），美国国家公路与运输商协会标准（AASHTO），美国船舶局标准（ABS），美国音频工程协会标准（AES），美国煤气协会标准（AGA），美国齿轮制造商协会标准（AGMA），美国航天工业协会标准（AIA），美国航空与航天协会标准（AIAA），美国信息与图像管理协会标准（AIIM），美国核协会标准（ANS），美国石油协会标准（API），美国空调与制冷学会标准（ARI），美国航空无线电设备公司标准（ARINC），美国声协会标准（ASA），美国加热，制冷与空调工程师协会标准（ASHRAE），美国机械工程师协会标准（ASME），美国质量控制协会标准（ASQ），美国卫生工程协会标准（ASSE），美国材料与试验协会标准（ASTM），美国焊接协会标准（AWS），美国建筑小五金制造商协会标准（BHMA），美国冷却塔学会标准（CTI），美国电子工业协会标准（EIA），美国通用汽车标准（GM），美国照明工程学会标准（IEEE），美国连接电子学工业协会标准（IPC），美国仪器，系统与自动化协会标准（ISA），美国阀门及配件工业制造商协会标准（MSS），美国全国腐蚀工程师协会标准（NACE），美国电气制造商协会标准（NEMA），美国国家信息标准协会标准（NISO），美国全国卫生基金会标准（NSF），美国制管学会标准（PFI），美国电阻焊接机制造商协会标准（RWMA），美国机动工程师协会标准（SAE），美国电影与电视工程师协会标准（SMPTE），美国钢结构油漆委员会标准（SSPC），美国保险实验室协会标准（UL），美国联邦军用标准（DOD），美国军用标准（MIL）及德国工程师协会标准（VDI）。

该数据库提供模糊检索、高级检索、电子资源检索、地方标准库检索、标准分类检索（分为中标分类和ICS分类）、期刊检索、图书检索等检索功能。模糊检索可按标准号和关键词两个字段来进行检索。该数据库最大的特点是可以查看国内外最新作废标准。

高级检索可以在标准的现行库或者作废库中按照下面这些字段来进行检索：

（1）数据库的种类：可以检索我国关于国家、行业、地方等方面的标准数据库以及其他国家、国际以及国外学协会的标准数据库200多个。

（2）文献号：即标准号，如“GB/T 19000”（多个检索条件之间以半角空格分隔）。

（3）中文标题：标准的中文名称，如“计算机”。

（4）英文标题：标准的英文名称，如“computer”。

（5）中文关键词：能揭示标准内容的词语，如“微处理器系统的二进制浮点运算”中的“微处理器”。

（6）英文关键词：能揭示标准内容的英文词语，如“Binary floating - point arithmetic for microprocessor systems”中的“microprocessor”。

（7）被代替标准，可以对被代替的标准的标准号或者标准名称进行检索。

（8）采用关系：指我国标准采用国际标准或国外先进标准的程度，分为等同采用、等效采用和非等效采用。

（9）中标分类号：可以按照中国标准分类号进行查找，中国标准分类号主要由大写字母A～Z来表示（A综合，B农业、林业，C医药、卫生、劳动保护，D矿业，E石油，F能源、核技术，G化工，H冶金，J机械，K电工，L电子元器件与信息技术，M通信、广播，N仪器、仪表，P土木、建筑，Q建材，R公路、水路运输，S铁路，T车辆，U船舶，V航空、航天，W纺织，X食品，Y轻工、文化与生活用品，Z环境保护）。

（10）国际分类号：可以按照国际标准分类号进行查找。

中国标准服务网高级检索界面如图6－16所示，“技术法规”高级检索界面如图6－17所示。

图 6－16　中国标准服务网高级检索界面

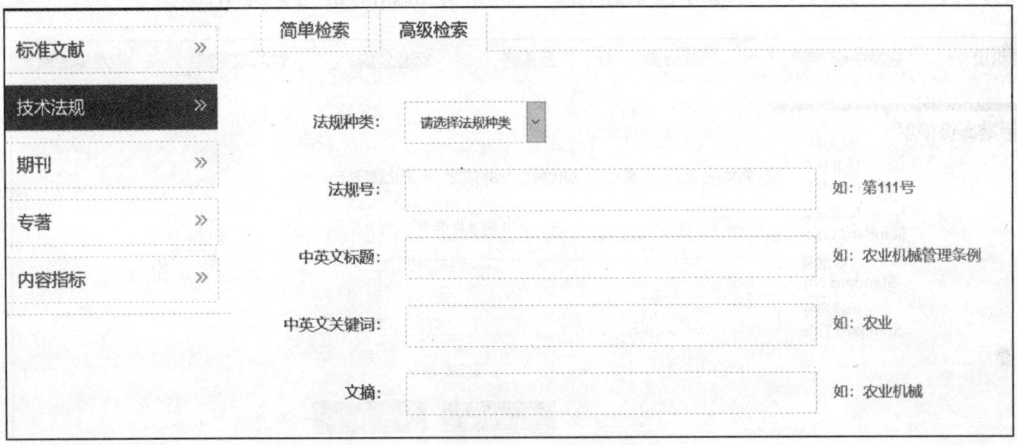

图 6－17　“技术法规”高级检索界面

6.2.4　中国标准在线服务网

网址：http：//www. spc. org. cn/gb168/index

1. 数据库介绍

中国标准在线服务网（图 6－18）隶属于中国质检出版社（中国标准出版社），中国质检出版社（中国标准出版社）授权北京标科网络技术有限公司负责中国质检出版社出版物的数字出版和网络发行工作，通过国家标准网络发行服务系统——中国标准在线服务网（www. spc. org. cn）向国内外用户提供及时、准确、权威的各类标准信息查询和全文服务。除此之外，北京标科网络技术有限公司还承担着强制性国家标准免费阅读系统的建设、维护和服务工作，以及国家科技部、财政部国家技术标准资源服务平台项目中标准全文资源子项目的建设工作。中国标准在线服务网的栏目主要有标准分类、产品服务、标准公告、专题数据库、标准信息检索等。

图 6－18　中国标准在线服务网主页

中国标准在线服务网主要提供简单检索和高级检索两种查询方式，主要提供标准状态、标准分类、标准号和标准名称等检索途径，其检索界面如图 6－19 所示。

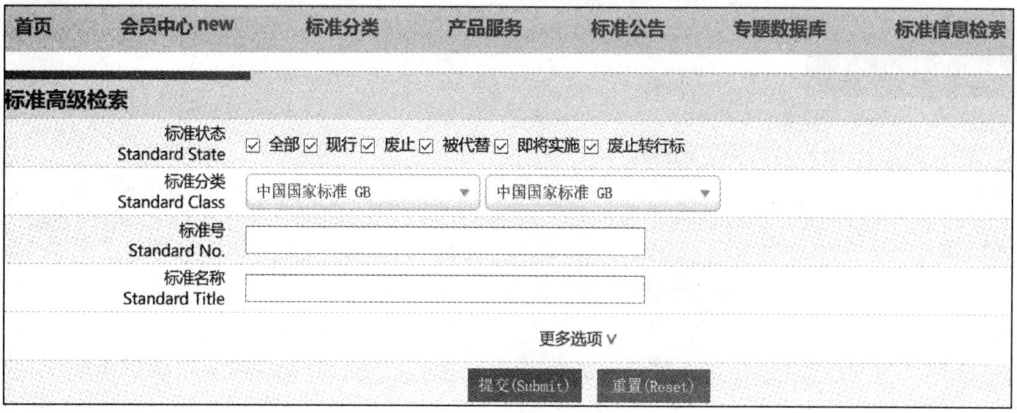

图 6－19　中国标准在线服务网高级检索界面

2. 数据库检索

（1）输入检索词“处理器”，如图 6－20 所示。

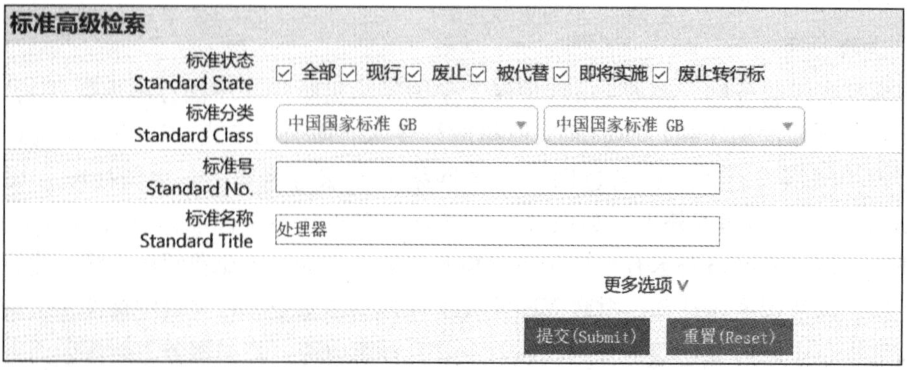

图 6－20　输入检索词

（2）检索结果界面如图 6－21 所示。

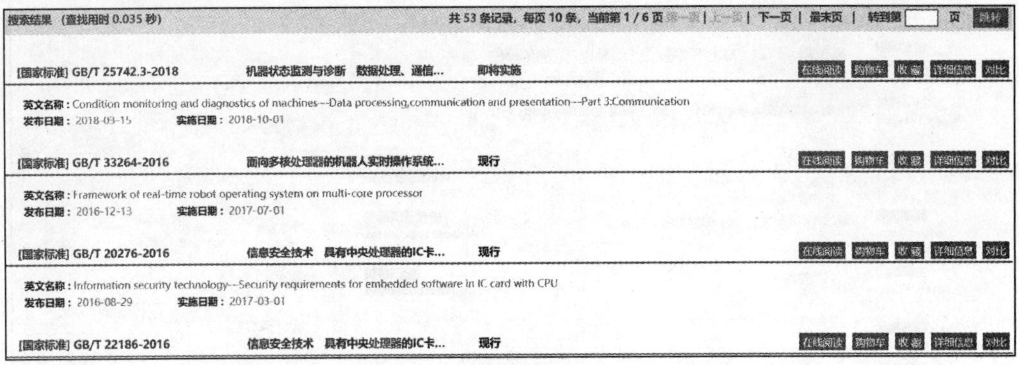

图 6－21　检索结果界面

（3）查看具体标准记录，如图 6－22 所示。

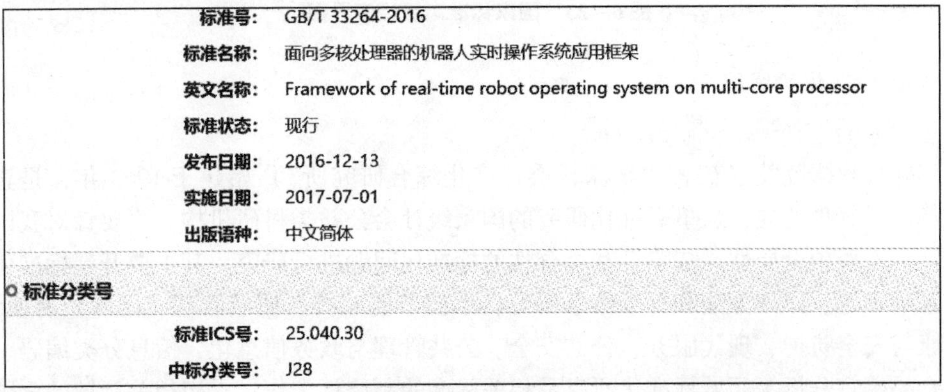

图 6－22　具体标准记录

6.2.5　其他标准数据库

除此之外，我国著名的标准数据库还要有以下这些。

1. 全国标准信息公共服务平台

网址：http：//www. std. gov. cn/

全国标准信息公共服务平台的服务栏目主要有国家标准、行业标准、地方标准、团体标准、企业标准、国际标准、国外标准、示范试点、重点工程等，可以提供普通检索和高级检索两种检索方式，其高级检索的检索字段主要有：标准属性（Standard Attribute）、国家标准号（Standard No. of China）、计划编号（Plan No. of China）、标准状态（Standard Status）、被代替国标号（Replaced Standard No.）、主管部门（Governor Code）、归口单位（Technical Committees）、中文标准名称（Standard Title in Chinese）、英文标准名称（Standard Title in English）、发布日期（Issuance Date）、实施日期（Execute Date）、国际标准分类号（ICS）、中国标准分类号（CCS）、起草单位（Drafting Committee）、采用国际标准（Adopted INT Standard）等。其国家标准高级检索界面如图 6－23 所示。

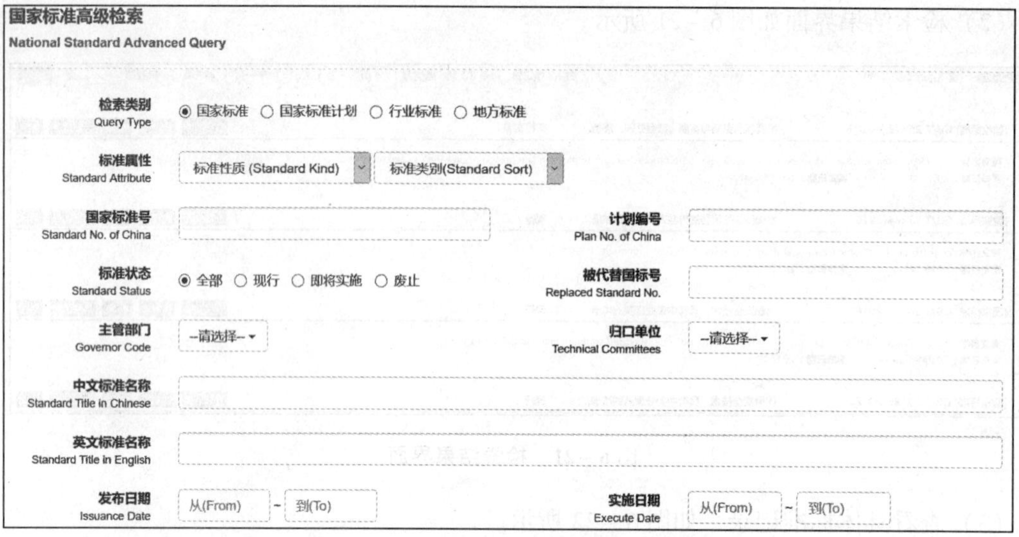

图 6－23　国家标准高级检索界面

2. 中国标准化研究院

网址：http：//www. cnis. gov. cn/

中国标准化研究院（初名“国家科委标准化综合研究所”）始建于 1963 年，是直属于国家市场监督管理总局，从事标准化研究的国家级社会公益类科研机构，主要针对我国国民经济和社会发展中全局性、战略性和综合性的标准化问题进行研究。其主要开展标准化发展战略、基础理论、原理方法和标准体系研究；承担节能减排、质量管理、国际贸易便利化、视觉健康与安全防护、现代服务、公共安全、公共管理与政务信息化、信息分类编码、人类工效、食品感官分析等领域标准化研究及相关标准的制修订工作；承担相关领域的全国专业标准化技术委员会、分技术委员会秘书处工作；承担相关标准科学实验、测试等研发及科研成果的推广与应用工作；组织开展能效标识、顾客满意度测评工作，承担地理标志产品保护研究及技术支持工作；负责标准文献资源建设与社会化服务工作，承担国家标准文献共享服务平台运行和标准化基础科学数据资源建设与应用工作；同时，还直接支撑着国家市场监督管理疫总局以及国家标准化管理委员会的相关管理职能，包括我国缺陷产品召回管理，国家标准技术审查，全国工业产品、食品生产许可证审查等。

3. 标准网

网址：http：//www. standardcn. com/

目前，标准网开设行业动态、标准公告、工作平台、组织机构、标准计划、信息查询、专题栏目、文章精选、标准书市、相关产品、会议直播等栏目。标准网主要介绍国内外最新标准化动态，提供标准信息和标准化咨询服务，并对达标产品和获证企业进行广泛宣传。

4. 中国国家标准化管理委员会

网址：http：//www. sac. gov. cn/

该网站的主要栏目有最新国务院信息、标准化动态、标准化要闻、标准政务信息公开、国家标准公告及标准征求意见等。

5. 国家标准频道

网址：http：//www. chinagb. org/

国家标准频道报道国际、国内技术标准方面重大事态和标准制定、修订动态。其主要栏目包括标准查询、标准动态、标准法规、标准书目、立标动态、标准研究、标准论坛等。用户可注册免费会员，享受标准全文订购服务。

6. 中华人民共和国国家卫生健康委员会标准网站

网址：http：//www. moh. gov. cn/zwgkzt/pwsbz/wsbz. shtml

该网站目前已包括 1 500 余条卫生方面的国家标准（全文）和卫生行业标准（全文）及其更新信息，涵盖环境卫生、食品卫生、职业卫生、血液卫生、放射卫生、化妆品卫生、传染病、地方病、职业病等各领域。用户可以按发布时间、标准分类、标准号、标准名称等排序浏览，还可以进行智能速查和高级查询。标准全文有些是图片格式，有些是 PDF 格式。

中华人民共和国国家卫生健康委员会标准网站主页如图 6 – 24 所示。

图 6 – 24　中华人民共和国国家卫生健康委员会标准网站主页

通过该网站查询国家卫生强制性标准示意如图 6 – 25 所示。

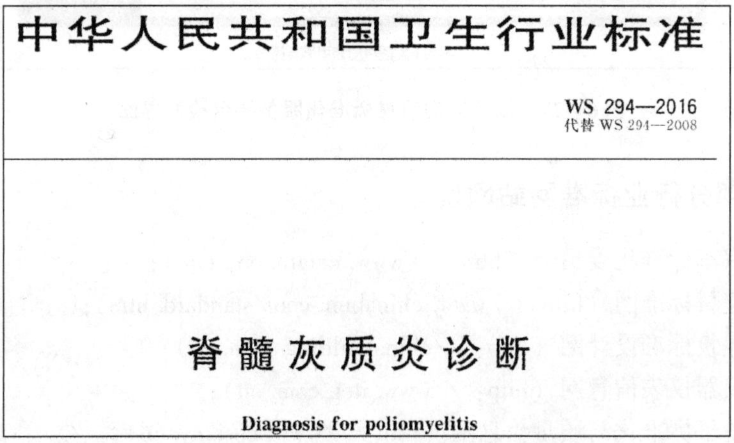
中华人民共和国卫生行业标准

WS 294—2016
代替 WS 294—2008

脊髓灰质炎诊断

Diagnosis for poliomyelitis

图 6 – 25　国家卫生强制性标准示意

7. 国家军用标准化信息网

网址：http：//www. gjb. com. cn/

通过国家军用标准化信息网可免费查询中国军用标准、美国军用标准、法国宇航标准、北约标准目录及北约出版物等的标准题录信息。国家军用标准化信息网主页如图 6－26 所示。

图 6－26 国家军用标准化信息网主页

8. 测绘地理信息标准化服务平台

网址：http：//bzgk. nasg. gov. cn/jsp/mh/bzck/bzxt/index. jsp？idCard＝

国家测绘地理信息局主办的测绘地理信息标准化服务平台“标准资源”栏目下包含和测绘与地理有关的国际标准、国家标准、行业标准、地方标准等丰富信息。

测绘地理信息标准化服务平台检索界面如图 6－27 所示。

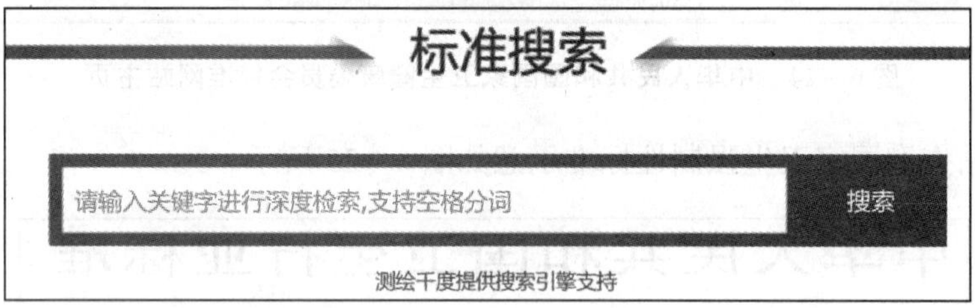

图 6－27 测绘地理信息标准化服务平台检索界面

6. 2. 6 我国部分行业标准网站网址

（1）全国汽车标准化委员会（http：//www. catarc. org. cn/）；

（2）中国建材标准网（http：//www. chinabmi. com/standard. htm）；

（3）中国建筑标准设计网（http：//chinabuilding. com. cn）；

（4）中国仪器仪表信息网（http：//www. itet. com. cn）；

（5）中国电子标准化与质量信息网（http：//www. cesi. av. cn）；

（6）通信标准与质量信息网（http：//www. ptsn. cn. net）；

(7) 中国工程技术标准信息网（http：//www. std. cetin. net. cn）；

(8) 中国环保法规与标准（http：//www. cei. gov. cn/cnenvir/fgbz/fgbz. htm）；

(9) 建筑法规及标准（http：//zg169. net/winnings/standard/standards. htm）；

(10) 机械标准化与 CAD（http：//fjwww. guangzhou. gd. cn/elewolf）；

(11) 机械工业标准服务网（http：//www. jb. ac. cn/）；

(12) 污染物排放、控制标准（http：//www. envir. online. sh. cn/law/index. asp？page =7）。

6.3　国外著名的标准数据库

6.3.1　国际性的标准化机构

6.3.1.1　国际标准化组织（ISO）

1. ISO 简介

国际标准化组织（International Organization for Standardization，ISO）是目前世界上最大、最有权威的国际标准化专门机构。ISO 的任务是促进全球范围内的标准化及其有关活动，以利于国际间产品与服务的交流，以及在知识、科学、技术和经济活动中发展国际间的合作。它显示了强大的生命力，吸引了越来越多的国家参与其活动。其成员由来自世界上 100 多个国家的国家标准化团体，代表中国参加 ISO 的国家机构是中国国家技术监督局（CSBTS）。

ISO 的主要功能是为人们制定国际标准达成一致意见提供一种机制，其主要机构及运作规则都在名为《ISO/IEC 技术工作导则》的文件中予以规定。ISO 有 800 个技术委员会和分委员会，它们各有一个主席和一个秘书处，秘书处由各成员国分别担任，目前承担秘书处工作的成员团体有 30 个，各秘书处与位于日内瓦的 ISO 中央秘书处保持直接联系。

通过这些工作机构，ISO 已经发布了 17 000 多个国际标准，标准的内容涉及广泛，从基础的紧固件、轴承各种原材料到半成品和成品，其技术领域涉及信息技术、交通运输、农业、保健和环境等，如 ISO 公制螺纹、ISO 的 A4 纸张尺寸、ISO 的集装箱系列（目前世界上 95% 的海运集装箱都符合 ISO 标准）、ISO 的胶片速度代码、ISO 的开放系统互联（OS2）系列（广泛应用于信息技术领域）和有名的 ISO9000 质量管理系列标准。此外，ISO 还与 450 个国际和区域的组织在标准方面有联络关系，特别与国际电信联盟（ITU）有密切联系。

2. ISO 检索工具

检索 ISO 国际标准的工具主要是《ISO Catalogue》（国际标准化组织目录，或称为 ISO 标准目录）。

《ISO Catalogue》是年刊，每年 2 月分英、法 2 种文字出版，报道 ISO 全部现行标准。《ISO Catalogue》分为 6 个部分：

(1) 分类目录（International Standard List in Technical）：ISO 标准的分类按制定标准的技术委员会（TC）的名称设立类目。分类号由字母加数字组成，如“TC55”。这些技术委员会的部分名称和编号如下：

TC1 螺纹	TC47 化学
TC2 紧固件	TC83 体育和娱乐器械
TC10 技术制图、产品定义和相关文献	TC136 家具
TC19 优先数	TC145 图形符号
TC29 小工具	TC146 空气质量

1993 年以后，《ISO Catalogue》使用国际标准分类表（ICS）。

（2）主题索引（Subject Index）：该索引采用文中关键词排检。

（3）标准序号目录（List in Numerical Order）：包括标准号、TC 号。

（4）技术委员会序号索引（List in Technical Committee Order）：按 TC 号可检索到标准号和标准在分类目录中的页码。

（5）废弃目录（Withdrawals）：包括废弃的标准号、废弃年以及替代标准号。

（6）国际标准化组织标准目录：它是 ISO 标准的检索工具，该目录用英、法文对照出版，可从分类和主题的角度检索。分类部分按 ISO 所属的技术委员会（TC）的专业符号排列，每个 TC 号下再依标准号大小顺序排列，著录项目有 ISO 标准号、版次、页数、英文以及法文标准名称等。主题部分按主题词字顺排列，其下著录 TC 号和标准号。此外，还有"标准顺序号对照表"，按 ISO 标准号编排，右方有对应的 TC 号，检索者可以在已知标准号的条件下，找到其 TC 号，再从正文中查出该标准的名称等（此目录的报道范围只包括机械、化学、金属和农业等领域）。

此外，还有国际标准草案目录（ISO Draft International Standards），主要用于检索标准草案。

《ISO Catalogue》的正文形式如下：

TC①	47②	Chemistry③
		UDC 661④
ISO5920 – 1983⑤7⑥		Chlorofluorinated hydrocarbons-Determination Of water content-Gravimetric method⑦

注释：①国际标准专业技术委员会代号；②TC 号；③TC 号所代表的类别名称；④该 TC 号所对应的国际十进制分类号；⑤ISO 标准号；⑥标准的页数；⑦标准题名。

3. ISO 检索方法

《ISO Catalogue》的检索方法主要有三种：

（1）按 TC 号检索；

（2）按国际十进制分类号（UDC）检索：利用 UDC/TC Index 找到相应的 TC 号，然后再按 TC 号逐号查找所需的标准。

（3）按主题方法检索：可以根据所需标准的主题概念，利用 Subject Index 就能查到相关的标准。

6.3.1.2 国际电工委员会（IEC）

1. IEC 简介

国际电工委员会（International Electrotechnical Commission，IEC）成立于1906 年，负责有关电气工程和电子工程领域中的国际标准化工作，总部设在瑞士日内瓦。IEC 的宗旨是促进电气、电子工程领域中标准化及有关问题的国际合作，增进国际间的相互了解。目前，IEC 的工作领域已由单纯研究电气设备、电机的名词术语和功率等问题扩展到电子、电力、微电子及其应用、通信、视听、机器人、信息技术、新型医疗器械和核仪表等电工技术的各个方面。IEC 标准已涉及世界市场中 35% 的产品。

IEC 标准的权威性是世界公认的。IEC 每年要在世界各地召开 100 多次国际标准会议，世界各国的近 10 万名专家参与 IEC 的标准制定、修订工作。IEC 现在有技术委员会（TC）89 个、分技术委员会（SC）107 个。IEC 标准在迅速增加，1963 年只有 120 个标准，截止到 2000 年 12 月底，IEC 已制定了 4 885 个国际标准。

我国于 1957 年参加 IEC，自 1988 年起改为以国家技术监督局的名义参加 IEC 的工作，中国现在是 IEC 的 89 个技术委员会和 107 个分技术委员会的 P 成员（积极成员）。目前，我国是 IEC 理事局、执委会和合格评定局的成员。

2. IEC 标准分类

截止到 1990 年年底，IEC 总共发布约 2 700 个 IEC 标准。这些标准按专业分为以下 8 类：

第二类（基础标准）：名词术语、量值单位及其字母符号、图形符号、线端标记、标准电压、电流额定位和频率、绝缘配合、绝缘结构、环境试验、环境条件的分类、可靠性和维修性。

第二类（原材料标准）：电工仪器用工作液、绝缘材料、金属材料电气特性的测量方法、磁合金和磁钢、裸铝导体。

第三类（一般安全、安装和操作标准）：建筑物、船上的户外严酷条件下的电气装置、爆炸性气体中的电器、工业机械中的电气设备、外壳的保护、带电作业工具、照明保护装置、激光设备。

第四类（测量、控制和一般测试标准）：电能测量和负载控制设备、电子技术和基本电量的测量设备、工业过程测量和控制、核仪表、仪表用互感器、高压试验装置和技术。

第五类（电力的产生和利用标准）：旋转电机、水轮机、汽轮机、电力变压器、电力电子学、电力电容器、原电池和电池组、电力继电器、短路电流、太阳光伏系统、电气牵引设备、电焊、电热设备、电汽车和卡车。

第六类（电力的传输和分配标准）：开关设备和控制设备、电线、低压熔断器和高压熔断器、电涌放电器、电力系统的遥控、遥远保护及通信设备、架空线。

第七类（电信和电子元件及组件标准）：半导体器件和集成电路、印制电路、电容器和电阻器、微型熔断器、电子管、继电器、纤维光学、电缆、电线和波导、机电元件、压电元件、磁性元件和铁氧体材料。

第八类（电信、电子系统和设备及信息技术标准）：无线电通信、信息技术设备、数据处理设备和办公机械的安全、音频视频系统的设备、医用电气设备、测量和控制系统用数字数据通信、遥控和遥护、电磁兼容性、无线电干扰的测量、限制和抑制、报警系统、导航仪表。

3. IEC 标准的手工检索工具

《国家电工委员会出版物目录》（Catalogue of IEC Publications）由 IEC 每年年初以英、法对照文本形式编辑出版。其由两大部分组成：标准序号目录（Numerical List of IEC Publications）和主题索引（Subject Index）。该目录正文之前有目录表，按 TC 号顺序排列，TC 号后列出标准名称和页码。利用主题索引可由主题词先查出 IEC 标准号，再利用 IEC 出版物序号表查出标准的名称和内容。该目录的中译本是《国际电工标准目录》和《国际电工委员会年鉴》（IEC Yearbook），其中年鉴按 TC 号大小顺序排列，著录项目有标准号与标准名称。

6.3.1.3 国际电信联盟（ITU）

国际电信联盟（InternationalTelecommunicationUnion，ITU）成立于 1865 年 5 月 17 日，是由法、德、俄等 20 个国家在巴黎会议上为了顺利实现国际电报通信而成立的国际组织。中国于 1920 年加入国际电信联盟。1972 年，国际电信联盟理事会承认中国的合法席位，中国于 1973 年被选为 ITU 理事国。

ITU 的实质性工作由三大部门承担：国际电信联盟标准化部门、国际电信联盟无线电通信部门和国际电信联盟电信发展部门。其中国际电信联盟标准化部门由原来的国际电报电话咨询委员会（CCIR）和标准化工作部门合并而成，主要职责是完成国际电信联盟有关电信标准化的目标，使全世界的电信标准化。ITU 目前已制定了 2 000 多项国际标准。

ITU 的宗旨是：维护和扩大成员国之间的合作，以改进和合理使用各种电信技术；促进、提供对发展中国家的援助；促进技术设施的发展及其最有效的运营，以提高电信业务的效率；扩大技术设施的用途并尽量使之为公众普遍利用；促进电信业务的使用，为和平联系提供方便。

目前标准化部门设有 14 个研究组，分别从事网络和业务运营、电信经济和政策在内的资费和结算原则、电信管理网和网络维护、对电磁环境影响的保护、外部设备、数据网和开放系统通信、远程信息处理系统的特性、电视和声音传输、电信系统的语言和一般的软件问题、信令要求和规约、网络和终端的端对端传输特性、网络总体、传送网络、系统和设备、多媒体业务和系统等方面的研究。

无线电通信部门设有 8 个研究组，分别从事频谱管理和业务间共用与兼容、无线电波传播、固定卫星业务、科学业务、移动业务、固定业务、声音广播和电视广播等方面的研究。研究组下面还设有工作组进行具体的技术研究。

电信发展部门旨在促进第三世界国家的电信发展。

ITU 的检索请参考其网站 http：//www. itu. int/net/home/index. aspx。

6.3.2 国外标准数据库

1. 国际标准化组织（ISO）网站

网址：http：//www. iso. ch/iso/home. htm

该网站详细提供 ISO 的组织、机构、中心机制、年度报告、在线指导等内容。

ISO 网站主页（图 6－28）提供了以下链接：ISO 介绍，ISO 各成员国，ISO 技术工作，标准和世界贸易，ISO 分类，ISO9000、ISO9001 和 ISO14000，新闻，世界标准服务网络，ISO 服务等。

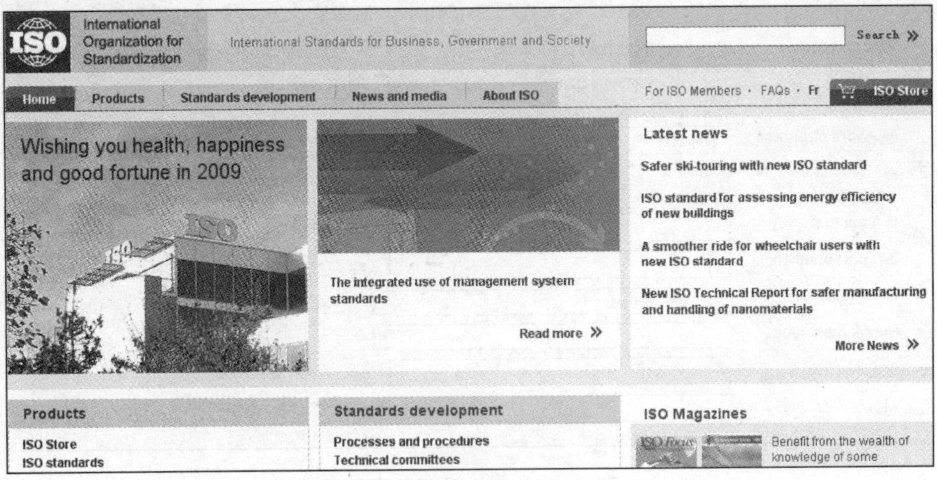

图 6－28　ISO 主页

该网站提供简单检索（图 6－29）和扩展检索（图 6－30）两种检索模式。简单检索主要具有标准检索、其他出版机构检索和站点检索三种检索方式，可以利用 ISO 号和关键词快速查找标准题名或 ISO 的在线信息网页。检索中可通过标题栏、ISO 目录、协会、ICS 等入口检索，同时可对检索结果进行 ISO 号、协会、ICS 等的设置。在 ISO 目录不能查找到合适的公开标准时，ISO 的扩展检索将在内部搜索。

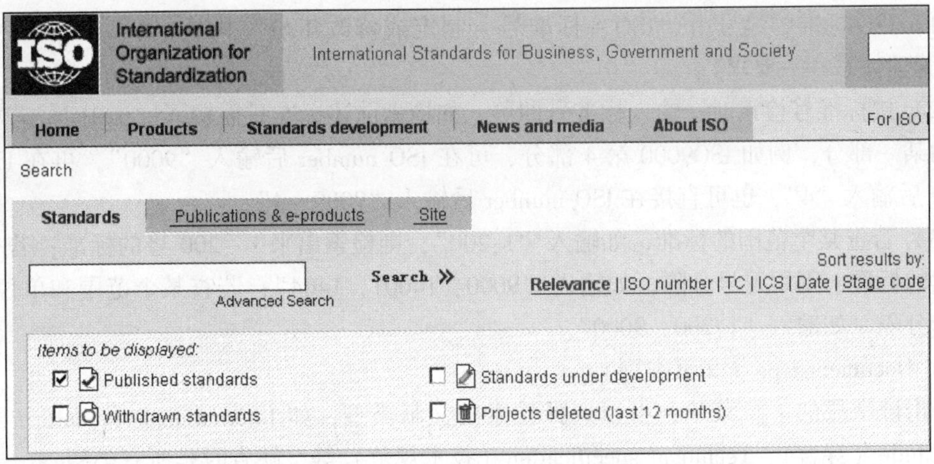

图 6－29　ISO 简单检索界面

该网站具有国际标准数据库的全文检索和标准号检索功能，同时可提供国际标准的分类目录浏览。它是世界上最大的非政府性标准化专门机构，它在国际标准化中占主导地位。

ISO 扩展检索说明如下。

1）Keyword or phrase（关键词或词组）

（1）可输入单词或词组进行检索，词组必须置于双引号（“”）中。

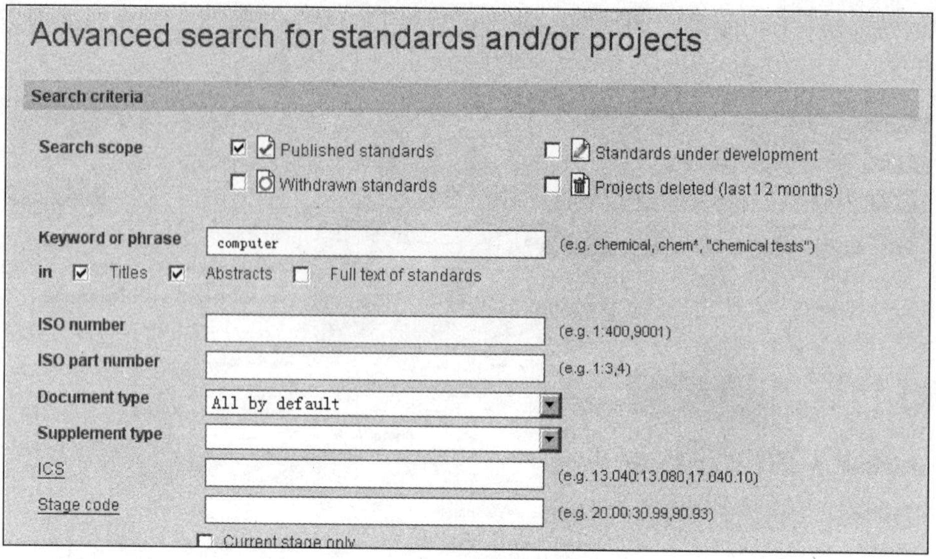

图 6－30　ISO 扩展检索界面

（2）支持布尔逻辑运算（and/not/or）；如果在该字段中一次输入 2 个或以上检索词，系统默认各词之间以“or”算符相连。

（3）支持截词检索，采用“＊”为截词符。

（4）不区分大小写。

（5）可以选择是在标题、文摘和标准全文里进行关键词检索。

2）ISO number、ISO part number（标准号）

（1）ISO 标准的编号由“ISO＋标准号＋制定或修改年份”构成，如：ISO9001—2000《质量管理体系——要求》。

（2）按标准号检索时，输入标准号即可，如检索前述标准只需输入“9001”。若检索标准中的某一部分，例如 ISO9000 第 4 部分，可在 ISO number 后输入“9000”，再在 ISO part number 后输入“4”，也可直接在 ISO number 后输入“9000－4”。

（3）若查某个范围的标准，如输入“1:200”，则检索出来 1～200 号的标准；若查几个不连续的标准，则用逗号分隔，如输入“9000，14001，1404”；若查某个范围和单位标准，用逗号分隔，如输入“1:200，9000”。

3）Document type（文献类型）

单击该字段的下拉菜单，可以选择检索的文献类型，如 International standard（国际标准）、Guide（导言）、Technical specification（技术规范）等，缺省时是所有类型。

4）Supplement type（增补类型）

该字段下有 Amendments（改正）、Technical corrigenda（技术勘误表）、Addendum（补遗）等选项。

输入检索词，进行检索，如图 6－31 所示。

检索结果如图 6－32 所示。

查看具体记录，如图 6－33 所示。

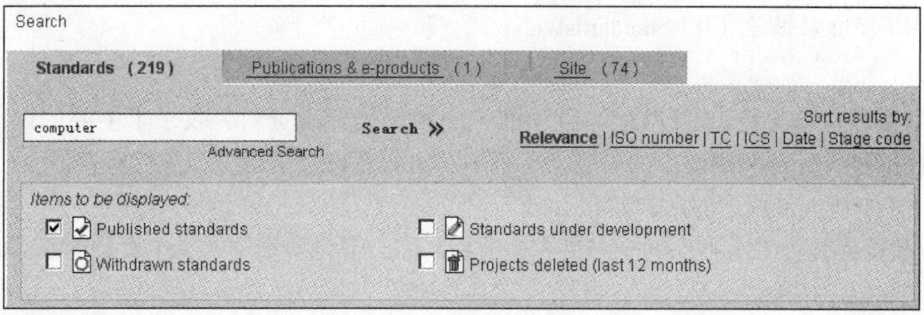

图 6－31　检索过程界面

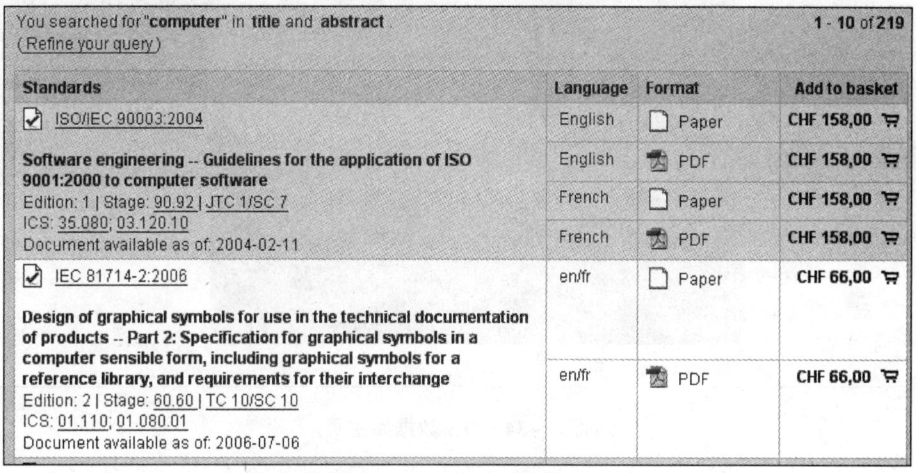

图 6－32　检索结果界面

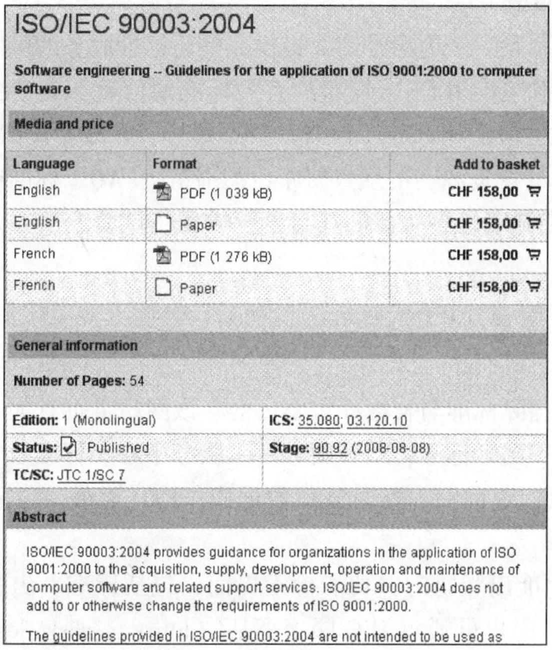

图 6－33　查看具体记录界面

2. ILI 标准数据库（ILI StandardsWeb）

网址：http：//www. ei. org/eihome/services/ili/ili-menu. htm

该数据库包含大约 28 万种世界各国的工业和军用标准资料，收录了主要的国际标准。可通过标准号、标题和摘要中的关键词、版本、出版者以及主题分类进行检索，一半以上的记录有 ILI 专业人员撰写的内容简介。

ILI 数据库是世界上唯一的全书目式标准数据库，需付费查询，其主页如图 6－34 所示。

图 6－34　ILI 数据库主页

3. IEEE Standards Association 网站

网址：http：//standards. ieee. org

该网站（图 6－35）是一个为当今工业提供完整化标准服务的国际性成员组织，给出了美国电气与电子工程师协会（IEEE）发布的有关标准的信息。其在线服务包括新标准的在线连续展示、标准的网上检索和订购、新闻、产品发行、在线帮助等。主要有如下超链接：标准协会、标准产品、开发资源、信息数据库、图书馆、FAQ、标准委员会等，用户可免费进入查询。IEEE 的标准制定内容有：电气与电子设备、试验方法、元器件、符号、定义以及测试方法等。

4. 国际电工技术委员会（IEC）网站

网址：http：//www. iec. ch

IEC 是电工技术的国际标准与合格评定委员会。该网站主页有如下主要超链接：公共信息——IEC 介绍、成员、国际标准；顾客服务——服务中心、标准及文件订购；新闻——新闻发布、出版物、会议；查询——查询 IEC 数据库；FTP 下载——文件与资源；FAQ 与反馈等。

该网站提供电工标准出版物的多功能检索界面，包括标准、出版号码、全文等，并提供布尔逻辑检索功能。用户可通过 IEC 网上商店（http：//www. ies. ch/webstore）订购出版物。

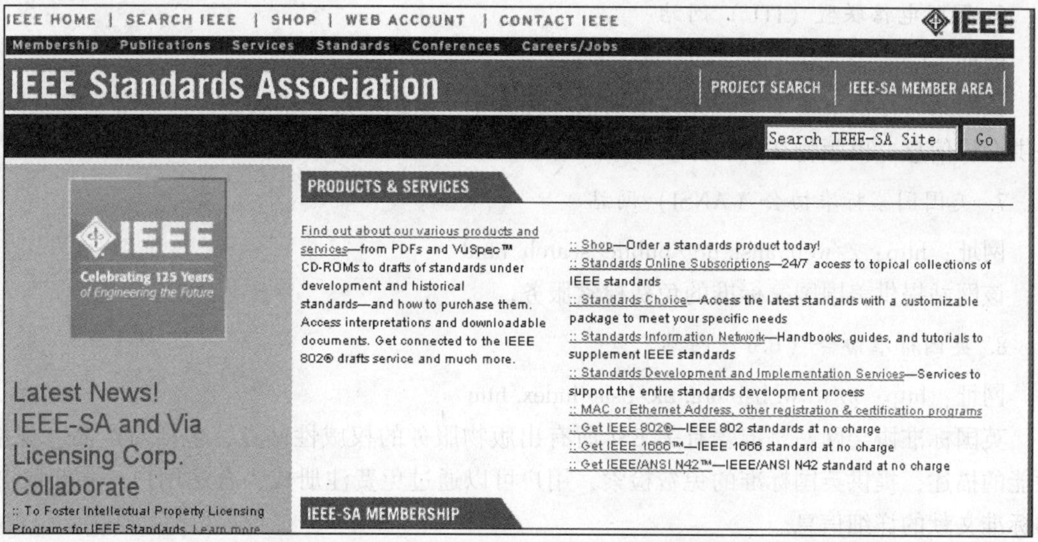

图 6-35 IEEE Standards Association 网站主页

6.3.3 其他国外标准网站

1. 美国国家标准系统网络（The National Standards Systems Network，NSSN）

网址：http：//www. nssn. org

NSSN 是一个基于 Web 的网络系统，提供来自标准开发者的各类标准信息。这些标准开发者包括美国国家标准协会、美国各私营标准组织、政府机构，及国际标准组织等。它的核心是一个包括 1 万多个标准的集成分类数据库，该主页主要有 4 个超链接：基本服务、高级服务、NSSN 介绍、反馈。基本服务是免费的，用户进入后，利用查询界面可查询上述数据库，查询结果包括标准开发者、文件号、名称，以及订购信息。其高级服务是收费的。

2. 美国国家标准所（American National Standards Institute，ANSI）网站

网址：http：//www. ansi. org

该网站是非营利性质的民间标准化团体，但它实际上已成为美国国家标准化中心，美国各界标准化活动都围绕它进行。

3. 加拿大标准委员会（Standards Council of Canada，SCC）网站

网址：http：//www. scc. ca

4. 澳大利亚标准（Australian Standards）网站

网址：http：//www. standards. com. au/catalogue/script/Search. asp？SearchType = power&PSearch = true

通过该网站可以免费查找澳大利亚以及 ISO、IEC、BSI、DIN、ETSI、JIS 等组织的标准，可看到标准的相关说明和文摘，需付费购买全文。

5. 新西兰标准组织（Standards New Zealand）网站

网址：http：//www. standards. co. nz

6. 国际电信联盟（ITU）网站

网址：http：//www. itu. ch/

该网站可提供事实要点、无线电通信、标准化、组织发展、出版物、搜索等服务，同时提供会议信息、出版物在线服务。

7. 美国国家标准协会（ANSI）网站

网址：http：//web. ansi. org/public/search. html

该网站提供美国国家标准的免费检索服务。

8. 英国标准协会（BSI）网站

网址：http：//www. bsi. org. uk/bsis/index. htm

英国标准协会网站是覆盖有关 BSI 所有出版物服务的权威性站点，包括对产品、规格、性能的描述，提供英国标准的免费检索，用户可以通过免费注册成为合法用户，并获取 BSI 的标准文献的详细信息。

9. 德国标准化协会（DIN）网站

网址：http：//www. beuth. de/beuth. html？Normenrecherche

该站点为德文版，提供德国标准的免费检索。

10. 美国机械工程协会（ASME）网站

网址：http：//www. asme. org/cns/

该网站提供所有美国机械标准的信息和一些标准研究报告，同时提供标准文献的检索服务。

11. 美国材料与实验协会（ASTM）

网址：http：//www. astm. org/cgi－bin/SoftCart. exe/STORE/store. htm？E ＋ mystore

该网站提供 ASTM 标准的免费检索、标准的年度手册、标准的在线订购、光盘产品的服务，还提供标准的跟踪服务。

12. 美国全国防火协会（NFPA）网站

网址：http：//www. nfpa. org/

该网站提供 NFPA 代码和标准的各种服务，包括 NFPA 标准的制定过程和历史、技术协会信息、代码和标准的新闻在线目录，还提供 NFPA 类型手册的 PDF 文件下载。

13. 美国印刷电路学会（IPC）网站

网址：http：//www. ipc. org/

该网站提供 IPC 标准等其他产品的目录，IPC、ANSI 标准和规格的制定与批准的程序文献下载，IPC 标准化的地位论述、标准文件、手册的免费下载。

14. 国际劳工组织（International Labour Organization，ILO）网站

网址：http：//www. ilo. org

国际劳工组织是联合国的一个专门机构，建于 1919 年，通过制定国际劳工标准来保障人们享有国际公认的劳动权。该主页有以下超链接：概述、新闻、国际劳工标准、ILO 快

报、最近计划、童工、国际劳工迁徙、社会保险、工人活动、企业与合作、ILO 查询等。

本章小结

本章主要介绍标准的概念、特点和构成要素，标准文献的概念、特点、分类，标准的代号、编号等，以及检索我国印刷型标准文献的检索工具——《中华人民共和国国家标准目录及信息总汇》《中国标准化年鉴》《中国标准导报》《中国国家标准汇编》《机械标准汇编》。

本章介绍了光盘型的标准文献主要有《中国国家标准文本数据库》系列光盘、《中华人民共和国机械行业标准（JB)》全文光盘、《中国国家标准题录总览》光盘、《中华人民共和国机械行业标准信息数据库》光盘、《中华人民共和国国家军用标准》光盘等。

本章介绍了我国著名的标准网络数据库——中国标准数据库（知网版)、国家标准全文数据库（知网版)、国外标准数据库（知网版)、中外标准数据库、中国标准服务网(CSSN)、中国标准在线服务网，以及其他标准数据库；还介绍了国际性的标准化机构——国际标准化组织、国际电工委员会、国际电信联盟，以及国外标准化数据库的检索方法。

思考题

一、简答题

1. 什么是标准？标准有哪些特点和构成要素？
2. 什么是标准文献？标准文献有哪些分类标准？
3. 检索我国印刷型标准文献的工具主要有哪些？
4. 检索我国光盘型标准文献的工具主要有哪些？
5. 我国有哪些网络标准文献数据库？

二、实习题

利用中国标准数据库（知网版）检索我国颁布的关于“汽车电器设备”方面的标准(可以自己拟定课题)。

第7章

科技报告资源检索系统

科技报告是继图书、期刊、档案等类型文献之后出现的一种文献形式，它是人类科技发展的产物，在人类的科技文献传播和使用中起着越来越重要的作用，世界各国在科技文献信息交流中都将科技报告列于首位。因此，科技报告资源的检索具有非常重要的意义。本章主要讲述网络环境下的科技报告数据库及其检索。

科技报告是描述科研活动的过程、进展和结果，并按照规定格式编写的科技文献，其目的是实现科技知识的积累、传播和交流，其类型包括专题报告、进展报告、最终报告和组织管理报告。科研人员依据科技报告中的描述能重复实验过程或了解科研结果。欧美国家都有系统的科技报告制度，美国政府科技报告工作始于1945年，近年来每年产生约60万份科技报告，其中公开发行约6万份。建立国家科技报告制度，对财政科技投入形成的科技信息资源进行全面保存和共享，为科研人员提供科研基础信息，为科技管理者提供决策支持，为社会公众了解和利用国家科研成果提供服务平台，对于提升国家科技实力和创新能力具有重要意义。

7.1 科技报告概述

1. 科技报告（scientific and technical report）

科技报告是记录某一科研项目调查、实验、研究的成果或进展情况的报告，又称研究报告或报告文献。科技报告是在科研活动的各个阶段，由科技人员按照有关规定和格式撰写的，以积累、传播和交流为目的，能完整而真实地反映其所从事科研活动的技术内容和经验的特种文献。科技报告具有内容广泛、翔实、具体、完整、技术含量高、实用意义大、便于交流、时效性好等其他文献类型所无法相比的特点和优势。做好科技报告工作可以提高科研起点，大量减少科研工作的重复劳动，节省科研投入，加速科学技术转化为生产力。科技报告出现于20世纪初，在第二次世界大战后迅速发展，成为科技文献中的一大门类。每份报告自成一册，通常载有主持单位、报告撰写者、密级、报告号、研究项目号和合同号等。科技报告大多与政府的研究活动、国防及尖端科技领域有关，发表及时，课题专深，内容新颖、成熟，数据完整，所其内容一般必须经过有关主管部门的审核与鉴定，是一种非常重要的信息资源。

2. 科技报告的特点

科技报告的特点如下：

（1）反映新的科技成果迅速。由于有专门的出版机构和发行渠道，科研成果通过科技报告的形式发表通常比期刊早一年左右。

（2）内容多样化。科技报告几乎涉及整个科学、技术领域以及社会科学、行为科学和部分人文科学。

（3）基本上都是一次文献，报道的是科技人员创造的成果和原始资料，数据详尽可靠，有较大的情报价值。

尽管科技报告的质量因多种因素的影响而参差不齐，但从总体上看，其一般涉及的都是最新研究课题和尖端技术，因而能充分反映一个国家的科学技术成果、动向和发展水平。

3. 科技报告的类型

科技报告可划分为不同的类型：

（1）按研究类型可分为基础理论研究和工程技术两大类。

（2）按形式可分为技术报告（Technical Reports，TR）、技术札记（Technical Notes，TN）、技术论文（Technical Paper，TP）、技术备忘录、通报、技术译文等。

（3）按流通范围可分为绝密报告、机密报告、秘密报告、非密限制发行报告、非密报告、解密报告。

（4）按研究资料来源，可分为实验报告、考察报告、研究报告等。

（5）按研究度进度可分为初期报告、进展报告、中间报告和最终报告等。

①初期报告（Primary Report），研究单位在进行某研究项目时的一个计划性报告。

②进展报告（Progress Report），报道某项研究或某研究机构的工作进展情况。

③中间报告（Interim Report），报道某项研究课题某一阶段的工作小结以及对下一阶段的建议等。

④最终报告（Final Report），科研工作完成后所写的报告。

（6）我国的科技报告按密级分为公开、国内、内部、秘密、机密和绝密6个等级。报告级别分国家级和省部级。其中0为公开，1为国内，2为内部，3为秘密，4为机密，5为绝密。

①报告级别分国家级、省部级，分别用汉字的汉语拼音首字母GJ、SB表示。

②保密报告（Classifical），按内容分成绝密、机密和秘密三个级别，只供少数有关人员参阅。

③非保密报告（Unclassifical），分为非密限制报告和非密公开报告。

④解密报告（Declassfical），指保密报告经一定期限，经审查解密后，成为对外公开发行的文献。

4. 科技报告的出版形式

科技报告一般以报告、札记、备忘录、论文、译文等形式出版。

(1) 报告 (Report), 一般公开出版, 内容较详尽, 是科研成果的技术总结。

(2) 札记 (Notes), 一般内容不太完善, 是编写报告的素材, 也是科技人员编写的专业技术文件。

(3) 备忘录 (Memorandum), 供内部使用, 限制发行, 包括原始实验报告, 有数据及一些保密文献等, 供行业内部少数人沟通信息使用。

(4) 论文 (Paper), 指准备在学术会议或期刊上发表的报告, 常以单篇形式发表。

(5) 译文 (Translations), 译自国外有参考价值的文献。

7.2 国内著名的科技报告数据库

7.2.1 印刷型科技报告检索工具

我国科枝报告主要以科技成果公报或科技成果研究报告的形式进行传播交流。自 20 世纪 60 年代始, 国家科委 (现国家科技部) 就开始根据调查情况定期发布科技成果公报和出版研究成果公告, 由国家科技部所属的中国科技信息研究所出版。我国印刷型科技报告检索工具主要有《科学技术研究成果》《科学技术研究成果公报》《中国国防科技报告通报及索引》《中国机械工业科技成果通报》《中国核科技报告》等。

1. 《科学技术研究成果》与《科学技术研究成果公报》

《科学技术研究成果》是代表我国科学技术研究水平的正式科技报告, 内容涉及机械、电机、计算机技术、冶金、化学化工、医药卫生、农林等领域, 分为“内部”“秘密”“绝密”3 个保密级别, 由内部控制使用。

《科学技术研究成果公报》是专门报道和检索《科学技术研究成果》的工具。著录内容包括科技成果名称、登记号、分类号、部门或地方编号、基层编号及密级、完成单位及主要人员、工作起止时间、推荐部门、文摘内容。其以摘要形式公布我国重要研究成果。每期报道内容分五大类: ①农业、林业; ②工业、交通及环境科学; ③医药卫生; ④基础科学; ⑤其他。该检索工具还编有“分类索引”和“完成单位索引”等, 近几年也以数据库的形式对外提供检索服务。

2. 《中国国防科技报告通报及索引》

该检索工具原名《国防科技资料目录》, 报道内容包括国防科研、实验、生产和作战训练中产生并经过加工整理的科技报告和相关科技资料。

3. 《中国机械工业科技成果通报》

该检索工具的报道内容包括基础理论研究、科研成果、新产品研制成果、软科学成果、专利成果等, 其按类编排。

4.《中国核科技报告》

《中国核科技报告》创办于 1986 年，已经出版报告 1 500 多篇，内容涵盖核能技术应用、核材料科学、核化学与放射化学、铀矿地质学与勘探、铀矿冶技术、核物理学、中子物理学与实验技术、核数据评价、辐射防护、核仪器仪表与测量方法、核废物管理与处置、核科学技术一般问题等。

除此之外，国内著名的印刷型科技报告检索工具还有《中国可持续发展科技报告》《中国区域发展报告》《中宏决策》等。

7.2.2　科技报告数据库

我国著名的科技报告数据库主要有：国家科技报告服务系统、万方数据资源系统中的中国科技成果数据库、万方数据知识服务平台的国家科技报告服务系统、中国知网资源系统中的中国科技项目创新成果鉴定意见数据库、国研网及系列研究报告、中国资讯行·高校财经数据库、国家科技图书文献中心国外科技报告检索系统、国家工程技术数字图书馆的国外科技报告检索系统、尚唯科技报告资源服务系统等。

7.2.2.1　国家科技报告服务系统

网址：http：//www. nstrs. cn/

1. 数据库简介

2012 年 7 月，党中央、国务院召开了全国科技创新大会，印发了《关于深化科技体制改革加快国家创新体系建设的意见》（中发〔2012〕6 号），明确提出加快建立统一的科技报告制度。

从 2013 年 4 月开始，科技部在国家科技计划中启动了科技报告试点，开展“十一五”以来科技计划立项项目（课题）的科技报告回溯与呈交工作。国家科技投入形成的科技报告将通过国家科技报告服务系统对广大科研人员和社会公众实行开放共享。

国家科技报告服务系统于 2013 年 11 月 1 日开通了征求意见版（第一阶段），展示了 1 000 份最终报告，向社会公众提供公开科技报告摘要浏览服务，向经实名注册的科研人员提供在线全文浏览服务；于 2014 年 1 月 1 日开通了征求意见版（第二阶段），展示了 3 000 份科技报告，这些报告都是依据“十一五”期间已验收（项目）课题的验收报告加工而成。

2. 数据库服务

该数据库系统开通了针对社会公众、专业人员和管理人员三类用户的服务。其向社会公众无偿提供科技报告摘要浏览服务，社会公众不需要注册，即可通过检索科技报告摘要和基本信息，了解国家科技投入所产出科技报告的基本情况；向专业人员提供在线全文浏览服务，专业人员需要实名注册，通过身份认证即可检索并在线浏览科技报告全文，不能下载保存全文，科技报告作者实名注册后，将按提供报告页数的 15 倍享有获取原文推送服务的“阅点”；向各级科研管理人员提供面向科研管理的统计分析服务，管理人员通过科研管理部门批准注册，免费享有批准范围内的检索、查询、浏览、全文推送以及相应统计分析等服务。

该数据库系统根据广大科技人员和社会公众提出来的意见和建议，进行了多方面改进和完善，例如，在首页增加报告分类导引及其数量；增加“延期公开”科技报告的摘要查询服务，提供课题联系人信息，便于沟通交流；先期向科技报告贡献者赠予“阅点”，“阅点”是用于获取全文推送服务的支付单位，科技报告第一作者也可进行“阅点”转赠；在全文在线浏览中增加目录导引，改进翻页功能；强化课题关联信息的呈现，实现科技报告与计划项目执行情况和研究成果间的关联和链接；增加面向管理人员的统计分析服务。

国家科技报告服务系统主页如图 7－1 所示，其报告导航界面如图 7－2 所示，详细信息页如图 7－3 所示。

图 7－1　国家科技报告服务系统主页

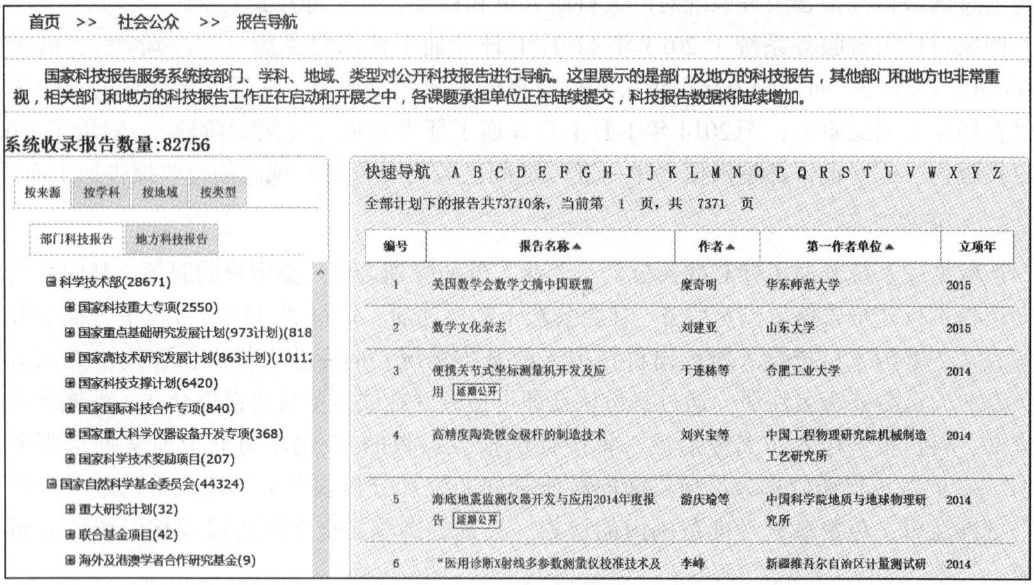

图 7－2　报告导航界面

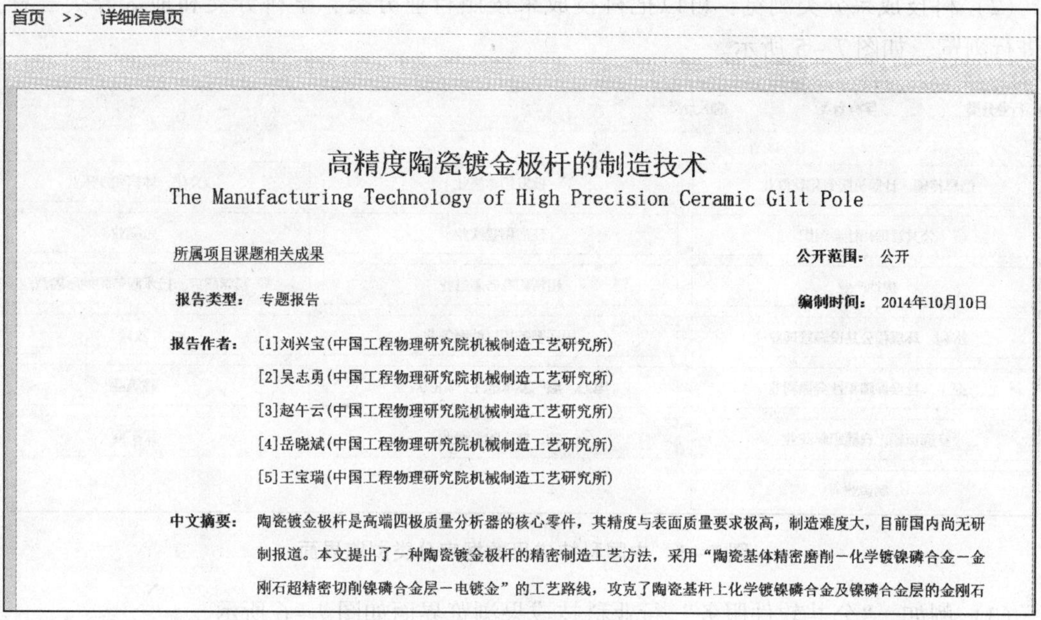

图 7－3 详细信息页

7. 2. 2. 2 万方数据资源系统中的中国科技成果数据库

网址：http：//c. g. wanfangdata. com. cn/Cstad. aspx

1. *数据库简介*

万方数据资源系统中的中国科技成果数据库是国家科技部指定的新技术、新成果查新数据库，收藏了我国从 1980 年以来的各种科技成果，收录范围包括新技术、新产品、新工艺、新材料、新设计，涉及自然科学各个学科领域。该数据库已成为我国最具权威的技术成果宝库，数据总量已达 90 多万篇。

2. *数据库检索*

该数据库可以根据分类、成果类别、成果水平、应用行业、省市等检索项进行检索，检索字段主要有全文、成果名称、联系单位名称、联系人、完成单位、完成人、成果简介、主题词、鉴定部门、鉴定日期等。

（1）简单检索：可以根据题名、完成人、完成单位、关键词及摘要进行检索，如图 7－4 所示。

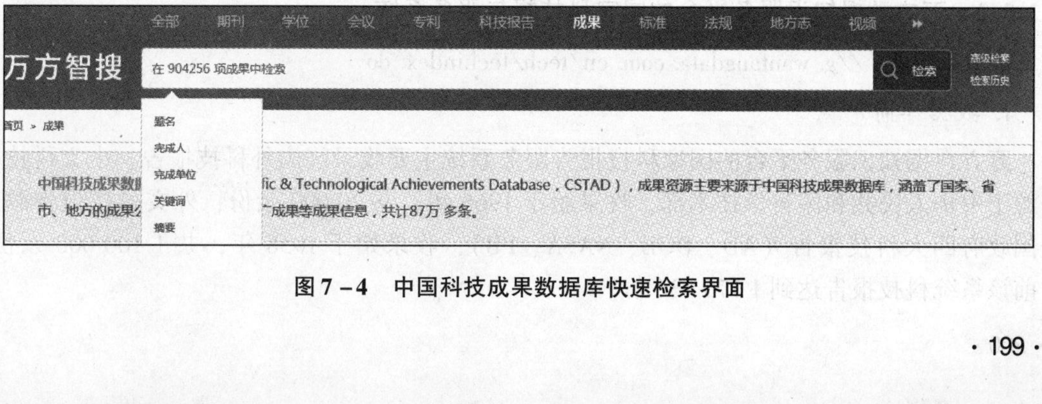

图 7－4 中国科技成果数据库快速检索界面

（2）科技成果分类浏览：可以把科技成果按照行业分类、学科分类和地区分类三种方式进行浏览，如图 7－5 所示。

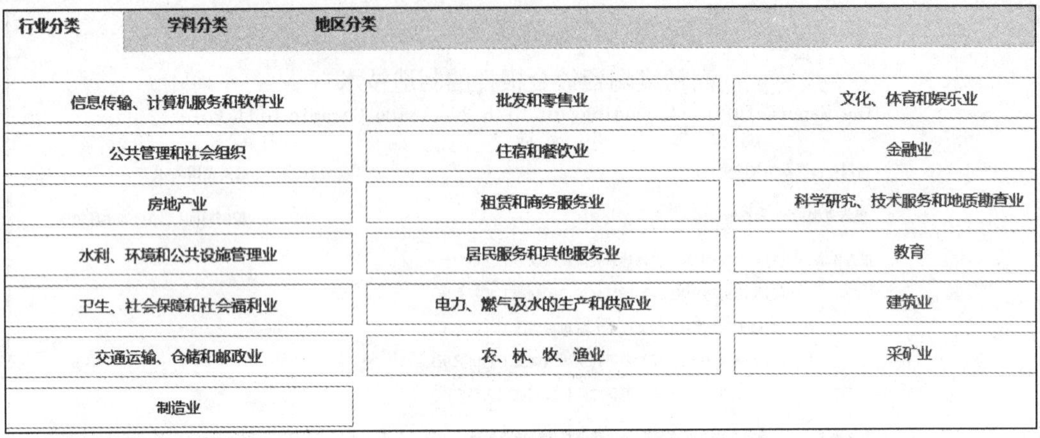

图 7－5　中国科技成果数据库分类浏览界面

（3）例如，“公共软件服务”行业科技成果浏览界面如图 7－6 所示。

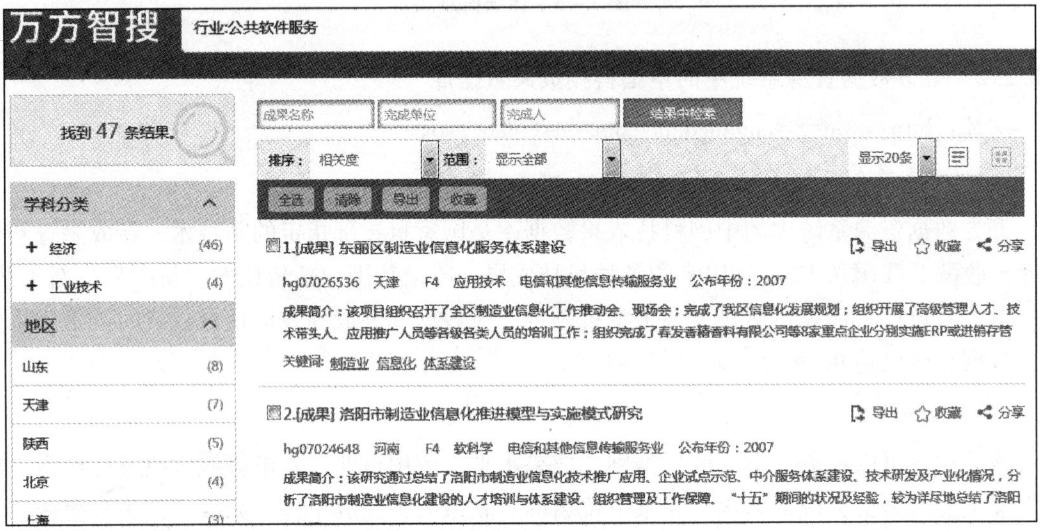

图 7－6　“公共软件服务”行业科技成果浏览界面

（4）“公共软件服务”行业科技报告浏览界面如图 7－7 所示。

7.2.2.3　万方数据知识服务平台的国家科技报告服务系统

网址：http：//g. wanfangdata. com. cn/tech/techindex. do

1. 数据库简介

万方数据知识服务平台的国家科技报告服务系统主要收录国内外科技报告。中文科技报告源于中华人民共和国科学技术部，收录始于 1966 年，共 20 000 余份；外文科技报告源于美国政府四大科技报告（AD、DOE、NASA、PB），收录始于 1958 年，共 1 100 000 余份。目前该系统科技报告达到 1 175 436 份。

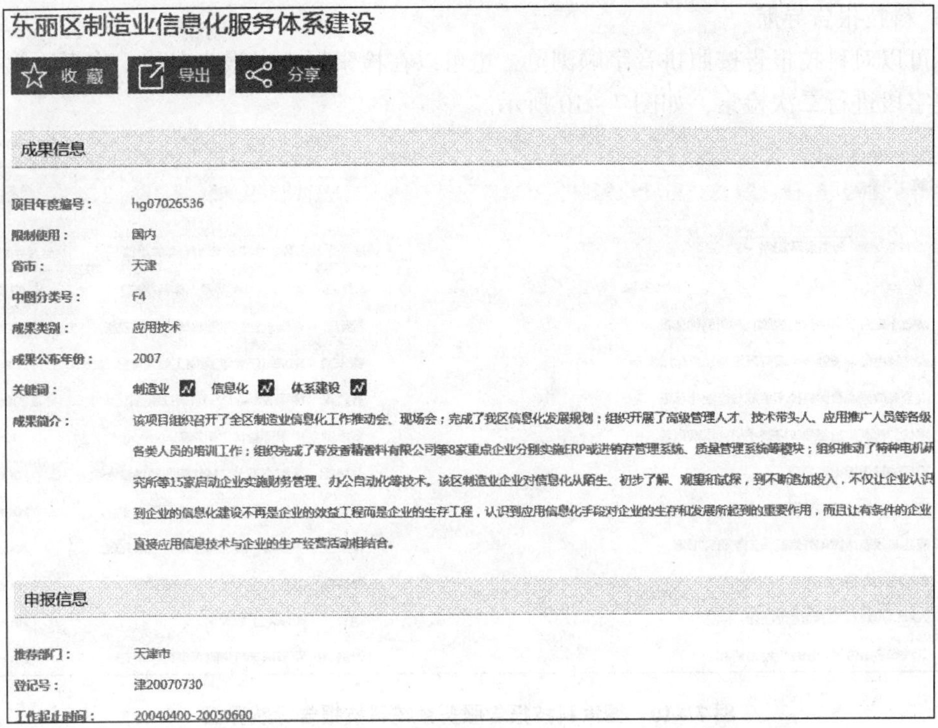

图 7－7　“公共软件服务”行业科技报告浏览界面

2. 数据库检索

该数据库提供快速检索、高级检索以及中/外文科技报告浏览等服务。检索字段主要有题名、作者、单位、关键词、计划名称和项目名称等。

1）快速检索

国家科技报告服务系统快速检索界面如图 7－8 所示。

图 7－8　国家科技报告服务系统快速检索界面

2）中/外文科技报告浏览

国家科技报告服务系统中/外文科技报告浏览界面如图 7－9 所示。

图 7－9　国家科技报告服务系统中/外文科技报告浏览界面

3）科技报告导航

既可以对科技报告按照拼音字顺浏览，也可以在检索框中以报告名称、作者、第一作者单位等字段进行二次检索，如图 7－10 所示。

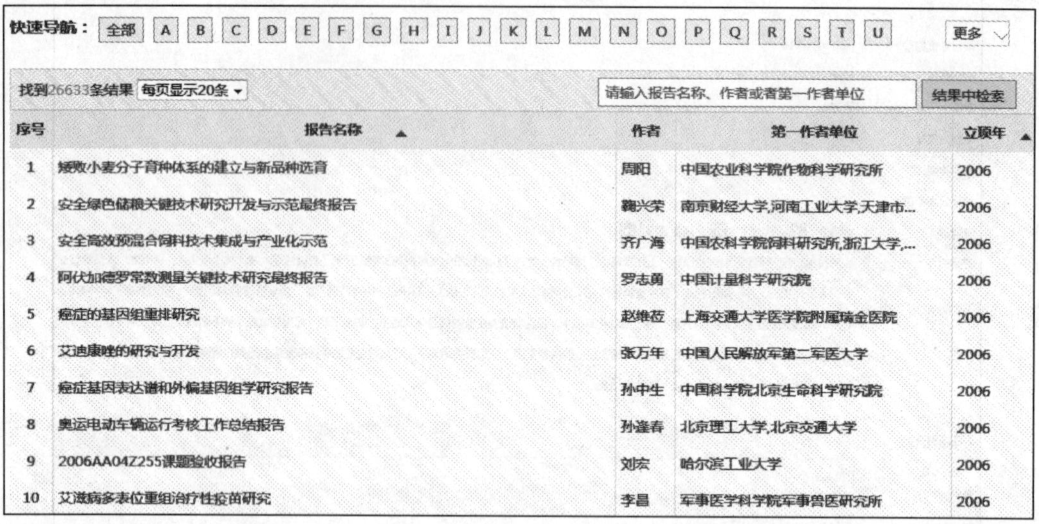

图 7－10　国家科技报告服务系统科技报告导航界面

4）具体科技报告阅读下载

国家科技报告服务系统具体科技报告阅读下载界面如图 7－11 所示。

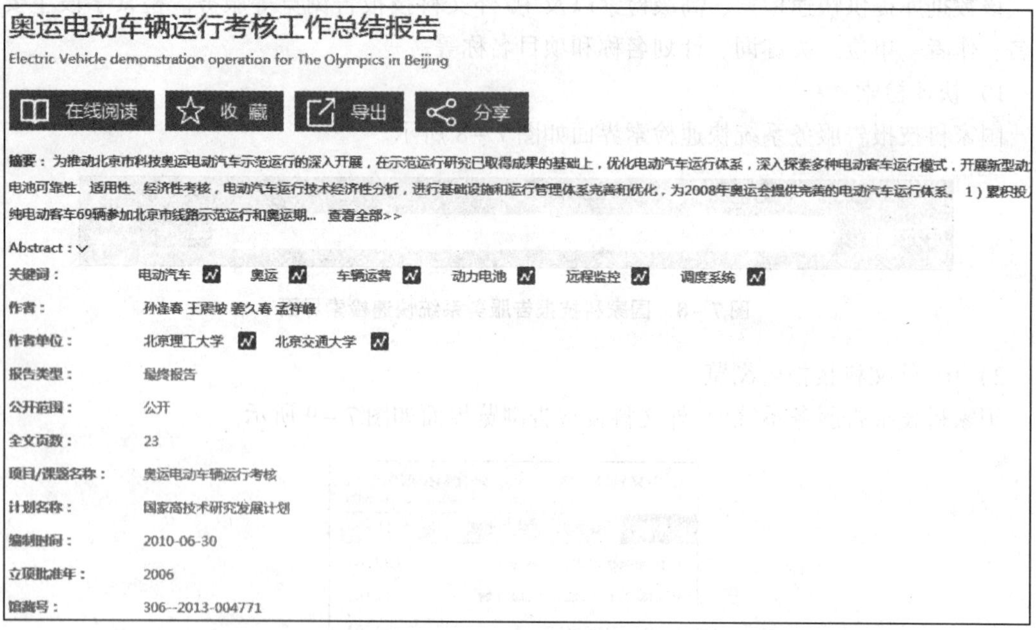

图 7－11　国家科技报告服务系统具体科技报告阅读下载界面

7.2.2.4　中国知网资源系统中的中国科技项目创新成果鉴定意见数据库

网址：http：//dbpub. cnki. net/grid2008/dbpub/brief. aspx？ id = snad

1. 数据库简介

中国知网资源系统中的中国科技项目创新成果鉴定意见数据库收录了自 1978 年以来所有正式登记的中国科技成果，按行业、成果级别、学科领域分类。每条成果信息包含成果概括、立项情况、评价情况、知识产权状况及成果应用、成果完成单位、成果完成人、单位信息等成果基本信息。可以通过成果名称、成果完成人、成果完成单位、关键词、课题来源等检索项进行检索。

与其他科技成果库相比，该数据库的每条成果集成了与该成果相关的最新文献、专利、标准等信息，可以完整地展现该成果产生的背景、最新发展动态、相关领域的发展趋势，可以浏览成果完成人与完成单位更多的论述以及在各种出版物上发表的信息。该数据库按照“中国图书资料分类法”（第四版）进行中图分类，按照 GB/T13745 “学科分类与代码” 进行学科分类。

该数据库的资源主要分为基础科学、工程科技Ⅰ辑、工程科技Ⅱ辑、农业科技、医药卫生科技、哲学与人文科学、社会科学Ⅰ辑、社会科学Ⅱ辑、信息科技、经济与管理科学 10 个大的专辑。

2. 数据库检索

该数据库主要提供初级检索、高级检索和专业检索三种检索方式，可以对成果名称、关键词、成果简介、中图分类号、学科分类号、成果完成人、第一完成单位、单位所在省市名称、合作完成单位等检索项进行检索，与此同时，还可以通过成果应用行业和成果课题来源两个检索条件进行限定。

（1）初级检索界面如图 7 – 12 所示。

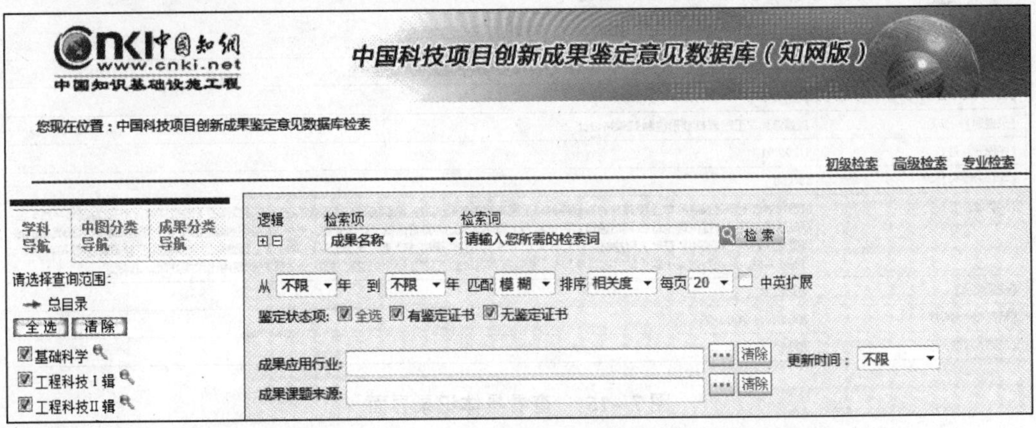

图 7 – 12　中国科技项目创新成果鉴定意见数据库初级检索界面

（2）输入检索词“磁悬浮列车”，把检索项限定为“成果名称”，进行检索，如图 7 – 13 所示。

（3）检索结果如图 7 – 14 所示。

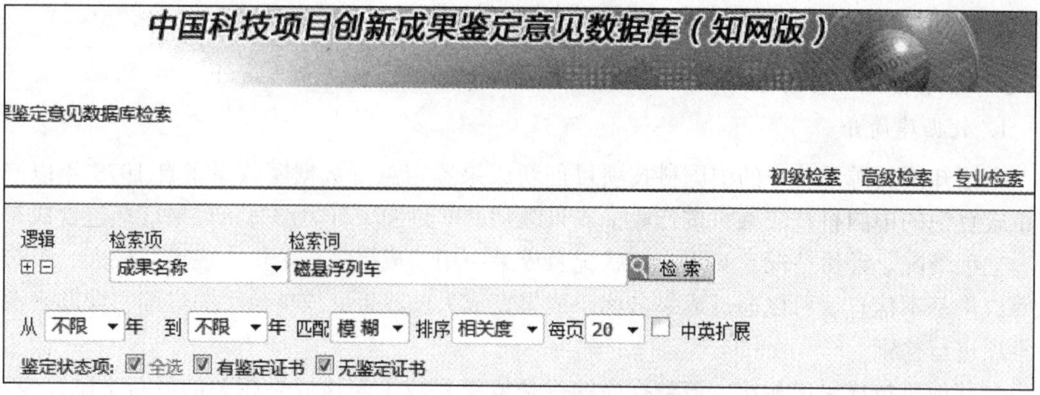

图 7-13　进行检索界面

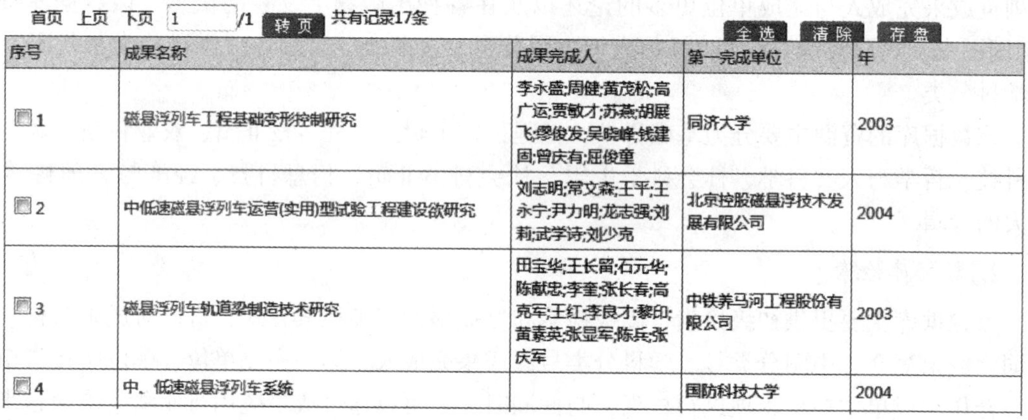

首页 上页 下页 1 /1 转页 共有记录17条　全选 清除 存盘

序号	成果名称	成果完成人	第一完成单位	年
1	磁悬浮列车工程基础变形控制研究	李永盛;周健;黄茂松;高广运;贾敏才;苏燕;胡展飞;缪俊发;吴晓峰;钱建固;曾庆有;屈俊童	同济大学	2003
2	中低速磁悬浮列车运营(实用)型试验工程建设研究	刘志明;常文森;王平;王永宁;尹力明;龙志强;刘莉;武学诗;刘少克	北京控股磁悬浮技术发展有限公司	2004
3	磁悬浮列车轨道梁制造技术研究	田宝华;王长留;石元华;陈献忠;李奎;张长春;高克军;王红;李良才;黎印;黄素英;张显军;陈兵;张庆军	中铁养马河工程股份有限公司	2003
4	中、低速磁悬浮列车系统		国防科技大学	2004

图 7-14　检索结果界面

（4）查看具体记录，如图 7-15 所示。

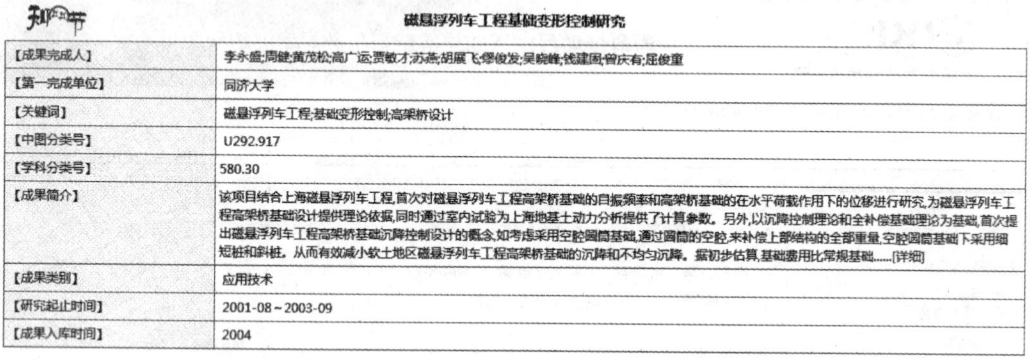

知网节　磁悬浮列车工程基础变形控制研究

【成果完成人】	李永盛;周健;黄茂松;高广运;贾敏才;苏燕;胡展飞;缪俊发;吴晓峰;钱建固;曾庆有;屈俊童
【第一完成单位】	同济大学
【关键词】	磁悬浮列车工程;基础变形控制;高架桥设计
【中图分类号】	U292.917
【学科分类号】	580.30
【成果简介】	该项目结合上海磁悬浮列车工程,首次对磁悬浮列车工程高架桥基础的自振频率和高架桥基础的在水平荷载作用下的位移进行研究,为磁悬浮列车工程高架桥基础设计提供理论依据,同时通过室内试验为上海地基土动力分析提供了计算参数。另外,以沉降控制理论和全补偿基础理论为基础,首次提出磁悬浮列车工程高架桥基础沉降控制设计的概念,如考虑采用空腔圆筒基础,通过圆筒的空腔,来补偿上部结构的全部重量,空腔圆筒基础下采用细短桩和斜桩。从而有效减小软土地区磁悬浮列车工程高架桥基础的沉降和不均匀沉降。据初步估算,基础费用比常规基础......[详细]
【成果类别】	应用技术
【研究起止时间】	2001-08～2003-09
【成果入库时间】	2004

图 7-15　查看具体记录界面

7.2.2.5　国研网及系列研究报告

网址：http：//www.drcnet.com.cn

1. 数据库介绍

国务院发展研究中心信息网，简称国研网，如图 7-16 所示，是以国务院发展研究中心的信息资源和专家阵容为依托，全面整合中国宏观经济、金融研究和行业经济领域的专家资源及其研究成果，并与海内外众多著名的经济研究机构和经济资讯提供商紧密合作的大型经济类专业网站、领导者和投资者的经济决策平台。

图 7－16　国研网主页

国研网已建成了内容丰富、检索便捷、功能齐全的大型经济信息数据库集群，包括：对国务院发展研究中心 1985 年以来的研究成果，国研网自主研发报告，与国内知名期刊、媒体、专家合作取得的信息资源进行数字化管理和开发而形成的国研视点、宏观经济、金融中国、行业经济、区域经济、企业胜经、高校参考、基础教育等 60 多个文献类数据库；全面整合国内外权威机构提供的统计数据，采取先进的数据挖掘分析工具加工形成的宏观经济、对外贸易、工业统计、金融统计、财政税收、固定资产投资、国有资产管理等 50 多个统计类数据库。同时，针对党政用户、高校用户、金融机构、企业用户的需求特点开发了党政版、教育版、金融版、企业版 4 个专版产品，并应市场需求变化推出了世经版，以及经济·管理案例库、战略性新兴产业数据库、电子商务数据库、文化产业数据库、国务院发展研究中心行业景气监测平台几款专业化产品。上述数据库及信息产品已经赢得了政府、高校、金融机构、企业等社会各界的广泛赞誉，成为它们在经济研究、管理决策过程中的重要辅助工具。

2. *数据库检索*

检索国研网系列研究报告时，先选择所需检索的数据库，将目录层层点开，单击文章标题，即可浏览全文；也可在检索框中输入检索词，从文章标题、作者、全文、关键词等途径进行检索。

7.2.2.6　中国资讯行·高校财经数据库

网址：http：//www. bjinfobank. com/indexShow. do？ method = index

中国资讯行（China InfoBank）是专门收集、处理及传播中国商业信息的高科技企业。中国资讯行·高校财经数据库建于 1995 年，内容包括实时财经新闻、权威机构经贸报告、法律法规、商业数据及证券消息等，如图 7－17 所示。

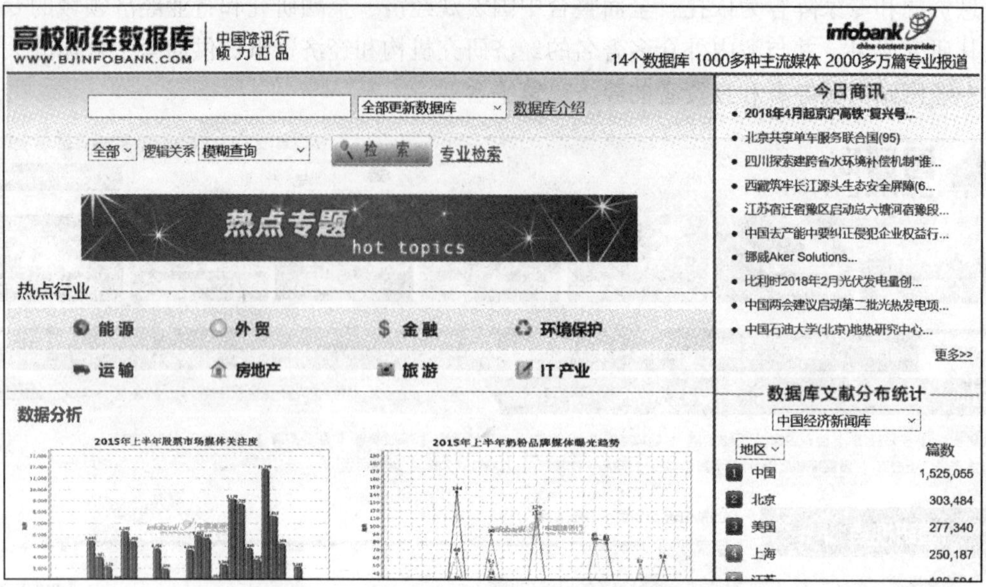

图 7－17　中国资讯行·高校财经数据库主页

中国资讯行·高校财经数据库的内容主要有经济专家及学者关于中国宏观经济、金融、市场、行业等的分析研究文献及政府部门颁布的各项年度报告全文，主要为用户的商业研究提供专家意见。

7.2.2.7　国家科技图书文献中心国外科技报告检索系统

网址：http：//www.nstl.gov.cn/nstl/user/ywjsdg.jsp

该数据库（图 7－18）主要收录 1978 年以来的美国政府研究报告，即 AD、PB、DOE 和 NASA 报告，以及少量其他国家学术机构的研究报告、进展报告和年度报告等。其学科范围涉及工程技术和自然科学各专业领域，每年增加报告 2 万余篇。此数据库原文主要提供单

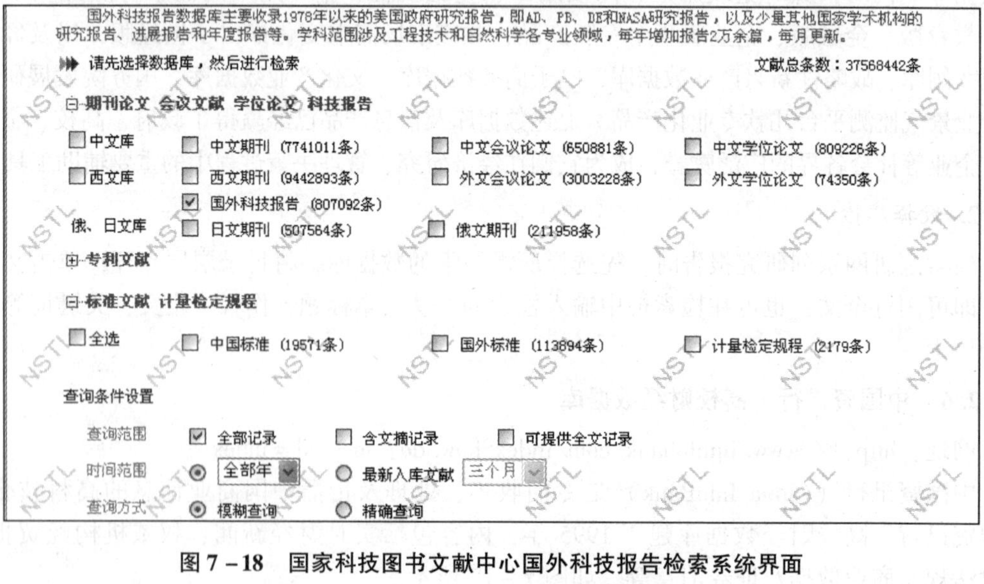

图 7－18　国家科技图书文献中心国外科技报告检索系统界面

位为中国科技信息研究所，每月更新。注册用户可通过文摘检索进行原文请求，非注册用户可检索文摘。

7.2.2.8　国家工程技术数字图书馆的国外科技报告检索系统

网址：http：//www. istic. ac. cn/suoguan/KJBG. htm？lan =en

该数据库（图 7 – 19）主要收录 1940 年以来的美国政府研究报告，即 AD、PB、DOE 和 NASA 报告，以及少量其他国家学术机构的研究报告、进展报告和年度报告等。其学科范围涉及工程技术和自然科学各专业领域，每年增加报告 2 万余篇，目前科技报告总量已经达到 200 多万篇。该数据库可以按照“报告名称”进行检索，也可以按拼音字母进行筛选。国外科技报告详细浏览界面如图 7 – 20 所示。

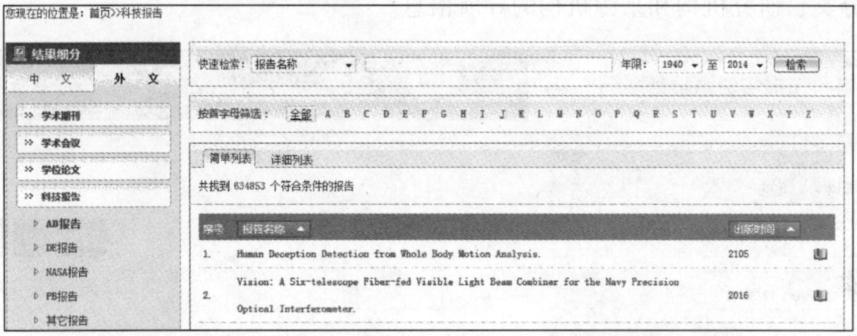

图 7 – 19　国家工程技术数字图书馆的国外科技报告检索系统浏览界面

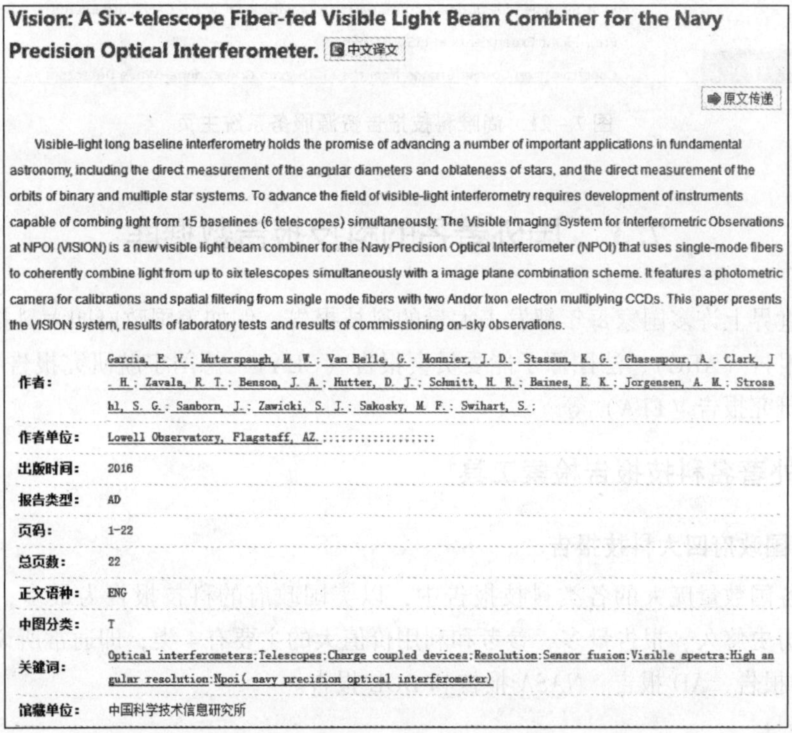

图 7 – 20　国外科技报告详细浏览界面

7.2.2.9 尚唯科技报告资源服务系统

网址：http：//www. rarelit. net/

该数据库（图7－21）主要收录1900年至今的国外科技报告，涉及5万余家研究机构、6万余条关键词信息，包含300多个学科层级分类，内容覆盖科学技术的各个领域。其不仅主要收录国外政府部门出版的技术报告，还收录研究机构和大学的科技报告，主要包括：DOE报告，DTIC报告，NASA报告，PB报告和其他政府机构、社会团体、研究机构、大学的科技报告和经济方面的研究报告等。

该数据库主要提供快速检索和高级检索，检索字段主要有：报告名称、报告号、作者、发布年份、研究机构、赞助机构、来源机构、关键词以及简介。除此之外，其还提供热门科技、学科分类、研究机构和来源机构的导航信息。

图7－21 尚唯科技报告资源服务系统主页

7.3 国外著名的科技报告数据库

目前，世界上许多国家每年都发表大量的科技报告，例如美国政府四大科技报告、英国航空委员会报告（ARC）、法国原子能委员会报告（CEA）、德国宇航研究报告（DVR）、瑞典国家航空研究报告（FFA）等。

7.3.1 国外著名科技报告检索工具

7.3.1.1 美国政府四大科技报告

在世界各国数量庞大的各类科技报告中，以美国政府的科技报告为最多，而且比较系统。其中，历史悠久、报告量多、参考和利用价值大的主要有4类，即通常所说的“四大报告”——PB报告、AD报告、NASA报告和DOE报告。

1. PB报告

PB报告的内容包括科技报告、专利、标准、技术刊物、图纸等。20世纪60年代后的内容逐步从军事科学转向民用，并侧重于土木建筑、城市规划、环境污染等方面。

PB 报告的编号原来采用流水号前冠有 PB 代码，到 1979 年编到 PB－301431。1980 年采用新的编号，即“PB＋年代＋顺序号”，如“PB85－426858”。

2. AD 报告

AD 报告的内容包含军事方面，也广泛涉及许多民用技术，包括航空、军事、电子、通信、农业等 22 个领域。

AD 报告的密级包括机密、秘密、内部限制发行、非密公开发行四级。AD 报告后加一个字母，区分不同密级，如“AD－A”表示非密公开发行报告，“AD－B”表示内部限制发行报告、“AD－C”表示秘密、机密报告等。

3. NASA 报告

NASA 报告主要报道空气动力学、发动机及飞行器材、实验设备、飞行器制导及测量仪器等方面。NASA 报告虽然主要侧重航空、航天科学方面，但由于航空、航天与机械、化工、冶金、电子、气象、天体物理、生物等都有密切联系，因此，NASA 报告实际上是一种综合性的科技报告。

NASA 报告采用“NASA－报告类型－顺序号”的表示法，报告类型包括：NASA－TR－R 技术报告、NASA－TN－D 技术札记、NASA－TM－X 技术备忘录、NASA－TP 技术论文、NASA－TT－F 技术译文、NASA－CR 合同户报告、NASA－CP 会议出版物、NASA－Case 专利说明书、NASA－SP 特种出版物。

4. DOE 报告

DOE 报告的内容主要是原子能及其应用，同时涉及其他学科领域。

DOE 报告不像 PB、AD、NASA 报告那样有统一的编号，它是由各研究机构名称的缩写字母加数字号码构成，由于所属机构较多，编码较复杂，难以识别，因此需要通过特定工具书进行识别，例如：《报告系列编码词典》（Dictionary of Reports Series Codes），它收录了 4 000 余个政府机构、高等院校和商业公司的 12 500 多个代码（包括机构简称和全名），它是识别和查阅科技报告代码的指南。从 1981 年开始，能源部发行的报告都采用“DE＋年代＋顺序号”的形式，所以 DOE 报告自 1981 年以后又叫 DE 报告。

美国政府四大科技报告的主要检索工具是《政府报告通报及索引》，其中 DOE 报告和 NASA 报告还有各自的专门检索工具。例如，《能源研究文摘》（Energy Research Abstracts，ERA）和《国际核情报体系——核能文献题录》（INIS—atomindex）收录 DOE 报告；《宇宙航行科技报告》（Scientific and Technical Aerospace Reports，简称 STAR）收录 NASA 报告。

7.3.1.2 英国政府科技报告

英国一些政府机构发行一定数量的研究报告。其中比较有代表性的有：英国原子能管理局的 UKAEA 报告、科学与工业研究部的 DSTR 报告、英国航空研究委员会的 BARC 报告、英国图书馆出借部入藏的 BLLD 报告。英国政府科技报告可以通过以下检索工具检索：BLLD 通报（BLLD Announcement Bulletin）、研究与发展文摘（R&D Abstracts）、英国原子能委员会报告指南（Guide to UKAEA Document）。

7.3.1.3 日本科技报告

日本一些国立或公立研究机构、公司企业的研究机构、大学附设的研究机构及民间研究机构也出版一部分研究报告。例如，东京大学原子能研究所的 INS - PH 报告（高能物理研究报告）、INS - PT 报告（物理学理论研究报告）等等，科学技术厅航空宇宙技术研究所的 NAL - TM 报告；工业技术院电子技术综合研究所的研究报告和调查报告等等。

除了以上这些科技报告外，其他著名的科技报告还有法国的原子能委员会的 CEA 报告、加拿大原子能有限公司的 AECL 报告、德国航空研究所的 DVR 报告等科技报告。

7.3.2 国外科技报告数据库

美国政府报告数据库（NTIS）

网址：http：//www. ntis. gov/

1. 数据库简介

美国政府报告数据库（National Technical Information Service，NTIS）（图 7 - 22）是美国国家技术情报社出版的美国政府报告数据库，主要收集了 1964 年以来美国国防部、能源部、内务部、国家航空航天局（NASA）、环境保护局、国家标准局等国家、州及地方政府部门立项研究完成的项目报告，少量收录世界各国（如加拿大、法国、日本、芬兰、英国、瑞典、澳大利亚、荷兰、意大利）和国际组织的科学研究报告，包括项目进展过程中所做的初期报告、中期报告和最终报告等，能够及时反映科技的最新进展。该数据库每年新增约 60 000 条数据。该数据库中 75% 的文献是科技报告，其他文献有专利、会议论文、期刊论文、翻译文献；25% 的文献是美国以外的文献；90% 的文献是英文文献。其专业内容覆盖科学技术的各个领域，检索结果为报告题录和文摘。

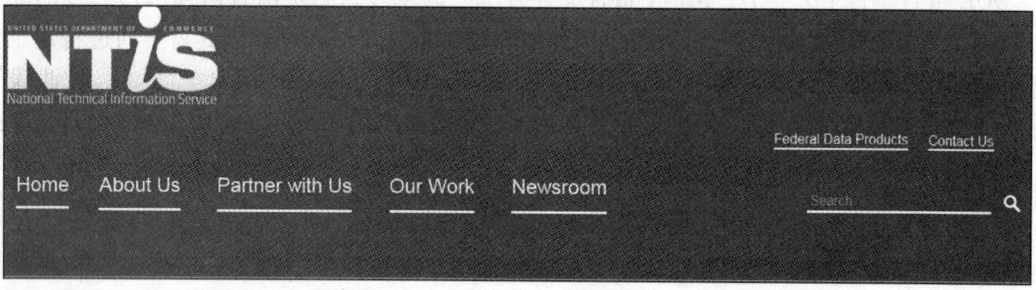

图 7 - 22 NTIS 检索界面

2. 数据库使用指南

1）检索（Search）

该数据库提供快速检索（Quick Search）、高级检索（Advanced Search）两种检索途径。

（1）快速检索（Quick Search）

单击快速检索框，提供篇名、作者、关键词、摘要、产品编号和 NTIS 编号几种常规的字段查询方式。

（2）高级检索（Advanced Search）：可以通过限定检索字段、时间、排列等级、收集处归属等进行搜索；不能够选择多个检索字段，只能逐个字段检索，逐条排除。

2）检索结果

（1）NTIS 的搜索结果提供报告编码、题名、摘要、作者、年份、收集处等信息。

（2）NTIS 可在许多联机检索系统中检索到，例如，NTIS 数据库包括在 EI（Engineering Index）和 CSA（Cambridge Scientific Abstracts）数据库组中，该数据库已在清华图书馆设立镜像服务器，提供 Web 方式的检索服务，国内很多高校图书馆都购买了该数据库。

7.3.3　国外其他著名科技报告

1. NASA Scientific and Technical Information Program

网址：http：//www. nasa. gov

美国国家航空航天局（National Aeronautics & Space Administration，NASA）提供的有关航空航天方面的丰富的科技报告全文。

2. Scientific and Technical Report Collection

网址：https：//www. defense. gov/

美国国防部（Department of Defense）提供的科技报告，涉及国防及其相关领域，多数可以看到摘要，有些只能得到题录，个别能看到全文。

3. Networked Computer Science Technical Reports（NCSTRL）

网址：http：//www. ncstrl. org/

搜集了世界上许多大学以及研究实验室有关计算机学科的科技报告，允许浏览或检索，可以免费得到全文。

4. MIT Center for Coordination Science Working Paper Series

网址：http：//ccs. mit. edu/wpmenu. html

可以看到较详细的科技报告的文摘，一部分可以看到全文。

5. The Congressional Research Service Reports

网址：http：//www. cnie. org

这是 Committee for the National Institute for the Environment 的站点，提供了许多环境方面的报告全文。

6. DOE Information Bridge

网址：https：//www. energy. gov/

能够检索并获得美国能源部（Department of Energy，DOE）提供的研究与发展报告全文，内容涉及物理、化学、材料、生物、环境、能源等领域。

7. Search for California Environmental Documents

网址：https：//www. mosquitoes. org/environmental – documents

提供美国加州大学环境科学方面的科技报告全文。

8. NBER Working Paper

网址：http：//www. nber. org/

提供美国国家经济研究局（National Bureau of Economic Research，NBER）的研究报告文摘。

9. WoPEc Electronic working papers in Economics

网址：https：//swopec. hhs. se/

搜集整理了互联网上的经济类报告，可以下载全文。

10. NATO 科技报告

网址：https：//www. nato. int/

提供 NATO 在其网站公布的一些公开的 RTO 报告和 AGARD 报告。

本章小结

本章主要介绍了科技报告的概念、特点、类型以及出版形式；介绍了我国印刷型科技报告检索工具：《科学技术研究成果》《科学技术研究成果公报》《中国国防科技报告通报及索引》《中国机械工业科技成果通报》《中国核科技报告》等；介绍了我国著名的科技报告数据库：国家科技报告服务系统、万方数据资源系统中的中国科技成果数据库、万方数据知识服务平台的国家科技报告服务系统、中国知网资源系统中的中国科技项目创新成果鉴定意见数据库、国研网及系列研究报告、中国资讯行·高校财经数据库、国家科技文献中心国外科技报告检索系统、国家工程技术数字图书馆的国外科技报告检索系统、尚唯科技报告资源服务系统。与此同时，本章还讲述了国外著名的科技报告数据库。

思考题

一、简答题

1. 什么是科技报告？它是如何形成和发展起来的？它具有哪些特点？
2. 简述科技报告的类型及出版形式。
3. 我国印刷型科技报告检索工具主要有哪些？
4. 我国有哪些著名的科技报告数据库？
5. 国外著名的科技报告数据库有哪些？
6. 美国政府四大科技报告指的是哪些报告？请简述每个报告的内容。

二、实习题

利用万方数据资源系统中的中国科技成果数据库，检索我国关于“电动汽车”方面的科技成果（可以自己拟定课题）。

第 8 章

专利资源检索系统

世界知识产权组织（World Intellectual Property Organization，WIPO）的有关统计资料表明，全世界每年90%～95%的发明创造成果都可以在专利文献中查到，其中约有70%的发明成果从未在其他非专利文献上发表过，科研工作中经常需要查阅专利文献，不仅可以提高科研项目的研究起点和水平，还可以节约60%左右的研究时间和40%左右的研究经费，因此，专利文献在科技工作中是一种非常重要的资源。本章主要介绍专利文献的基础知识以及国内外各种专利数据库的检索方法。

8.1 专利基础知识

8.1.1 专利

1. 专利的概念

专利（patent）一词来源于拉丁语 Litterae patentes，意为公开的信件或公共文献，是中世纪的君主用来颁布某种特权的证明。对“专利”这一概念，目前尚无统一的定义，其中较为人们接受并被我国专利教科书所普遍采用的一种说法是：专利是专利权的简称，它是由专利机构依据发明申请所颁发的一种文件。这种文件叙述发明的内容，并且产生一种法律状态，即该获得专利的发明在一般情况下只有得到专利所有人的许可才能利用（包括制造、使用、销售和进口等），专利的保护有时间和地域的限制。

专利是世界上最大的技术信息源，据实证统计分析，专利包含了世界科技信息的90%～95%。但如此巨大的信息资源远未被人们充分地加以利用。事实上，对企业组织而言，专利中的某些关键信息是企业的竞争者唯一不得不向公众透露的。因此，企业竞争情报的分析者，通过细致、严密、综合、相关的分析，可以从专利文献中得到大量有用信息，而使公众的专利资料为本企业所用，从而实现其特有的经济价值。

在我国，专利的含义主要有以下几种：

第一，是专利权的简称，指专利权人对发明创造享有的专利权，即国家依法在一定时期内授予发明创造者或者其权利继受者独占使用其发明创造的权利，这里强调的是权利。专利权是一种专有权，这种权利具有独占的排他性。非专利权人要想使用他人的专利技术，必须依法征得专利权人的授权或许可。

第二，指受到专利法保护的发明创造，即专利技术，是受国家认可并在公开的基础上进行法律保护的专有技术。“专利”在这里具体指的是技术方法——受国家法律保护的技术或者方案。(所谓专有技术，是享有专有权的技术，这是更大的概念，包括专利技术和技术秘密。某些不属于专利和技术秘密的专业技术，只有在某些技术服务合同中才有意义。）专利是受法律规范保护的发明创造，它是指一项发明创造向国家审批机关提出专利申请，经依法审查合格后向专利申请人授予的该国内规定的时间内对该项发明创造享有的专有权，并需要定时缴纳年费来维持这种国家的保护状态。

第三，指专利局颁发的确认申请人对其发明创造享有的专利权的专利证书或记载发明创造内容的专利文献，指的是具体的物质文件。

专利的前两个意思虽然意义不同，但都是无形的，第三个意思才是指有形的物质。“专利”这个词语可以仅仅指其中一个意思，或者包含两个以上的意思，具体情况必须联系上下文来看。对“专利”这一概念，生活中人们一般笼统地认为：它是由专利机构依据发明申请所颁发的一种文件，由这种文件叙述发明的内容，并且产生一种法律状态，即该获得专利的发明在一般情况下只有得到专利所有人的许可才能利用（包括制造、使用、销售和进口等）。

2. 专利的特点

专利权是由国务院专利行政部门依照法律规定，根据法定程序赋予专利权人的一种专有权利，属于知识产权的一部分。它是无形财产权的一种，与有形财产相比，具有以下主要特征：

（1）排他性，也称独占性、垄断性或专有性。专利权是由政府主管部门根据发明人或申请人的申请，认为其发明成果符合专利法规定的条件，而授予申请人或其合法受让人的一种专有权。它专属权利人所有，专利权人对其权利的客体（即发明创造）享有占有、使用、收益和处分的权利，其他任何人未经许可都不能对其进行制造、使用和销售等，否则属于侵权行为。

（2）地域性。所谓地域性，就是对专利权的空间限制。它是指一个国家或一个地区所授予和保护的专利权仅在该国或地区的范围内有效，在其他国家和地区不发生法律效力，其专利权是不被确认与保护的。如果专利权人希望在其他国家享有专利权，那么，必须依照其他国家的法律另行提出专利申请。除非加入国际条约及双边协定另有规定，任何国家都不承认其他国家或者国际性知识产权机构所授予的专利权。

（3）时间性。时间性是指专利只有在法律规定的期限内才有效。专利权的有效保护期限结束以后，专利权人所享有的专利权便自动丧失，一般不能续展。发明便随着保护期限的结束而成为社会公有的财富，其他人便可以自由地使用该发明来创造产品。专利受法律保护的期限的长短由有关国家的专利法或有关国际公约规定。目前世界各国的专利法对专利的保护期限规定不一。我国《专利法》第四十二条规定："发明专利权的期限为 20 年，实用新型和外观设计专利权的期限为 10 年，均自申请日起计算。"

(4) 实施性。除美国等少数几个国家外，绝大多数国家都要求专利权人必须在一定期限内，在给予保护的国家内实施其专利权，即利用专利技术制造产品或转让其专利。

3. 专利的种类

在我国，专利主要有三种类型：发明、实用新型以及外观设计。

1）发明专利

我国《专利法实施细则》第二条第一款对发明的定义是："发明是指对产品、方法或者其改进所提出的新的技术方案。"

所谓产品是指工业上能够制造的各种新制品，包括有一定形状和结构的固体、液体、气体之类的物品。所谓方法是指对原料进行加工，制成各种产品的方法。发明专利并不要求它是经过实践证明可以直接应用于工业生产的技术成果，它可以是一项解决技术问题的方案或一种构思，具有在工业上应用的可能性，但也不能将这种技术方案或构思与单纯的课题、设想混同，因单纯的课题、设想不具备工业上应用的可能性。

2）实用新型专利

我国《专利法实施细则》第二条第二款对实用新型的定义是："实用新型是指对产品的形状、构造或者其结合所提出的适于实用的新的技术方案。"同发明一样，实用新型保护的也是一个技术方案。但实用新型专利保护的范围较窄，它只保护有一定形状或结构的新产品，不保护方法以及没有固定形状的物质。实用新型的技术方案更注重实用性，其技术水平较发明而言要低一些，多数国家实用新型专利保护的都是比较简单的、改进性的技术发明，可以称之为"小发明"。

3）外观设计专利

我国《专利法实施细则》第二条第三款对外观设计的定义是："外观设计是指对产品的形状、图案或者其结合以及色彩所作出的富有美感并适于工业上应用的新设计。"

外观设计与发明、实用新型有明显的区别，外观设计注重的是设计人对一项产品的外观所作出的富于艺术性、具有美感的创造，但这种具有艺术性的创造，不是单纯的工艺品，它必须具有能够为产业上所应用的实用性。外观设计专利实质上是保护美术思想的，而发明专利和实用新型专利保护的是技术思想；虽然外观设计和实用新型与产品的形状有关，但两者的目的却不相同，前者的目的在于使产品形状产生美感，而后者的目的在于使具有形态的产品能够解决某一技术问题。例如一把雨伞，若它的形状、图案、色彩相当美观，那么应申请外观设计专利，如果雨伞的伞柄、伞骨、伞头结构设计精简合理，可以节省材料又有耐用的功能，那么应申请实用新型专利。

4. 授予专利权的条件

我国《专利法》第二十二条规定："授予专利权的发明和实用新型，应当具备新颖性、创造性和实用性。"

(1) 新颖性，是指在申请日以前没有同样的发明或者实用新型在国内外出版物上公开发表过、在国内公开使用过或者以其他方式为公众所知，也没有同样的发明或者实用新型由他人向国务院专利行政部门提出过申请并且记载在申请日以后公布的专利申请文件中。

（2）创造性，是指同申请日以前已有的技术相比，该发明有突出的实质性特点和显著的进步，该实用新型有实质性特点和进步。

（3）实用性，是指该发明或者实用新型能够制造或者使用，并且能够产生积极效果。

所以，具备新颖性、创造性和实用性是授予发明和实用新型专利权的实质性条件。

同时，《专利法》第二十三条规定："授予专利权的外观设计，应当同申请日以前在国内外出版物上公开发表过或者国内公开使用过的外观设计不相同和不近似，并不得与他人在先取得的合法权利冲突。"这是授予外观设计专利权的实质性条件。

8.1.2 专利制度

1. 专利制度的概念

专利制度是随着科学技术和商品经济的发展而产生、发展起来的制度。关于专利制度的概念，国内外有不同的理解和表述。我国最具有代表性的概念是 1983 年《中华人民共和国专利法（草案）的说明》所下的定义：

专利制度是国际上通行的一种利用法律的和经济的手段推动技术进步的管理制度，这个制度的基本内容是依据专利法，对申请专利的发明创造，经过审查和审批，授予专利权。同时把申请专利的发明创造的内容公开，以便进行技术情报交流和技术有偿转让。

上面关于专利制度的定义是比较严密而完整的。简单地说，专利制度是依照专利法，通过授予专利权和公开发明创造，推动技术进步、创新、经济发展的法律制度。专利制度也是一种完整而系统的科学管理制度。

2. 专利制度的特征

（1）法律保护：专利制度是以专利法为核心形成的一种专利管理、专利工作和专利实施制度。

（2）科学审查：要想获得专利权，需经过科学审查。

（3）技术公开：是指发明创造通过专利申请的公布或专利的颁布将技术内容向社会公开、传播。这是专利制度不同于以技术秘密方式保护发明创造的重要标志。

（4）国际交流：专利制度成为进行国际技术交流的共同语言，它对于推动国际技术交流起着重要的作用。

3. 专利制度的作用

（1）保护和鼓励发明创造。

保护发明创造是社会文明和进步的表现。专利制度作用的基点就在于通过授予发明创造以专利权而达到保护发明创造的目的。据统计，2011 年我国三种专利申请总量达到 1 411 080 件，其中，发明 385 766 件，实用新型 550 922 件，外观设计 474 392 件，我国已经步入"专利申请大国"之列。这一统计数据也反映了专利制度在鼓励和保护发明创造方面的重要作用。

（2）打破技术封锁，促进新技术成果的推广应用，推动科学技术的进步与创新。

专利制度能够促使新技术公开，使技术成果迅速转化为生产力；能够保证技术发展投资的回收，为进一步进行发明创造提供必要的物质条件。专利制度还能够解决重复科研的问题，有利于启发和改进科研人员自己的研究项目。这说明，专利制度能够推动科学技术的进步与创新。

(3) 促进国民经济的发展。

专利制度促进国民经济发展的作用取决于科学技术在一个国家国民经济中的重要地位。科学技术是生产力，专利制度是一种推动科学技术进步和创新的先进管理制度，它必然会直接或间接地促进国民经济的繁荣。

专利制度的建立是克服技术情报障碍的最佳措施。世界上每年公开的大量专利文献，是最先进的科技知识和科技成果的宝藏。专利制度极大地促进了国际间科技情报的交流。实施专利制度还能够排除引进外国先进技术的障碍，保障外国先进技术的引进，当然，它也能保护本国先进技术的出口。这就促进了国际间技术贸易的发展。

4. 专利制度的发展趋势

迄今为止，绝大多数国家和地区都建立了专利制度。专利制度经历数百年的演变，现已成为一个比较系统、完善的管理制度和法律制度。科学技术和经济贸易的不断发展，使其处在不断的革新中，这可以说是专利制度发展的一个规律。究其原因，在于专利制度必须随着科技革命所提出的新问题而变化，必须与国际、国内市场的变化相适应，并要与一国所参加的有关国际公约或者地区性条约不相冲突。这种发展有如下趋势：

(1) 不断扩大专利保护范围。

专利制度建立之初，仅保护物品发明，现在则扩展到动植物品种和计算机程序的发明等。这种保护范围的扩大，正是现代专利法发展的一个标志。随着科学技术的发展，还会有更多的发明创造纳入专利保护范围。

(2) 不断建立和完善专利审批程序。

科学审查是专利制度的一个根本性的问题。为提高专利质量，避免申请案积压，专利审批制度经历了由形式审查到实质审查，再到延迟审查的革新过程。但即使延迟审查也未从根本上解决专利申请案积压的问题。如何科学规划专利审批程序、缩短专利审批时间，始终是专利制度面临的一个重大课题。

(3) 专利申请已经进入国际一体化阶段。

专利申请进入国际一体化的标志是 TRIPS 协议的签订，直至建立世界一体化专利体系。随着知识经济的迅猛发展，经济全球化步伐加快，知识产权对经济社会发展的重要作用日益凸显，知识产权已经成为国际竞争的一个焦点，知识产权国际规则也发生了巨大的变革。

5. 专利审查制度

目前，国际上的专利申请制度主要有：先申请制度、先发明制度、登记制以及审查制。各个国家都是根据本国的实际情况选择适合自己的专利审查制度。

8.1.3 专利文献

1. 专利文献的概念

广义的专利文献是指一切与专利制度有关的专利文件的统称，包括专利说明书、专利公报、专利分类表、专利检索工具以及专利的法律性文件等；狭义的专利文献是指获得国家专利权的记载发明创造内容的技术文献，即专利说明书。

2. 专利文献的著录项目

1）申请专利的著录项目

申请号、申请日、发明创造名称、分类号、优先权事项（包括在先申请的申请号、申请日和申请国）、申请人或者专利权人事项（包括申请人或者专利权人的姓名或者名称、国籍、地址、邮政编码）、发明人姓名、专利代理事项（包括专利代理机构的名称、地址、邮政编码、专利代理人姓名）、联系人事项、代表人等。

2）与发明专利权的授予有关的著录项目

国际专利分类号、专利号、授权公告号（出版号）、申请日、授权公告日、优先权事项、专利权人事项、发明人事项、专利代理事项、发明名称等。

保密专利只公布保密专利的授予和保密专利的解密，与保密专利公布有关的著录项目有：国际分类号、专利号、申请日、授权公告日等。

发明专利申请公布中包括的内容为：著录事项、摘要和摘要附图。著录事项主要有：国际专利分类号、申请号、公布号（出版号）、申请日、优先权事项、申请人事项、发明人事项、专利代理事项、发明专利名称等。

3）与实用新型专利权的授予有关的著录项目

著录事项、摘要、摘要附图

著录事项主要有：国际专利分类号、专利号、授权公告号（出版号）、申请日、优先权事项、专利权人事项、设计人事项、专利代理事项、实用新型名称等。

4）与外观设计专利权的授予有关的著录项目

著录事项、外观设计的图片或照片以及简要说明（专利文件中没有简要说明的，则不包括简要说明）。

著录事项主要有：分类号、专利号、授权公告号（出版号）、申请日、授权公告日、优先权事项、专利权人事项、设计人事项、专利代理事项、使用该外观设计的产品名称等。

5）专利文献著录项目识别代码

专利文献著录项目是专利局为揭示每一项专利或专利申请的技术情报特征、法律情报特征及可供人们进行综合分析的情报线索而编制的款目。世界知识产权组织下属的巴黎联盟专利局间情报检索国际合作委员会，为广泛进行国际合作与交流，使广大读者及专利工作者能很快地辨别和查找专利文献上的各种著录项目内容，同时也便于计算机存储和检索，责成国际标准化组织（ISO）制定了一部专利文献著录项目的国际标准代码［Internationally agreed Numbers for the Identification of（bibliographic）Data，INID］，并规定从1973年起，各国专利局出版的各种专利文献扉页上都应予以相应的标注。这种代码由用圆圈或括号所括的两位阿拉伯数字表示。最新版本著录项目如下：

（10）文献标志；

（11）文献号；

（12）文献种类文字释义；

（13）根据WIPO标准ST.16制定的文献种类代码；

（15）有关专利修正的信息；

（19）根据 WIPO 标准 ST.3 制定的国家代码或公布专利文献机构的其他标识；

（20）专利申请或补充保护证书数据；

（21）申请号；

（22）申请日期；

（23）其他日期（包括临时说明书提出之后完整说明书提出日期、展览优先权日期）；

（24）工业产权权利开始生效日期；

（25）原始申请公布时的语种；

（26）申请公布的语种；

（30）遵照巴黎公约规定的优先权数据；

（31）优先申请号；

（32）优先申请日期；

（33）优先申请国家或组织代码，对于根据 PCT 程序提交的国际申请，应使用代码“WO”；

（34）依地区或国际协定提交的优先申请中的国家代码，至少有一个地区或国际申请提交的国家是巴黎联盟成员国；

（40）文献的公布日期；

（41）未经审查并在此日或日前尚未授权的专利文献，对公众阅览或提供复制的日期；

（42）经过审查并在此日或日前尚未授权的专利文献，对公众阅览或提供复制的日期；

（43）未经审查并在此日或日前尚未授权的专利文献以印刷或类似方法公布的日期；

（44）经过审查并在此日或日前尚未授权的专利文献以印刷或类似方法公布的日期；

（45）此日或日前已经授权的专利文献以印刷或类似方法公布的日期；

（46）仅限于专利文献权利要求以印刷或类似方法公布的日期；

（47）此日或日前已经授权的专利文献，对公众阅览或提供复制的日期；

（48）经过修正的专利文献公布日期；

（50）技术信息；

（51）国际专利分类或工业品外观设计国际分类；

（52）内部分类或国家分类；

（54）发明名称；

（55）关键词；

（56）单独列出的对比文献清单；

（57）文摘或权利要求；

（58）检索领域；

（60）与国内或前国内专利文献，包括其未公布的申请有关的其他法律或程序引证；

（61）较早申请的提出日期及申请号，或较早公布的文献号，或较早授权的专利号，发明人证书号、实用新型号或当前文献作为补充文献的文献号；

（62）较早申请的提出日期及申请号，当前文献为其分案申请；

（63）较早申请的提出日期及申请号，当前文献为其继续申请；

（64）较早公布的文献号，该文献已再版；

（65）与该申请有关的早期公布的专利文献号；

（66）由当前文献所取代的较早申请的提出日期及申请号，即同一发明较早申请驳回之后提出的较晚申请；

（67）专利申请的提交日期及申请号，或授权专利号，以此为基础提交的当前实用新型申请或注册的实用新型（或类似工业产权，诸如实用证书或实用创新）；

（68）对补充保护证书而言的基本专利号和/或专利文献公布号；

（70）与专利或补充保护证书有关的人事引证；

（71）申请人姓名；

（72）发明人姓名；

（73）保护文件的获得者、持有者或其法律继承者姓名；

（74）专利代理人或代表人姓名；

（75）申请人同是发明人的姓名；

（76）申请人同是保护文件获得人和发明人的姓名；

（80）、（90）与国际公约（除巴黎公约之外）有关的，以及与补充保护证书法律有关的数据；

（81）根据专利合作条约指定的国家；

（83）依据布达佩斯条约保存的有关信息；

（84）根据地区专利公约指定的缔约国家；

（85）根据专利合作条约第 23 条（1）或第 40 条（1）进入国家阶段的日期；

（86）PCT 国际申请的申请数据，即国际申请日期、国际申请号及最初提交国际申请公布的任意语种；

（87）PCT 国际申请公布数据，即国际公布日期、国际公布的文献号及国际申请公布的任选语种；

（88）检索报告延迟公布的日期；

（91）根据 PCT 提出的国际申请日期，该日期由于未进入国家或地区阶段而在一个或几个指定国或选定国失效，或不进入国家或地区阶段的确定日期；

（92）第一次国家允许作为医药品向市场供货的日期及号码（用于补充保护证书）；

（93）第一次允许作为药品向地区经济共同体市场供货的号码、实施日期及国家（用于补充保护证书）；

（94）补充保护证书的有效期及有效期届满的计算日期；

（95）受基本专利保护并申请了补充保护证书或已授予了补充保护证书的产品名称；

（96）地区申请数据，即申请日、申请号、最初提交申请公布的任意语种；

（97）地区申请（或已经授权的地区专利）公布数据，即公布日期、公布号、申请（或专利）公布的任选语种。

3. 专利文献的特点

（1）内容新颖、范围广泛；

（2）出版迅速、传达信息快；

（3）内容实用；

（4）分类方法科学；

（5）形式、格式统一；

（6）重复出版量大。

8.1.4 国际专利分类法

早期，许多国家都建立自己的专利分类表，它们的分类体系和标记符号各不相同，难以被使用者全部掌握，这给专利文献的整理和检索带来许多困难。鉴于此，欧洲共同体理事会下属的专家委员会拟订了一种国际通用的《国际专利分类表》（International Patent Classification，IPC）。目前IPC已被50多个国家和组织所采用。我国专利局也采用IPC。虽然英国、美国等国家仍保留自己的分类表，但都在本国的专利说明书扉页上加上相应的IPC类号。

1.《国际专利分类表》

1）IPC简介

IPC以等级形式将与发明专利有关的全部技术和知识领域按照部（Section）、分部（Subsection）、大类（Class）、小类（Subclass）、大组（Main Group）和小组（Subgroup）逐级分类，构成完整的分类体系。

IPC共有8个部，每个部的类号用A~H中的一个大写字母表示。整个分类表分为9个分册出版。第1~8分册为8个部的分类详表；第9分册为《IPC使用指南》，其中包含8个部的分类简表（到大组一级）。

《IPC使用指南》对IPC的分类编排、分类原则、分类方法、分类规则和使用方法作了说明。

A：人类生活必需

B：作业；运输

C：化工；冶金

D：纺织；造纸

E：固定建筑物

F：机械工程；照明；采暖；武器；爆破

G：物理

H：电学

国际专利分类完整的分类号：一个完整的分类号由代表部、大类、小类、大组或小组的符号构成。例如对于“A01B1/02”：

——部 A

——大类 A01

——小类 A01B

—大组 A01B1/00

——小组 A01B1/02

小组间的等级结构是由圆点数来确定的，分为：一点组、两点组三点组等。

例如，下面是从A部选取的分类表片段：

A01　　农业；林业；畜牧业；狩猎；诱捕；捕鱼

A01B　农业或林业的整地；一般农业机械或农具的部件、零件或附件

1/00　　手动工具（草坪地修整机入 A01G3/06）

1/02 · 铲；锹

1/04 · · 带齿的

2）专利分类的目的

（1）建立有检索价值的专利文档；

（2）把发明专利申请和实用新型专利申请分配给主管的审查部门；

（3）使发明专利申请和实用新型专利申请能按分类号编排，系统地向公众公布或者公告。

2. CPC 专利分类法

美国专利商标局（USPTO）与欧洲专利局（EPO）于 2012 年 1 月 24—26 日期间在海牙召开的会议中就“联合专利分类体系”（Cooperative Patent Classification，CPC）相关原则问题达成共识，签订合作协议。

CPC 首次公布于 2010 年 10 月 25 日，该分类号体系是基于国际专利分类号建立的。CPC 将以欧洲专利分类号 ECLA 作为整个分类体系的基础，并结合美国专利分类实践经验。相比较 IPC，CPC 更为细化，方便专利检索。

EPO 以及 USPTO 将 CPC 视为促进“IP5”专利五局组织（美国专利商标局、欧洲专利商标局、中国国家知识产权局、日本专利特许厅、韩国知识产权局）“共同综合分类体系”（Common Hybrid Classification）项目进展的重要一步。

CPC 分类表的编排参照 IPC 标准，形式上更接近 IPC。CPC 建立在 ECLA 的基础上，保留了 ECLA 的全部内容和结构，同时沿用了 ECLA 的分类方法、分类原则和规则，其新增内容有：合并 ICO 标引码（由 EPO 对计算机领域标引的代码）和一些关键词码，并增加部分 UC 分类号，例如商业方法类号、交叉文献的参考类号（XRACs）、别类类号（degests）等。

8.1.5　专利文献的编号

1. 申请号

申请号是指国家知识产权局受理一件专利申请时给予该专利申请的一个标识号码。

申请号用 12 位阿拉伯数字表示，包括申请年号、申请种类号和申请流水号 3 个部分。

按照从左至右的顺序，申请号中的第 1 ~ 4 位数字表示受理专利申请的年号，第 5 位数字表示专利申请的种类，第 6 ~ 12 位数字为申请流水号，表示受理专利申请的相对顺序。

1）申请年号

申请号中的申请年号采用公元纪年，例如 2008 表示专利申请的受理年份为公元 2008 年。

2）申请种类号

申请号中的申请种类号用 1 位数字表示，所使用数字的含义规定如下：

1 表示发明专利申请；

2 表示实用新型专利申请；

3 表示外观设计专利申请；

8 表示进入中国国家阶段的《专利合作条约》发明专利申请；

9 表示进入中国国家阶段的《专利合作条约》实用新型专利申请。

3）申请流水号

申请号中的申请流水号用 7 位连续数字表示，一般按照升序使用，例如从 0000001 开始，顺序递增，直至 9999999。每一自然年度的申请号中的申请流水号重新编排，即从每年 1 月 1 日起，新发放的申请号中的申请流水号不延续上一年度所使用的申请流水号，而是从 0000001 重新开始编排。

2. 专利文献号

2004 年国家知识产权局发布了《专利文献号标准》，对自 1989 年 1 月 1 日起施行的专利文献号编号规则进行了修改。

《专利文献号标准》所称“专利文献号”是指国家知识产权局按照法定程序，在专利申请公布和专利授权公告时给予的文献标识号码。

专利文献号的编号规则主要有：

（1）专利文献号的组成结构。

专利文献号用 9 位阿拉伯数字表示，包括申请种类号和文献流水号两个部分。

专利文献号中的第 1 位数字表示申请种类号，第 2 ~ 9 位数字为文献流水号，表示文献公布或公告的排列顺序。

（2）申请种类号。

1 表示发明专利申请；

2 表示实用新型专利申请；

3 表示外观设计专利申请。

（3）文献流水号。

专利文献号的文献流水号用 8 位连续阿拉伯数字表示，按照发明专利申请第一次公布，或实用新型、外观设计申请第一次公告各自不同的编号序列顺序递增。

发明专利授权公告号沿用该发明专利申请在第一次公布时被赋予的专利文献号。

（4）专利文献种类标识代码的组成。

专利文献种类标识代码是以一个大写英文字母，或者一个大写英文字母与一位阿拉伯数字的组合表示，单纯的数字不能作为专利文献种类标识代码使用。

大写英文字母表示相应专利文献的公布或公告，阿拉伯数字用来区别公布或公告阶段中不同的专利文献种类。

专利文献种类标识代码中字母的含义如下：

A：发明专利申请公布；

B：发明专利授权公告；

C：发明专利权部分无效宣告的公告；

U：实用新型专利授权公告；

Y：实用新型专利权部分无效宣告的公告；

S：外观设计专利授权公告或专利权部分无效宣告的公告。

3. 专利文献种类标识代码的使用规则

一件专利申请形成的专利文献只能获得一个专利文献号，该专利申请在后续公布或公告时被赋予的专利文献号与首次获得的专利文献号相同，不再另行编号。

1）专利文献种类标识代码与中国国家代码 CN、专利文献号的联合使用

为了完整、准确地标识不同种类的专利文献，应当将中国国家代码 CN、专利文献号、专利文献种类标识代码联合使用。排列顺序应为：中国国家代码 CN、专利文献号、专利文献种类标识代码。如果需要，可以在中国国家代码 CN、专利文献号、专利文献种类标识代码之间分别使用 1 位单字节空格，如下所示：

CN XXXXXXXXX A

CN XXXXXXXXX B

CN XXXXXXXXX C

CN XXXXXXXXX U

CN XXXXXXXXX Y

CN XXXXXXXXX S

2）专利文献种类标识代码的书写及印刷格式

除法律法规、行政规章另有规定以外，在印刷及数据显示格式中，字母和数字之间不得使用空格。

3）其他国家、其他实体及政府间组织双字母代码标准

CH 瑞士	CN 中国
DE 德国	EP 欧洲专利局
FR 法国	GB 英国
JP 日本	RU 俄罗斯联邦
US 美国	WO 世界知识产权组织（WIPO）

8.1.6 专利说明书

《专利法》规定：专利说明书应当对发明或者实用新型作出清楚、完整的说明，以所属技术领域的技术人员能够实现为准。必要的时候，应当有附图。摘要应当简要说明发明或者实用新型的技术要点。

说明书通常由扉页、说明书正文和权利要求书三部分构成。

1. 扉页

扉页位于说明书首页，著录本专利的申请、分类、摘要等法律技术特征和著录项目，如图 8－1 所示。

2. 说明书正文

说明书正文应当包括下列内容（图 8－2）：

（1）技术领域：写明要求保护的技术方案所属的技术领域；

[19] 中华人民共和国国家知识产权局

[51] Int. Cl.
F16H 47/06 (2006.01)

[12] 发明专利申请公开说明书

[21] 申请号 200610040368.6

[43] 公开日 2006年10月25日

[11] 公开号 CN 1851293A

[22] 申请日 2006.5.18

[21] 申请号 200610040368.6

[71] 申请人 邓亚民

地址 210001 江苏省南京市白下区琥珀巷4幢703室

[72] 发明人 邓亚民

[74] 专利代理机构 常州市维益专利事务所

代理人 贾海芬

权利要求书1页 说明书4页 附图3页

[54] 发明名称

汽车定轴轮系液力传动变速器

[57] 摘要

一种汽车定轴轮系液力传动变速器，由液力变矩器和变速器组成，液力变矩器包括动力连接盘、锁止离合器、涡轮、导轮、泵轮、油泵、导轮座和输入轴，变速器包括设置在箱体内传动轴、各传动齿轮、输出轴、换档离合器以及倒档轴和倒档齿轮，动力连接盘通过锁止离合器与泵轮连接，导轮通过超越离合器固定在导轮座上，固定连接在箱体上的导轮座套装在输入轴上，涡轮通过涡轮座固定连接在输入轴上；支承连接在箱体上的输出轴与输入轴同轴线连接，且输入轴上的主动齿轮分别与前进档传动齿轮和倒档传动齿轮常啮合，输出轴上的高、低速输出齿轮分别与其对应的高速传动齿轮和低速传动齿轮常啮合。本发明具有结构合理、紧

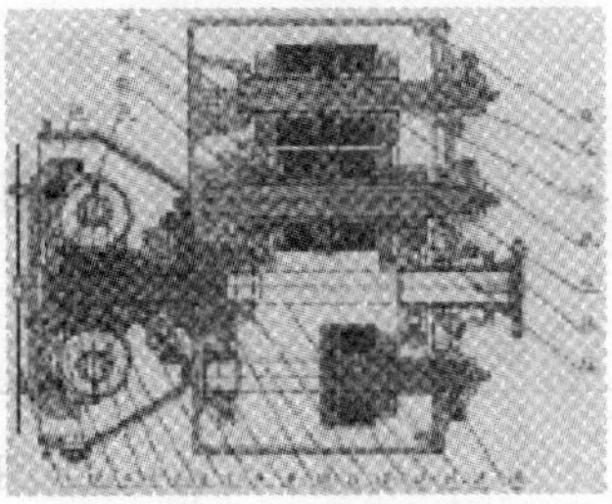

图8-1 专利说明书扉页

(2) 背景技术：写明对发明或者实用新型的理解、检索、审查有用的背景技术以及引证反映这些背景技术的文件；

(3) 发明内容：写明发明或者实用新型所要解决的技术问题以及解决其技术问题所采用的技术方案，并对照现有技术写明发明或者实用新型的有益效果；

(4) 附图说明：说明书有附图的，对各幅附图作简略说明；

(5) 具体实施方式：详细写明申请人认为实现发明或者实用新型的优选方式；必要时，举例说明；有附图的，对照附图。

200610040368.6　　说　明　书　　第1/4页

汽车定轴轮系液力传动变速器

技术领域

本发明涉及一种机动车用液力变速器，尤其是涉及一种汽车定轴轮系液力传动变速器。

背景技术

汽车的变速器主要有机械式变速器和液力机械变速器二种。机械式变速器操作复杂，对于需频繁停车、起步和加速的汽车，驾驶员必须频繁换档，劳动强度很大，且机械式变速器为有级变速的刚性传动，在行驶过程中振动和冲击较大，乘坐舒适性较差。对于液力机械变速器，一种为星行齿轮式变速器，可以通过较少行星排数获得适当多的档数，具有结构紧凑、重量轻的优点。但也存在着工艺性复杂，制造成本高等缺陷。而定轴轮系液力变速器，通过电液控制操纵湿式多片式离合器实现档位的转换，由于采用外啮合齿轮进行换档传动，具有制造工艺好，传动效率高的优点。但由于是外齿啮合，存在着变速器体积较大，不利于整车的安装、维修。为此一般的定轴轮系液力变速器为达到小体积，故档位较少。目前也有的定轴轮系液力变速器采用多档位结构，但多档位的变速器通常是采用五轴以上的传动结构，由于输入轴与输出轴不同轴，这使得变速器外形尺寸较大，故使用场合受到一定的限制。

发明内容

本发明的目的是提供一种结构简单合理、紧凑，外形尺寸小，安装方便的汽车定轴轮系液力传动变速器。

本发明的进一步目的是提供一种传动轴少、输出档位多的汽车定轴轮系液力传动变速器。

本发明为达到上述目的的技术方案是：一种汽车定轴轮系液力传动变速器，由液力变矩器和变速器组成，所述的液力变矩器主要包括动力连接盘、锁止离合器、涡轮、导轮、泵轮、油泵、导轮座和输入轴，所述的变

图 8－2　说明书正文

3. 权利要求书

权利要求书应当说明发明或者实用新型的技术特征，清楚、简要地表述请求保护的范围。权利要求书主要包括如下部分（图 8－3）：

（1）前序部分：写明要求保护的发明或者实用新型技术方案的主题名称和发明或者实用新型主题与最接近的现有技术共有的必要技术特征。

（2）特征部分：使用“其特征是……”或者类似的用语，写明发明或者实用新型区别于最接近的现有技术的技术特征。这些特征和前序部分写明的特征合在一起，限定发明或者实用新型要求保护的范围。

200610040368.6　　**权 利 要 求 书**　　第1/1页

1、一种汽车定轴轮系液力传动变速器，由液力变矩器和变速器组成，所述的液力变矩器主要包括动力连接盘（1）、锁止离合器（28）、涡轮（3）、导轮（4）、泵轮（6）、油泵（8）、导轮座（7）和输入轴（2），所述的变速器包括设置在箱体（23）内传动轴、各传动齿轮、输出轴（13）、各换档离合器以及倒档轴（11）和倒档齿轮（15），其特征在于：所述的动力连接盘（1）通过锁止离合器（28）与泵轮（6）连接，导轮（4）通过超越离合器（5）固定在导轮座（7）上，固定连接在箱体（23）上的导轮座（7）套装在输入轴（2）上，涡轮（3）通过涡轮座（27）固定连接在输入轴（2）上；支承连接在箱体（23）上的输出轴（13）与输入轴（2）同轴线连接，且输入轴（2）上的主动齿轮（10）分别与前进档传动齿轮（26）和倒档传动齿轮（9）常啮合，输出轴（13）上的高、低速输出齿轮（12）、（16）分别与其对应的高速传动齿轮（25）和低速传动齿轮（17）常啮合。

2、根据权利要求 1 所述的汽车定轴轮系液力传动变速器，其特征在于：所述的传动轴包括连接在变速箱（23）上的Ⅰ轴（18）和Ⅱ 轴（22），Ⅰ轴（18）和Ⅱ 轴（22）分别装有二组常啮合的Ⅰ轴传动齿轮（19）和Ⅱ轴传动齿轮（20）以及二组换档离合器（24）、（21），二组换档离合器（24）、（21）分别位于Ⅰ轴传动齿轮（19）和Ⅱ轴传动齿轮（20）之间，且Ⅰ轴（18）上的二组Ⅰ轴传动齿轮（19）分别固定连接在高、低档传动齿轮（25）、（17）上，高、低档传动齿轮（25）、（17）上通过轴承连接在Ⅰ轴（18）上。

3、根据权利要求 1 所述的汽车定轴轮系液力传动变速器，其特征在于：所述的输入轴（2）位于其主动齿轮（10）一侧具有盲孔，输出轴（13）的一端支承连接在变速箱体（23）上，输出轴（13）的内端通过轴承支承连接在输入轴（2）的盲孔内。

4、根据权利要求 1 所述的汽车定轴轮系液力传动变速器，其特征在于：所述的输入轴（2）一端安装有主动齿轮（10），输出轴（13）的内侧端设有盲孔，输出轴（13）的一端支承连接在变速箱体（23）上，输入轴（2）

图 8－3　权利要求书

8.2　国内专利数据库检索系统

专利文献与其他文献最大的不同之处就在于可以免费检索、免费获取专利说明书全文。我国著名的专利数据库主要有中国知网专利数据库［中国专利全文数据库（知网版）和海外专利摘要数据库（知网版）］、万方数据知识服务平台的中外专利数据库、国家知识产权局专利检索平台、广东省专利大数据应用服务系统、soopat 专利检索分析数据库、专利之星检索平台、SOPATENT 专利信息服务平台、国家重点产业专利信息服务平台、中国专利信息网、中国知识产权网、中国专利商标网、中国发明专利技术信息网、中国台湾专利数据库、中华人民共和国香港特别行政区专利数据库等。下面详细介绍这些专利数据库及其检索方法。

8.2.1 国家知识产权局专利检索平台

网址：http：//www. sipo. gov. cn/

1. 数据库介绍

该检索平台由中华人民共和国国家知识产权局主办，主页（图 8 –4）设有概况、政务公示、信息公开、政策法规、国际合作、专利管理、专利代理管理、专利申请指南、文献服务、知识讲座、图书期刊、信息产品、统计信息、知识产权报电子版等栏目，在该检索平台中可以免费检索在我国公开申请的各类型专利。

国家知识产权局专利检索平台面向公众提供免费的专利检索服务，用户可以对发明专利、实用新型专利、外观设计专利三种专利类型进行检索。

该检索平台提供简单检索、高级检索和 IPC 分类检索三种检索方式，可以从申请（专利）号、名称、摘要、申请日、公开（公告）日、公开（公告）号、分类号、主分类号、申请（专利权）人、发明（设计）人、地址、国际公布、颁证日、专利代理机构、代理人、优先权等多种检索入口检索到相关专利文献，同时可以浏览、下载专利说明书全文。

图 8 –4　中华人民共和国国家知识产权局主页

2. 具体检索过程

1）检索界面

国家知识产权局专利检索平台提供药物检索、高级检索和常规检索等检索功能，除此之外，还提供申请人分析、发明人分析、区域分析以及技术领域分析等。其检索界面如图 8 –5 所示，其高级检索界面如图 8 –6 所示。

2）检索示例

检索关于“网络入侵检测”方面的专利。

图 8－5 国家知识产权局专利检索平台检索界面

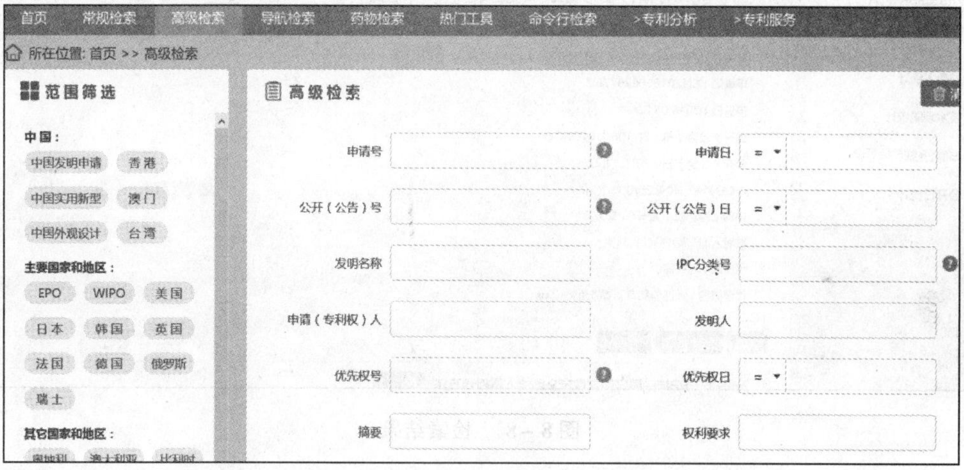

图 8－6 国家知识产权局专利检索平台高级检索界面

（1）检索式：网络 and 入侵检测。

（2）检索方式：专利名称、摘要、权利要求、关键词。

（3）输入检索词，进行检索，如图 8－7 所示。

3）检索结果

检索结果如图 8－8 所示。

4）查看具体记录

具体记录界面如图 8－9 所示。

5）查看专利说明书全文

审定授权说明书如图 8－10 所示。

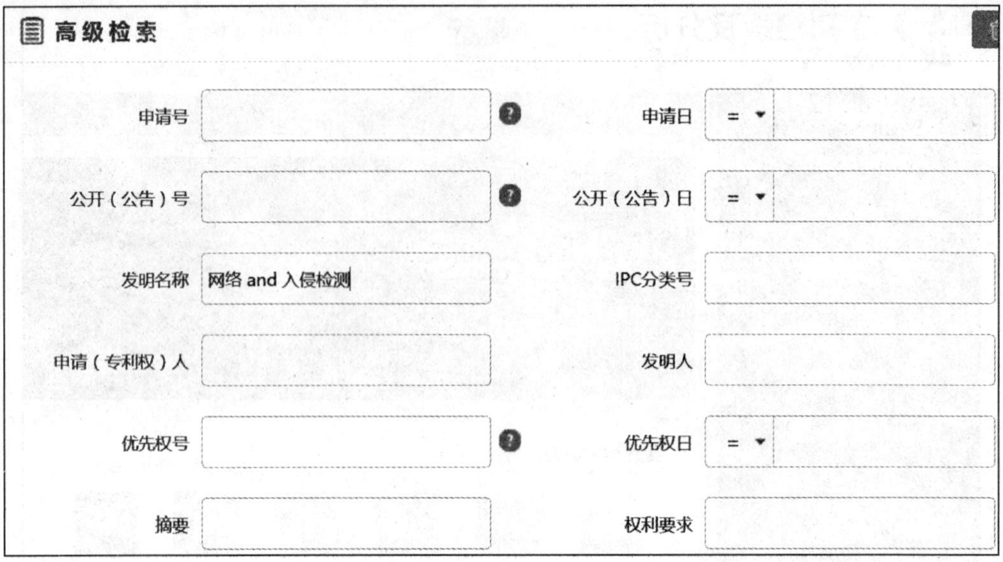

图 8-7　检索过程界面

图 8-8　检索结果

6）IPC 分类检索

IPC 分类检索界面如图 8-11 所示。

国家知识产权局专利检索平台除了可以对在我国申请的非国防专利进行检索外，还可以进行集成电路布图设计检索、国外及我国港澳台专利检索、专题数据库检索、专利的法律状态查询、收费信息查询、代理机构查询、专利证书发文信息查询、通知书发文信息查询、退信信息查询、事务性公告查询等；也可以提供 1985 年至今公告的中国专利法律状态信息，该法律状态信息是国家知识产权局根据专利法和实施细则的规定在出版的发明专利公报、实用新型专利公报和外观设计专利公报上公开和公告的法律状态信息，主要有：实质审查请求的生效，专利权的无效宣告，专利权的终止，权利的恢复，专利申请权、专利权的转移，专利实施许可合同的备案，专利权的质押、保全及其解除，著录项目变更，通知事项等。

法律状态检索界面如图 8-12 所示。

申请（专利）号：200710169100.7

+大 中 小

申请公开说明书（23）页　　▪ 审定授权说明书（16）页

申　请　号：	200710169100.7	申　请　日：	2007.12.29
名　　　称：	一种基于信任模型的Ad hoc网络入侵检测方法及系统		
公开（公告）号：	CN101217396	公开（公告）日：	2008.07.09
主 分 类 号：	H04L12/24(2006.01)I	分案原申请号：	
分　类　号：	H04L12/24(2006.01)I;H04L29/06(2006.01)I		
颁　证　日：		优　先　权：	
申请(专利权)人：	华中科技大学		
地　　　址：	430074湖北省武汉市洪山区珞瑜路1037号		
发 明（设计）人：	王芙蓉;黄 辰;赵 婧;黄本雄;王 非;涂 来	国 际 申 请：	
国 际 公 布：		进入国家日期：	
专利 代理 机构：	北京市德权律师事务所	代　理　人：	吴 涛

摘要

本发明提供一种基于信任模型的Ad hoc网络入侵检测方法，包含：步骤1：本地节点侦测被检测节点的网络行为，通过与典型恶意行为进行比对后计算得到被检测节点的信任值，并记录在本地信任表中；步骤2：本地节点得到邻居节点对被检测节点的推荐信任值；步骤3：综合本地计算的信任值与所有可信的邻居节点所返回的推荐信任值，得到节点的最终信任值，通过查询可信节点的信任值范围来判定节点是否为恶意节点。本发明的优点在于，模型简单，能够在对系统性能影响不大的情况下将恶意节点及早的检测出来，同时还考虑了周围节点对最终节点信任值的影响，误警率与虚警率都较低，对网络的稳定性与安全性起了一个很好的保护作用，且具有良好的可扩展性。

图8-9　具体记录界面

(19) 中华人民共和国国家知识产权局

(12) 发明专利

(10) 授权公告号 CN 101217396 B

(45) 授权公告日 2010.08.11

(21) 申请号 200710169100.7

(22) 申请日 2007.12.29

(73) 专利权人 华中科技大学

地址 430074 湖北省武汉市洪山区珞瑜路1037号

(72) 发明人 王芙蓉　黄辰　赵婧　黄本雄　王非　涂来

(74) 专利代理机构 北京市德权律师事务所 11302

代理人 吴涛

(51) Int.Cl.

H04L 12/24(2006.01)

H04L 29/06(2006.01)

(56) 对比文件

Furong Wand .etc. IDMTM: A Novel on Advanced Information Networking and Applications. 2008, 22978-984.

吴芋．移动自组网络信任管理模型研究．中国优秀硕士学位论文全文数据库 2006 年．2007, 2006 年全文．

黄玉飞等．移动 Ad hoc 网基于信任度的路由发现算法．计算机辅助工程 Vol.14 No.2.2005, Vol.14(No.2), 59-62.

代伟．Ad hoc 网络的入侵检测技术．重庆大学学报(自然科学版) Vol.29 No.5.2006, Vol.29(No.5), 120-123.

周兴峰．基于信任度的AD HOC网络入侵检测系统模型研究．中国优秀硕士学位论文全文数据库 2006 年．2006, 2006 年全文．

审查员　杨中亮

图8-10　审定授权说明书

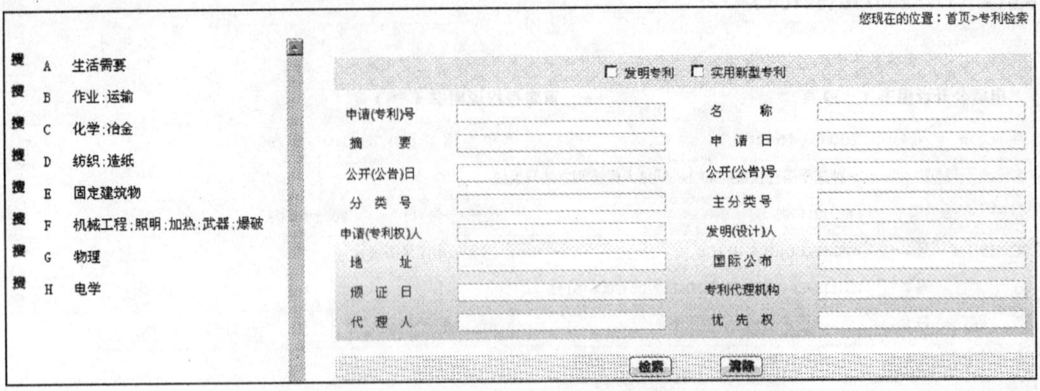

图 8－11 IPC 分类检索界面

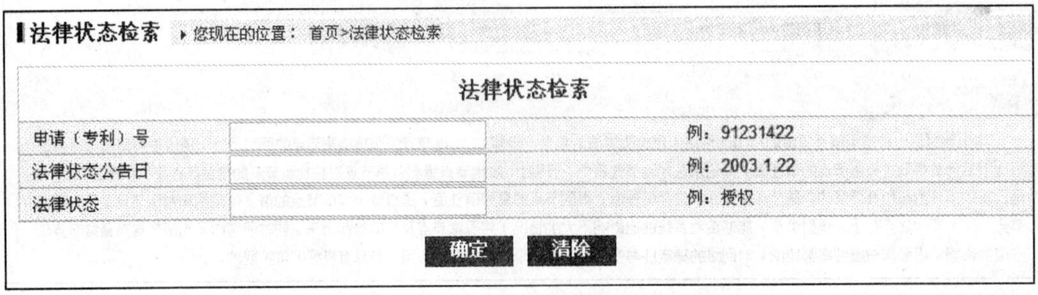

图 8－12 法律状态检索界面

8.2.2 广东省专利大数据应用服务系统

网址：http：//www. cnipsun. com/quick/quickSearch. do

1. 数据库简介

广东省专利大数据应用服务系统是由广东省知识产权局、广东省知识产权研究与发展中心及广州奥凯信息咨询有限公司联合开发，以海量专利数据为依托，为用户提供专业、简单、便捷的专利检索与分析工具。该应用服务系统的专利数据由国家知识产权局区域专利信息服务（广东）中心提供。数据范围覆盖世界多个国家和组织，提供 1985 年以来中国专利（包括失效专利）和 1978 年以来的国外专利，数据内容包括专利题录、权利要求、法律状态、说明书、附图、原文、引证和同族专利等信息。

2. 数据库的主要功能

该数据库的主要功能如下：

（1）智能检索。智能检索提供最常用的字段供用户进行检索，包括标题、摘要、申请（专利）号、公开（公告）号、申请（专利权）人、发明（设计）人等。可检索范围包括：全部中国专利、国外专利。

（2）高级检索。高级检索可支持多字段按照相应逻辑关系进行组合检索，检索字段可为标题、摘要、公开号、申请号、申请人、IPC 等，逻辑关系包括 and、or、not 三种，支持与表达式的混合检索，检索字段可根据用户需要进行增删。

（3）分类检索。IPC 检索提供了两种方式：一种是按照 IPC 分类号分级检索；另一种通过分类号和描述的 IPC 分类检索，在显示结果中可以快速查找属于各个 IPC 分类的专利。

（4）法律状态检索。法律状态检索提供专利的法律状态信息，如公开，审定，授权，专利权的无效，专利权的撤销，专利权的继承或转让、变更、更正等信息。

（5）批量检索。支持用户批量检索专利，可直接输入专利申请号/公开号，或导入 txt、Excel 文档，系统自动识别专利号，并显示其导入结果。导入专利号后可查看检索结果，或直接批量下载专利 PDF 全文、导出专利数据。

（6）专利对比。用户选择两项以上的专利进行对比，可采用拖拽的方式把专利放在对比栏中进行对比，对比内容包括标题、公开信息、申请信息、发明人、导航项等，以上字段可根据用户需求设置显示与否。专利对比结果实时显示，且支持用户进行保存和导出等操作。

（7）下载与分享。用户可将专利收藏到自己设定的文件夹中，文件夹目录层级可自定义增加，收藏内容可由用户自行归类管理。遇到自己或他人感兴趣的专利时，可一键分享专利信息，对方可在邮箱中直接收到分享信息及专利基本信息。

（8）专利分析。单次分析专利量多达 1 万件，提供基于综合、申请人、发明人、地域、技术领域和专利代理等 40 多个分析模板，帮助用户快速地得到分析结果。分析结果以图形和表格的样式展现，图形包括线图、饼图、柱状图、棋盘图等，同时支持用户对结果进行设定，进行数据筛选与过滤，以得到更精确的分析结果。对分析结果的图标可进行保存和导出。

广东省专利大数据应用服务系统主页如图 8－13 所示，其高级检索界面如图 8－14 所示，其 IPC 分类检索界面如图 8－15 所示，其法律状态检索界面如图 8－16 所示，其批量检索界面如图 8－17 所示。

3. *检索示例*

检索“无人机集群应用”方面的专利文献并进行分析。

1）检索分析

（1）检索词：无人机、无人系统、集群。

（2）编辑检索式：（无人机 or 无人系统）and 集群。

图 8－13 广东省专利大数据应用服务系统主页

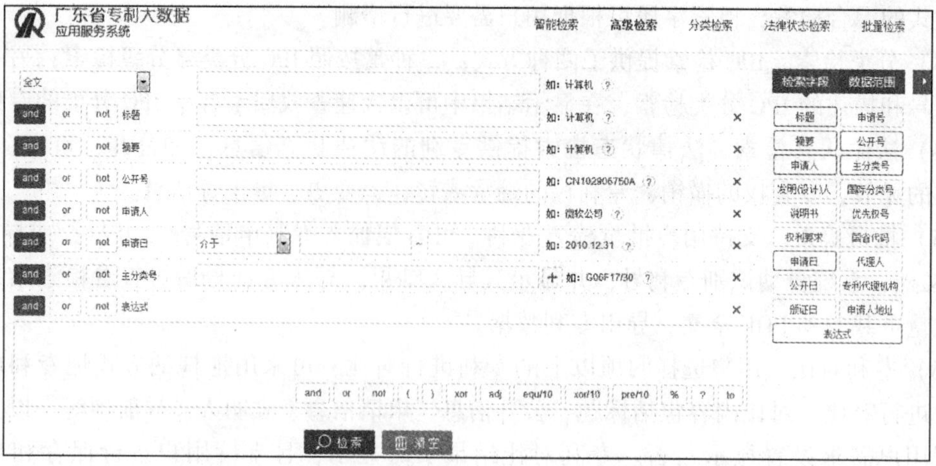

图 8 - 14　广东省专利大数据应用服务系统高级检索界面

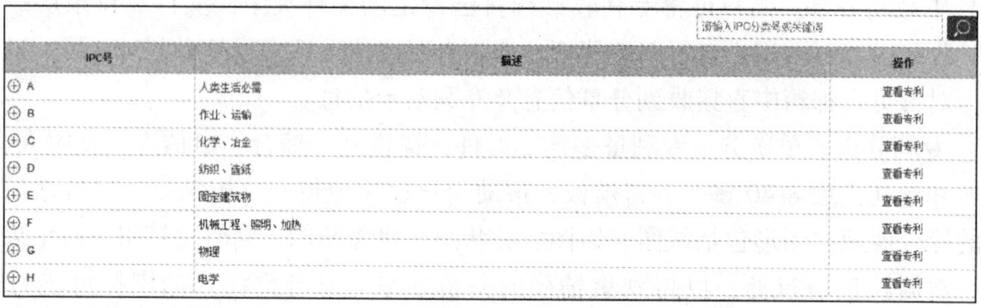

图 8 - 15　广东省专利大数据应用服务系统 IPC 分类检索界面

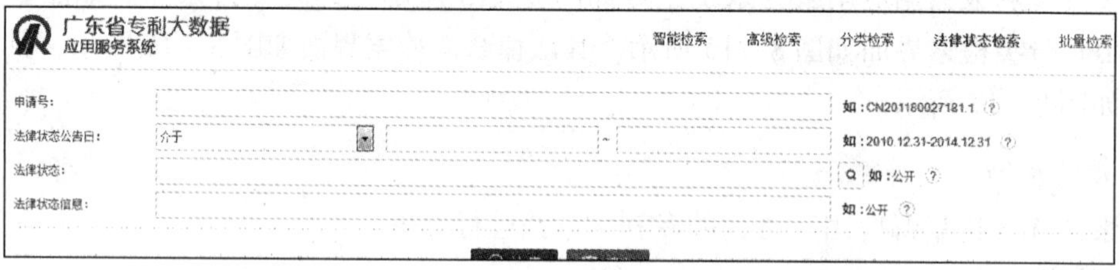

图 8 - 16　广东省专利大数据应用服务系统法律状态检索界面

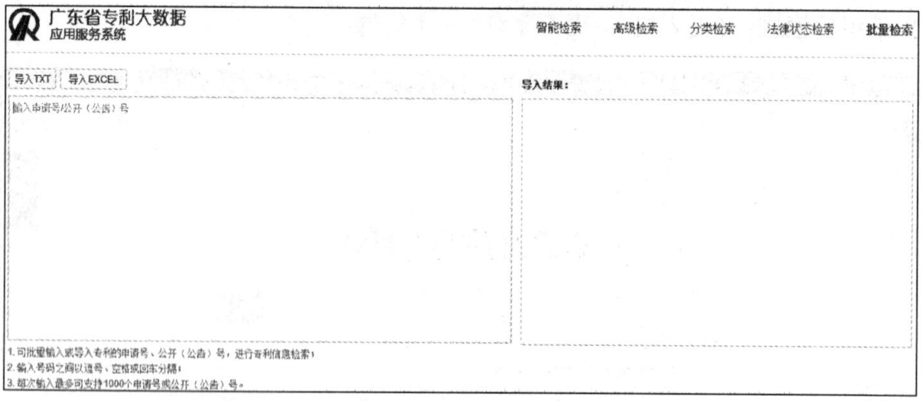

图 8 - 17　广东省专利大数据应用服务系统批量检索界面

（3）检索方式：全文；标题、摘要；标题、摘要、权利要求。

2）具体检索过程

（1）进入高级检索界面，检索方式选择“标题、摘要、权利要求”，输入检索式，进行检索，如图 8－18 所示。

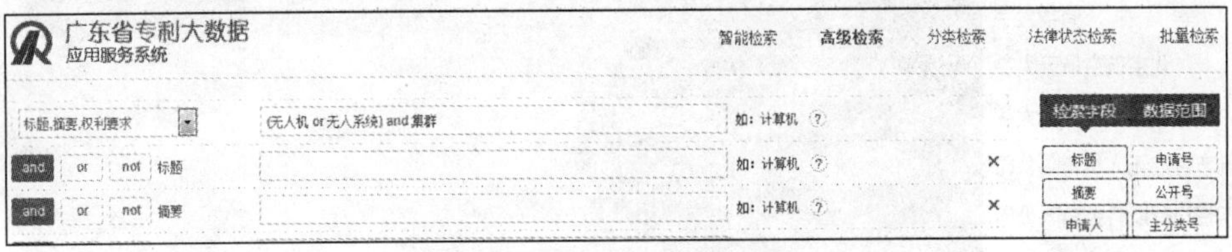

图 8－18　具体检索过程

（2）检索结果：中国发明专利 110 件、中国实用新型专利 14 件、中国外观设计专利 4 件、中国发明授权专利 12 件，如图 8－19 所示。

图 8－19　检索结果

3）专利分析

该数据库可以针对 10 000 以内的检索结果进行综合分析、申请人分析、发明人分析、地域分析、技术领域分析、专利代理分析等。下面针对具体的检索结果进行分析。

（1）综合分析包括总体趋势分析、增长态势分析。增长态势分析如图 8－20 所示。

图 8－20　专利增长态势分析

（2）申请人分析包括申请人趋势分析、申请人排名分析、申请人构成分析、申请人地域分析、申请人技术领域分析、申请人合作分析。申请人排名分析如图 8－21 所示。

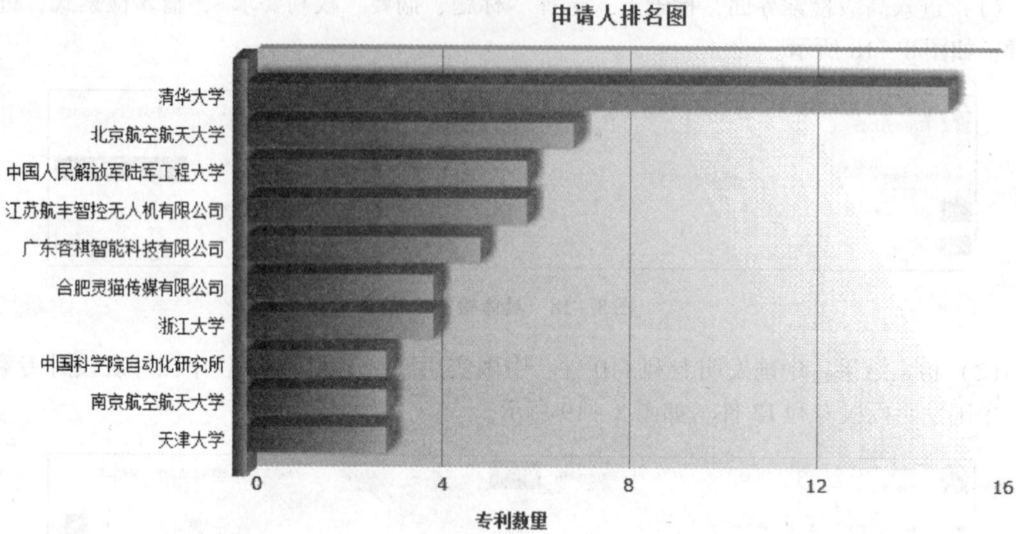

图 8－21　专利申请人排名分析

（3）发明人分析包括发明人趋势分析、发明人排名分析、发明人构成分析、发明人地域分析、发明人技术领域分析、发明人合作分析。发明人排名分析如图 8－22 所示。

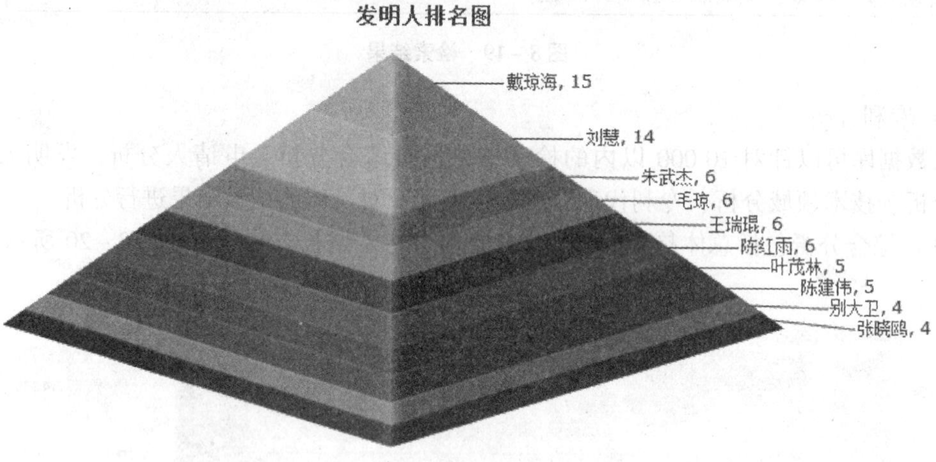

图 8－22　专利发明人排名分析

（4）地域分析包括地域趋势分析、地域排名分析、地域构成分析、地域申请人分析、地域发明人分析、地域技术领域分析。地域趋势分析如图 8－23 所示。

5）技术领域分析包括技术领域趋势分析、技术领域排名分析、技术领域构成分析、技术领域申请人分析、技术领域发明人分析、技术领域区域分析、技术领域关联度分析。技术领域构成分析如图 8－24 所示。

（6）专利代理分析包括代理趋势分析、代理排名分析、代理申请人分析、代理人技术领域分析等。代理技术领域分析如图 8－25 所示。

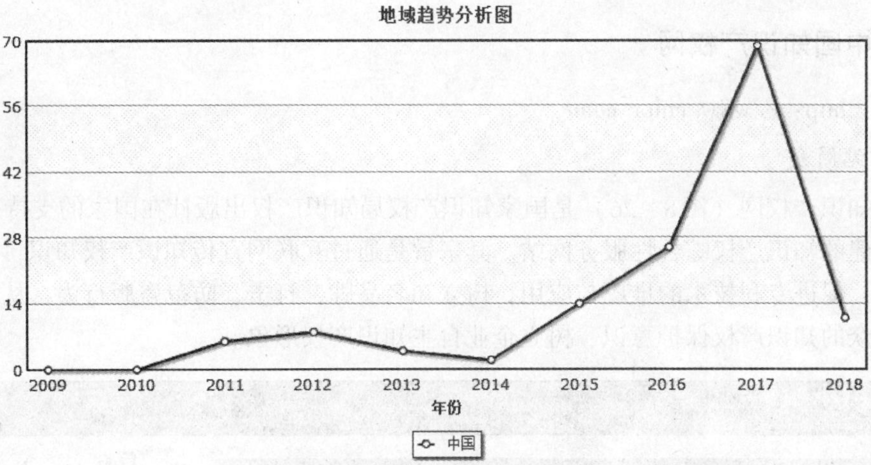

图 8－23　专利地域趋势分析

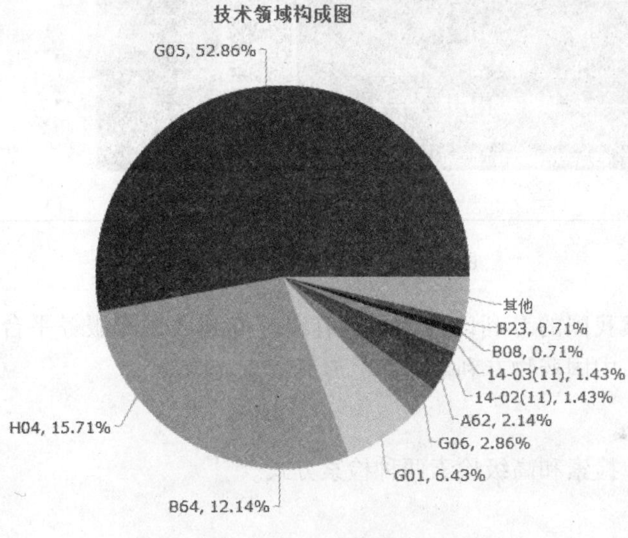

图 8－24　专利技术领域构成分析

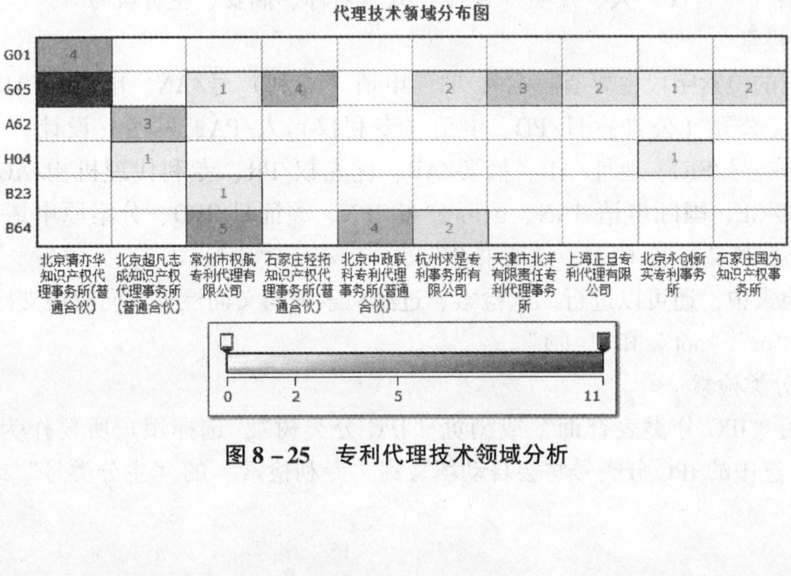

图 8－25　专利代理技术领域分析

8.2.3 中国知识产权网

网址：http：//www. cnipr. com/

1. 网站简介

中国知识产权网（图8－26）是国家知识产权局知识产权出版社在国家的支持下于1999年6月创建的知识产权综合性服务网站。其宗旨是通过互联网宣传知识产权知识，传播知识产权信息，促进专利技术的推广与应用，树立知名品牌，打击、防范盗版行为，从整体上提高国内公众的知识产权保护意识、树立企业自主知识产权形象。

图8－26 中国知识产权网主页

该网站除了检索我国的专利以外，还具有中外专利数据库服务平台、专利信息分析系统、专利管理系统、中国药物专利数据库、专利信息光盘等。

2. 检索功能

该网站具有简单检索和高级检索两种检索方式。

1）简单检索

简单检索的检索字段主要有：申请（专利）号、申请日、公开（公告）号、公开（公告）日、申请（专利权）人、发明（设计）人、名称、摘要、主分类号等。

2）高级检索

高级检索的检索字段主要有：名称/TI、申请（专利）号/AN、申请日/AD、公开（公告）号/PNM、公开（公告）日/PD、申请（专利权）人/PA、发明（设计）人/IN、主分类号/PIC、分类号/SIC、地址/AR、摘要/AB、优先权/PR、专利代理机构/AGC、代理人/AGT、主权项/CL、国际申请/IAN、国际公布/IPN、颁证日/IPD、分案原申请日/DAN、国省代码/CO、权利要求书/CLM、说明书/FT等。

在高级检索中，还可以进行二次检索、过滤检索和同义词检索，同时还支持布尔逻辑运算符“and”“or”“not”和“（）”。

3）IPC分类检索

可以使用“IPC分类表查询”或浏览“IPC分类树”，选择用户所要作为检索条件的IPC分类号，选中的IPC分类号将会自动填写到“专利检索”的“主分类号”或“分类号”

中，作为检索条件，进行专利信息查询。可以多次选择不同的 IPC 分类号，所选的 IPC 分类号将以“或”的关系成为检索条件。

4）行业分类导航

为促进专利信息的普及应用、提高检索效率、降低初学者检索难度，该网站设计了分类导航检索功能。该分类导航以《国际标准产业分类》和《国民经济行业分类与代码》为依据构建，与之对应的检索表达式由国家知识产权局专家编写。行业分类导航是中国知识产权网中外专利数据库服务平台的新增功能，按照行业的分类对中外专利进行检索。行业分类导航可进行与全库检索类似的表格检索、二次检索、过滤检索等。

5）法律状态检索

中国知识产权网中外专利数据库服务平台的专利申请（专利）的状态信息主要来源于国家知识产权局出版的发明、实用新型和外观设计专利公报。由于专利申请（专利）的法律状态发生变化时，专利公报的公布及检索系统登录信息存在滞后性，该网站的法律状态信息仅供参考。若需要准确的法律状态信息时，应向国家知识产权局专利局请求出具专利登记簿副本，查询其法律状态。

法律状态信息项目主要有公开，实质审查请求生效，审定，授权，专利权的主动放弃，专利权的自动放弃，专利权的视为放弃，专利权的终止，专利权的无效，专利权的撤销，专利权的恢复，权利的恢复，保护期延长，专利申请的驳回，专利申请的撤回，专利权的继承或转让、变更、更正等。除此之外，还可以实行专利权利转移检索、专利质押保全检索与专利实施许可检索等。

法律状态检索界面如图 8－27 所示。

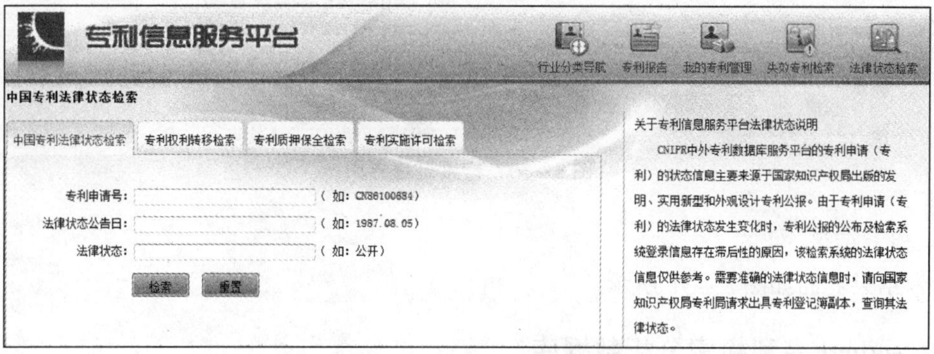

图 8－27　法律状态检索界面

3. 具体检索过程

1）简单检索界面

中国知识产权网简单检索界面如图 8－28 所示。

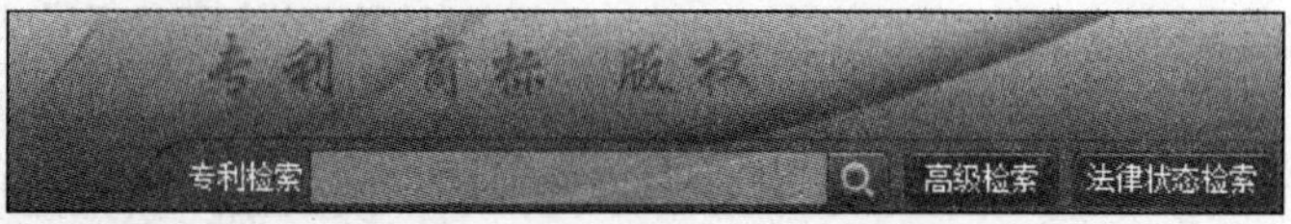

图 8－28　中国知识产权网简单检索界面

2）高级检索界面

中国知识产权网高级检索界面如图 8-29 所示。

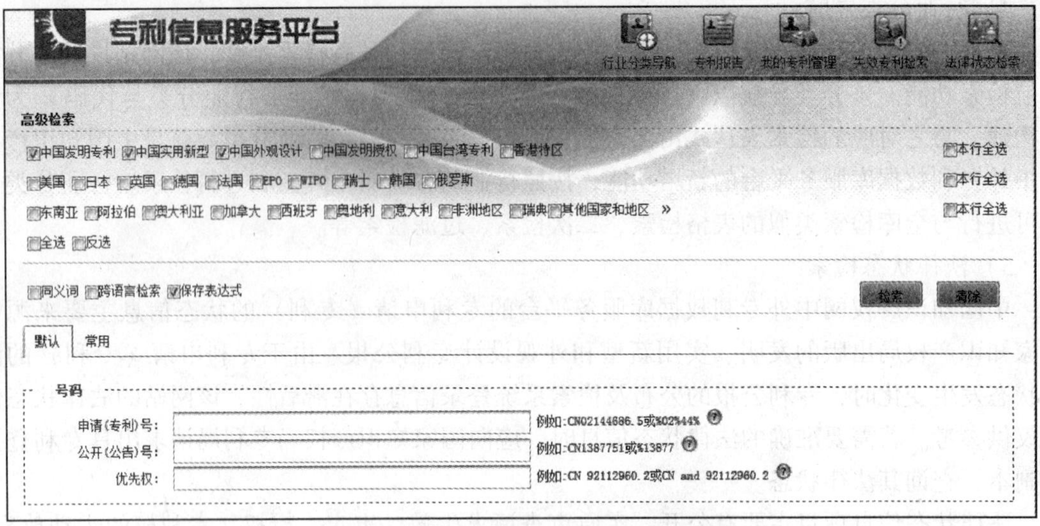

图 8-29　中国知识产权网高级检索界面

3）输入检索词，进行检索

检索过程界面如图 8-30 所示。

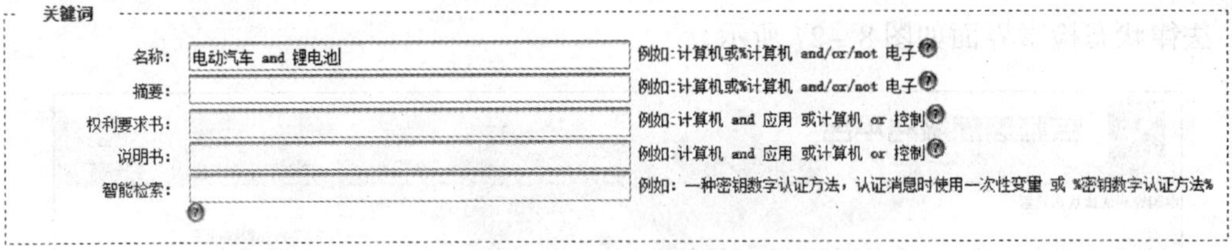

图 8-30　检索过程界面

4）检索结果

检索结果界面如图 8-31 所示。

8.2.4　soopat 专利检索分析数据库

网址：http：//www. soopat. com/

1. 数据库简介

soopat（图 8-32）立足专利领域，致力于专利信息数据的深度挖掘和专利信息获得的便捷化，努力创造最强大、最专业的专利搜索引擎，为用户提供功能强大的专利搜索与分析功能。它不仅可以检索到中国所有公开的专利，还可以检索到美国、欧专局、世知组织、日本、德国、法国、英国、瑞士、瑞典、韩国、荷兰、意大利、澳大利亚、印度、南非、加拿大、俄罗斯等98 个国家和组织的7 200 多万篇专利文献。该数据库实行注册登录制度，注册成为会员后，可以免费对专利信息进行检索、分析以及下载各种专利文献的全文。该数据库

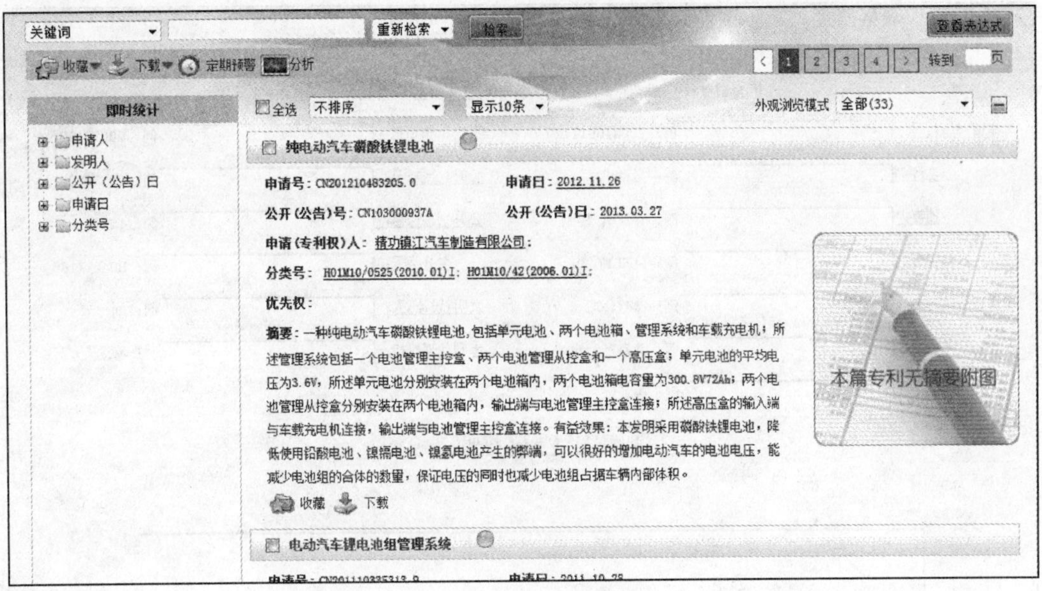

图 8－31　检索结果界面

还提供我国专利代理人考试信息、soopat 专利导航以及 PATMM 等专利交易信息。

该数据库的检索方式主要有表格检索、高级检索、专家检索、IPC 分类检索、引文检索以及专利族检索等。

图 8－32　soopat 数据库主页

表格检索界面如图 8－33 所示。

2. 检索说明

该数据库主要支持模糊搜索，字段内各检索词之间可进行 AND、OR、NOT 运算，使用时 AND、OR、NOT 必须大写。字段内各检索词之间如以空格间隔，默认为 AND 关系。

（1）申请号：搜索时需输入完整申请号。申请号前不用加“ZL”或“CN”。

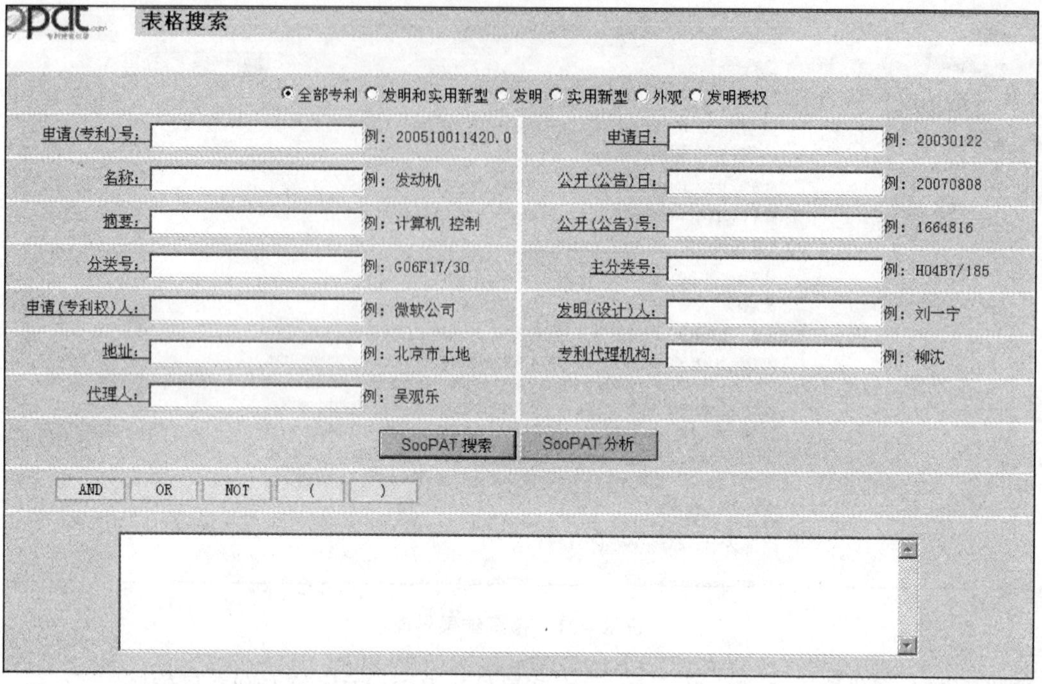

图 8-33　表格检索界面

检索示例：

①输入完整申请号，如已知申请号为“99111770.0”，可键入“99111770.0”。

②已知申请号为“200510011420.0”，可键入：“200510011420.0”。

③已知申请号前几位为“20051001142”，可键入：“20051001142”。

（2）申请日：由年、月、日三部分组成。直接输入其年、月、日所构成的连续 8 位数字，年、月、日各数字之间不用符号间隔。

检索示例：

①申请日为 2005 年 07 月 21 日，可键入“20050721”。

②申请日为 2005 年，可键入“2005”。

③申请日为 2005 年 07 月，可键入“200507”。

④申请日为 2007 年 08 月到 2009 年 6 月，可键入“SQRQ：[200708 TO 200906]”。

（3）名称：可输入所知的完整专利名称，也可选用合适的关键字进行模糊搜索。应尽量选用合适的关键字，以免检索出过多无关文献。

检索示例：

①已知名称中包含“计算机”，可键入“计算机”。

②已知名称中包含“计算机”和“应用”，可键入“计算机 AND 应用”。

③已知名称中包含“计算机”或“控制”，可键入“计算机 OR 控制”。

④已知名称中包含“计算机”，但不包含“电子”时，可键入“计算机 NOT 电子”。

（4）公开日：由年、月、日三部分组成。直接输入其年、月、日所构成的连续 8 位数字。年、月、日各数字之间不用符号间隔。

检索示例：

①公开日为 2007 年 08 月 08 日，可键入“20070808”。

②公开日为 2007 年，可键入“2007”。

③公开日为 2007 年 08 月，可键入“200708”。

④公开日为 2007 年 08 月到 2009 年 6 月，可键入“GKRQ：[200708 TO 200906]”。

(5) 摘要：应尽量选用合适的关键字，以免检索出过多无关文献。

检索示例：

①已知摘要中包含“计算机”，可键入“计算机”。

②已知摘要中包含“计算机”和“应用”，可键入“计算机 应用”。

③已知摘要中包含“计算机”或“控制”，可键入“计算机 OR 控制”。

④已知摘要中包含“计算机”，但不包含“电子”，可键入“计算机 NOT 电子”。

(6) 公开（公告）号：直接输入完整的公开（公告）号。公开（公告）号前不用加“ZL”或“CN”。

检索示例：

①已知公开（公告）号为“1387751”，可键入“1387751”。

②已知公开（公告）号前面几位为“13877”，可键入“13877”。

(7) 分类号、主分类号：分类号可由《国际专利分类表》查得。其号码格式包括：部、大类、小类、大组、小组。

检索示例：

①已知分类号为“G06F17/30”，可键入“G06F17/30”。

②已知分类号起首部分为“G06F”，可键入“G06F”。

③若检索分类号为“G06F17/30”或“G06F15/17”，可键入“G06F17/30 OR G06F15/17”。

④如为外观设计专利，其分类号格式为两位数字 - 两位数字，如“06 - 09”，可键入“06 - 09”。

(8) 名称：可输入所知的完整专利名称，也可选用合适的关键字进行模糊搜索。应尽量选用合适的关键字，以免检索出过多无关文献。

检索示例：

①已知名称中包含“计算机”，可键入“计算机”。

②已知名称中包含“计算机”和“应用”，可键入“计算机 应用”。

③已知名称中包含“计算机”或“控制”，可键入“计算机 OR 控制”。

④已知名称中包含“计算机”，但不包含“电子”，可键入“计算机 NOT 电子”。

(9) 申请（专利权）人：申请（专利权）人可为个人或团体，搜索时可以写出完整的申请人名，也可以只写出一部分进行关键字模糊搜索。

检索示例：

①已知申请（专利权）人为王强，可键入“王强”

②已知申请（专利权）人为微软公司，可键入“微软公司”。

③已知申请（专利权）人名字中包含“宁”，可键入“宁”。

④已知申请（专利权）人名字中包含“刘”和“宁”，可键入“刘 宁”。

⑤已知申请（专利权）人为北京某塑料厂，可键入“北京 塑料”。

⑥已知申请（专利权）人中包含“微软公司”或“西门子”，可键入“微软公司 OR 西门子”。

(10) 发明（设计）人：可以写出完整的发明（设计）人名，也可以只写出一部分进行关键字模糊搜索。

检索示例：

①已知发明（设计）人为袁隆平，可键入“袁隆平”。

②已知发明（设计）人名字中包含“宁”，可键入“宁”。

③已知发明（设计）人名字中包含“刘”和“宁”，可键入“刘 宁”。

④已知发明（设计）人中包含“袁隆平”和“邓启云”，可键入“袁隆平 邓启云”。

⑤已知发明（设计）人中包含“袁隆平”或“邓启云”，可键入“袁隆平 OR 邓启云”。

(11) 地址：支持模糊检索，模糊检索时应尽量选用合适的关键字，以免检索出过多无关文献。

检索示例：

①已知地址中包含“北京市”，可键入“北京市”。

②已知地址中包含“北京市”和“中关村”，可键入“北京市 中关村”。

③已知地址中包含“北京市”或“苏州市”，可键入“北京市 OR 苏州市”。

(12) 专利代理机构：可以写出完整的专利代理机构名称，也可以只写出一部分进行模糊搜索。

检索示例：

①已知专利代理机构名称中包含“柳沈”，可键入“柳沈”。

②已知专利代理机构名称中包含“贸易”和“专利”，可键入“贸易 专利”。

③已知专利代理机构名称中包含“柳沈”或“贸易促进委员会”，可键入“柳沈 OR 贸易促进委员会”。

(13) 代理人：可以写出完整的代理人名，也可以只写出一部分进行模糊搜索。

检索示例：

①已知代理人为吴观乐，可键入“吴观乐”。

②已知代理人名字中包含“吴”和“乐”，可键入“吴 乐”。

③已知代理人中包含“吴观乐”或“许鸣石”，可键入“吴观乐 OR 许鸣石”。

3. 检索示例

检索关于“高压共轨系统”方面的专利。

检索方式：名称、摘要。

(1) 输入检索词，进行检索，如图 8－34 所示。

(2) 检索结果如图 8－35 所示。

(3) 查看具体记录，如图 8－36 所示。

(4) 检索结果分析，如图 8－37 所示。

(5) 专利说明书全文如图 8－38 所示。

图8-34 检索过程界面

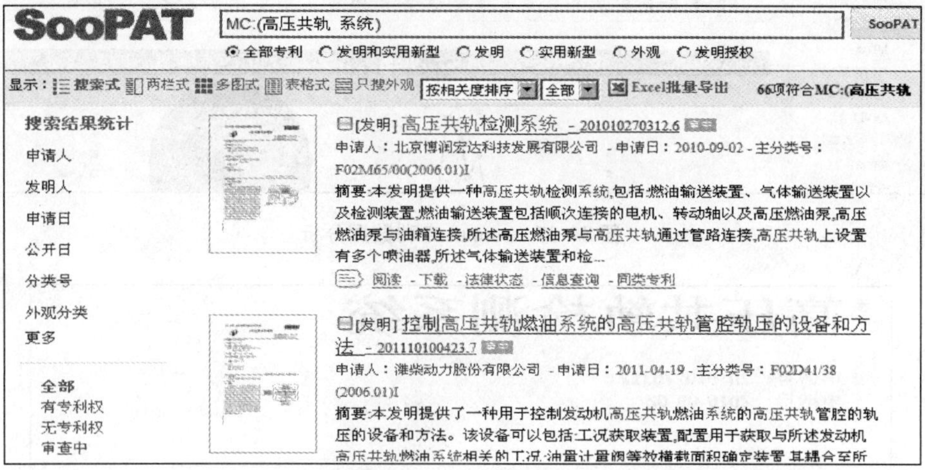

图8-35 检索结果

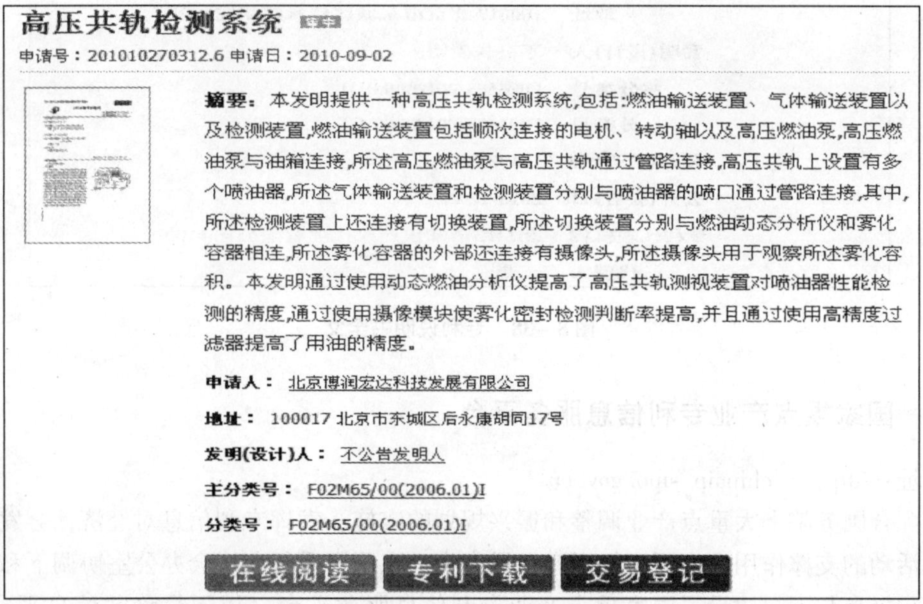

图8-36 具体记录界面

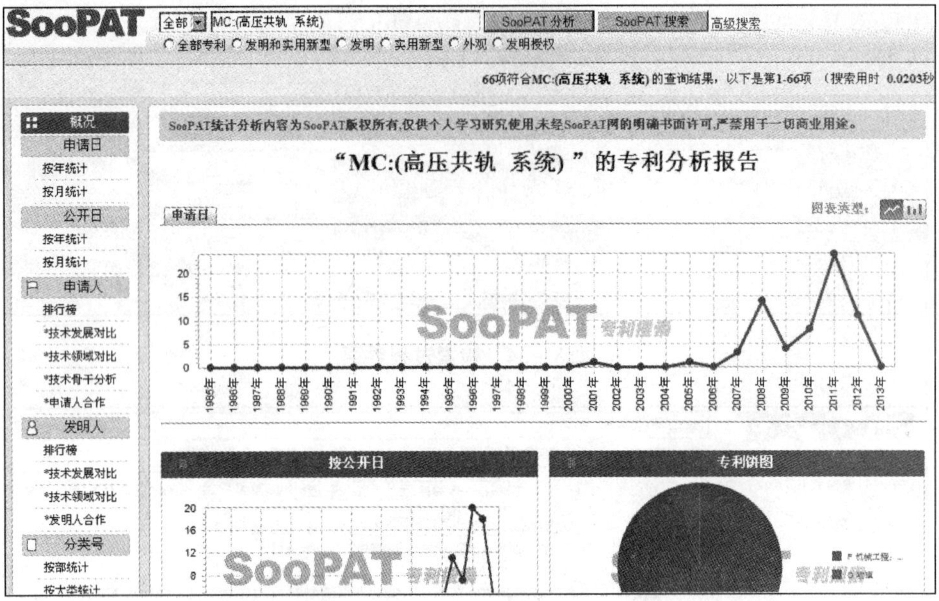

图 8－37　soopat 专利数据分析

高压共轨检测系统

申请号：201010270312.6
申请日：2010-09-02

申请(专利权)人	北京博润宏达科技发展有限公司
地址	100017 北京市东城区后永康胡同17号
发明(设计)人	不公告发明人
主分类号	F02M65/00(2006.01)I
分类号	F02M65/00(2006.01)I
公开(公告)号	101922394A
公开(公告)日	2010-12-22
专利代理机构	北京路浩知识产权代理有限公司 11002
代理人	王莹

图 8－38　专利说明书全文

8.2.5　国家重点产业专利信息服务平台

网址：http：//chinaip. sipo. gov. cn/

为配合国务院十大重点产业调整和振兴规划的实施，发挥专利信息对经济社会发展和企业创新活动的支撑作用，由国家知识产权局牵头，在国资委行业协会办公室协调下和各行业协会的积极参与下，建设了国家重点产业专利信息服务平台（以下简称“信息平台”，如图 8－39 所示），为十大重点产业提供公益性的专利信息服务。

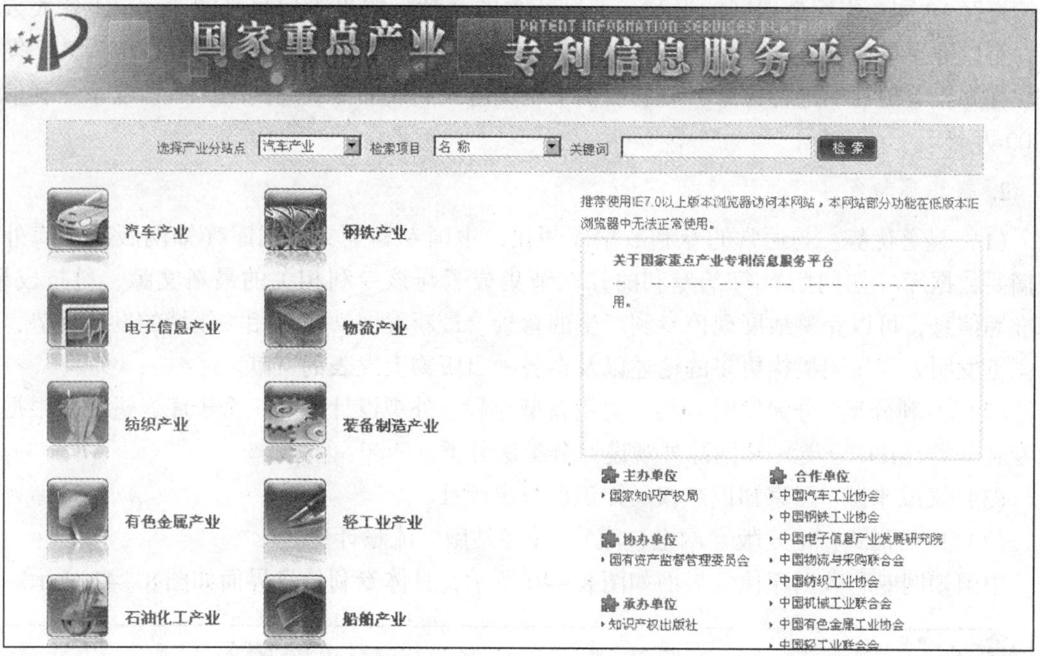

图8－39　国家重点产业专利信息服务平台主页

信息平台在内容上，涵盖规划中有关技术创新重点领域的国内外数十个国家专利文献信息；在功能上，针对科技研发人员和管理人员，提供集一般检索、分类导航检索、数据统计分析、机器翻译等多种功能于一体的集成化专题数据库系统。

利用信息平台，行业和企业可以了解竞争对手的技术水平、跟踪最新技术发展动向、提高研发起点、加快产品升级和防范知识产权风险，为自主创新、技术改造、并购重组、产业或行业标准制定和实施“走出去”战略发挥重要作用。

8.2.6　中国知网专利数据库

网址：http：//search. cnki. net/kns/brief/result. aspx？dbprefix＝SCOD

1. 数据库简介

中国知网专利数据库包括中国专利全文数据库（知网版）和海外专利摘要数据库（知网版）两个专利数据库。

中国专利全文数据库（知网版）收录了1985年9月以来的所有专利，包含发明专利、实用新型专利、外观设计专利三个子库，准确地反映中国最新的专利发明。专利的内容来源于国家知识产权局知识产权出版社，相关的文献、成果等信息来源于CNKI各大数据库。可以通过申请号、申请日、公开号、公开日、专利名称、摘要、分类号、申请人、发明人、地址、专利代理机构、代理人、优先权等检索项进行检索，并下载专利说明书全文，共计收录专利信息2 000万条。

海外专利摘要数据库（知网版）收录1970年以来美国、日本、英国、德国、法国、瑞士、世界知识产权组织、欧洲专利局、俄罗斯、韩国、加拿大、澳大利亚、中国香港及中国台湾地区 10 国 2 组织 2 地区的专利。专利相关的文献、成果等信息来源于 CNKI 各大数据库。可以通过申请号、申请日、公开号、公开日、专利名称、摘要、分类号、申请人、发明人、优先权等检索项进行检索，专利说明书全文链接到欧洲专利局网站，共计收录专利信息 9 000 万条。

2. 数据库特色

（1）显著优势：与通常的专利数据库相比，中国专利全文数据库（知网版）和海外专利摘要数据库（知网版）每条专利的知网节集成了与该专利相关的最新文献、科技成果、标准等信息，可以完整地展现该专利产生的背景、最新发展动态、相关领域的发展趋势，可以浏览发明人与发明机构更多的论述以及在各种出版物上发表的文献。

（2）专利分类：分为发明专利、实用新型专利、外观设计专利三个子库，进一步根据国际专利分类（IPC 分类）和国际外观设计分类法分类。

（3）文献来源：国家知识产权局知识产权出版社。

（4）产品形式：Web 版（网上包库）、镜像站版、流量计费。

中国知网专利数据库检索界面如图 8 –40 所示，具体专利信息界面如图 8 –41 所示。

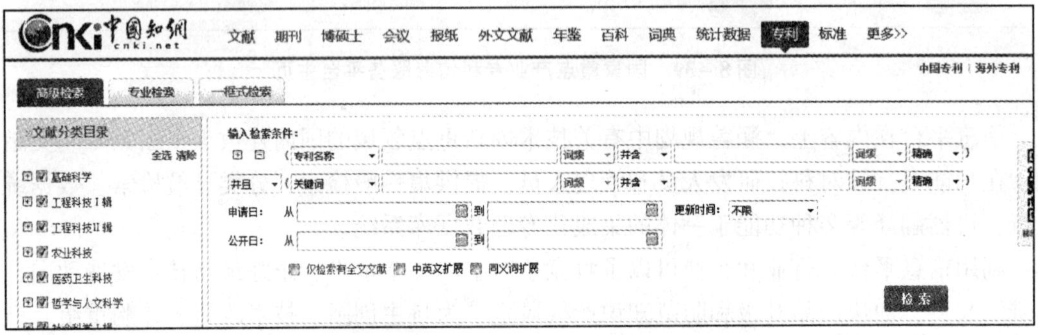

图 8 –40　中国知网专利数据库检索界面

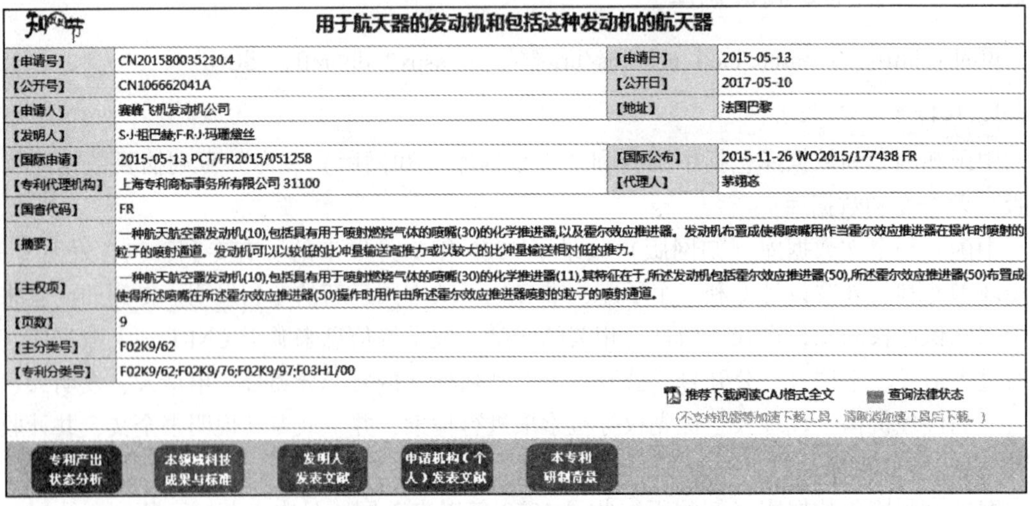

图 8 –41　具体专利信息界

8.2.7 中外专利数据库

网址：http：//g. wanfangdata. com. cn/navigations/patent. do

1. 数据库简介

中外专利数据库（Wanfang Patent Database，WFPD）的专利资源收录始于1985年，目前共收录中国专利1 500万余条，国外专利3 700万余条，年增25万条。收录范围涉及中国、美国、日本、英国、德国、法国、瑞士、世界知识产权组织、欧洲专利局、俄罗斯、韩国、加拿大、澳大利亚等国家和组织的专利文献，内容涵盖自然科学各个学科领域。

2. 数据库检索

该数据库提供快速检索、高级检索以及根据国际专利分类浏览等检索方式（图8－42），检索字段主要有申请号、申请日、公开号、公开日、专利名称、摘要、分类号、申请人、发明人、地址、专利代理机构、代理人、优先权等检索字段。

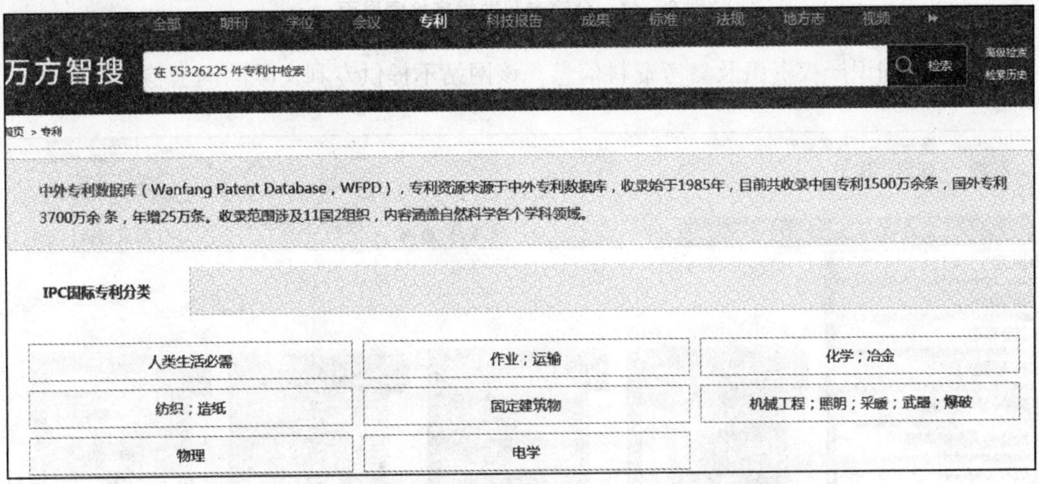

图8－42 中外专利数据库快速检索及分类浏览界面

8.2.8 中国台湾专利数据库

网址：http：//www. apipa. org. tw/index. php

中国台湾专利数据库（图8－43）由台湾亚太智慧财产权基金会提供，使用中国台湾BIG－5码检索和显示。数据库包括1950年至今的专利数据，有19个检索入口，支持复杂检索。

8.2.9 中华人民共和国香港特别行政区专利数据库

网址：https：//www. ipd. gov. hk/sc/home. htm

1. 中华人民共和国香港特别行政区知识产权署

该网站（图8－44）主要介绍中国香港知识产权署概况、中国香港知识产权法律、招标

图 8-43　台湾专利数据库检索界面

及咨询文件、知识产权资讯及参考资料信息，该网站不提供专利文献的网上检索服务。

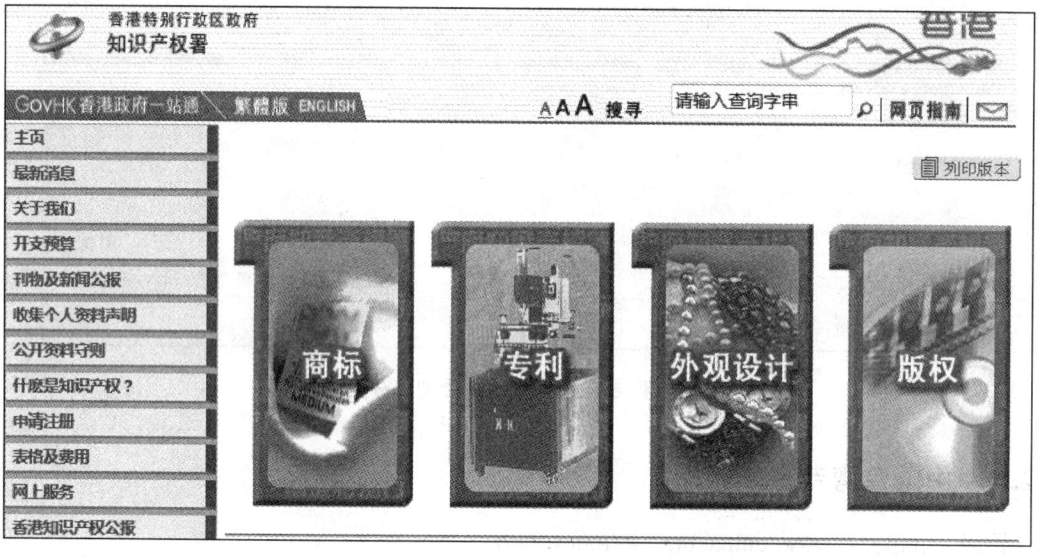

图 8-44　中华人民共和国香港特别行政区知识产权署主页

2. 中华人民共和国香港特别行政区知识产权署网上检索系统

网址：http：//ipsearch. ipd. gov. hk/index. html

中华人民共和国香港特别行政区知识产权署网上检索系统（图 8-45）可以对在中国香港申请注册的商标、专利以及外观设计进行免费检索，可以查看具体的摘要信息，但是不能查看全文。

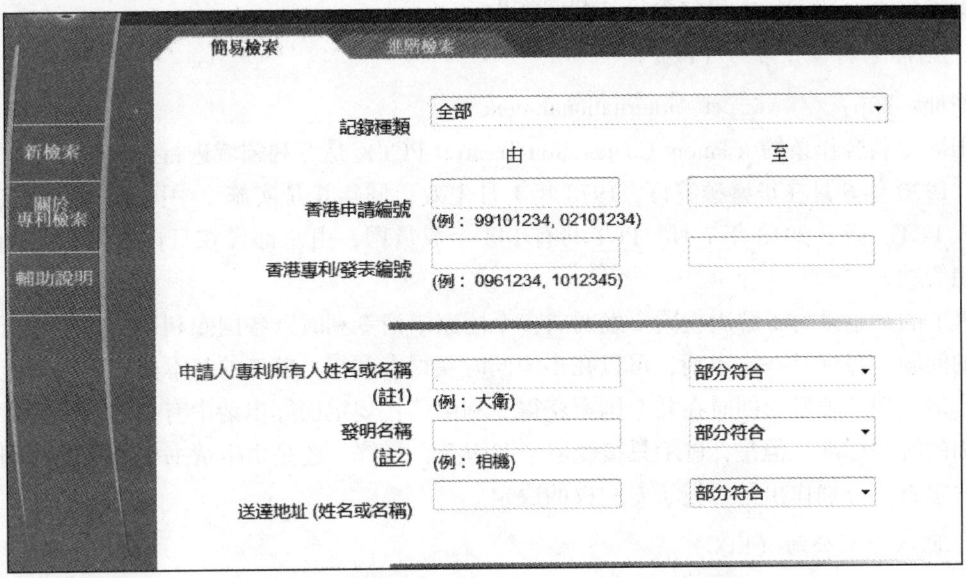

图 8－45　中华人民共和国香港特别行政区知识产权署网上检索系统界面

8.3　国外专利数据库检索系统

国外的专利数据库很多，比较著名的主要有：德温特专利数据库（DII）、欧洲专利数据库、美国专利数据库、日本专利数据库以及世界其他各国的专利数据库等。

8.3.1　国际性的专利组织

1.《保护工业产权巴黎公约》(《巴黎公约》)

《保护工业产权的巴黎公约》（Paris Convention for The Protection of Industrial Property，简称《巴黎公约》）于 1883 年 3 月 20 日在巴黎签订，于 1884 年 7 月 6 日生效。《巴黎公约》经过 7 次修订，现行的是 1980 年 2 月在日内瓦修订的版本。原缔约国为 11 个国家：比利时、巴西、法国、危地马拉、意大利、荷兰、葡萄牙、萨尔瓦多、塞尔维亚、西班牙和瑞士。中国于 1984 年 12 月 19 日加入该公约，到 2002 年 9 月 19 日，该公约已有包括中国在内的 164 个成员国。《巴黎公约》缔结时，缔约国的意图是使该公约成为统一的工业产权法，但由于各国利害关系不同，各国国内立法制度差别也较大，因而无法达成统一，《巴黎公约》最终成为各成员国制定有关工业产权时必须共同信守的原则，并可起到协调作用。

《巴黎公约》保护的对象是专利、商标、服务标记、厂商名称、货源标记、原产地名称。《巴黎公约》可以制止不正当竞争。《公约》的主要内容有这样几项：国民待遇原则，优先权原则，专利、商标的独立原则，强制许可专利原则，商标的使用，驰名商标的保护，商标权的转让等。

此外，《巴黎公约》还对专利、商标的临时保护，未经商标权人同意而注册的商标等问题作出规定。《巴黎公约》规定参加国组成保护工业产权同盟，简称“巴黎同盟”。该同盟设有三个机关，即大会、执行委员会和国际局。

2. 国际专利合作条约（PCT）

网址：http：//www. pct - international. com/

国际专利合作条约（Patent Cooperation Treaty，PCT）是专利领域进行合作的一个国际性条约，1970 年 6 月在华盛顿签订，1978 年 1 月生效，同年 6 月实施。中国于 1994 年 1 月 1 日加入 PCT。截至 2013 年 7 月，PCT 共有 148 个成员国，由总部设在日内瓦的世界知识产权组织管辖。

PCT 的产生是为了解决就同一发明向多个国家申请专利时，各国专利局的都要进行重复审查的问题，目标是一次申请，可以在多国同时获得专利权。PCT 的基本内容是：规定通过国际申请实现一项发明同时在几个国家获得专利申请；规定国际申请中有关申请、检索和审查方面的统一标准。但是，PCT 只接受申请和审查，最终，还是由申请书中所指定的国家进行再次审查，分别作出是否授予专利权的决定。

3. 欧洲专利公约（EPC）

欧洲专利公约（European Patent Convention，EPC）于 1973 年由西欧各国在德国慕尼黑签订。根据该公约成立的欧洲专利局（European Patent Organization，EPO）不但可以办理欧洲专利的申请和审查，而且还可以直接批准和颁布专利。

欧洲专利公约是国际化专利保护领域中的重要国际公约。至 2003 年 1 月已经有 26 个国家成为该公约的缔约国。根据本公约所设立的欧洲专利局与美国专利局及以及日本专利局并称世界三大专利局。欧洲专利公约为建立统一的欧洲专利制度做出了很大的贡献。申请人只要使用欧洲专利局规定的合法的三种官方语言之一，依照统一的程序和实体标准提出申请，就可以获得欧洲专利。该专利可以在经专利权人制定的所有欧洲专利公约缔约国中得到保护，并享有和缔约国专利相等的优惠和权利。欧洲专利的优点在于它的经济有效性、一元性以及强势性，专利权人不必在各个不同的欧洲国家申请专利，这样就可以节省大量的时间和经费。

4. 世界知识产权组织

世界知识产权组织作为政府间国际机构成立于 1970 年 4 月，于 1974 年 12 月成为联合国专门机构。我国于 1980 年 6 月 3 日正式成为世界知识产权组织成员国。世界知识产权组织的总部设在瑞士日内瓦，在美国纽约联合国大厦设有联络处，目前共有成员国 191 个。

该组织的宗旨是促进世界范围内对工业产权（专利权和商标权等）和版权（各种著作权）的保护，扩展各种组织的交流活动，以及向发展中国家提供技术转让的便利。世界知识产权组织与国际保护工业产权联盟及国际保护文学艺术作品联盟的关系极为紧密；作为常设执行机构的国际局是三个组织的共同秘书处。世界知识产权组织的活动主要是鼓励制定保护知识产权的国际条约及国内立法；鼓励技术从发达国家向发展中国家转移；为发展中国家提供知识产权方面的技术援助和咨询服务；办理国际注册登记；促进文件和专利局程序标准化；管理国际专利证件中心，为各成员国提供检索服务。随着世界贸易组织与贸易有关的知识产权协议的实施，该组织与世界贸易组织的联系更加紧密。

8.4.2 美国专利文献的检索

美国是世界上最早实行专利制度的国家之一，其专利法建于1790年。美国的专利文献一直受到世界各国的注意和重视，除了因为美国的科学技术在当今世界上处于领先地位之外，还因为美国的专利质量高、数量大，美国是世界上拥有专利最多的国家，其他发达国家特别是西欧诸国和日本，为了能在美国占领市场和参与竞争，都向美国申请专利，每年大约有30%的美国专利是其他国家在美国申请的。

1. 美国专利文献的种类

（1）发明专利（Patent Specification）：美国专利文献的主体，占美国专利文献总量的95%以上，有效期为17年。

（2）植物专利（Plant Patent Specification）：从1931年起实施，主要内容包括新培育出的农作物、果树、花卉等植物品种。这些专利的专利号前冠有"PLT"字样，有效期为17年。

（3）外观设计专利（Design Patent）：从1842年起实施，主要为保护工业制造品在外观、形状上的创新性设计，其保护期分为3年半、7年和14年三种，专利号前冠有"D"字样。

（4）再公告专利（Reissued Patent Specification）：从1936年起实施，这种专利说明书是专利发明人发现原有专利有重大错误或遗漏、权利要求没有写到应有的程度，而自愿放弃原专利，重新提出专利申请并获准出版的专利说明书。这种说明书的专利号前冠有"Re"字样。

（5）防卫性公告（Defensive Publication）：从1968年起实施，这种公告是发明人考虑到自己的发明不值得或者不愿意申请正式专利，通过这种公告，公开自己的发明，防止别人以同样的发明申请专利。这样既破坏了该项发明的新颖性，又不妨碍自己对其发明的使用。当然，别人也可以无偿使用该公告技术。防卫性公告的编号前都有"T"字样。

（6）再审查证书（Reexamination Certification）：美国专利商标局于1981年公布了"再审查制度"。在专利批准以后的两年内，如果有人对某项专利有异议，在提交书面要求和缴纳一定的费用后，专利商标局将对此专利进行再审查。若再审查通过，就出版"再审查证书"。证书仍沿用原来的专利号，只是在原专利号前冠以"BI"字样。

2. 美国专利数据库（USPTO）

网址：http：//www. uspto. gov/

1）数据库介绍

USPTO数据库由美国专利和商标局（United States Patent and Trademark Office，USPTO）创办，提供两种专利数据库：①IssuedPatents（PatFT）（授权专利数据库）可检索1790年以来已授权的美国专利，全部免费提供说明书全文，其中1975年前的专利只提供图像格式（TIFF格式）的专利说明书，1976年后还提供了HTML格式的专利说明书全文；②PublishedApplications（AppFT）（公开专利数据库）可检索2001年3月以来公开的专利申请，全部免费提供图像格式和HTML格式的专利说明书全文。在这两种专利数据库中，共有这些专利数据库：专利授权数据库、专利申请公布数据库、专利法律状态数据库、专利转让数据库、专利公报数据库、专利分类表数据库、专利基因序列数据库、外观专利检索数据库等。

2）数据库的检索功能

该专利数据库提供快捷检索（Quick Search）、高级检索（Advanced Search）和专利号检索（Patent Number Search）等3种检索模式，主要检索字段有：专利号、国际专利分类号、美国专利分类号、申请日、申请号、参考专利、专利申请人信息、获得者信息、标题、文摘、申请信息、国际同等专利信息、审查员以及专利文摘信息等。数据库每周更新一次，用于检索美国授权专利和专利申请，包括专利申请数据库和授权专利数据库，二者检索方法相似。用户可免费查询专利扉页，内容包括专利题目、文摘、专利所有者、专利号、申请国家、批准号等。

USPTO数据库界面如图8－46所示。

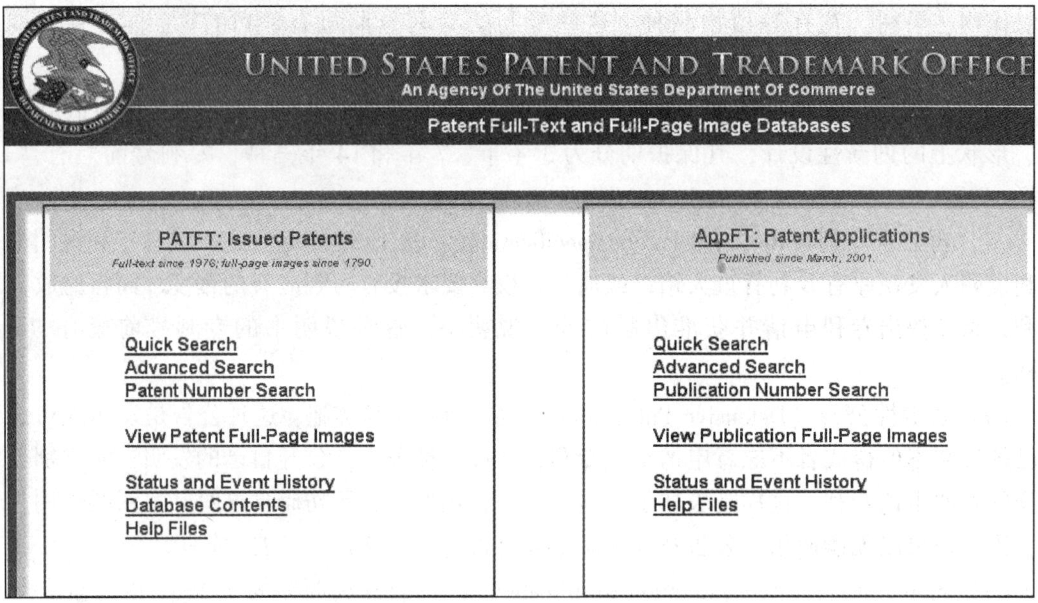

图8－46　USPTO数据库界面

3. 美国DELPHION网

网址：http：//www. delphion. com/research/

（1）数据库介绍

DELPHION网由IBM知识产权网IPN发展而来。该数据库内容丰富，覆盖范围广泛，可执行简单而强大的检索，查找美国和国际专利信息，包括美国专利首页和权利要求书、欧洲专利申请、欧洲专利公告、日本专利文摘、世界知识产权组织出版的国际专利申请、IBM技术公告等，并且多数数据库检索结果可以得到专利全文文本或者全文图像。通过该数据库可获得同族专利和法律状态信息，便于用户了解同一专利在不同国家、组织和地区的申请状况及其受专利法保护情况。但到目前为止，该数据库只提供基本检索为免费检索方式，除可以免费看到专利摘要信息以外，还可以看到专利数明书的第一页。

2）数据库检索功能

该数据库对每一条专利的申请人、优先号、相关参考文献、所有权项、显示法律状态、显示概要、显示图例说明、其他参考专利等均设置了超文本链接功能，这是与其他网上专利信息检索系统相比最大的优点。

该数据库提供快速文本检索、专利号检索、布尔逻辑检索和高级文本检索四种检索方式，并可通过付费方式链接获取德温特专利信息。布尔逻辑检索、高级文本检索和德温特检索均是收费检索。其简单检索界面如图 8－47 所示。

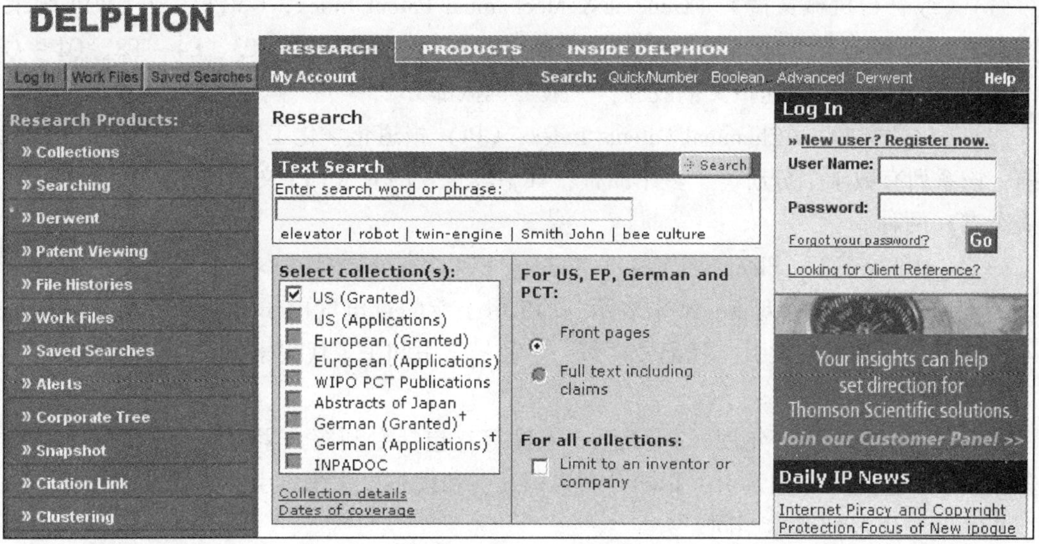

图 8－47　DELPHION 网简单检索界面

8.4.3　德温特专利数据库

1. 德温特公司出版物简介

德温特出版有限公司（Derwent Publication Ltd）是英国一家专门用英文报道和检索世界各主要国家专利情报的出版公司，成立于 1951 年。经过 50 多年的发展，该公司已经形成一个世界上规模最大的专利检索体系。《世界专利索引》（WPI）是德温特公司的主要出版物，以《WPI 索引周报》（WPI Gazette）、《WPI 文摘周报》（WPI Alerting Abstracts Bulletin）的形式出版。《WPI 索引周报》因以题录的形式报道，故也称为《WPI 题录周报》。

1）《WPI 索引周报》（《WPI 题录周报》）

其包括四大分册：

（1）P 分册：综合（General），包括农业、轻工、医药、一般加工工艺与设备、光学、摄影等；

（2）Q 分册：机械（Mechanical），包括运输、建筑、机械工程、机械零件、动力机械、照明、加热等；

（3）Ch（A～M）分册：化工（Chemical），包括一般化学、化工、聚合物、药品、农药、食品、化妆品、洗涤剂、造纸、纺织、印刷、涂层、石油、燃料、原子能、爆炸物、耐火材料、冶金等；

(4) R (S ~ X) 分册：电器（Electrical），包括仪器仪表、计算机和自动控制、测试技术、电工和电子元器件、电力工程和通信等。

每个分册均有4种索引：专利权人索引、国际专利分类索引、登记号索引和专利号索引。

2)《WPI文摘周报》

其包括以下3个文摘：

(1)《综合与机械文摘》（General & Mechanical Patent Index，GMPI）与《WPI题录周报》的P分册和Q分册配套，GMPI中与P分册相对应的有P1 ~ P3、P4 ~ P8、Q1 ~ Q4、Q5 ~ Q8共4个分册和《速报文摘胶卷：一般与机械部分》。

(2)《化学文摘》（Chemical Patents Index，CPI）报道化学化工和冶金文献的专利文献。目前，该系列有数十个分册、十多个品种，其中较重要的有《CPI文摘周报》和《文献工作文摘杂志》两种。

(3)《电气文摘》（Electrical Patents Index，EPI）有分国排序本和分类排序本两种，各6个分册，分别用英文字母S ~ X来表示。EPI用于专门查电气电子方面的专利文献。每册有4种索引：专利权人索引、登记号索引、专利号索引和手工代码索引。

3）累积索引

该累积索引分季度、年度、3年度、5年度等，包括专利权人累积索引、国际专利分类号累积索引、登记号累积索引、相同专利累积索引和优先权累积索引。累积索引的著录格式和《WPI题录周报》基本相同。

2. 德温特专利的基本检索方法

用德温特专利检索工具进行检索，一般从3个途径入手，即分类检索途径、专利权人途径和序号途径，主要步骤如下：

(1) 从分类途径进行检索：先分析要检索的课题，然后根据检索课题找到准确的IPC分类号，再根据已知的IPC分类号查WPI或者IPC索引，从而得到德温特分类号和专利号，根据分类号或专利号查CPI、GMPI、EPI文摘选择记录专利号，最后根据专利号查找专利说明书全文。

(2) 从专利权人途径进行检索：将专利权人通过《公司代码手册》转换成专利权人代码，查WPI中的专利权人索引，确定德温特分类号、专利号，查CPI、GMPI、EPI文摘，选择记录专利号，根据专利号查专利说明书。

(3) 从序号途径进行检索：通过入藏登记号、专利号、优先申请项，查出专利权人或该专利的同族或相同专利，或直接根据专利号查专利说明书。

3. 德温特专利数据库（DII）

网址：http://apps.webofknowledge.com/DIIDW_GeneralSearch_input.do?product=DIIDW&SID=5EzTnmVCKBFd4hpkcf3&search_mode=GeneralSearch

1）数据库介绍

德温特专利数据库（Derwent Innovations Index，DII）是由Thomson Derwent公司与

Thomson ISI 公司共同推出的基于 ISI Web of Knowledge（SCI）平台的专利信息数据库，该数据库将 WPI 与专利引文索引（Derwent Patents Citation Index）加以整合，以每周更新的速度，提供全球专利信息。

该数据库信息来源于全球 50 多个专利机构，详细记载了超过 2 000 万项基本发明专利的信息、超过 2 000 多万条专利信息，资料回溯至 1963 年。每条记录除了包含相关的同族专利信息，还包括由各个行业的技术专家重新编写的专利信息，如描述性的标题和摘要、新颖性、技术关键、优点等。

2）数据库特色说明

DII 提供 Derwent 专业的专利情报加工技术，协助研究人员简捷有效地检索和利用专利情报，鸟瞰全球市场，全面掌握工程技术领域创新科技的动向与发展。DII 还同时提供了直接到专利全文电子版的链接，用户只需单击记录中的"Original Document"就可以获取专利说明书的电子版全文，可浏览说明书全文的有美国专利（US）、世界专利（WO）、欧洲专利（EP）和德国专利（DE）。其主要特点是：重新编写及标引的描述性专利信息；可查找专利引用情况；建立专利与相关文献之间的链接；对检索结果的管理方便。

3）检索功能

DII 提供快速检索（Quick Search）、表格检索（Form Search）、专家检索（Expert Search）、被引用专利检索（Cited Patent Search）等检索方式。DII 快速检索界面如图 8－48 所示。

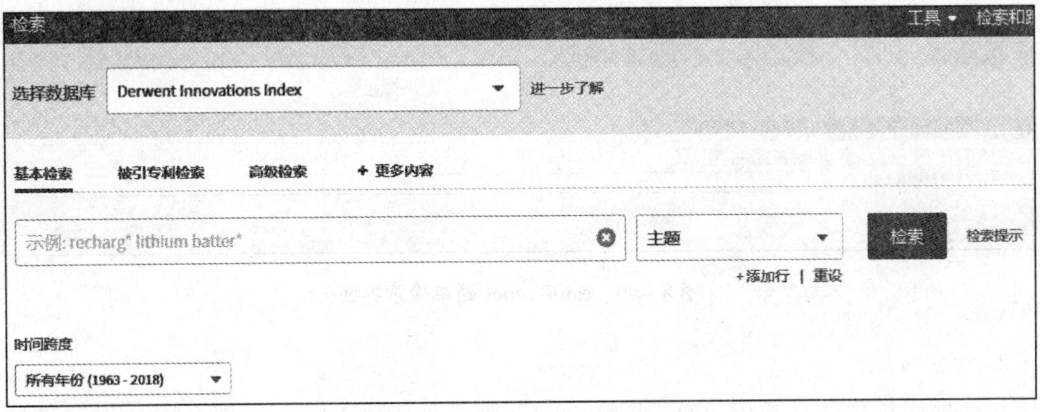

图 8－48　DII 快速检索界面

快速检索字段主要有：主题、标题、发明人、专利号、国际专利分类、德温特分类代码、德温特手工代码、德温特主入藏号、专利权人（仅限名称）、专利权人、环系索引号、德温特化合物号、德温特注册号、DCR 编号等。

高级检索的检索字段主要有：TS = 主题、TI = 标题、AU = 发明人、PN = 专利号、IP = IPC 代码、DC = 分类代码、MC = 手工代码、GA = PAN、AN = 专利权人名称、AC = 专利权人代码、AE = 专利权人名称和代码、CP = 被引专利号、CX = 被引专利 + 专利家族、CA = 被引专利权人、CN = 被引专利权人名称、CC = 被引专利权人代码、CI = 被引发明人、CD = 被引 PAN、RIN = 环系索引号、DCN = 德温特化合物号、DRN = 德温特注册号、DCR = DCR 编号等。

对该数据库进行检索之前，还需要对数据库范围、时间范围、检索方式等限制性条件进行选择。

8.4.4 欧洲专利数据库

网址：http：//worldwide. espacenet. com/

1. 数据库介绍

为了促进专利信息的利用，欧洲专利局、欧洲专利组织（EPO）及其成员国于1988年在互联网上建立了esp@ cenet网站（图8－49），为用户提供免费检索专利的服务。服务的具体内容包括检索最近两年由欧洲专利局和欧洲专利组织成员国出版的专利、世界知识产权组织出版的PCT专利的著录信息及专利的全文扫描图像。这些专利的全文扫描图像数据分别存储在相应的专利机构，格式为PDF，可用Adobe公司的免费浏览软件Acrobat Redder浏览。该数据库提供90余个国家和组织的专利信息，支持语种为英语、德语、法语，包括欧洲专利（EP）、英国专利、德国专利等，还可以检索PCT专利和日本专利。该数据库提供世界最大的互联网免费专利服务，有3 000万条英文的专利申请、15 000万页专利申请全文供查询。大部分数据可以回溯到1970年，一些重要国家的专利申请可以回溯到1920年。

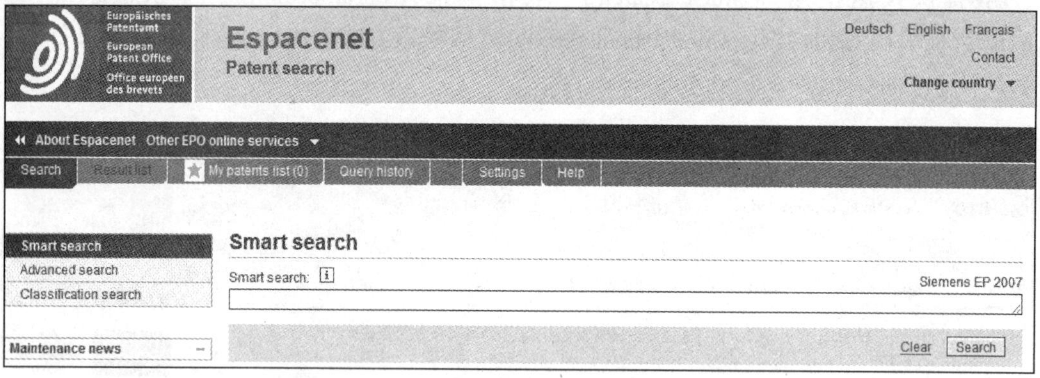

图8－49 esp@cenet简单检索界面

2. 检索功能

该数据库提供快速检索（Quick Search）、高级检索（Advanced Search）、专利号检索（Number Search）以及分类检索（Classification Search）四种检索途径。检索字段主要有：Keyword（s）in title（题名关键词）、Keyword（s）in title or abstract（摘要关键词）、Publication number（出版号）、Application number（公开/公告号）、Priority number（优先权号）、Publication date（出版日期）、Applicant（s）（申请人）、Inventor（s）（发明人）、European Classification（ECLA）（欧洲分类号）、International Patent Classification（IPC）（国际专利分类号）等。

8.4.5 世界其他专利数据库

除了上面介绍的这些专利数据库以外，世界上其他著名的专利数据库还有下面这些：

（1）知识产权数字图书馆。

网址：http：//ipdl. wipo. int

该数据库提供世界各国专利数据库检索服务，其中包括：PCT 国际专利数据库、中国专利英文数据库、印度专利数据库、美国专利数据库、加拿大专利数据库、欧洲专利数据库、法国专利数据库、JOPAL 科技期刊数据库、DOPALES 专利数据库、MADRID 设计数据库等。数据分日、周、月更新。PCT 国家专利数据库包括 1997 年以后出版的 PCT 国际专利申请的首页数据，每周更新，可查阅图形格式的说明书全文，全部数据需要在出版 14 天后才可以查阅到；JOPAL 科技期刊数据库包括期刊文章的著录信息，这些期刊都属于 1981 年以来出版的科学技术方面的重要期刊。

（2）加拿大专利文献网上检索。

网址：http：//patents1. ic. gc. ca/intro-e. html

该数据库由加拿大专利局提供，收录了 1975 年以来的 130 多万件加拿大专利，包括专利全文文本和图形，可以浏览说明书的封面、摘要、权利要求、图表等页面内容。

（3）英国专利文献网上检索。http：//www. patent. gov. uk。

（4）德国专利文献网上检索。http：//www. deutsches-patentamt. de。

（5）日本专利文献网上检索。

网址：http：//www. jpomiti. go. jp

该数据库由日本专利局提供，收录 1976 年 10 月以后所有公开的日本专利（包括发明与实用新型专利）的扫描图形，其中 1993 年以后的说明书实现了英文全文数码化。

（6）俄罗斯专利文献网上检索：http：//www. fips. ru/ensite。

除了本章介绍的以上专利检索分析数据库以外，国内外还有很多专利检索及分析系统，国内主要有 incoPat 专利数据库、超凡专利数据库以及百度专利搜索等，国外主要有 Orbit 专利检索及分析系统、Derwent Innovations 专利检索及分析系统、Innography 专利检索及分析系统等。

本章小结

本章主要介绍了专利的概念、特点、种类以及授予专利权的条件，专利制度的概念、特征、作用以及发展趋势，专利文献的概念、著录项目以及编号，国际专利分类法，专利说明书的概念以及构成；我国著名的专利数据库、国际性的专利组织以及国外的专利数据库。

思考题

一、简答题

1. 什么是专利？它有哪些特点？
2. 在我国，专利有哪些种类？授予专利权需要具备哪些条件？
3. 什么是专利制度？它具有哪些特征？具有哪些作用？
4. 什么是专利文献？它有哪些著录项目？

5. 什么是专利说明书？它由哪些部分构成？

6. 我国著名的专利数据库有哪些？

7. 国外著名的专利数据库有哪些？

二、实习题

利用国家知识产权局的专利检索平台，检索“新能源汽车”方面的专利。

第9章

会议文献数据库检索

9.1　会议文献概述

1. 会议文献

会议文献是在学术会议上宣读和交流的论文、报告及其他有关资料。会议文献多数以会议录的形式出现。随着科学技术迅速发展，世界各国的学会、协会、研究机构及国际性学术组织举办的各种学术会议日益增多。自20世纪80年代以来，世界上每年举办的科学会议有1万多场，其中科技会议就达5 000千场左右，产生会议论文约几十万篇，每年出版的各种专业会议录达3 000多种。

2. 会议文献的分类

会议文献可分为会前、会中和会后3种：

（1）会前文献包括征文启事、会议通知书、会议日程表、预印本、议程和发言提要、会前论文摘要等。其中预印本是在会前几个月内发至与会者或公开出售的会议资料，比会后正式出版的会议录要早1~2年，但内容完备性和准确性不及会议录。有些会议因不再出版会议录，故预印本就显得更加重要。

（2）会中文献有开幕词、讲话或报告、讨论记录、会议决议和闭幕词以及在会上散发的临时性材料等。

（3）会后文献有会议录、汇编、论文集、报告、学术讨论会报告、会议专刊等。其中会议录是会后将论文、报告及讨论记录整理汇编而公开出版或发表的文献。

会议文献没有固定的出版形式，有的刊载在学会协会的期刊上，作为专号、特辑或增刊，有些则发表在专门刊载会议录或会议论文摘要的期刊上。据统计，以期刊形式出版的会议录约占会议文献总数的50%。一些会议文献还常常汇编成专题论文集或出版会议丛刊、丛书。还有些会议文献以科技报告的形式出版。

3. 会议文献的特点

相对于其他文献资源来说，会议文献具有自身的特点：

（1）信息传递及时，内容新颖。会议文献是公布新研究成果的重要场所，30%的科技成果首次公布在科技会议上，对本领域重大事件的首次报道率最高。

（2）传递的信息专业性和针对性强。由于学术会议都是专业性学术团体召开的，有非常明确的主题，因此，会议文献的内容也非常集中，具有极强的专业针对性。

（3）直接交流与间接交流并重。

（4）种类繁多，出版形式多样。会议文献是科技文献的重要组成部分，一般是经过挑选的，质量较高，能及时反映科学技术中的新发现、新成果、新成就以及学科发展趋向，是一种重要的情报源。

（5）具有较高的学术水平，实效性较强。

（6）数量庞大，收藏分散。

（7）没有统一的标识，检索较为困难。

为更好地利用会议文献，一些国家出版了各种会议文献检索工具或建立数据库，如美国出版的预告、报道和检索世界重要学术会议文献的《世界会议》（1963 年创刊）、《会议论文索引》（1973 年创刊）、《在版会议录》、《科技会议录索引》（1978 年创刊），英国出版的《近期国际会议》（1966 年创刊），中国出版的《国内学术会议文献通报》（1982 年创刊）及其数据库等。

9.2 国内会议文献数据库

我国的会议文献数据库主要有三种形式：印刷型会议文献检索工具、文摘型会议论文数据库以及全文型会议论文数据库。

9.2.1 印刷型会议文献检索工具

我国印刷型会议文献检索工具主要是《中国学术会议文献通报》。

1.《中国学术会议文献通报》

《中国学术会议文献通报》由中国科技信息研究所和中国农业大学主办，由科技文献出版社出版，于 1982 年创刊。每期以题录、简介或文摘的形式报道该所收藏的国内学术会议论文，内容涉及数理科学和化学、医药卫生、农业科学、工业技术、交通运输、环境科学及管理科学，按中图法分类组织文献，由目次、摘要（题录）构成，可通过分类和主题途径检索，其是检索国内会议文献信息的主要工具。会议文献来自全国重点学会举办的各种专业会议。目前，《中国学术会议文献通报》已经建成网络数据库。

2. 印刷型会议录在我国各图书馆的收藏情况

我国很多图书馆都收藏有印刷型会议录，比较典型的是清华大学图书馆，其收藏的印刷型会议录主要：美国电气电子工程师学会和英国电气工程师学会出版物、国际光学工程学会会议录，美国机械工程师学会会议录、美国汽车工程师学会会议录、美国航空航天协会出版物、美国物理学会会议录、美国计算机协会技术报告、日文会议录、中国重要会议论文全文数据库和中国学术会议论文库等。

除此之外，收藏会议录比较典型的机构有：北方科技信息研究所、机械工业部科技信息研究院、中国科技信息研究所、北京航空航天学图书馆、国家科技图书文献中心、上海图书馆上海科学技术情报研究所等。

9.2.2　中国学术会议文献数据库（1982—）

网址：http：//www. wanfangdata. com. cn/conf/load. do

1. 数据库介绍

中国学术会议文献数据库（China Conference Paper Database，CCPD）中的资源包括中文会议和外文会议，中文会议收录始于 1982 年，收录中文会议论文共计 538 万多篇，年收集 4 000 多个重要学术会议，年增 20 万篇全文，每月更新；外文会议数据主要来源于外文文献数据库，收录了 1985 年以来世界各主要学协会、出版机构出版的学术会议论文，共计 766 万多篇。目前，该数据库中的会议文献达到 13 614 000 篇。

2. 数据库检索

该数据库可以根据全部字段、论文标题、作者、会议名称、主办单位、会议时间、会议地点、母体文献、出版时间、分类号、关键词、摘要、记录 ID 等字段进行检索。由于该数据库是文摘型数据库，用户检索后，只能查看题录以及文摘信息，如果要获取原文，可从中国科技信息研究所获取论文全文。

（1）简单检索界面如图 9－1 所示。

图 9－1　中国学术会议文献数据库简单检索界面

（2）会议速递栏目如图 9－2 所示。

图 9－2　会议速递栏目

（3）会议报道与检索界面如图 9－3 所示。

图 9－3　会议报道与检索界面

（4）具体会议名称界面如图 9－4 所示。

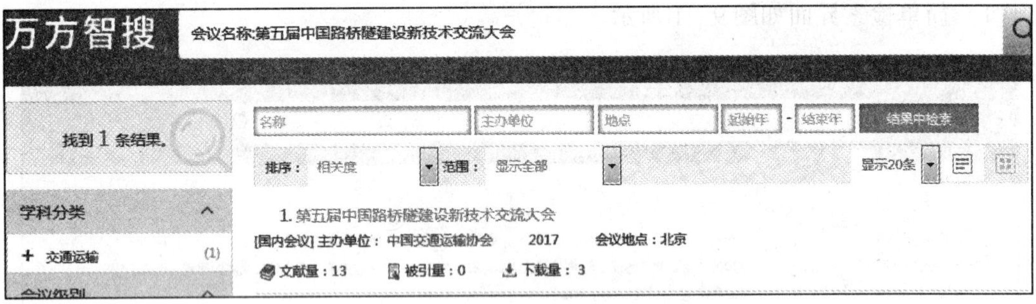

图 9－4　具体会议名称界面

9.2.3　国家科技图书文献中心中外文会议库（1985—）

网址：http：//www. nstl. gov. cn

1. 数据库介绍

该数据库是国家科技图书文献中心的一个子库，主要由中国科学院文献中心、中国科学技术信息研究所、机械工业信息院、中国化工信息中心、冶金信息院情报所、中国医学科学院情报所、中国农业科学院图书馆和中国标准研究院所收藏中外文会议录的题录信息。中文会议论文数据库主要收录了 1985 年以来我国国家级学会、协会、研究会以及各省、部委等组织召开的全国性学术会议论文，数据库的收藏重点为自然科学各专业领域，每年涉及 600 余个重要的学术会议，年增加论文 4 万余篇，每季或月更新。到目前为止，共收录会议论文记录 1 014 868 条。外文会议论文数据库主要收录了 1985 年以来世界各主要学会协会、出版机构出版的学术会议论文，部分文献有少量回溯，学科范围涉及工程技术和自然科学各专业领域，每年增加论文约 20 余万篇，每周更新，共收录会议论文记录 4 274 973 条。

2. 数据库检索

该数据库提供普通检索（图 9－5）和高级检索两种检索方式，可对全部字段、标题、关键词、分类号、作者、会议录名/文集名、ISSN、出版年、会议年等检索。

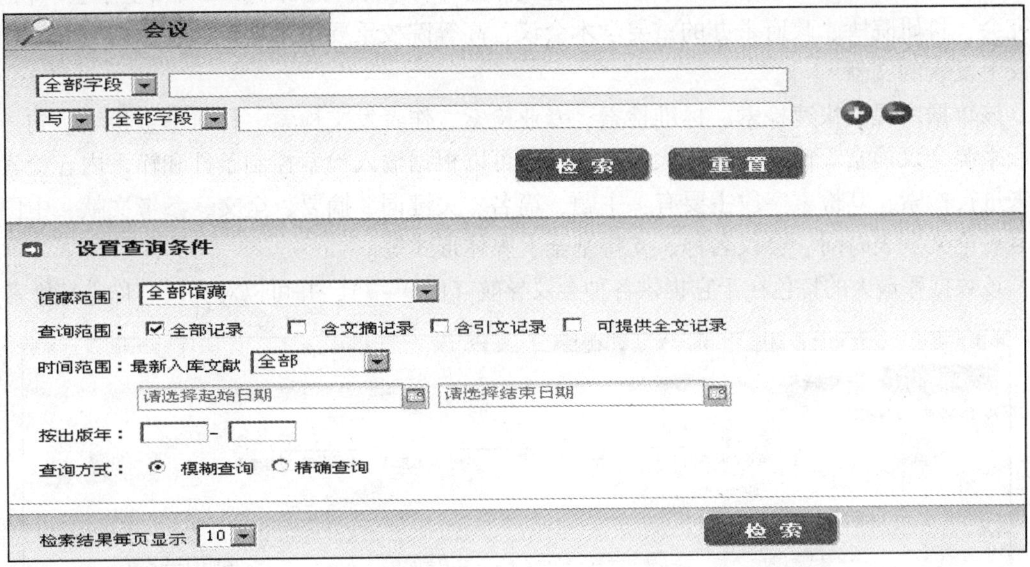

图 9－5　国家科技图书文献中心中外文会议库普通检索界面

9.2.4　上海图书馆上海科学技术情报研究所会议资料数据库（1986—）

网址：http：//www. library. sh. cn/skjs/hyzl/

该数据库提供上海科学技术情报研究所 1986 年以来收藏的中文会议论文题录信息，文献来源于国内各科学技术机构、团体和主管机关举办的专业性学术会议，包括一些地方小型会议。现提供 1986 年至今约 40 万件资料网上篇名检索服务，每年新增数据 3 万条。可按照篇名、作者、会议名、会议地名、会议时间等进行检索，并且提供全文复印服务。会议资料数据库如图 9－6 所示。

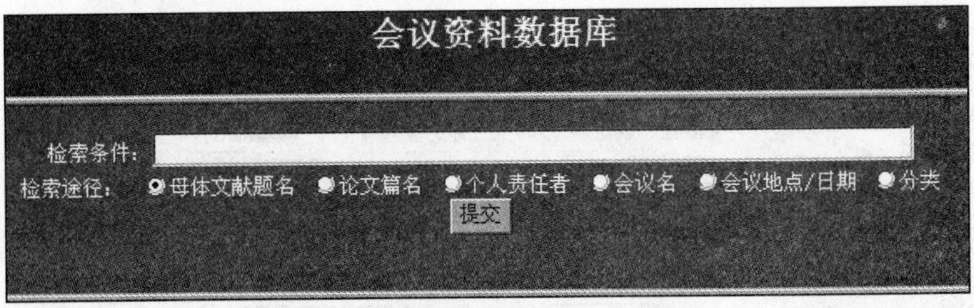

图 9－6　会议资料数据库检索界面

9.2.5 中国重要会议论文全文数据库（CPCD）（1999—）

该数据库收录我国 1999 年以来国家二级以上学会、协会、高等院校、科研院所、学术机构等单位的论文集，全国 1 953 家单位主办的 20 886 个国际、国内学术会议信息，年更新约 100 000 篇文章。截至 2012 年 6 月，该数据库收录出版 1.2 万多次国内重要会议投稿的论文，累积文献总量达 170 多万篇。其文献主要来源于中国科协及国家二级以上学会、协会、研究会、科研院所、政府举办的重要学术会议、高等院校重要学术会议、在国内召开的国际会议上发表的文献。

该数据库提供快速检索、标准检索、专业检索、作者发文检索、科研基金检索、句子检索、来源会议检索等检索方式，除此之外，还可以根据输入检索控制条件和输入内容检索条件来进行检索，其检索字段主要有：主题、篇名、关键词、摘要、全文、参考文献、中图分类号、论文发表时间、会议名称、支持基金、媒体形式等。

该数据库最大的特色在于它提供各种会议导航（图 9 – 7），并可以对会议名称进行检索。

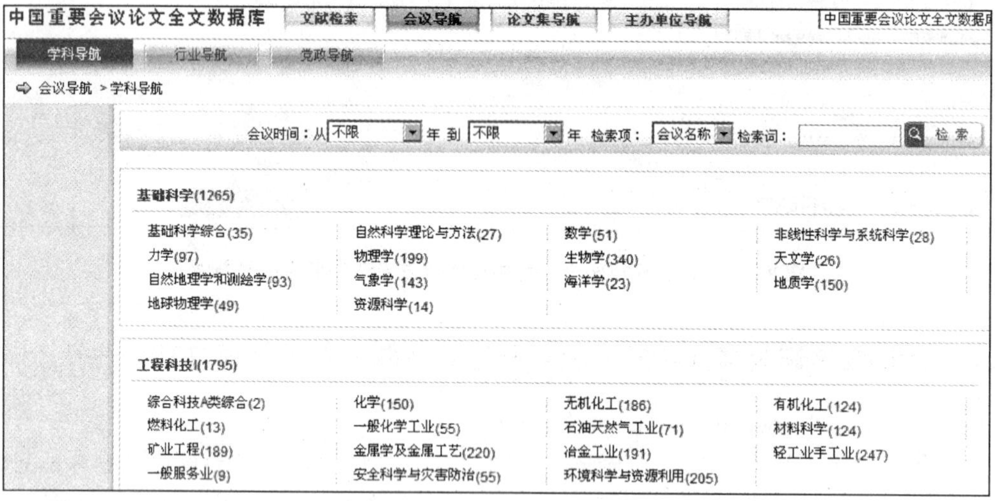

图 9 – 7 会议导航界面

（1）数据库检索界面如图 9 – 8 所示。

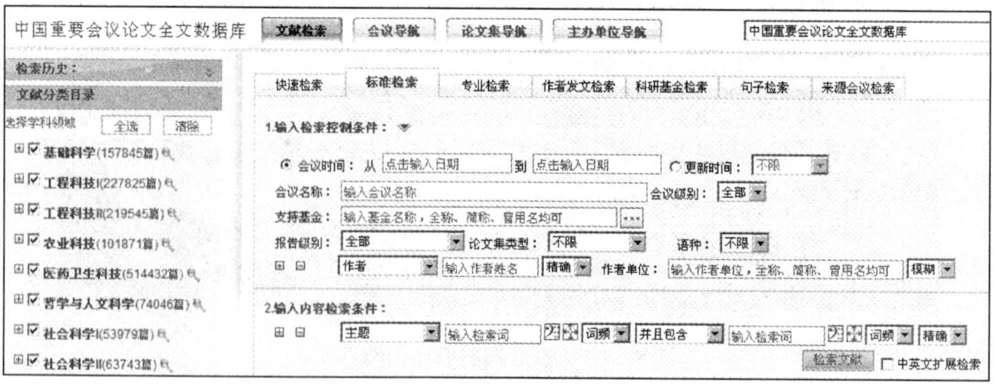

图 9 – 8 数据库检索界面

（2）输入检索词“电动汽车”，把检索条件限定为“篇名”，进行检索，如图 9－9 所示。

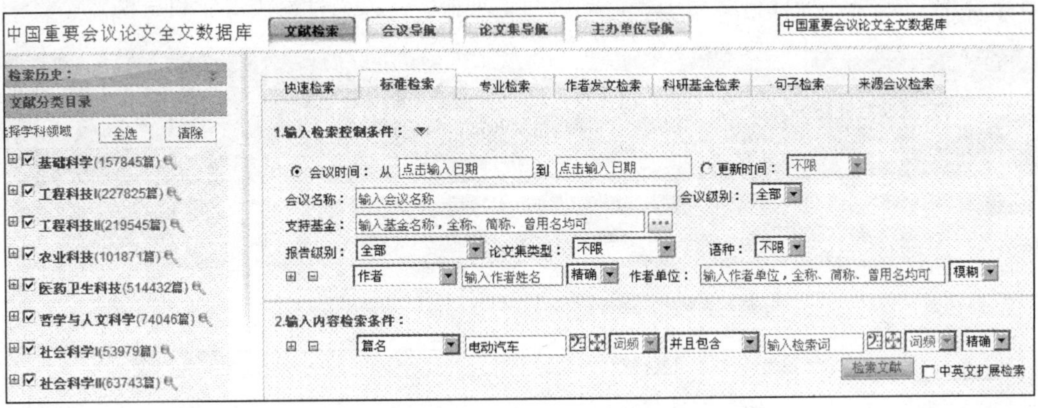

图 9－9　进行检索界面

（3）检索结果界面如图 9－10 所示。

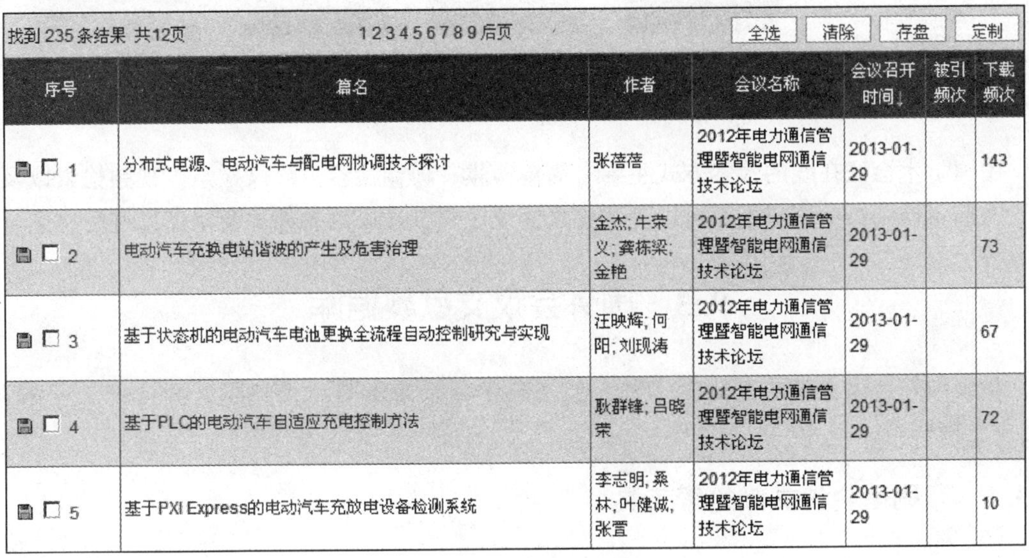
找到 235 条结果 共12页　1 2 3 4 5 6 7 8 9 后页　全选　清除　存盘　定制

序号	篇名	作者	会议名称	会议召开时间↓	被引频次	下载频次
1	分布式电源、电动汽车与配电网协调技术探讨	张蓓蓓	2012年电力通信管理暨智能电网通信技术论坛	2013-01-29		143
2	电动汽车充换电站谐波的产生及危害治理	金杰; 牛荣义; 龚栋梁; 金艳	2012年电力通信管理暨智能电网通信技术论坛	2013-01-29		73
3	基于状态机的电动汽车电池更换全流程自动控制研究与实现	汪映辉; 何阳; 刘现涛	2012年电力通信管理暨智能电网通信技术论坛	2013-01-29		67
4	基于PLC的电动汽车自适应充电控制方法	耿群锋; 吕晓荣	2012年电力通信管理暨智能电网通信技术论坛	2013-01-29		72
5	基于PXI Express的电动汽车充放电设备检测系统	李志明; 桑林; 叶健诚; 张萱	2012年电力通信管理暨智能电网通信技术论坛	2013-01-29		10

图 9－10　检索结果界面

9.2.6　中国学术会议在线

网址：http：//www. meeting. edu. cn/

中国学术会议在线（图 9－11）是经教育部批准，由教育部科技发展中心主办，面向广大科技人员的科学研究与学术交流信息服务平台。它利用现代信息技术手段，分阶段实施学术会议网上预报及在线服务、学术会议交互式直播/多路广播和会议资料点播三大功能；为用户提供学术会议信息预报、会议分类搜索、会议在线报名、会议论文征集、会议资料发布、会议视频点播、会议同步直播等服务；涵盖如下领域：数学力学，物理天文，化学，地学，生物科学与技术，农林牧渔，基础医学，临床医学，中医学与中药学，化工，计算机科学与技术，电子与通信，材料学，自动化与仪器仪表，机械，电气工程，能源与资源工程，土木、水利与建筑，环境科学与工程，经济与管理科学，人文社科类等学科资源。

图 9－11　中国学术会议在线主页

中国学术会议在线的检索方式主要有简单检索、模糊检索、会议检索、视频检索以及会议论文摘要检索等，用户不仅可以免费检索会议论文，还可以对相关会议信息进行检索。

9.3　国外会议文献数据库

检索国外会议文献的工具有多种，如《科学会议录索引》《科学文摘》《工程索引》《化学文摘》等。

9.3.1　印刷型会议文献检索工具

1. ISI Proceedings

ISI Proceedings 主要包括《科技会议录索引》（Index to Scientific & Technical Proceedings，ISTP）和《社会科学会议录索引》（Social Sciences & Humanities，ISSHP）两部分。《科技会议录索引》由美国科学情报研究所（ISI）编辑出版，创刊于 1978 年，发行月刊，也出版年度索引。《科技会议录索引》是当前报道国际重要会议论文的权威性刊物，它不仅是一种经典的检索工具，也是当前世界上衡量、鉴定科学技术人员学术成果的重要评价工具。

《科技会议录索引》报道的学科包括生命科学、物理、化学、农业、生物和环境科学、临床医学、工程技术和应用科学等各个领域。它每年报道的内容囊括了世界出版的重要会议录中的大部分文献。

《社会科学会议录索引》包括所有的社会科学、艺术与人文、心理学、社会学、公共卫生、管理学、经济学、艺术、历史、文学、哲学等每年2 800多个会议录。

2.《会议论文索引》

《会议论文索引》（CPI）于1973年由美国数据快报公司创刊，原名为《近期会议预报》（Current Programs），于1978年改为现名，为月刊。该索引于1981年改由美国坎布里奇科学文摘公司（Cambridge Scientific Abstracts Co.）编辑出版，从1987年起改为双月刊，另出版年度索引。本索引每年报道约72 000篇会议论文（不管出版与否），及时提供有关科学、技术和医学方面的最新研究进展信息，是目前检索会议文献最常用的检索工具之一。

《会议论文索引》现刊本包括分类类目表（Citation Section）、会议地址表（Conference Location）、正文和索引等几部分。分类类目表共由17个大类组成，另有一个专题类目。每期《会议论文索引》中列出了本期收录会议文献所属学科类目及其起始页码。

9.3.2　会议论文文献数据库

1. ISI Proceedings（CPCI-S、CPCI-SSH）（1998—）

网址：http：//www. isiwebofknowledge. com/

该数据库汇集了世界上最新出版的会议录资料，包括专著、丛书、预印本以及来源于期刊的会议论文，提供了综合全面、多学科的会议论文资料，可以看到论文文摘。

该数据库提供普通检索、被引参考文献检索、化学结构检索、高级检索、检索历史、标记结果列表等服务，可以对主题、标题、作者、团体作者、出版物名称、出版年、地址、会议、语种、文献类型等字段进行检索。与此同时，该数据库还可以对检索结果进行精炼检索，以便进一步精确检索结果。其检索界面如图9－12所示。

图9－12　ISI Proceeding 数据库检索界面（包含会议文献）

2. Conference Papers Index（1982—）

网址：http：//www. csa. com/

该数据库是剑桥科学文摘（CSA）中的一个子库，收录了世界上重要会议论文的题录信息，1995 年以后的数据集中于生命科学、环境科学及水科学领域。该数据库中的 ProQuest 信息如图 9－13 所示。

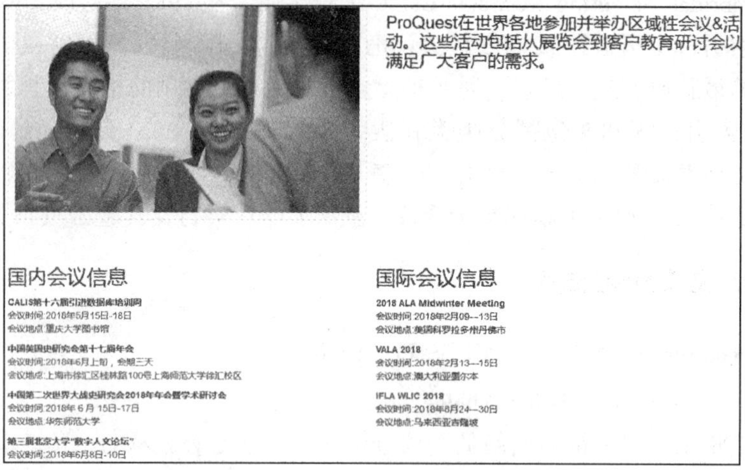

图 9－13　ProQuest 会议信息

3. Proceedings（1993—）

网址：http：//firstsearch. oclc. org/dbname = Proceedings；FSIP

Proceedings 是 OCLC Firssearch 中的一个子库——国际学术会议目录。该数据库可以检索到大英图书馆资料提供中心收藏的近 20 万本会议录。

4. Electronic Publishing

网址：http：//elpub. scix. net/cgi-bin/works/Home

该数据库提供电子出版会议 1997 年以来的会议论文全文。

9.3.3　会议论文全文数据库

1. ACM Digital Library（1985—）

网址：http：//acm. lib. tsinghua. edu. cn/acm/main. nsp？ view = ACM

该数据库提收录了美国计算机协会（Association for Computing Machinery，ACM）的会议录全文 。除此以外，该数据库还可以查到 ACM 的各种电子期刊和快报等文献。

2. AIAA Electronic Library（1963—）

网址：http：//www. aiaa. org/content. cfm？ pageid = 298

该数据库提供美国航空航天学会（American Institute of Aeronautics and Astronautics，AIAA）每年出版的 20 ~ 30 个会议的会议论文全文约 6 000 篇，数据回溯到 1963 年，可以通过检索方式来查询。

3. AIP Conference Proceedings（2000—）

网址：http：//proceedings. aip. org/proceedings/

AIP 同其成员学会合作共同出版全世界享有崇高声望的专业会议上发表的最新研究成果，为人们提供了一个比传统期刊更快的了解新知的途径，而这些知识常常是无法由其他途径得到的。AIP 提供 200 多卷全文会议录资料，回溯至 2000 年，每年约出版 50 个专业会议的会议录。作为来自全球领导地位的科学技术协会所举办的重要专业会议的系列出版物，AIP 会议录能够保持各种研究专题的持续性。

AIP 会议录超出了一般会议录的意义，不仅提供全面的会议文献信息，同时还提供由该领域的特邀专家对领域内最新发展的广泛的一般性评论。

4. ASCE Proceedings（2003—）

网址：http：//scitation. aip. org

美国土木工程师学会（The American Society of Civil Engineers，ASCE）成立于 1852 年，至今已有 150 多年的悠久历史。目前，ASCE 已和其他国家的 65 个土木工程学会有合作协议，所服务的会员是来自 159 个国家的超过 13 万名专业人员。ASCE 也是全球最大的土木工程出版机构，每年有 5 万多页的出版物面世，目前有 30 种技术和专业期刊，以及各种图书、会议录、委员会报告、实践手册、标准和专论等，目前可访问全文电子期刊和会议录。

5. IEEE/IET Electronic Library（IEL）全文数据库（1988—）

网址：http：//ieeexplore. ieee. org

IEEE/IET Electronic Library（IEL）全文数据库提供美国电气电子工程师学会（IEEE）和英国工程技术学会（IET）出版的 303 种期刊、10 752 种会议录、2 894 种标准的全文信息，并可看到出版物信息。它总共提供超过 160 万份期刊与会议录文献全文，数据最早回溯到 1913 年，一般提供 1988 年以后的全文，部分期刊还可以看到预印本全文。

6. SAE Digital Library（1990—）

网址：http：//www. elecpubs. sae. org/

美国汽车工程师协会（Society of Automotive Engineers，SAE）成立于 1905 年，是国际上最大的汽车工程学术组织。其研究对象是轿车、载重车及工程车、飞机、发动机、材料及制造等。SAE Digital Library 提供 SAE 的部分会议录全文。此外，该数据库还可以查到 SAE 的技术报告。

7. SPIE Digital Library（1998—）

网址：http：//www. spiedl. org

国际光学工程学会（International Society for Optical Engineering，SPIE）成立于 1955 年，是致力于光学、光子学和电子学领域的研究、工程和应用的著名专业学会。目前 SPIE Digital Library 包含从 1998 年到现在的会议录全文和期刊全文，同时也收录了 1992 年起的大多数会议论文的引文和摘要。到 2004 年年底，所有内容回溯至 1990 年。同时，新的论文出版继续进行，每年有大约 15 000 篇新的论文增加。

9.3.4 网上免费会议文献

1. IPTPS（International workshop on Peer-To-Peer Systems）

网址：http：//www. iptps. org/

该数据库提供 2002 年以来的该会议的论文全文。

2. World Nuclear Association

网址：http：//www. world-nuclear. org/sym/subindex. htm

该数据库提供世界核协会 1997 年以来的会议论文全文 。

3. Institute of Pure and Applied Physics of Japan

网址：http：//www. ipap. jp/ipap_cs. html

该数据库提供日本纯物理和应用物理学会 2000 年以来的会议论文全文。

4. Engineering Conferences International Symposium Series

网址：http：//services. bepress. com/eci/

该数据库提供国际工程会议 2002 年以来专题会议论文的全文。

5. Electronic Conferences on Trends in Organic Chemistry

网址：http：//www. ch. ic. ac. uk/ectoc/

该数据库提供 1995—1998 年有机化学电子会议论文全文。

6. ELectronic PUBlishing

网址：http：//elpub. scix. net/cgi-bin/works/Home

该数据库提供电子出版会议 1997 以来的会议论文全文。

7. Registry of Open Access Repositories（ROAR）

网址：http：//roar. eprints. org/

该数据库提供不同国家已经登记的电子印本系统或者机构收藏库，目前已登记系统 1 100 多个。在这些机构库中收录有该机构研究人员的学术成果，其中包括部分会议论文全文。

本章小结

本章主要介绍会议文献的概念、分类以及特点，我国印刷型会议文献检索工具、文摘型会议论文数据库、全文型会议论文数据库，国外会议文献数据库。

思考题

一、简答题

1. 什么是会议文献？它有哪些分类和特点？

2. 我国有哪些著名的会议文献数据库？

3. 国外有哪些印刷型会议文献检索工具？

4. 国外著名的会议论文文献数据库有哪些？

5. 国外有哪些著名的会议论文全文数据库？

二、实习题

利用中国重要会议论文全文数据库，检索关于“企业管理”方面的会议文献，并写出具体的检索过程。

第10章

参考工具书

10.1 参考工具书概述

10.1.1 参考工具书

1. 参考工具书的定义

参考工具书是作为工具使用的一种特定类型的书籍。具体而言，它是根据一定的社会需要，以特定的编排形式和检索方法，为人们广泛汇集、迅速提供某方面的经过验证的、浓缩的基本知识或知识线索，专供查考的特定类型的书籍。

参考工具书是图书资料的一种类型，是专供查找特定资料而编写的书籍。因其出版量大，版本形式多种多样，检索方法和用途各异，可将其分为词典、百科全书、年鉴、手册、名录、指南等。一般来说，工具书包含着丰富、系统而又高度浓缩的知识，且有完好的编排体例，是社会发展到一定阶段和在一定的历史条件下产生的。其对于脑力劳动的作用犹如生产工具对于工农业生产的作用一样，所以人们称之为工具性图书。世界上的工具书成千上万，不同类型和品种的工具书各有各的用处，其使用方法也不同。如何针对实际问题精选和巧用工具书，是每个科技人员必备的知识。

2. 参考工具书的种类

参考工具书的内容广泛，种类繁多，通常按功用划分为如下几类：百科全书、字典或词典、年鉴、手册、机构名录、传记资料、地理资料、书目、工具书指南等。也有专家认为参考工具书应该分为：字/词典、百科全书、类书、政书、年鉴、手册、名录、图录、表谱等。

10.1.2 参考工具书质量鉴别

如上所述，参考工具书主要是供查询特定资料使用，因此，衡量一种参考工具书的质量，首先应注意它的使用价值。要挑选出名副其实的、具有较高使用价值的参考工具书，可注意以下几点。

1. 出版者

出版者与参考工具书的质量有密切的关系。著名的、历史悠久的出版社或出版公司为了保持自己的声誉，常邀请专家名流撰稿编书，其具有一定的权威性。普通书中几个字错了，联系上下文还可以理解，但对于参考工具书来说，可能“差之毫厘，失之千里”。因此使用参考工具书时要注意出版者的出版历史、学科重点、编辑实力以及出版社的信誉度等情况。

2. 编者

参考工具书一般都以内容简明精要、表现手法概括而严谨为主要特征，因此，要求参考工具书的编者具有渊博的知识、丰富的经验和严谨的治学态度。事实上许多著名参考工具书的编者都是相应学科领域内比较有名望的专家学者。

3. 时间性

参考工具书的时间性强。例如新的科技名词在老的词典上查不出来。手册中内容和数据的变化也很快，特别是新成果、新事件、统计数字和人物情况的时间性更重要。因此在选用参考工具书时，要注意它的出版时间和版次，一般要选用最新版本。

4. 编写目的

每种参考工具书都有自己的使用对象和编写目的。一般说来，在书的前言或序言中，编者都详细说明了编写意图，或者在书商征订目录上也能看到类似的材料。可以根据编写目的，运用其目次、索引等试查一两个问题，考查其内容和表现手法是否和预定的目的相符。

10.1.3　参考工具书的特点

参考工具书是书刊资料的重要组成部分，所以，它除了具备普通书籍的特点之外，还具有下列特点。

1. 查考性

参考工具书的编纂目的具有查考性。作者编写参考工具书的宗旨，不在于像普通图书那样，供人们系统阅读，提供系统的知识，而是以其丰富的资料汇集供人们查考，解决疑难问题，提供知识和文献线索。例如，字典、词典仅供查找解决字、词的音、义、形的问题；年鉴、谱表专供查找知识线索。

2. 概述性

参考工具书的内容具有概述性。一部参考工具书，总是广采博收论据，旁证宏引群书，力争做到简明、精确、广泛、概括，以为读者提供有关学科，或某一事物的全面系统的梗概。而普通图书却是围绕一定主题、学科或领域，作深入的、连贯性的探讨，完整地阐述著者的观点和创见。另外，从参考工具书的内容性质上看，参考工具书大部分属于二、三级文献，然而，有的参考工具书却凝聚着著者亲身研究的最新成果，因此这些参考工具书又含有一次文献的内容。

3. 易检性

参考工具书在编辑体制、条目排列上具有易检性。参考工具书编写的格式（即体例）

特殊，且都按照一定的检索层次编排，而普通图书一般按问题，以学科本身的系统，分章节论述与编排。如《英汉词典》，每词一条，每条都以英语词汇、音标、注释和词的用法等固定格式编写，并把各个词条、按字母顺序加以编排。因此，只要人们了解体例，知道编排方法，便可一检即得。

此外参考工具书还具有知识准确可靠、内容广泛以及系统完整等特点。

10.1.4 参考工具书的作用

参考工具书的作用，大体可归纳为如下几个方面。

1. 解决疑难问题

众所周知，在日常学习、研究问题、开展工作时，人们往往碰到疑难的字词、重要人物、有关事件、科技名词和术语等，查阅有关词典、百科全书、数据手册等参考工具书，问题即可迎刃而解。

2. 指引读书门径

人们在日常自修学习或者研究时，只有掌握某学科知识，才能窥究奥秘。利用百科全书类参考工具书，便可了解有关学科的基本知识，指出深入研究还须参阅哪些文献，从而，为深入学习和掌握有关知识提供最佳途径。

3. 提供参考资料

人们在学习和研究中，除了必须掌握相关学科的基本状况，还必须掌握相关学科的学术动态、研究水平、发展概况。例如，有些研究项目，国内可能有不少科研人员从各个角度进行研究，国外也可能有成批学者在探讨，或者已引进其他相关学科研究成果加以解决，查阅国内外出版的年鉴类参考工具书，便可了解近年来的研究概况、发展动态，以及应该参考的书目、论文等资料。

4. 节省时间精力

各种参考工具书都具有共同的功能，就是节省读者获取知识的时间和精力。因为，参考工具书根据一定的社会需要，汇集大量有关文献，提供确实可靠的浓缩知识，并依照特定编排体例和科学排列方式，提供快速查找途径，节省读者的大量时间和精力，从而帮助读者从浩如烟海的文献中占有所需的宝贵知识，收到事半功倍的效果。

总之，古今中外的学者、专家，都把参考工具书视为珍宝，用很生动的语言，描述赞美参考工具书是“良师益友”“案头顾问”“不说话的导师”，是“打开人类知识宝库的金钥匙”，并将它的作用概括为“解决疑难问题，指引读书门径，提供参考资料，节省时间精力”。

10.1.5 参考工具书的常用检索方法

1. 部首法

部首法依据汉字的形态特征，按部首、偏旁相同的部分归类，把字形复杂、数量庞大的汉字划归入部首里，它符合人们由字形求音、解义的习惯。

2. 笔画笔顺法

所谓笔画法，是按汉字的笔画数多少排列，少笔数排前，多笔数排后的检字法；所谓笔顺法，是按汉字笔形顺序，确定排列先后的检字法。

3. 号码法

号码法实际上是形序法的一种变形。它把汉字形体归纳起来，编成阿拉伯数码，再把所取的笔形数码连接成一体，然后按号码数量加以排列。流行的号码法有四种，即四角号码法、中国字皮撷法、起笔笔形法以及五笔字型法。其优点是以笔形编码，取码位置固定，只要记住号码、位置次序即可，检索迅速，使用便利。

4. 音序法

音序法即按字音的顺序排检字、词的方法。外文词典、百科全书等类参考工具书皆按拼音字母音序排检，中文字典/词典等类参考工具书用汉语拼音排检。其具体方法是按照汉语拼音字母 ABC…XYZ 次序排检。

5. 分类法

分类法是将文献或知识按学科或事物性质的系统性排列的方法。使用参考工具书时，必须熟习分类体系，了解排列顺序。该法是书刊资料常用的分类法，如古代的“经、史、子、集”的四部法。现在使用的“中国图书馆图书分类法”“中国科学院图书分类法”“中国人民大学图书馆图书分类法”“国际十进制分类法”等，不仅是图书馆的书刊资料分编、排架的依据，而且大量的参考工具书，也依此法进行编排、检索。

6. 主题法

主题法是按既定的主题汇集和编排资料的排检法。它从文献内容中抽取规范化的自然语言，标引文献中心内容，这些规范语言按字顺排检。该法不受学科领域的限制，能使同一事物的知识相对集中，再利用“参照”项，沟通相关知识。

7. 时序法

时序法是按事件、事物发生、发展的时间次第性的顺序加以组排的方法。这种排检法常用于年表、历表、大事记、年鉴、年谱等参考工具书。

8. 地序法

地序法是按地理区划或行政区划的顺序编排的一种方法。此法主要用于编制和检索地理和地方资料的参考工具书，如中外地图集、地方志、地名录等参考工具书皆用此法排检。

10.1.6 参考工具书的结构

除普通图书的各要素外，参考工具书通常由以下六部分构成：

（1）前言；

（2）凡例（排检方法、著录规则、注意事项等）；

（3）各种目次或索引；

（4）正文；

（5）附录；

（6）参考文献。

10.2 百科全书

10.2.1 百科全书介绍

1. 百科全书的定义

百科全书是概要记述人类一切门类知识或某一门类全部知识的完备的工具书。它收集专门术语、重要名词、分列条目，加以详细的叙述和说明，提供定义、原理、方法、历史及现状、统计、书目等方面的资料。传统百科全书不但能满足人们应急查检知识、解惑的需要，还为求知上进的人们提供一种系统自学的方便。

百科全书在内容上具有极高的权威性，在编排体例方面具有严格性，有齐备的检索途径，有完备的参见系统，内容连续修订和补充，具有庞大的编纂队伍，大部分国家都出版自己的百科全书。百科全书是一种规范性的著作，要求所含资料新颖及时。凡涉及统计数字、当代人物传记和事件、科技成果、国内和国际政治内容的尤为如此。为了向读者提供及时、精确的资料，保证其权威性，成为读者可以依赖的依据，百科全书面临着内容更新的重大问题，特别是印刷本大型百科全书的修订和增补是一个较难的问题。

百科全书可以从不同的角度进行分类。按照选收的内容范围，可以将百科全书分为综合性百科全书和专科性百科全书。综合性百科全书涉及各个学科、各个知识领域，一般在20卷以上。专科性百科全书所涉及的内容范围差别很大，有的专门讲述一个学科门类，有的涉及数个知识领域，如《汽车百科全书》就专门讲述了关于汽车方面的各种知识。按读者对象，可分为成人、青年、少年、儿童百科全书；按地区范围，可分为世界性、国家性和地方性百科全书；按规模，可分为大型、小型和单卷本百科全书。

2. 百科全书的特点

(1) 汇编性：以已有的大量资料作为基础，博采众说，全面叙述，避免缺漏、偏狭。

(2) 根据性：从大量文献中提炼材料，加以概括。

(3) 系统性：以知识的科学分类体系作为编撰的基础。

(4) 检索性：有完善的参见系统和检索系统。

(5) 可读性：可供阅读和浏览。

(6) 内容全、精、新："全"指收录的知识领域完全和信息充足。"精"指材料精确可靠。"新"指所收资料新颖。在相对稳定的基础上不断更新内容，具有科学上的先进性，反映时代的特色。

(7) 权威性：由众多的专家撰稿，从而保证了其权威性。

10.2.2 国内外著名的百科全书

1. 《中国大百科全书》

《中国大百科全书》是我国第一部具有权威性、世界性的综合大百科全书。该书内容包括哲学、社会科学、文学艺术、文化教育、自然科学、工程技术等66个学科和知识门类，共74卷（含总索引1卷），共收77 859个条目，约12 568万字，总插图49 765幅，其中彩图15 103幅。

《中国大百科全书》按学科分类分卷（一学科或数学科辑成一卷或数卷），同一卷别内的条目按条头的汉语拼音字母顺序并辅以汉字笔画、起笔笔形顺序排列。全书各卷的整体构成，一般包括前言、凡例、学科（或知识门类）的概括性文章、条目分类目录、正文、彩图插页、大事年表、索引。其中有特色的是列于正文前的学科（或知识门类）的概观性文章和条目分类目录。前者一般由该学科最具权威的专家撰写，后者具有分类索引的功能。各卷的条目以中、小条目为主，它们约占各类条目总数的17%和90%，条目平均篇幅约1 200字。

《中国大百科全书》有完备的检索系统。整个检索系统由5条主要检索途径和6条辅助检索途径组成。主要检索途径包括音序检索、笔画检索、分类检索、外文检索、主题检索。辅助检索途径包括时序检索、图片检索、参见检索、书目检索、标题检索、专名检索。

2.《简明中华百科全书》

《简明中华百科全书》由中国大百科全书出版社于1994年出版。它是我国一部有代表性的小型百科全书。该书共3卷，收录8 000多个条目，概述文章约15万字，插图1 700幅，全书共约500万字，分正文、附录和索引三大部分。

《简明中华百科全书》的内容以全面、系统、简明地介绍中国古今文化为主，内容构成有鲜明的特色。①内容侧重社会科学，包括历史、地理、哲学、宗教、人类、社会、政治、法律、军事、经济、文化、艺术、文学、教育等广泛的社会科学知识领域。科学技术方面的内容只着重介绍中国古代较大的科技发明及科学理论和现代在科技领域取得的突出成就。②贯彻详今略古的原则。在全书的整个知识体系中，1948年以后的近现代中国是介绍的重点，特别是对1949年以后中国各方面的基本情况作了全面介绍，对1978年以后中国在改革开放过程中出现的新事物、新情况、新人物、新知识作了突出介绍。全书引用的资料和数据一般截止到1995年年底。1996年该书第二次印刷时，有些数据、资料更新到1996年3月。③本书编设的附录较为丰富，正文后有27个附录，将大量的零散知识汇集成条理清晰、简明扼要的知识系统，十分便于查考和参阅。

3.《简明不列颠百科全书》

《简明不列颠百科全书》由中国大百科全书出版社、美国不列颠百科全书公司合作编译，由中国大百科全书出版社于1985—1986年出版。它是我国编译出版的国外百科全书中最有代表性的一种，是中型综合性百科全书。除中国部分外，其主要根据第15版《不列颠百科全书》（EB）的《百科简编》部分编译而成。全书共10卷，前9卷是正文及附录，第10卷为索引，共收条目71 000余条，附图片约5 000幅。条目按汉语拼音字母顺序排列，全书约2 400万字。其内容包括社会科学、自然科学、工程技术、文学艺术等各学科的概述，各类专名、术语、事件的介绍，侧重西方文化、科技成就和当代知识。1991年，《简明不列颠百科全书》出版了第11卷“增补卷”。该卷是对前10卷内容的增补和更新。

4.《美国百科全书》

《美国百科全书》（EA）是美国第一部大型综合性百科全书，于1829—1833年问世，至今已有160多年的历史。

5.《科利尔百科全书》

《科利尔百科全书》（EC）是于20世纪中叶问世的一部大型综合性百科全书，初版于1949—1951年。EC属成人通俗百科全书，以非专业人员、青年学生等广大普通读者为对象，选材广泛，尤为注重广大读者感兴趣的实用性材料。其条目大小并举，以中小条目居多。条目的撰写通俗、简练，为普通读者所喜爱。此外，EC在内容新、插图质量好、索引与条目完善方面都优于EA和EB，因此，EC广受欢迎，跃居著名三大英文百科全书之列。

除上述著名英文百科全书之外，较重要的英文百科全书还有：《钱伯斯百科全书》《美国学术百科全书》《世界图书百科全书》《哥伦比亚百科全书》《蓝登书屋百科全书》《国际社会科学百科全书》《麦格劳·希尔科技百科全书》《范·诺斯特兰德科学百科全书》，以及《国际教育百科全书》等。

10.2.3 网络百科全书

网络百科全书以传统百科全书为依托，结合互联网技术。它继承了传统百科全书的优点，而且基于“在线”的特点突破了纸介质图书出版在篇幅、检索、价格、时效性等方面的限制。

世界上著名的网络百科全书主要如下。

1.《不列颠百科全书》网络版

网址：https：//britannicalearn. com

《不列颠百科全书》俗称《大英百科全书》，为英语普通百科全书中历史和篇幅最长的百科全书，其网络版于1994年问世，包括互联网搜索引擎、主题检索、当前事件和百科全书全文。《不列颠百科全书》网络版如图10－1所示。

图10－1 《不列颠百科全书》网络版

2.《美国百科全书》网络版

网址：http：//ea. grolier. com

该百科全书通俗易懂，文笔清新，强调客观性与国际性，如图10－2所示。

图 10－2 《美国百科全书》网络版

3. 《中国大百科全书》网络版

网址：http：//ecph. cnki. net/browse. aspx

《中国大百科全书》网络版以《中国大百科全书》和中国百科术语数据库为基础，向局域网用户提供在局域网范围内检索使用的《中国大百科全书》，共收条目 78 203 条，计 12 568 万字，图表 5 万余幅。内容涵盖哲学、社会科学、文学艺术、文化教育、自然科学、工程技术等 66 个学科领域，如图 10－3 所示。

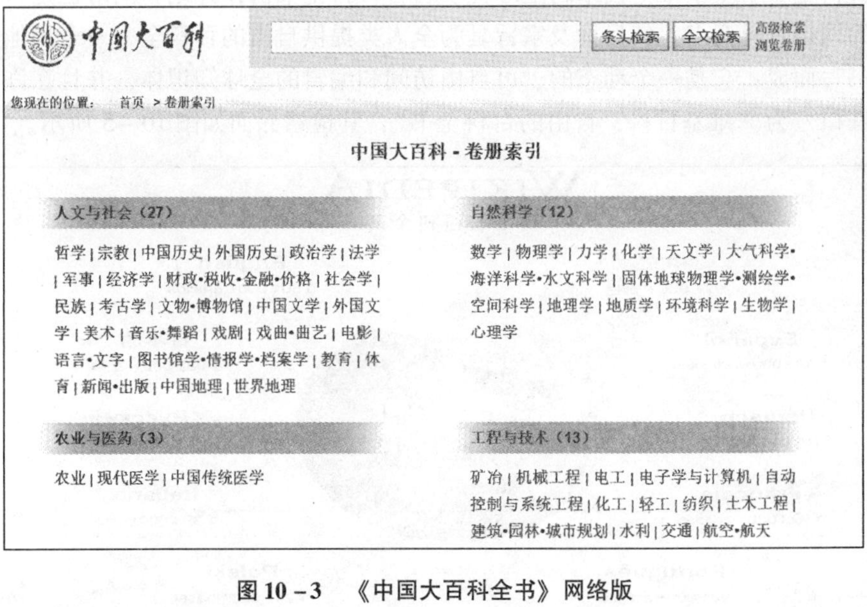

图 10－3 《中国大百科全书》网络版

4. 百度百科

网址：https：//baike. baidu. com/

百度百科是百度公司推出的一个内容开放、自由的网络百科全书平台，截至 2017 年 11

月，百度百科已经收录了超过 1 506 万词条，参与词条编辑的网友超过 638 万人，几乎涵盖了所有已知的知识领域。百度百科旨在创造一个涵盖各领域知识的中文信息收集平台。百度百科强调用户的参与和奉献精神，充分调动互联网用户的力量，汇聚上亿用户的头脑智慧，积极进行交流和分享。同时，百度百科实现与百度搜索、百度知道的结合，从不同的层次上满足用户对信息的需求。百度百科检索界面如图 10－4 所示。

图 10－4　百度百科检索界面

5. 维基百科

网址：https：//www. wikipedia. org/

维基百科是一个基于维基技术的全球性多语言百科全书协作计划，同时也是一部用多种语言编成的网络百科全书，其目标及宗旨是为全人类提供自由的百科全书——用他们所选择的语言来书写而成，它是一个动态的、可自由访问和编辑的全球知识体，并且在许多国家相当普及，其口号为“维基百科，自由的百科全书”，其检索界面如图 10－5 所示。

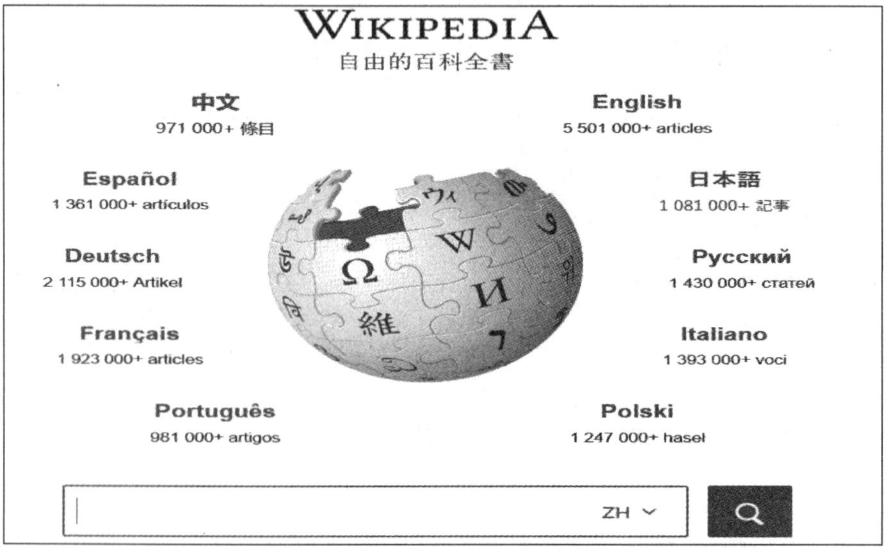

图 10－5　维基百科检索界面

截至2015年11月1日，维基百科条目数第一的英文维基百科已有500万个条目。全球所有280种语言的独立运作版本共突破4 000万个条目，总登记用户也超越6 900万人，而总编辑次数更是超过21亿次。中文的大部分页面都可以由任何人使用浏览器进行阅览和修改。

10.3　手册

10.3.1　手册简介

手册是汇集某一或若干学科和专业领域的基本知识、参考资料或数据，供随时查检的便捷性工具书。手册侧重收录基础知识，尤其是已经成为事实的、成熟的具体专业知识，如术语、概念、原理、数据、图表、公式、各种事实等人们经常需要考察的文献资料，而不是历史的叙述和当前的发展状况。因此，手册以方便、实用、便于携带而受到专业人员的欢迎。

手册按其收录的内容可分为综合性手册和专业性手册。

（1）综合性手册概括的知识面比较广泛，但编写的内容比专著和教科书浅显简要。它可以同时涉及哲学、社会科学、自然科学、工程技术等，也可不同程度地反映某些学科分支。综合性手册侧重于社会科学的内容，突出政治、经济、文学、艺术和当今国内外的重要时事知识，而科技性内容所占比例较小，仅限于一两年内发生的引人注目的要闻和大事，如《世界知识手册》《国际资料手册》《联合国手册》《人民手册》等。

（2）专业性手册的内容只涉及某一领域的专门知识，如专业的发展简史、基本概念、基础理论、原理叙述、结构设计、物理化学性能、特征、方法、材料、元器件、仪器、辅助设备、计算公式、数据、图表以及它们的使用说明和使用方法等。

10.3.2　国内外著名的手册

1.《贝尔斯坦有机化学手册》（Beilsteins Handbuch der Organischen Chemie）

该手册由德国贝尔斯坦有机化学文献研究所出版，是一种连续性出版物。该手册对应的数据库可以通过联机检索到，如DIALOG和STN联机检索系统。

2.《盖墨林无机化学手册》（Gmelin Handbook of Inorganic and Organometallic Chemistry）

该手册由斯普林格公司于1824年发行首版，在1990年前为《盖墨林无机化学手册》，现有德文版和英文版（1993），并于1991年有了可供检索的数据库，其中收录的化合物有30多万种。

3.《化学物理手册》（CRC Handbook of Chemistry and Physics）

该手册由CRC Press公司出版，于1999年出版第80版。它是世界著名的物化手册，全书共有19个部分，包括基本常数、单位及换算因子，命名法，符号与术语，有机化合物的物理常数，元素和无机化合物的性质，热力学，电化学与动力学，流体性质，生物化学与营养，分析化学，分子机构与光谱学，原子、分子及光物理学，核与粒子物理学，固体性质，聚合物性质，地球物理学，天文学与声学，实验室实验数据，保健与安全信息，另有附录A

（数学用表）和附录B（常见化学物质的化学文摘社登记号和分子式）及索引。

4.《电机工程手册》

该手册由《机械工程手册·电机工程手册》编辑委员会编，由机械工业出版社出版，于1996年出版第2版。该手册包括基础理论、电工材料、电力系统与电源、电机、输变电设备、工业电气设备、仪器仪表与自动化等7个部分，共8卷。

5.《机械工程手册》

该手册由《机械工程手册·电机工程手册》编辑委员会编，由机械工业出版社出版，于1996年出版第2版。它和《电机工程手册》是两部大型的有影响的专业手册。该手册包括基础理论、机械工程材料、机械设计、机械制造工艺、机械制造过程的机械化与自动化、机械产品等6个部分，共18卷。

6.《D. A. T. A. 半导体器件摘要》（D. A. T. A. Digest）

该手册由IHS集团下属的D. A. T. A. Business Publishing公司出版，原名为《D. A. T. A. Book》，是1956年创办的一套国际性《电子情报丛刊》。它收录世界各国生产的电子产品的特性参数、外形图和接线图等技术资料以及厂商名录等，涉及500家公司的电子元器件。全套丛刊分为17个分册，常用的有：二极管、数字集成电路、接口集成电路、线性集成电路、存储器集成电路、微处理器集成电路、光电子学器件、晶体管、功率半导体器件、使用说明、高可靠电子元件、集成电路替换手册和分立半导体元件替换手册等。

该手册的基本使用方法是：根据所需产品功能特性选择合适的器件型号；根据已有器件型号查找其性能参数、外形图、管脚图、电路图及生产厂商；根据已知器件查找其替换产品。使用时要根据器件生产的年代选用相应的版本。

该手册有光盘数据库《IC/ Discrete Parameter Database》产品，它收录的器件比印刷版多。

10.4 年鉴

10.4.1 年鉴简介

1. 年鉴的概念

年鉴是逐年出版，提供相应年份内各行业资料的工具书，被称为“微型百科全书”。年鉴既是各类动态性资料和事实、数据的综合性查考工具，也是编制百科全书类工具书的基本信息源。

年鉴按编写方式可分为记述体年鉴和统计年鉴；按内容范围分为综合性年鉴和专科年鉴。

年鉴一般由重要文献、概况、专题论述、大事记、统计资料和附录几部分组成。其中专题论述是年鉴的主体，或刊载专为年鉴撰写的综合性文章，或刊载原始文献，叙述一年中出现的重要事件和新知识、新成果。

2. 年鉴的特点

（1）资料简明、精炼可靠、及时。读者使用年鉴，大多数是为了获得或核对某一专题人物、事物的最新资料。年鉴的作用之一，就是更新不能经常修订的巨型出版物，如百科全书。

（2）年鉴的内容是逐年排列的，所以借助年鉴可以了解有关事物发生、发展的趋势。例如，在1980年的《世界年鉴》（World Almanac）中有22页的内容谈到铁路问题，而1982年版仅有2～3页涉及该问题，却有多页内容谈到电视节目问题。这样《世界年鉴》就反映出半个多世纪以来美国社会经济生活的某些变化。这些最原始的统计资料是其他出版物常常忽略的，但对于研究人员却是相当重要的资料。

（3）多数年鉴内注明资料的来源，假如读者需要进一步研究某一专题，就可以据此迅速找到原文。这样年鉴又具有非正式索引的作用。

（4）许多年鉴都提供有关便览和人物传记的资料。例如，专科年鉴中，就可能有该领域的机构和重要代表人物名录，有时还有这些机构的地址和人物的简历。

（5）可供读者浏览。几乎所有年鉴都刊载大量饶有趣味的知识，强烈地吸引各种不同类型的读者，这些回溯性资料还能引起人们的猎奇和怀旧之情。在国外，就有一大批这样的读者喜欢浏览年鉴。

10.4.2　国内外著名的年鉴

1.《中华人民共和国年鉴》

该年鉴由中国年鉴编委会编，原名为《中国年鉴》，后改为《中华人民共和国年鉴》。《中华人民共和国年鉴》是全面反映社会主义中国改革开放和现代化建设成就、国家方针政策和重大事件的综合性、权威性国家年鉴。该年鉴采用分类编辑法，以“部类”为单元，设宪法、地理、历史、特载、国家机构等部。

2.《中国人物年鉴》

《中国人物年鉴》于1989年创刊，是我国第一部以年鉴的形式介绍每年度我国各方面知名人士的活动、事迹、贡献及生平的大型工具书。《中国人物年鉴》每年出版一卷，包括中国共产党和国家、政府、军队的领导人，各民主党派领导人，获得全国性重大荣誉称号的英雄模范人物，在农工商各条战线上做出突出贡献的企业家、改革家和优秀代表人物，在科学技术方面有重大发明创造的专家，在学术上有重要成就的学者，发表有影响的著作或作品的理论家、文学家，在国内外重大比赛或评奖中名列前茅的艺术家、运动员，在教育、政法、卫生、新闻、出版、美术等方面有突出贡献的人士，有重大影响的少数民族、华侨和宗教界人士，以及我国台湾、香港、澳门各界著名人士。

3.《中国统计年鉴》

《中国统计年鉴》是一部全面反映中华人民共和国经济和社会发展情况的资料性年刊，每年9月出版，创刊于1981年。该年鉴收录了全国和各省、自治区、直辖市经济和社会各方面大量的统计数据，以及历史重要年份和近二十年的全国主要统计数据。全书内容分为24个部分，即行政区划和自然资源、综合、国民经济核算、人口、从业人员和职工工资、固定资产投资、能源生产和消费、财政、物价指数、人民生活、城市概况、农业等。各篇前设《简要说明》，对本篇章的主要内容、资料来源、统计范围、统计方法以及历史的变动情况作简要概述，篇末附有《主要统计指标解释》。

4. 美国《世界年鉴》

该年鉴于1868年创刊，由专家编写或由政府部门提供，简要介绍世界各国的历史、政治、经济状况，或用图表加以对比，或对发生重大事件的国家和地区作叙述，并附有地图。该年鉴关于国际组织、社会团体以及军事力量对比也有一定的资料，其收录的美国材料尤其丰富，对美国的历史、宪法、内阁、政府机构、外交使节直至历届总统、副总统及其亲属有较详细的叙述。

5. 美国《咨询年鉴》

该年鉴的编制体例与美国《世界年鉴》大致相同，也是世界上著名的年鉴之一。

除此之外，世界上著名的年鉴还有《政治家年鉴》《世界知识年鉴》《欧罗巴世界年鉴》等。

10.4.3 网络年鉴数据库

1. 中国统计年鉴信息网

网址：http：//www. chinastatisticalyearbook. com/

该网站的栏目主要有社会经济、中国年鉴、省市统计年鉴、名录工具书、经济报告、综合图书、其他图书等。该网站可以对年鉴类图书进行检索，如图10－6所示。

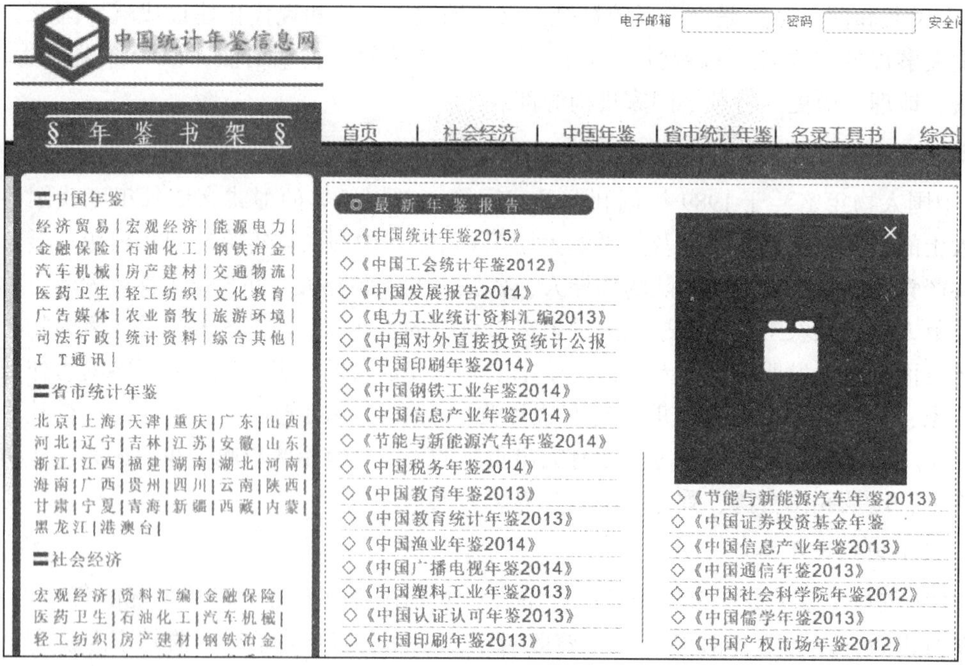

图10－6　中国统计年鉴信息网主页

2. 中国年鉴网

网址：http：//www. yearbook. cn

中国年鉴网（图 10 – 7）是由中国版协年鉴研究会唯一正式举办，中国版协年鉴研究会网络中心主办并负责全面运营，全国各年鉴编纂单位共同参与建设的面向全国年鉴界和社会公众，为我国各年鉴提供宣传和服务，为我国各级政府及社会各界提供研究、决策支持及其他年鉴信息服务的信息资源网站。

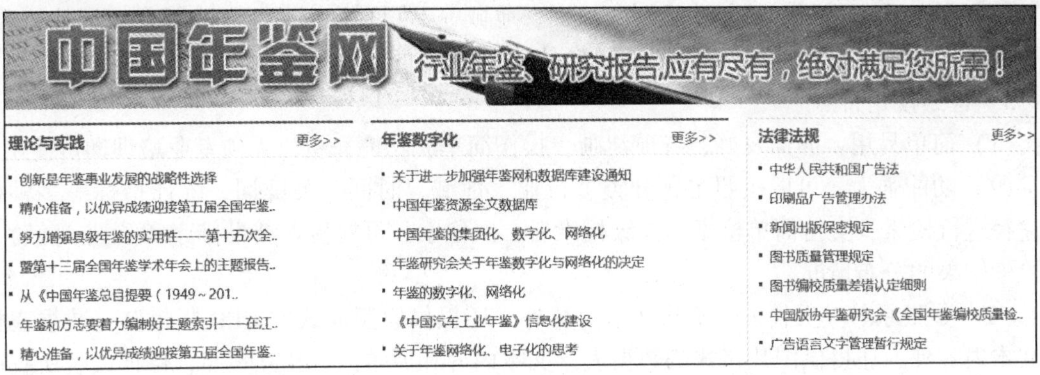

图 10 – 7　中国年鉴网主页

3. 中国年鉴资源全文数据库

中国年鉴资源全文数据库是由北京方正阿帕比技术有限公司与中国出版工作者协会年鉴工作委员会共同发起、得到全国年鉴界公认并积极参与的中国主流专业的年鉴全文数据库。其所收录年鉴资源覆盖了我国国民经济及社会发展的各个领域和地区，已形成较权威的综合反映我国国情地情的信息资源体系。

1）选题收录特点

（1）选题精良、体系科学：严格按照重要的国家级、各省级和地级市、重要的省级专业以及其他各类有价值年鉴的选题收录计划进行有序建设。

（2）回溯完整、延续性强：超过 70% 的已收录年鉴自创刊卷起完整回溯，对于已经收录的年鉴，将随年鉴出版周期及时更新资源，保证资源的完整性和连续性。

（3）高质量全文本、支持有效利用：无论新卷还是历史回溯卷，所有年鉴均采用全文建库形式，全文本覆盖率几乎达到 100%；可以直接展示高质量的正文内容，所有文本错误率低于万分之一，有效地支持精确的全文检索和内容直接复制引用，确保了年鉴资源质量。全部文本化的数据形态极大地减少了数据库存储空间的占用，有效避免了存储器等附加设备的高额投入。

（4）背靠行业，持续发展：通过与年鉴界深入友好的长期合作关系以及管理运营中国年鉴界官方网站“中国年鉴网”（www. yearbook. cn）的资源平台优势，保障了该数据库的可持续发展能力。

2）资源组织特点

（1）体系完整：按照“国情地情综合、国民经济和社会统计、政治民族军事、法律、自然资源和环境保护、经济综合与管理、财政金融、农业、工业、交通和旅游、邮政通信和信息产业、贸易经济、企业经济、科技、哲学与社会科学研究、教育、社会文化体育生活、传媒出版与知识传播、医学医药卫生”等将所收录年鉴划分为19个大类，同时还具备其他多种主题划分形式，从不同角度揭示了年鉴资源的内容价值。

（2）内容关联：对关键字段，如年鉴名称、年卷、地区、指标、关键词等进行标引，具有相关性的年鉴、文章、数据之间可以相互链接，方便读者进行横向和纵向的查阅比对。

（3）导航丰富：可以从年鉴类别、级别、地域等不同维度浏览年鉴，提供灵活地按种、按卷浏览年鉴方式，并具备相关年鉴、相关信息等丰富的导航方式。

3）检索使用特点

（1）简单易用：界面友好，导航清晰，操作简单，功能完备，无须专业培训即可使用。

（2）功能强大：可以按照主题分类、行业、地域、时间、关键词、统计指标等多种检索途径进行检索，支持简单检索、高级检索、二次检索，可对检索结果排序和筛选，随时查看检索结果的分布情况。

（3）参照原本：所收录年鉴除文本内容外，还提供原版原式的CEB版年鉴；数据表格除文本内容外，还提供图片格式的数据表；文本内容和原本内容相互参照，保证读者所查阅引用结果的准确性。

（4）引用方便：所有条目信息均可以直接引用，并附有条目出处等相关信息，便于引用时进行参考。另外可以进行打印、发送E-mail、收藏和评论等操作。

4. 中国年鉴网络出版总库

网址：http：//acad. cnki. net/Kns55/brief/result. aspx？dbPrefix = CYFD

中国年鉴网络出版总库（China Yearbook Full-text Database，CYFD）是由中国学术期刊（光盘版）电子杂志社、清华同方知网（北京）技术有限公司与各年鉴编辑单位合作建设，依托清华同方知网的网络出版平台，全面系统集成整合我国年鉴资源的全文数据库。其检索界面如图10－8所示。

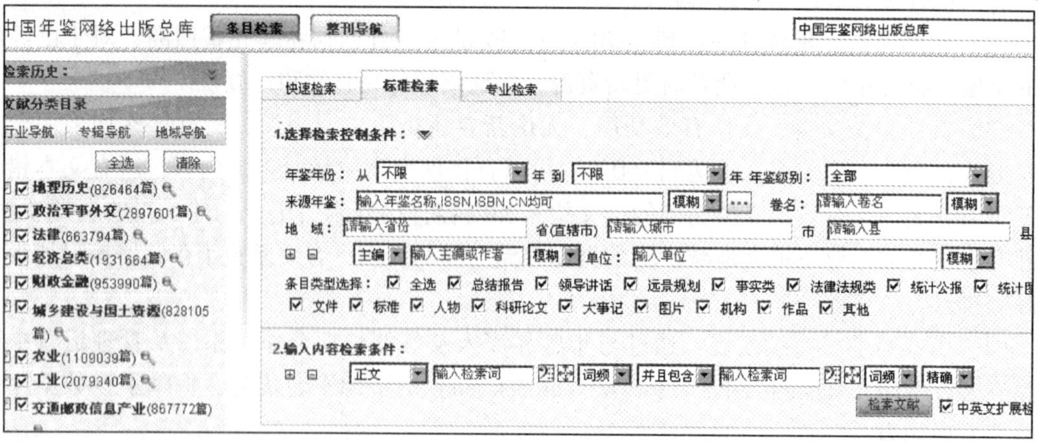

图10－8 中国年鉴网络出版总库检索界面

中国年鉴网络出版总库是目前国内最大的连续更新的动态年鉴资源全文数据库。其内容覆盖基本国情、地理历史、政治军事外交、法律、经济、科学技术、教育、文化体育事业、医疗卫生、社会生活、人物、统计资料、文件标准与法律法规等各个领域。其文献来源于中国国内的中央、地方、行业和企业等各类年鉴的全文文献。

该数据库的专辑专题主要有：

（1）年鉴内容按行业可分为地理历史、政治军事外交、法律、经济总类、财政金融、城乡建设与国土资源、农业、工业、交通邮政信息产业、国内贸易与国际贸易、科技工作与成果、社会科学工作与成果、教育、文化体育事业、医药卫生、人物等。

（2）地方年鉴按照行政区可分为北京市、天津市、河北省、山西省、内蒙古自治区、辽宁省、吉林省、黑龙江省、上海市、江苏省、浙江省、安徽省、福建省、江西省、山东省、河南省、湖北省、湖南省、广东省、广西壮族自治区、海南省、重庆市、四川省、贵州省、云南省、西藏自治区、陕西省、甘肃省、青海省、宁夏回族自治区、新疆维吾尔自治区、香港特别行政区、澳门特别行政区、台湾省共34个省级行政区域出版的年鉴专辑。

10.5　字典和词典

字典是为字词提供音韵、意思解释、例句、用法等的参考工具书。字典以收字为主，也会收词。

词典是汇集语言和事物名称等词语，解释词义和用法，并按一定次序编排以备检索的参考工具书。词典是人们经常使用的参考工具书。读者在阅读文献和写作的过程中，经常会遇到语言文字方面的问题，特别是外国的语言文字问题。其解答就是通过词典完成的。词典可以帮助人们回答有关词义、拼法、读音、用法、同义词与反义词、缩写语与符号、俚语、方言、专门术语、外来语，以及词源和词的演变历史等多方面的问题。词典主要可分为语文词典和专科词典。

目前，很多字典都实行了网络检索，主要有在线汉语字典（图10－9）和有道词典（图10－10）等。

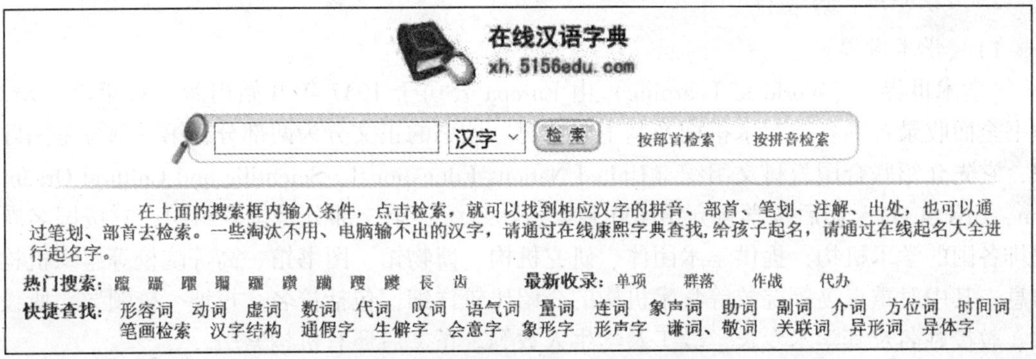

图10－9　在线汉语字典检索界面

图 10 – 10　有道词典检索界面

10.6　其他参考工具书

10.6.1　名录

1. 名录概述

名录是涉及范围很广的一种工具书，包括机构名录、人名录、厂商名录、报刊名录、研究项目名录、人物传记和地名录等，提供学术机构、政府部门、事业机构、公司企业、城市地区和知名人士的有关资料和信息，包括机构和人物的名称、缩写，地址、电话号码、传真号码、电子邮件，机构的职能、组织、历史沿革、人事情况、研究状况、活动领域、服务内容、出版物、产品等。名人录一般收录在世人物，而人物传记多数收录已故人物。

人们在从事科学研究、外事活动以及读书看报的过程中，经常会遇到有关国内外某机构组织、某人物生平、某报刊资料的简介和国内收藏等情况。例如：联合国教科文组织的任务是什么？它至今有哪些成员国？某某组织制造商近来有何产品？ASTM 和 IAEA 是什么机构？它们的全称怎么写？出国进修教师目标学校的教授生平、地位和著作情况如何？本专业或学科在世界范围内有哪些核心期刊以及国内馆藏情况如何？这些问题的答案通常可以通过机构名录、厂商名录、人名录、报刊名录获得。

2. 名录介绍

1）《学术世界》

《学术世界》（World of Learning）由 Europa 公司于 1947 年开始出版，每年出一新版。该书全面收录各国各类学术机构及其主要情况。该书的正文分为两部分，第一部分是国际组织，它先介绍联合国教科文组织（United Nations Educational，Scientific and Cultural Organization，UNESCO），而后按学科介绍 400 多个国际组织；第二部分是国家组织，它按国名顺序编排各国的学术机构，提供学术团体、研究机构、博物馆、图书馆、高等院校等组织机构的信息，其中对重点高等院校等学术机构的介绍比较详细，包括校名、校址、校领导、所设院系、教授姓名及其学术专长、教工及学生人数等。正文后还有机构索引。

2）《国际研究中心名录》

《国际研究中心名录》（International Research Centers Directory）由 Gale Research Co. 公

司于 1982 年初版，以后每两年出一新版，它是世界研究机构指南。

3)《世界大学名录》

《世界大学名录》(World List of Universities and Other Institutions of Higher Education) 由 Stockton Press 于 1997 年出版第 21 版，它收录世界 154 个国家的大学、重要的全国性和国际性高等教育机构以及大学协作、人员交流的机构及情况，如图 10－11 所示。

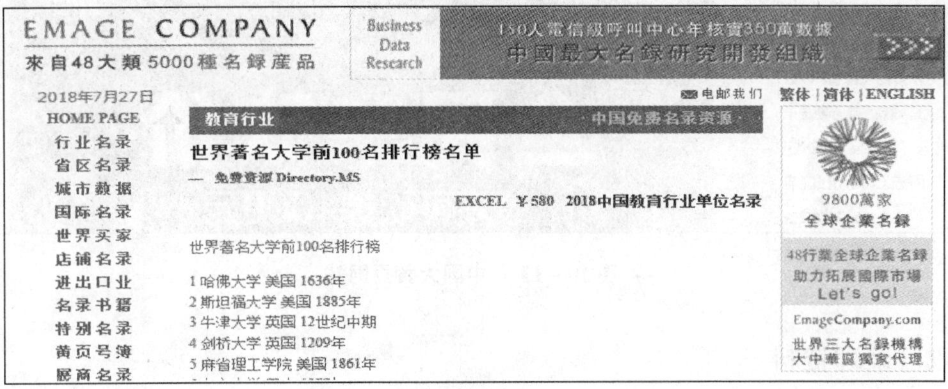

图 10－11　世界大学名录网站

4)《科技机构名录》

《科技机构名录》(Scientific and Technical Organization and Agencies Directory) 收录世界各国的科研机构 1.5 万个，包括协会、学会、政府机构、研究中心、基金会、大学、出版社、图书馆、标准和专利机构、信息服务机构等，介绍它们的名称、地址等情况。

5)《世界科学学会和学会指南》

《世界科学学会和学会指南》(World Guide to Scientific Associations and Learned Societies) 收录世界 150 个国家的科学技术、社会科学和人文科学方面的学会、协会，条目按地区和国家名称的字顺编排，并有索引。

6) 中国 114 黄页

中国 114 黄页 (图 10－12) 可按地区、行业和单位名称、单位地址等途径检索到全国许多企事业单位的邮编、地址、人员情况、电子邮件、产品服务等信息。

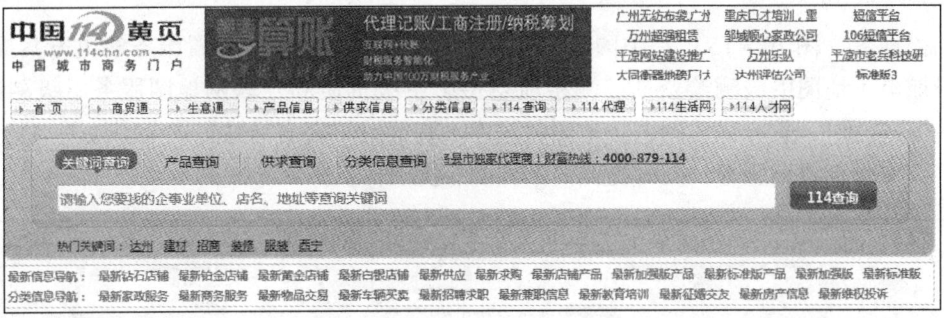

图 10－12　中国 114 黄页网站

7) 中国大黄页

中国大黄页 (图 10－13) 可按单位、地区、地址、电话号码进行查询，还可进行网上找人及全球区号、各省天气情况、网址查询等。

图 10－13　中国大黄页网站

10.6.2　地理资料

地理资料包括地图、地图集、旅游指南、地名词典、地名录和地名译名手册。

1. 百度地图

百度地图（图 10－14）可以浏览地图、搜索地点、查询公交驾车线路、查看实时路况，是用户的出行指南、生活助手，同时提供地铁线路图浏览、乘车方案查询，以及准确的票价和时间信息。

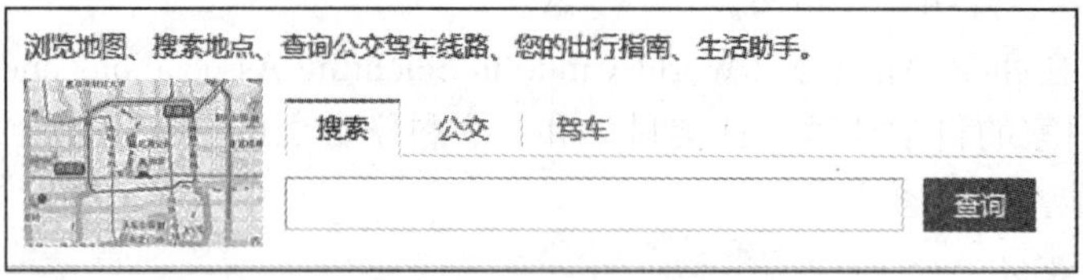

图 10－14　百度地图网站

2. 高德地图

高德地图（图 10－15）是中国领先的数字地图内容、导航和位置服务解决方案提供商，拥有导航电子地图甲级测绘资质、测绘航空摄影甲级资质和互联网地图服务甲级测绘资质（“三甲”资质），具有优质的电子地图数据库。高德地图官方网站提供全国地图浏览、地点搜索、公交驾车查询服务，同时提供商家团购、优惠信息。

图 10－15　高德地图北京网站

10.6.3 工具书指南

工具书指南是收录、报道、评论参考工具书的参考工具书，一般具有综合性。其编制一般比书目灵活，往往先以按语或序言形式介绍某类参考工具书的特点、沿革，再逐一评价具体的参考工具书。参考工具书品种和数量的日益增多，使人们面临着一个选择的问题，首先要知道有哪些关于解决该问题的参考工具书可利用，这些参考工具书以哪本为善，这就需要工具书指南。工具书指南大体分为三类：以教学为目的、以普及参考工具书知识为目的、参考工具书的参考工具书。

10.6.4 传记资料和传记工具书

在科研和学习的过程中，人们经常想了解有关某些学者、政治家、宗教人物、科学家、技术人员、作家、历史名人等的情况，或进一步获取相关的文献资料。凡记述某人一生的历史，揭示其思想、成就的资料都可以视为传记资料。传记资料有很多类型。就内容而言，从简单地介绍某人的生卒年、学历、一生中有哪些重要活动，到有什么代表作以至对他的思想和作品的评论；就形式而言，传记著作、报刊纪念性文章、自传、回忆录、发表的日记、通信集等都属于传记资料。

中国史籍中的史传、家传、本传、自传等也是典型的传记资料。历代的正史中，有“本纪”“世家”“列传”等记载帝王、诸侯、大臣、王公贵族等人物的传记资料。地方志、书画、碑刻中也有人物资料。寻找这些资料需要学会正确使用各种传记资料的检索工具。有的工具是专门查找历史名人的，有的工具是专门查找当前各行各业代表人物的；有的工具仅能提供简明的事实和数据，有的能提供详尽的评论性资料。因此在检索传记资料之前，必须确定所需资料的范围、时间、语种和用途，使所查检的资料最适合自己的需要。

传记工具书可以分为线索型检索工具（二次文献）和资料型检索工具（三次文献）。前者有传记书目、传记资料索引、人名索引、世系表，提供散布在图书、报刊、各种传记词典、百科中的人物信息的出处，或反映以图书形式出版的传记资料；后者包括传记词典、传记百科全书，以传记词典为主体。

10.6.5 类书、政书、图录、表谱

1. 类书

类书是辑录古籍原文中的部分或全部资料，按类或按韵编排，以供人们查考用的参考工具书。类书是我国古代百科全书性质的一种资料汇编，由于内容广阔、博采群书，分类编辑而成，所以得名。其体例有集录各科资料于一书的综合类和专收一门资料的专科类两种。类书一般分类编排，也有按韵、按字分次编排的。现存著名的类书有：唐代的《艺文类聚》《初学记》、宋代的《太平御览》《册府元龟》、明代的《永乐大典》、清代的《古今图书集成》。其价值：一为保存我国古代大量的接近原作的珍贵资料，以供校勘典籍、检索诗词文句、查检典故成语出处之用；二为研究者直接提供专题研究的资料。

2. 政书

政书是中国历代记录“典章制度”的书籍，是主要记载典章制度的沿革变化及政治、经济、文化发展状况的专书。由于它具有参考工具书的某些性质、特点，故人们也将其归入参考工具书的范畴。政书之名源于明代钱溥的《秘图书目》。

政书可分成两大类，一为记述历代典章制度的“通史式政书”，以“十通”、《历代兵制》《营造法式》为代表；另一种是记述单一朝代典章制度的“断代式政书”，称为“会要”，如《唐会要》《五代会要》《西汉会要》《东汉会要》《宋会要辑稿》《春秋会要》《秦会要》等。司马迁《史记》的“八书”首次记述典章制度，班固的《汉书》将“八书”改写为“十志”，后世史书多以“志”来记述各朝典章制度。

3. 图录

图录是将有关方面（或某一学科）的事物用图像形式绘录和摄制下来，加以分类编排的一种直观性的特种工具书。其主要包括地图和事物图谱，如《中华人民共和国分省地图集》《世界地图》《甘肃省土壤图集》《中国年降水量图》《中国气候等级图》《中华人民共和国植被图》《地球资源卫星象片图集》《美国农业地图集》都属于地图类；而《图解现代生物学》《中国高等植物图鉴》《电子显微镜下的病毒》《植物病毒图鉴》《有毒植物的彩色图谱》《天敌昆虫图册》《中国蛾类图鉴》《主要作物营养失调症状图谱》《苹果主要品种原色图谱》《家畜解剖图谱》《鸡胚胎发育图谱》《家畜解剖图谱》等均属于事物图谱类。

4. 表谱

表谱也称表册，是一种表格的专辑。它是汇集某一方面或某一专题的有关资料，一般采用表格形式进行编排的特种参考工具书，主要以表格、谱系、编年等形式来反映历史人物、事件、年代。其主要包括年表、历表和专门性表谱。

表谱主要用于查考时间对照、人物、史实基本情况、地理等资料，可将表列事件化繁为简，便于说明与事件之纵横相关问题，使人能够一目了然。

常用的表谱主要有《中外历史年表》《中国历史纪年表》《中国历史大事年表》《1821—2020 年二百年历表》《新编万年表》《温度查算表》《地形测量高差表》《世界有花植物分科检索表》《猪鸡饲料成分及营养价值表》《两千年中西历对照表》等。

除了以上介绍的参考工具书以外，书目、摘要、索引其实也是参考工具书，因为它们在前面已经详细介绍，在这里就不再赘述。

本章小结

本章主要介绍了参考工具书的概念、种类、特点，参考工具书常用的检索方法，参考工具书的结构；百科全书的概念、特点，国内外著名的百科全书以及网络百科全书；手册的概念、特点以及国内外著名的手册；年鉴的概念、特点，国内外著名的年鉴以及网络年鉴数据库，字/词典、名录、传记资料、地理资料、工具书指南、传记工具书、类书、政书、图录、表谱等。

思考题

一、简答题

1. 什么是参考工具书？它有哪些特点和种类？
2. 参考工具书常用的检索方法主要有哪些？
3. 什么是百科全书？它有哪些特点？国内外著名的百科全书有哪些？
4. 什么是手册？国内外有哪些著名的手册？
5. 什么是年鉴？它有哪些特点？国内外有哪些著名的年鉴以及年鉴数据库？

二、实习题

利用中国年鉴资源全文数据库，检索“汽车工业发展”方面的年鉴，并写出具体的检索过程。

第11章 数字媒体资源检索

11.1 数字媒体资源概述

随着信息技术的发展，特别是多媒体技术和网络技术的突飞猛进，人们正快速地进入信息化社会。现代技术已能运用各种手段采集和生产大量各种类型的多媒体信息数据，出现了数字图书馆、数字博物馆、数字电影、可视电话、交互电视、会议电视、点播视频服务、远程教育以及远程医疗等多种新的服务形式和信息交流手段。多媒体数据（Multimedia Data）是指具有多种表现样式的数据，例如文本（text）、图形（graph）、图像（image）、声音（sound）及视频（AV）等类型的数据，这些数据和传统的数值和字符不同，因而其存储结构和存取结构也不同，描述它们的数据结构和数据模型也不同，由此产生了一种崭新的数据库管理系统，即多媒体数据管理系统。

传统的管理信息系统（Management Information System）是以文字为信息载体的，在过去曾为计算机应用的普及和工作效率的提高发挥了巨大的作用，但是随着计算机技术的飞速发展和计算机应用水平的日益提高，传统的管理信息系统已不能满足用户的需要。其主要表现在以下三点：①人机界面不够友好，用户使用不方便；②不能提供对多媒体信息如静态图像、声音、视频等的支持和有效处理；③无法对资源共享提供支持。

Web 技术的出现和 Internet 应用的迅速普及为人们解决以上问题指出了一个崭新的方向。在基于浏览器/服务器（Browser/Server）架构的 Web 技术中，Web 浏览器（Browser）通过对超文本标注语言（Hyper Text Marked Language，HTML）的解释执行可以有效地支持多种媒体；通过图像与文本相结合的超链接（Hyper link）技术可以为用户提供一个统一、友好的人机交互界面；多媒体信息资源集中存放于 Web 服务器中，分布在不同地域的客户端 Web 浏览器均可以通过 Internet 连接访问这些信息，从而有效地实现了资源共享。可以说，基于 Web 的多媒体管理信息系统（Web-based Multimedia Management Information System，WMMIS）将取代传统的管理信息系统而成为信息技术领域的一个新的研究和应用方向。人们提出了在校园网上运行的基于 Web 技术的数字媒体资源管理系统的设计思想，它可以有效地支持多媒体信息的处理、存储和共享管理。

数字媒体资源管理系统可以解决如下问题：

(1) 提高工作、学习效率：所见即所得的信息发布工具可减少专业技术人员的投入，提高网站信息发布效率，加速知识和信息在校园网中的传播和共享，增强凝聚力，提升沟通效能；

(2) 多种格式内容统一管理：文字、图片、学习资源、讲座、娱乐资源、电子书籍等可以进行统一管理；

(3) 随时随地学习：用户可以在任何时间、任何地点学习课程，增加了学习时间的灵活度；

(4) 资料可长期保存，方便检索：长期完好保存资料，方便资源检索、调用、发布、访问，实现资料的便捷利用和再利用；

(5) 权限分配管理灵活：系统支持多级权限设置，可以设定专人负责指定栏目的管理，管理员只能操作属于自己权限范围内的栏目和功能；

(6) 所见即所得的网站内容发布和管理，可使非专业人员同样完成网站内容的管理，大量减少维护人员的工作量。

11.2 数字媒体资源检索技术

11.2.1 基于内容的检索

对于图片和视频数据库的检索，基本上有两种检索方式——基于文本的检索（Retrieval by text）和基于内容的检索（Content - Based Retrieval）。基于文本的检索是早期采用的图像检索方式。该方法主要利用数据库管理系统（DBMS），对图像采用人工描述，如对每幅图像附注关键字，利用原有成熟的文本检索系统对图像进行管理和检索。由于目前计算机视觉和人工智能都无法自动对图像进行标注，而人工标注效率低，带有主观偏差，这种主观理解的差异将导致图像检索中的匹配错误。此外，图像中所包含的丰富的视觉特征（颜色或纹理等）往往是无法用文本进行客观描述的。但这种方法的主要优点是速度快、不必经过大量复杂的运算。

为了对数字媒体资源进行客观全面的视频自动检索，很多专家学者提出了很多不同的解决方案，基于内容的检索就是其中的一种。基于内容的检索就是根据媒体与对象的语义内容和上下联系进行检索，在查询时针对的是对象而不是对象的标识。它需要从媒体数据中提取指定的特征，然后再根据这些特征从媒体数据中检索出具有相似特征的图像或者视频内容。

11.2.2 基于内容检索的检索类型

1. 基于内容的图像检索

所谓基于内容的图像检索（Content-based Image Retrieval，CBIR），即从图像库中查找含有特定目标的图像，也包括从连续的视频图像中检索含有特定目标的视频片段。它区别于传统的图像检索手段，融合了图像理解技术，从而更有效。对于基于内容的检索系统，根据其处理的对象可将其分为静止图像检索和活动视频检索；根据图像库的内容可分为专用检索系统和通用检索系统。专用检索系统根据系统的专门要求进行检索，而通用检索系统所采用的技术则较为普遍。

基于内容的图像检索是指根据图像对象的内容及上下文联系在大规模多媒体数据库中进行检索。它的研究目标是提供在没有人类参与的情况下能自动识别或理解图像重要特征的算法。目前，基于内容的多媒体信息检索的主要工作集中在识别和描述图像的颜色、纹理、形状、空间关系上。目前的图像检索方法主要有：基于颜色特征的查询、基于纹理特征的查询、基于轮廓和形状特征的查询、多特征的综合检索方法以及图像多特征的相关反馈检索技术等。

2. 基于内容的视频检索

基于内容的视频检索，就是根据视频的内容和上下文关系，对大规模视频数据库中的视频数据进行检索。基于内容的视频检索包括很多技术，如视频结构的分析（镜头检测技术）、视频数据的自动索引和视频聚类。视频结构的分析是指通过镜头边界的检测，把视频分割成基本的组成单元——镜头，视频数据的自动索引包括关键帧的选取和静止特征与运动特征的提取，视频聚类就是根据这些特征进行的。

基于内容的视频检索技术从提出到现在，在国内外已经取得了许多成就，现在已经有许多原型系统，其中最为著名的有 IBM 公司的 QBIC 系统、哥伦比亚大学开发的 visualSEEK 系统以及 Virage 公司开发的 Virage 系统等。除此以外，还有许多原型系统，如 UIUC（University of Illinois Urbana-Champaign）的 MARS（Multimedia Analysis and Retrieval System）、MIT 媒体实验室开发的 photoBook、国内清华大学研制的 Internet 上静态图像的基于内容的检索系统等。

11.3 我国著名的媒体资源管理系统

随着数字媒体技术的发展，出现了很多媒体资源管理系统，如音乐数据库、视频数据库、考试数据库等，各个大学的数字图书馆针对自己的各种资源的特点，也建立了各种各样的媒体资源管理系统。

11.3.1 大学图书馆的媒体资源管理系统

为了全面地整合高校图书馆馆藏的多媒体资源，更好地向读者提供这些资源，很多高校图书馆经过努力，推出多媒体资源管理系统，比较成功的高校多媒体资源管理系统主要有北京大学（图 11 -1）、中国人民大学（图 11 -2）、上海交通大学等高校图书馆建立的数字媒体资源管理系统。这些系统整合多种形式及种类的多媒体资源信息，按照资源的类别和形式，并参照各高校的重点学科分类，对资源进行了科学合理的划分。其内容不仅包括人们已经熟知的随书光盘、电子图书等常用资源，而且涵盖了网络课堂、课件资源、语言文学（有声）等多种类型的音视频等多媒体资源，其中课件资源极具特色。这些系统还单独设立了各高校资源的栏目，集中展示各校（馆）自建和收藏的特色资源，如学术报告（励志讲坛、远东书院)、上图讲座、影视欣赏、校园原创等。

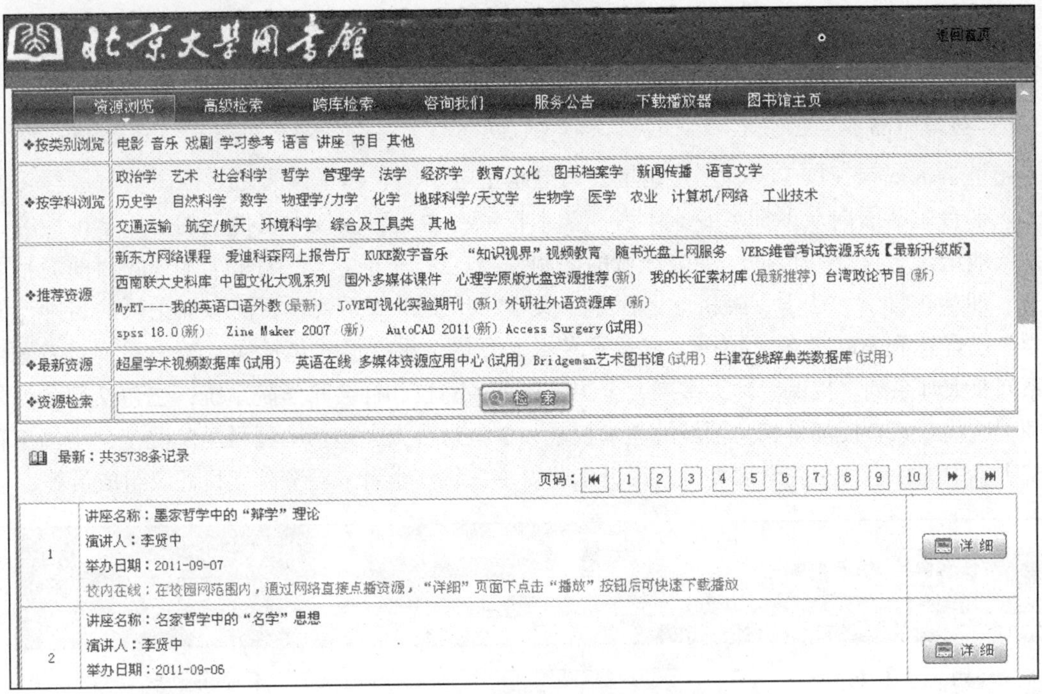

图 11－1　北京大学图书馆媒体资源管理系统

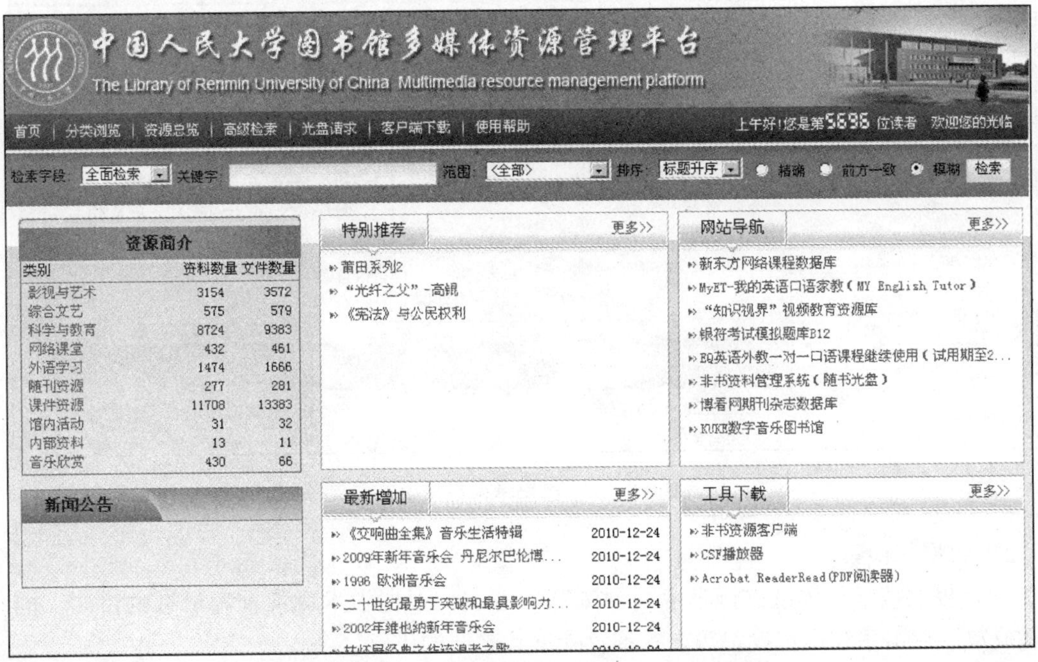

图 11－2　中国人民大学多媒体资源管理平台

11.3.2 我国著名的媒体资源数据库

1. 超星学术视频

网址：http：//www.ssvideo.cn

1）数据库简介

超星学术视频（图 11－3）是超星公司继超星电子书、超星读秀之后推出的视频学习平台。该平台邀请国内众多知名专家学者、学术权威，通过影像技术将他们的多年学术研究成果系统地记录、保存并传播，突破地域的限制，与广大师生共享。超星学术视频目前囊括了工学、理学、哲学、法学、经济学、医学、文学、历史学等系列，目前参加拍摄的名师、专家学者已经达到800余名，拍摄完成学术专辑上万集，讲授形式包括课堂教学系列、专题讲座系列及大师系列。授课老师大多来自全国重点著名高校和社会科学院系统，也包括部分海外名师。这些专家教授都是相关领域的学术权威和学科带头人，包括中国科学院院士、中国工程院院士、中国社会科学院学部委员、诺贝尔奖得主、长江学者、国务院学科评议组成员等。

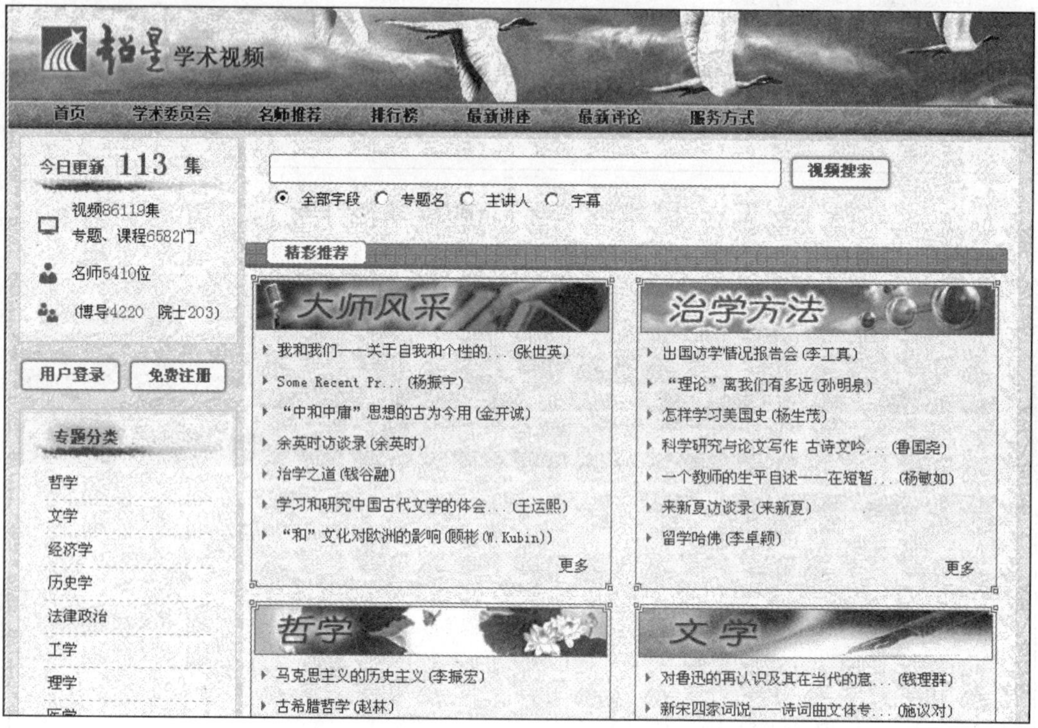

图 11－3 超星学术视频主页

2）数据库检索

（1）提供按学科体系进行学术视频浏览的方式，根据学术标准推荐最近的讲座，同时以播放数、点击率和用户投票等方式推荐受读者欢迎的讲座。

（2）可通过讲座名称、主讲人、字幕全文三个检索点进行检索。字幕全文检索可以精确进行知识点的定位，将整体研究和节点研究匹配，展现不同老师对同一个问题和观点的不同解释。

(3) 与用户的互动功能较强，用户可对讲座进行评论、纠错和投票，用户还可以推荐自己喜欢的名师进行拍摄。

(4) 提供字幕下载，并可选择只收听音频以满足用户的特殊需要。

2. 库客数字音乐图书馆

网址：http：//www. kuke. com

库客数字音乐图书馆（图 11－4）是国内唯一一家专注非流行音乐发展的数字音乐图书馆，拥有 Naxos、Marco Polo、美国唱片公司（ARC）、Analekta、BIS、AVC 等国际著名唱片公司的鼎力支持，并整合了国内的中国唱片总公司的资源。目前库客数字音乐图书馆已经拥有了世界上 98% 以上的古典音乐资源，包括交响乐、室内乐、歌剧、芭蕾、协奏曲、乐器独奏等古典音乐种类，还有亚洲、欧洲、非洲、大洋洲、美洲的众多国家独具特色的民族风情音乐。除此之外，库客数字音乐图书馆还提供爵士音乐、电影音乐、新世纪音乐、轻音乐、儿童音乐等几十类音乐曲风。库客数字音乐图书馆共汇聚了中世纪时期到近现代的 9 000 多位艺术家、100 多种乐器的音乐作品，曲目数量总计近 50 万首，还拥有丰富的文字资料介绍，配备了全面的唱片介绍，提供歌剧故事大纲、作曲家及演奏家生平介绍、音乐知识介绍等。

图 11－4 KUKE 数字音乐图书馆主页

库客数字音乐图书馆还有很多英语读物资源，都是由英国 BBC 广播电台、美国 ABC 广播电台当红主播亲自朗读，结合丰富的古典音乐配乐。其内容涵盖儿童文学、诗歌名著、小说、历史传记等近千部作品。

3. MyET 多媒体英语资源库

1）数据库简介

MyET 多媒体英语资源库（图 11－5）是由北京策腾文化有限公司于 2002 年开发的一

套学习英语的多媒体英语资源库，该库以听说训练法为基础，专门为解决中国人学习英语过程中的最大问题——听说障碍所设计，以较为精准的语音分析技术为核心，并与国内外著名的英语教学出版社和期刊社合作，优选适合不同学习水平的学习者需要的课程，让学习者既可以快速提高口语水平，也能够通过长期使用真正有效提高英语的实际应用能力。

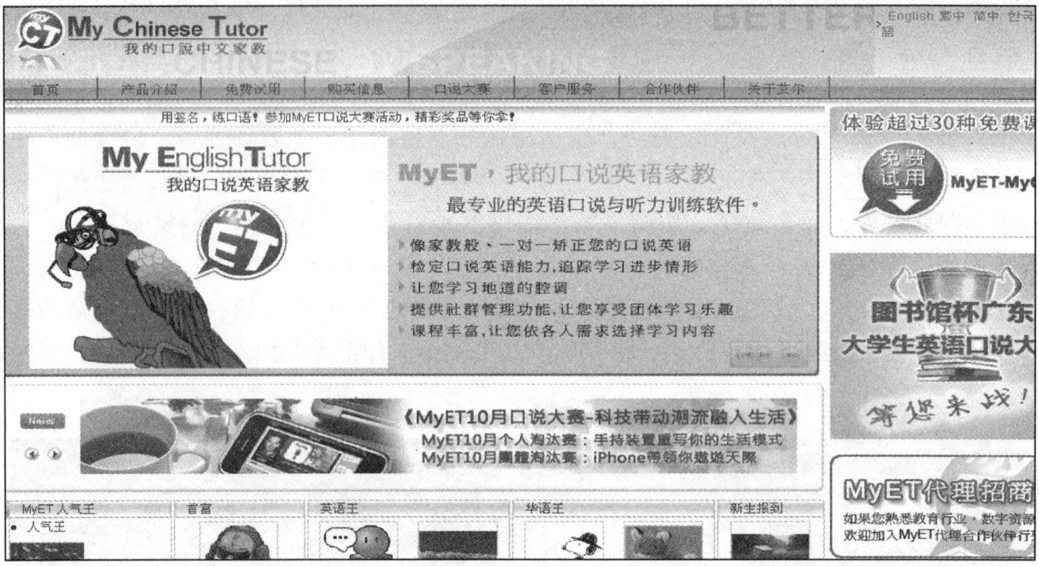

图 11－5　MyET 多媒体英语资源库主页

目前，该数据库开通了《MyET 新闻英语》《MyET 校园英语》《MyET 面试英语完全攻略》《MyET 商业英语》《大家说英语精选会话（一）》《大家说英语精选会话（二）》《MyET 阅读写作能力特训课程》《中高级口语听力阅读特训课程》《口语听力全真模拟真题集（中级）》《大家说英语杂志 2009》《空中英语教室杂志 2009》《彭蒙惠英语杂志 2009》《MyET 美语走天下》《MyET 来去美国》《国际会议演讲英语》。

2）数据库的主要功能

(1) 发音、语调、节拍、轻重音即时诊断，3D 动画演示发音嘴型。

学生可在聆听老师所读的句子后，录下自己的声音，MyET 会立即跟老师作比对，让学生立即了解发音、语调、节拍与轻重音各部分有什么问题，并且提出改善建议。实时的诊断可协助学生改善口语缺点，提升英语口语能力。

(2) 英式、美式腔调选择，全外教真人发音。

MyET 让用户自行挑选老师，以便学习美式英语或英式英语（腔调种类因课程而异）。MyET 发音均为外教真人录音以及课程出版社原声母带。

(3) 检定英语口语能力，追踪学习进程。

“自我检定”功能可让用户彻底了解自己的英语口语能力并加以改善；“我的成绩”菜单则记录用户的学习课程及成绩进步状况，让用户随时掌握自己的学习成果；“口说能力诊断书”功能会统计分析用户的口说能力状况。

（4）场景模拟、角色扮演、人机智能对话。

很多学习者是基于需要才开展英语学习的，这种需要有的是临时出国学习，有的是参加国际性会议，有的是到外企面试等。MyET 优选了一系列训练场景，并不断更新，使学习者能够轻松地掌握英语的表达技巧，并快速记忆单词和语法知识。

（5）世界权威语言专家 Dr. Pimsleur 博士的口语学习法。

眼看、耳听、口说，三管齐下，是增进英文能力最有效的方法。MyET 除了提供单句练习、跟读练习及角色扮演等学习方法外，还提供了依照著名的英文教育学家 Dr. Pimsleur 的语言学习理论设计的学习法：以听说为主，以读写为辅，并努力融入外语情境，以外语思考，让用户以最有效率的方式学好英语的听、说、读、写。MyET 依照 Dr. Pimsleur 语言学习理论设计，每个句子会练习四次，前三次是连续练习，第四次则是在间隔一段时间后再练习。

4. 新东方多媒体学习库

网址：http：//library. koolearn. com/

新东方多媒体学习库（图 11－6）中的课程全部由新东方最优秀的名师讲授，是在新东方面授班原课堂录制下来并经过后期多媒体技术制作而成的互动性极强的音频、视频形式的教学课程。

图 11－6　新东方多媒体学习库主页

该数据库课程包括应用外语类、出国考试类、国内考试类三大类别，共 45 门课程、502 学时。

具体课程如下：

（1）国内考试类：大学英语六级、大学英语四级、考研英语；

（2）出国留学类：GRE 经典课程、新版 TOEFL 名师精品班、TOEFL 经典课程、IELTS 经典课程；

（3）应用外语类：英语词汇。

5. 银符考试模拟题库

网址：http：//www. yfzxmn. cn

银符考试模拟题库（图 11 －7）是一款侧重于资源的新型在线考试模拟系统，其以各种考试数据资源为主体，以先进、强大的功能平台为依托，以自建多媒体库和银符考试资讯网组成的数据库辅助使用环境为基础，为用户搭建的一个集考试练习、交流、教学、资源为一体的综合性在线模拟试题库。

其主要内容包括新大学英语四级，大学英语六级，专业四级英语，专业八级英语，国家英语等级考试（PETS）一级，国家英语等级考试（PETS）二级，国家英语等级考试（PETS）三级，国家英语等级考试（PETS）四级，国家英语等级考试（PETS）五级，大学英语三级（A），大学英语三级（B），专升本英语，初、中级金融英语，初、中、高级商务英语，职称英语，英语翻译等，并赠送一定数量的托福英语、雅思英语、GRE 英语试题。

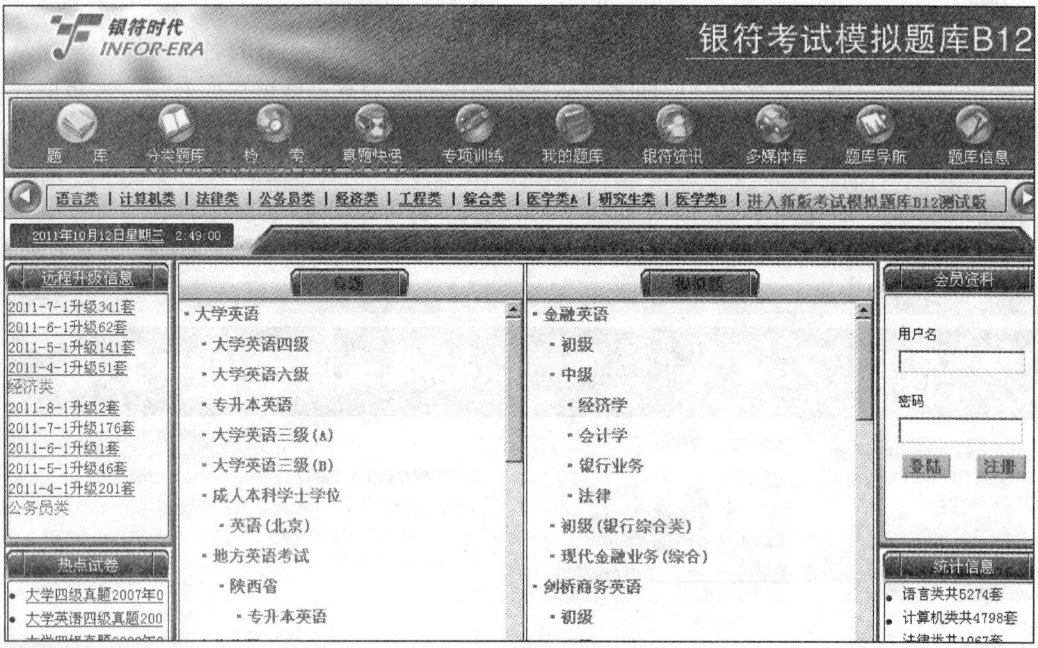

图 11 －7　银符考试模拟题库主页

6. 北京爱迪科森教育科技数据库

该数据库系统包括：终身学习网、网上报告厅、中国求索网、就业培训数据库、环球英语多媒体资源库、迅捷应急、少儿多媒体图书馆等。其中以环球英语多媒体资源库和就业培训数据库最为有名。

环球英语多媒体资源库（图 11 －8）整合环球英语网校多语种课程资源，形成了资源全面、功能强大的外语多媒体资源库。该库涵盖了环球英语网校的学历考试类、应用英语类、出国考试类、职业英语类及小语种等多种外语培训课程资源，为高校师生提供外语基础、口语提高、小语种入门、考前辅导、求职指导等全线外语培训。该库视频使用常用的 Media

Player 播放器，读者无须安装专门的视频播放器，点击课程即可观看，简便快捷。

图 11-8　环球英语多媒体资源库

面对日渐严峻的就业形势，就业培训数据库（图 11-9）是贴近大学生实际的就业培训数据库，该库整合了人力资源和社会保障部、环球网校等机构的丰富师资、权威课程，以及时更新精品课程及历年真题为优势，切合大学生实际就业培训的知识需求，为大学生提高就业能力提供了知识平台。

图 11-9　就业培训数据库

就业培训数据库分为四个子库：

（1）公务员考试数据库：国家公务员的笔试和面试辅导；

（2）研究生考试数据库：研究生入学考试的数学、英语、政治等公共课；

（3）职业考试数据库：最热门的大学生可以报考的职业职称考试；

（4）创业指导数据库：讲解创业理论与技能知识，有效帮助大学生开展创业，成功创业。

该数据库能够直接对大学生的就业提供培训服务，使大学生实现从“知识”到“能力”的转化，从而在就业时占有主动地位。

除了以上媒体资源数据库之外，国内著名的媒体资源数据库还有：圣才学习网视频资源库、北京泰克贝思科技有限公司的多媒体资源应用中心、正保远程教育多媒体资源库、“知识视界”视频教育资源库、公元集成教学图片数据库、外语教学与研究出版社外语资源库以及 VERS 维普考试资源系统等。

11.3.3 数字媒体网站

1. 新闻媒体网络指南

（1）搜狐媒体导航目录（http：//v. sogou. com/）；

（2）虚拟公共图书馆报纸阅览室（http：//www. ipl. org/div/news，图 11－10）。

图 11－10　虚拟公共图书馆报纸阅览室

2. 新闻媒体数据库

1）新华社多媒体数据库

新华社多媒体数据库（图 11－11）由新华社编制，为全文数据库，共有两个版本，即校长专版和普通版。每个版本的具体内容不同，但它们的检索途径和方法基本上是一致的。校长专版的主要栏目包括校长快递、教育观察、教育舆情监测、关注教育部、部委领导信息、中央部委信息；普通版的主要栏目包括新华社新闻、教育信息、财经信息、论文报告、特供数据库、新华时评、新华视点、热点专题、新华图片、新华报刊、新华视频等。

图 11－11　新华社多媒体数据库“新华社专供普通版高等教育”界面

2)《人民日报》网络版全文数据库

《人民日报》网络版全文数据库检索界面如图 11－12 所示。

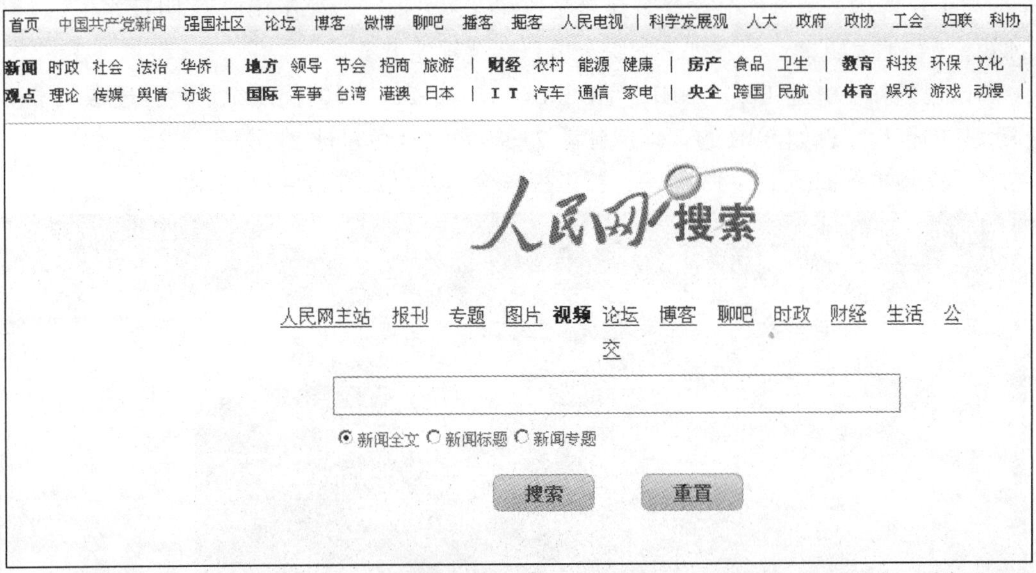

图 11－12　《人民日报》网络版全文数据库检索界面

11.4 我国著名的网络视频检索系统

近些年网络媒体局势变革迅速，越来越多线上视频、告别广告盈利时代，专注创造内容以吸引用户。随着现代社会版权意识的逐渐提升，加之支付方式的多样化和便捷化，时至今日，互联网用户付费观看优质的视频也已成为常态。2016 年之后国内的视频网站付费迎来了“春天”，进入了前所未有的发展阶段。目前，国内著名的网络视频检索系统主要有腾讯视频、百度视频、爱奇艺、土豆网等。下面对这些网络视频检索系统进行详细介绍。

11.4.1 腾讯视频

网址：https：//v. qq. com/

腾讯视频是腾讯科技（北京）有限公司打造的在线视频平台，拥有流行内容和专业的媒体运营能力，是聚合热播影视、综艺娱乐、体育赛事、新闻资讯等为一体的综合视频内容平台，并通过 PC 端、移动端及客厅产品等多种形态为用户提供高清流畅的视频娱乐体验。

腾讯视频于 2011 年 4 月正式上线运营，截至 2017 年第四季度，移动端日活跃用户数达 1.37 亿，截至 2018 年 2 月底，付费会员数达 6 259 万。

在内容方面，腾讯视频始终全面覆盖热门内容，如《如果蜗牛有爱情》《鬼吹灯之精绝古城》《那年花开月正圆》《扶摇》等。作为 HBO 中国独家官方播放平台，腾讯视频拥有美剧阵容，在实现国内院线电影新媒体版权全覆盖的同时，与派拉蒙、迪士尼、索尼、环球、福克斯、华纳进行深度合作，搭建中国电影片库。

除此之外，腾讯视频立志打造“国产漫画第一平台”，其《全职法师》《斗破苍穹》《全职高手》等国产漫画作品深受观众喜爱；在综艺方面，《创造 101》《明日之子》《拜托了冰箱》《约吧大明星》等系列王牌综艺节目持续领先市场。

腾讯视频除了引进 BBC、NHK、NG、Discovery、ZDF 等的优质纪录片，还参与了 BBC 纪录大片的创投，例如 BBC 的《地球脉动 2》以及《蓝色星球 2》等。

腾讯视频主页如图 11－13 所示，腾讯视频检索界面如图 11－14 所示。

图 11－13 腾讯视频主页

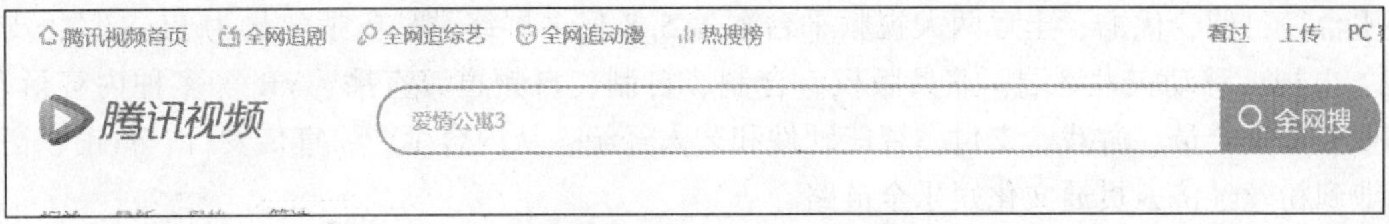

图 11－14　腾讯视频检索界面

11.4.2　百度视频

网址：http：//www. m. baidu. com/

百度视频是百度旗下的视频聚合平台，主要依托百度在视频搜索、推荐，大数据等领域的核心技术，面向用户推荐个性化的视频内容。百度视频通过全系列产品向网民提供服务，包括百度视频官方网站、百度影音播放器、百度视频 App 等。百度视频是全球最大的中文视频搜索平台，聚合了超过 5 亿条视频，包括影视相关、音乐 MV、游戏、娱乐、体育、搞笑等内容。

百度视频 App 的月度独立设备数已超过 5 000 万，环比增幅达 2.3%，日均独立设备数超过 1 200 万，环比增幅达 2%，而在“月度总有效时长”上，百度视频 App 的表现非常突出，已到 14 057 万小时，环比增幅高达 12.4%，超过行业平均水平。

百度视频已成为中国最大的视频搜索和专业生产内容（Professional Generated Content，PGC）分发平台，收录了超过 6 亿条视频内容，移动端总用户量已超过 5 亿。百度视频与 40 多家视频网站和上千家国内领先的 PGC 制作方达成了深度合作，汇聚了大量优质原创短视频内容。百度视频已在 PGC 短视频领域围绕分发、营销、变现、衍生等环节打造了一整套全产业链生态系统，并且建立起从内容生产到终端分发的闭环。

百度视频主页及检索界面如图 11－15 所示。

图 11－15　百度视频主页及检索界面

11.4.3　优酷网

网址：https：//www. youku. com/

优酷网于 2006 年 6 月 21 日正式上线，现为阿里巴巴文化娱乐集团大优酷事业群下的视频平台。目前，优酷、土豆两大视频平台覆盖 5.8 亿多屏终端，日播放量为 11.8 亿，支持 PC、电视、移动三大终端，兼具版权、合制、自制、自频道、直播、VR 等多种内容形态。其业务覆盖会员、游戏、支付、智能硬件和艺人经纪，从内容生产、宣传发行、营销、衍生商业到粉丝经济，贯通文化娱乐全链路。

作为中国数字娱乐平台，优酷网的内容体系由剧集、综艺、电影、动漫四大头部内容矩阵和资讯、纪实、文化财经、时尚生活、音乐、体育、游戏、自频道八大垂直内容群构成，拥有国内最大内容库。其内容主要有：

（1）剧集覆盖 80% 以上一线卫视大剧；联合出品 50 余部近 400 集优质网剧；海外剧共 638 部。

（2）拥有国产综艺 300 余档，覆盖近 90% 卫视节目；海外版权库 275 档，覆盖韩国、英国、美国等。

（3）电影片库位居全网第一，院线新片覆盖 80% 。

（4）共有 4 000 余部剧集动画，500 余部剧场版动画；优酷 App 汇聚了 3 000 多部高品质中外动画；每季度采购 90% 日本新番，覆盖 top100 热门动画。

优酷网主页及检索界面如图 11－16 所示。

图 11－16　优酷网主页及检索界面

11.4.4　爱奇艺

网址：http：//www. iqiyi. com/

爱奇艺于 2010 年 4 月 22 日正式上线，秉承“悦享品质”的品牌口号，为用户提供丰富、高清、流畅的专业视频体验，致力于让人们平等、便捷地获得更多、更好的视频。

爱奇艺已成功构建了包含电商、游戏、电影票等业务在内，连接人与服务的视频商业生态。

爱奇艺主打品质、青春、时尚的品牌，打造涵盖电影、电视剧、综艺、动漫在内的十余种类型的中国正版视频内容库，并通过“爱奇艺出品”战略的持续推动，让“纯网内容”进入真正意义上的全类别、高品质时代。同时，作为中国付费用户规模最大的视频网站，爱奇艺倡导“轻奢新主义”的 VIP 会员理念，主张人们对高品质生活细节的追求，坚持为广大 VIP 会员提供专属的海量精品内容、极致的视听体验，以及独有的线下会员服务。

2014 年，爱奇艺在全球范围内率先建立起首个基于搜索和视频数据理解人类行为的视频大脑——爱奇艺大脑，用大数据指导内容的制作、生产、运营、消费，并通过强大的云计算能力，以及领先行业的带宽储备，和全球最庞大的视频分发网络，为用户提供更好的视频服务。

在技术与内容双核驱动的新体验营销时代，爱奇艺创造性地提出了“iJOY 悦享营销”客户服务价值观和方法论。通过多屏触点、创意内容、技术优化、互动参与、实现购买等路径全面提升投资回报率，让用户享受创新营销带来的成功与快乐。

爱奇艺主页及检索界面如图 11－17 所示。

图 11－17　爱奇艺主页及检索界面

11.4.5　土豆网

网址：http：//new-www. tudou. com/

土豆网是阿里巴巴文化娱乐集团旗下的短视频平台，以“只要时刻有趣着”为口号，号召全球有趣短视频，以成为“全球第一短视频平台”为目标，全力进击专业用户生产内容（Professional User Generated Content，PUGC）领域。

土豆网于 2005 年 4 月 15 日正式上线，是全球最早上线的视频网站之一。2014 年 1 月，土豆网正式更名为“土豆”，这标志着土豆网进入品牌发展的新阶段。

土豆网相信年轻人的想象力、创造力，相信其平台能帮助年轻人创造更多更好的影像作品，来表达对自己、生活和这个时代的看法。同时，土豆网提倡尊重“每个人”的个性，尊重“每个人”自主地选择自己的生活，成为自己成长的导演。2012 年 8 月 20 日，土豆网和优酷网合并成优酷土豆集团。

2017 年 3 月 31 日，阿里巴巴文化娱乐集团宣布土豆网全面转型为短视频平台。转型后的土豆网将捆绑更多的资源，从产品到数据、从商业到技术的能力都在业内领先，在流量矩阵、内容矩阵、数据矩阵上可以形成几何效应。同时推出“大鱼计划”，作为平台创作者的重要激励，旨在鼓励平台创作者产出有价值、有内涵、有趣味、有深度的作品。

土豆网主页及检索界面如图 11 – 18 所示。

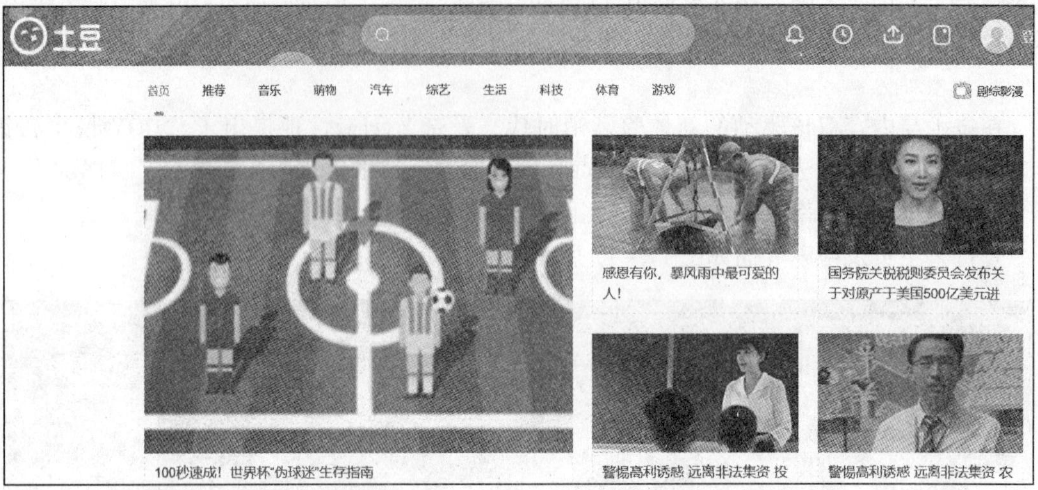

图 11 – 18　土豆网主页及检索界面

11.5　国外著名的媒体资源检索系统

1. SpecialSciDBS 西文特色专题资源数据库

SpecialSciDBS 西文特色专题资源数据库（图 11 – 19）是由国道数据开发的以课件（PPT 或 PPT 打印的 PDF 文件）为主、以视频文件为辅、以再现国外高校课堂教学过程及育人理念为目标的多媒体教学资源库。

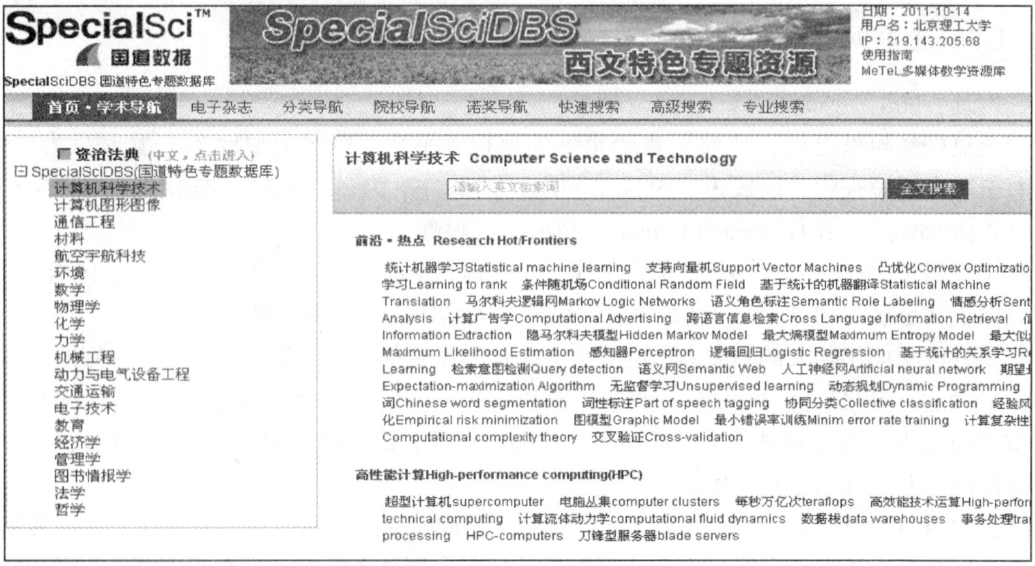

图 11 – 19　SpecialSciDBS 西文特色专题资源数据库

SpecialSciDBS 西文特色专题资源数据库收录美、英、加、澳等国 300 余所高校的 1 万余门课程的教学资源；学科领域涉及计算机科学、经济学、生物学、数学、化学、管理学、物理学、医学、心理学、地理学、农业、动力电气工程等 100 多个学科。每门课程包括课程介绍、课程须知、课程表、教学大纲、参考教材、课任教师等；每个课节可能有如讲义、课件、音频、视频、教学图片、教学案例、阅读材料、作业、习题答案、试卷等几类资源；部分课节为独立的专题研讨会（Seminar）、实验实习、外出考察、演讲讲座等；个别课节有相关的程序代码、数据等资源。另外，它还涉及了动漫专业的 5 000 多个动漫素材。

2. EBSCO 大众传媒学全文数据库

网址：http：//search. epnet. com

EBSCO 大众传媒学全文数据库（Communication & Mass Media Complete，CMMC）由 EBSCO 公司出品。CMMC 提供传播和大众传媒领域的最强大的高品质文献检索及研究解决方案。内容主要来自美国传播协会（National Communication Association）出版的 CommSearch 和 Penn State 美国宾州州立大学出版的 Mass Media Articles Index 两个数据库，专业涉及传媒学、传播学、广告学、翻译学、语言学等相关专业。该数据库收录期刊逾 730 种（其中近 420 种全文期刊），包括 5 000 位传媒学撰稿人的详细信息，另外还收录了大众传媒学研究相关国际会议的会议论文 14 000 篇。数据最早回溯到 1915 年。

3. ASP 表演艺术、戏剧与电影视频库

ASP 表演艺术、戏剧与电影视频库是美国 Alexander Street Press 出版社提供的在线视频数字资源，收录了全球 1 000 部左右著名歌剧、戏剧与舞蹈视频，6 000 多个剧本全文，1. 5 万个剧目信息等。数据库由两大部分组成。

1）歌剧、戏剧与舞蹈视频在线欣赏

（1）歌剧视频：精选了从巴洛克时期到 20 世纪世界上最主要的 250 部歌剧，总时长超过 500 小时，剧目包括《卡门》《阿依达》等，艺术家有帕瓦罗蒂、多明戈、艾雯（Maria Ewing）等顶级歌唱家与梅塔（Zubin Mehta）等著名指挥家。数据库还允许读者标记具体场景、动作、咏叹调，甚至一个简单的吟诵片段，进行多种方式的检索。

（2）戏剧视频（图 11 –20）：收录超过 250 个世界上最主要剧本的演出实况，作品来自莎士比亚、贝克特等，总时长超过 500 小时。这些重要演出均由著名导演与演员完成，剧目包括《Incident at Vichy》《The Iceman Cometh》《Awake and Sing!》《Master Builder》《Much Ado About Nothing》《Six Characters in Search of an Author》等。

（3）舞蹈视频：收录 20 世纪 50 年代到现在全球最具影响力的舞蹈家与演出公司的 250 部舞蹈作品，总时长超过 500 小时，舞蹈形式包括芭蕾、轻拍、爵士乐等。内容为顶级芭蕾公司、著名舞蹈剧团与舞美设计者的演出纪录片、舞蹈训练录像等。主要作品有《Points in Space》《Strange Fish》《Silence is the End of our Song》《Intimate Pages Swansong》《Peter and the Wolf》《Rainbow Round My Shoulder》等。

2）戏剧与电影资料参考

（1）美国电影剧本：收录 1 000 个美国电影剧本，并收录 500 多个剧本所有页面的 PDF 文件及其他补充内容。剧本版权来自华纳兄弟、索尼、雷电华、米高梅等主要电影公司，

图 11－20　戏剧视频数据库主页

Faber & Faber 等版本所有者与 Paul Schrader、Lawrence Kasdan 等作者。

（2）北美戏剧在线：提供 17 世纪至今美国、加拿大超过 1 万个戏剧信息，包括从未出版过的著作的参考信息；同时还包括数千个剧院、作者、制片、电影公司与个人信息，以及 1 000 多种节目单，海报，广告，照片与相关的戏剧宣传单页等，内容多达 4.5 万页。

（3）20 世纪北美戏剧集：收录了 20 世纪 20 年代至今 2 000 部美国与加拿大的戏剧剧本，其中数百部是从未出版过的，另外还有许多是珍稀的、难以找到的或绝版的，收录了大部分剧作家的全部作品。除著名作家的作品外，还收录了那些不太知名但又十分重要的作品，如非洲裔美国人、亚洲裔美国人的戏剧作品。

（4）北美妇女戏剧集：收录了超过 1 500 个美国与加拿大妇女撰写的剧本，包括著名剧作家的全部作品与不太知名但十分重要的作家的作品。其中许多戏剧是珍稀的、难以找到的，或绝版的，可供从事文学研究、妇女研究与妇女历史研究等的学者使用。

（5）北美印第安人戏剧集：收录了自第一位美洲印第安人作家 R. Lynn Riggs 的《The Cherokee Night》起整个 20 世纪的作品，共 200 个以上剧本的全文，这些作品由 the Native American Theatre Ensemble、Spiderwoman Theater 等制作。同时还包括许多由 Toronto's Native Earth Performing Arts、Seattle's Red Eagle Soaring 制作的当代戏剧。

（6）亚裔美国人戏剧集：提供 250 个以上的剧本并且其中至少有一半是从未公开出版过的。它收录了亚裔美国人从 18 世纪到现在的作家的戏剧著作，此外还包括传记、演出数据库、详细介绍，以及相关的视觉资料，如照片、广告、节目单以及手稿的原始图像等。

（7）黑人戏剧集：收录了 1 200 个剧本。这些剧本经过著名专家的精心挑选，这些专家包括 James V. Hatch、一个学者委员会以及作家本人；还收录了超过 300 位来自北美、非洲、加勒比地区、欧洲、澳大利亚与其他地区剧作家的全部作品，时间范围为自维多利亚戏剧开始直至现在。

4. 可视化实验期刊（JoVE）

可视化实验期刊（Journal of Visualized Experiments，JoVE）于 2006 年 10 月由 iGroup 亚太资讯（中国）有限公司创刊，是第一本致力于以视频的方式展现生物学研究的期刊。该期刊的生物学实验的视频均拍摄于顶级学术机构的研究实验室。JoVE 经过同行评审，拥有知名的编委会，并被 MEDLINE 和 PUBMED 索引。其全新的基于视频的科学出版方式使实验研究更生动，与传统的文本格式相比，能够更有效地传递知识。因此，通过应用 JoVE，生物医学领域内的研究者和学生能够更轻松地进行实验和研究。

JoVE 覆盖学科包括：神经科学（Neuroscience）、细胞生物学（Cellular Biology）、发育生物学（Developmental Biology）、免疫学（Immunology）、生物工程（Bioengineering）、植物生物学（Plant Biology）等。

JoVE 实验内容主要来源于：哈佛大学实验室、麻省理工学院实验室、斯坦福大学实验室、耶鲁大学实验室、加利福尼亚大学伯克利分校实验室、哥伦比亚大学实验室，以及其他著名学术研究机构。

JoVE 每月 1 期，每期 20 篇文章，平均每天更新一个视频。

5. 世界音乐在线（Music Online）

世界音乐在线（Music Online）是美国 Alexander Street Press（ASP）的在线音乐数字资源，拥有超过 30 万首世界各地各个时期的音乐，由 EMI、Sanctuary Classics、Hyperion、The Sixteen、The Royal Philharmonic Orchestra、CRD、The London Symphony Orchestra、H&auml、nssler、Vox 等 34 家国际著名唱片公司提供完全版权。用户可以在线欣赏全部内容。它同时还向读者提供约 50 万页的音乐参考资料。该数据库由两大部分组成。

1）音乐欣赏

（1）古典音乐图书馆（图 11－21）：收录 9 万首以上合法授权的古典音乐作品，涵盖古典音乐的所有类目。这些作品来自 1 900 位作曲家，同时还提供 620 篇传记、5 300 篇音乐注释、12 200 幅音乐家画像。它是一个完整的收录古典音乐杰作的数据库，同时内容还将不断增加。

（2）当代世界音乐：带领全球听众感受音乐的震撼力，收录 5 万首乐曲，融汇了当代瑞格舞、世界节拍、新传统、世界融合、巴尔干爵士、非洲电影、宝莱坞、阿拉伯摇摆舞与爵士以及其他种类；同时还收录了传统音乐如印第安古典、葡萄牙民谣思乡曲、弗拉门戈、克莱兹梅尔、吉德科、高士伯、雅乐等。用户还可以组织与共享个人曲目表、课程文件夹、通过全真图片或重新录入的可检索文本给出的注释。

（3）史密森尼全球音乐图书馆：收录超过 3.5 万首来自全球 150 多个国家与地区各民族、部落的音乐、民谣、传统音乐、民俗演奏，以及各种语音、大自然与人工的声音。它是一部真正的世界音乐与听觉传统百科全书，向听众提供史无前例的在线资源，以支持多种形式的音乐创作、持续与保存。

（4）美国歌曲集：收录了 5 万首歌曲，其中许多歌曲是非常著名和经典的，包括美国生活中的各个阶层、所有的种族群体，以及每一时期的音乐。创作人群包括美洲印第安人、

图 11－21　古典音乐图书馆主页

矿主、移民、奴隶、儿童、领袖与牛仔等。同时还包括反映以下内容的歌曲：美国人权、政治活动、被禁歌曲、革命战争、南北战争、反战等。其类型有赞美诗、幽默歌曲、校园歌曲、海边小调以及多种主题的歌曲。

（5）非裔美国人歌曲集：收录超过 5.4 万首歌曲与音乐，包括爵士乐、布鲁斯、高士伯与其他形式。它是第一个记录非裔美国人音乐历史的在线音乐资源，搜集了自 19 世纪至今非裔美国人历史档案中超过 2 300 位歌手所有完整的唱片分类目录。目录中包含了 Document Records（世界史上最大的非裔美国人歌谣唱片公司）与 Rounder Records（美国最重要的乡村民谣唱片公司）两大品牌的所有乐曲，还包括从未出版过的 5 000 首稀有乐曲。

2）音乐参考

（1）古典音乐乐谱图书馆：汇集自文艺复兴时期、巴洛克时期，古典主义、浪漫主义，到现代音乐等多达 8 000 册、超过 40 万页的全球最重要的古典音乐乐谱、手稿以及从未出版过的资料。许多乐谱在世界音乐在线的古典音乐图书馆中有相应的音频文件，用户可以在欣赏音乐的同时查看各种类型的乐谱。几秒钟之内，初学音乐的学生们就可以探索贝多芬的全部作品集，而音乐家们也可以轻而易举地比较 15—21 世纪不同的音乐作品。

（2）古典音乐参考资料图书馆：提供超过 3 万页基本参考资料，其中包括 Baker 音乐字典、Baker 音乐家字典、Baker 学生音乐百科全书等，这些资源以前从未以电子形式提供过。该数据库提供了全部古典种类的完整覆盖范围，从文艺复兴时期到 21 世纪广为流传的音乐，以及主要古典音乐作曲家与艺术家的音乐定义及自传信息，还有重要文章、主要参考著作全文、乐谱与抒情诗摘录、音乐与记谱法、人物照片、图片、乐器、合唱等。

（3）格兰德世界音乐百科全书：第一个完整的、供音乐研究的在线资源，资料超过 9 000 页，汇集全球超过 700 位音乐家撰写的条目。自 1997 年第一次出版以来，即成为供这一领域进行研究的、全球各图书馆喜爱的优秀参考著作。它获得过多个奖项，如“达特茅斯”奖、“纽约公共图书馆杰出参考书”奖与“图书馆期刊”奖等。现在，其全部 10 卷图书在加入了 ASP 的使用功能后，第一次完整地在线向用户提供服务。

（4）非裔美国人音乐参考资料集：从早期奴隶精神到 20 世纪运动，围绕着爵士、布鲁斯与高士伯，非裔美国人音乐在全球音乐发展中扮演着不可缺少的角色。它是第一个完整的参考数据库，以编年史的方式记录了 1970 年之前丰富的非裔美国人音乐，第一次把这一领域的所有重要参考文献汇集到一起，包括唱片分类目录、参考书目、其他歌本、图像与其他印刷资源等。

6. bridgeman 艺术图书馆

网址：http：//www. bridgemaneducation. com/

bridgeman 艺术图书馆（图 11－22）提供全球领先的高品质艺术图片资源。该数据库目前共收录 36 万幅图片，这些图片广泛应用于教学和学术研究领域。

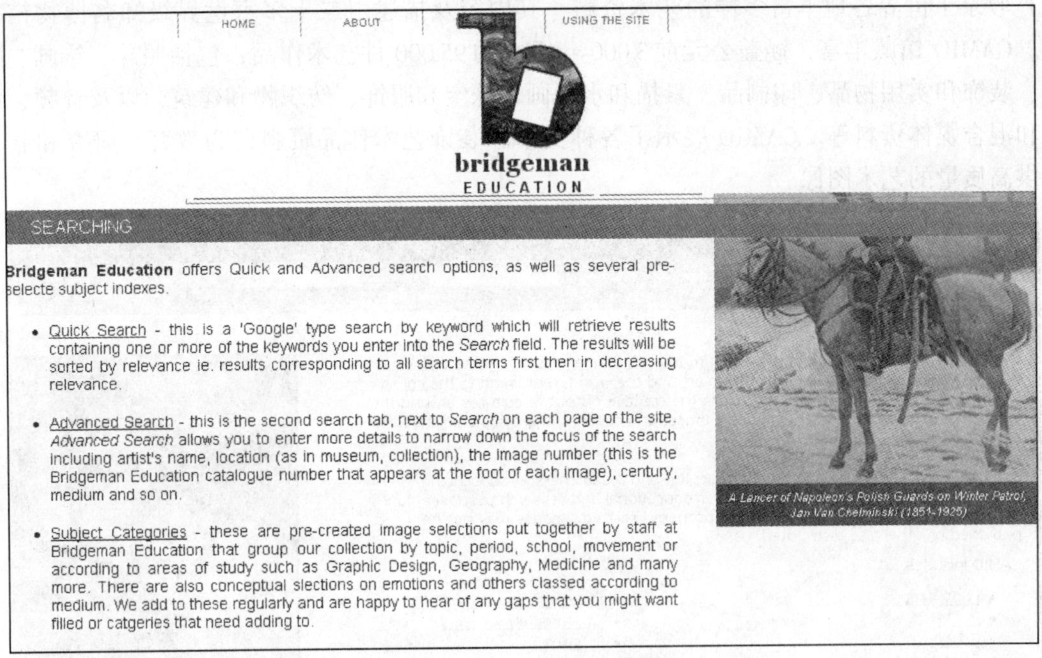

图 11－22　bridgeman 艺术图书馆检索界面

通过 bridgeman 艺术图书馆，用户可以体验从史前到当代各个时期各种文明的视觉文化。其中的收藏来自全球 1 600 家博物馆，美术馆以及私人收藏、摄影家和艺术家的作品，内容包括：壁画、油画、雕刻品、版画及印刷品、手稿、陶瓷品、照片、雕刻、建筑图片、地貌及地势图片、肖像等。

该数据库具有以下主要特点和功能：

（1）涵盖内容：收录约 36 万幅高品质艺术图片，同时每月新增 500 幅。

（2）合法性：数据库中每张图片均拥有供教育使用的合法版权。

（3）跨学科：数据库中的图片覆盖所有学科领域，从艺术史到设计、建筑学、时尚、历史、地理、政治、科学、人类学等。

（4）扩展元数据：丰富的关键词功能使用户可以快速找到图片并进行对照。

（5）可以对图片进行创建、保存、发送电子邮件、下载和以幻灯片形式播放等操作。

（6）可以下载图片以用于文字处理软件、演示文稿、讲义和课程等。

（7）可以放大图片以查看图片的细节。

（8）可以使用预先创建的主题索引浏览数据库中的图片集。

（9）可以在课堂和讲座中放映图片，既可以通过数据库中的三种在线观看选项实现，也可以下载到其他软件（如 PowerPoint 等）。

（10）每天更新内容。

7. CAMIO 艺术博物馆在线

网址：http：//camio. oclc. org/

CAMIO 艺术博物馆在线（CAMIO-Catalog of Art Museum Images Online，如图 11 –23 所示）收录了世界各地丰富多样的艺术资料，其内容及描述由二十多家世界级知名博物馆提供。CAMIO 馆藏丰富，涵盖公元前 3 000 年至今约 95 000 件艺术作品，包括照片、绘画、雕塑、装饰和实用物品、印刷品、素描和水彩画、珠宝和服饰、纺织物和建筑，以及音频、视频和混合媒体资料等。CAMIO 展示了各种美术和装饰艺术作品资料，为教育、研究和欣赏提供高质量的艺术图像。

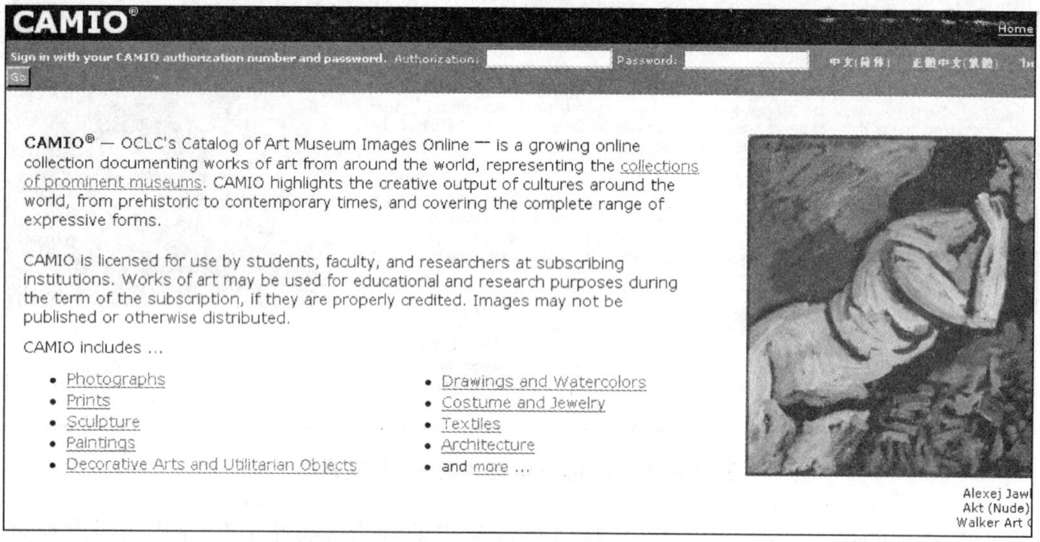

图 11 –23　CAMIO 艺术博物馆在线主页

CAMIO 艺术博物馆的特点如下：

（1）内容丰富、形式多样，提供当代珍稀艺术资料；

（2）所有内容已获得版权并可用于教学；

（3）作品图像分辨率高、描述详细，很多作品还有多视角的图像、音频、视频以及博物馆提供的描述；

（4）图像采用 JPEG 格式，尺寸各异，便于保存，还可下载使用；

（5）一次登录可访问多个博物馆馆藏，提供强大的、不受限制的、基于网络的搜索；运行条件简单，可使用任何网络浏览器查看。

除了上面这些数字媒体资源数据库以外，国外著名的媒体资源数据库还有：NewsBank 世界各国报纸全文库、国际表演艺术期刊索引数据库与全文数据库、国际电影索引数据库、美国电影学院电影目录数据库、美国哥伦比亚新闻评论网站、美国新闻博物馆、传播学期刊文摘、传播文摘、报纸文摘、报纸全文数据库等。

本章小结

本章主要介绍了数字媒体资源、数字媒体资源检索技术、我国著名的媒体资源管理系统、我国著名的网络视频检索系统及国外著名的媒体资源检索系统。

思考题

一、简答题

1. 数字媒体资源检索技术有哪些？
2. 什么是数字媒体资源检索系统？
3. 国内有哪些著名的媒体资源管理系统？
4. 国外有哪些著名的媒体资源检索系统？

二、实习题

检索数字媒体资源中关于“国家博物馆”方面的视频资源。

第 12 章

网络信息资源检索

随着计算机科学与通信技术的日益结合，计算机网络在现代信息社会中扮演着越来越重要的角色。通过互联网，人们可以获得文本、图像（动态的和静态的）以及声音等大量的网络信息资源。许多科技文献资料也同样可以通过互联网容易地获得。因此，如何检索与利用网络信息资源已经成为重要的课题。

12.1 网络信息资源检索概述

1. 网络信息资源概述

互联网是全球信息资源的总汇。互联网是当今世界最大的、最为开放的、连接计算机的电脑网络通信系统，是多个网络的集合，它通过超文本方式将以图形、文字、声音、图像以及视频等多媒体形式存在的超媒体信息资源组织起来的一种交互式网络。

网络信息资源是一种重要的信息资源，它是以电子资源数据的形式将文字、图像、声音、动画等多种形式的信息存储于光、磁等非印刷介质中，并通过网络通信、计算机或终端等方式再现出来的信息资源总和。网络信息资源主要包括以下类型。

1）互联网信息资源

它通过超文本传输协议在 WWW 客户机和服务器之间进行传输。这类信息是指建立在超文本、超媒体技术基础上的集文本、图形、图像、声音为一体的，并以直观的图形用户界面（GUI）展现和提供的一种资源形式。它出现于 20 世纪 90 年代，发展极为迅速，现已成为最主要、最常见的形式，代表着网络信息资源的主流。

2）远程终端协议信息资源

远程终端协议信息资源指基于网络通信协议（Telnet）从远程计算机对外开放的资源中所获得的信息资源。用户的计算机首先通过互联网暂时成为远程计算机的终端，在登录成功后，用户便可实时访问，使用远程计算机中对外开放的全部资源。通过 Telnet 方式提供的信息资源主要有一些政府部门、研究机构对外开放的数据库，包括商用数据库和免费数据库等。

3）文件传输协议信息资源

文件传输协议信息资源指在互联网上通过文件传输协议（File Transfer Protocol，FTP）所获得的信息资源，即从远程计算机上下载的信息和从本地机上传到远程计算机上的信息的总和。这类信息资源类型广泛，任何以计算机方式存储的信息均可保存在 FTP 服务器中，具体包括印刷型书籍的电子版、电子图书、电子期刊、电子报纸及论文、标准、软件、歌曲、乐谱等。

4）用户服务组信息资源

用户服务组是由一组对某一特定主题有共同兴趣的网络用户组成的电子论坛。其以电子邮件的方式在论坛中交流文章，是目前互联网上最受欢迎的信息交流形式，包括新闻组（Usenet Newsgroup）、邮件列表（Mailing List）、专题讨论组（Discussion Group）、兴趣组（Interest Group）、辩论会（Conference）等。在这些电子通信组中传递和交流的信息就构成了用户服务组信息资源，主要包括某个学科领域的新闻、研究动向、最新成果发布、交谈、解疑释惑、讨论、评论等。

5）Gopher 信息资源

Gopher 是一种基于菜单的网络服务，允许用户以一种简单的、一致的方式快速找到并访问所需的网络资源。它可以跨越多个计算机系统，运行本地计算机的 Gopher 客户程序就可以与世界各地任何一个 Gopher 服务器连接并共享信息。它具有界面简单统一、方便易用、质量可靠等特点，现已成为互联网上一种重要的资源类型。许多大学、公司或其他组织机构内都使用了 Gopher 服务器，每个 Gopher 服务器内存放着本部门或本地区用户感兴趣的信息，如资源目录或索引、数据库、机构资料、地方信息、生活信息等。

6）电子邮件

电子邮件是互联网的一个基本服务。通过电子邮件，用户可以方便快速地交换信息、查询信息。用户还可以加入有关的信息公告，讨论与交换意见，获取有关信息。用户在信息服务器上查询资料时，可以向指定的电子邮箱发送含有一系列信息查询命令的电子邮件，信息服务器将自动读取，分析收到的电子邮件中的命令，并将检索结果以电子邮件的形式发回用户的信箱。

电子邮件是互联网上使用最早的信息传递方式，具有快速、高效、方便、价廉的特点，可与世界上任何地方的网上用户互通信息。除了文本之外，电子邮件还可传递声音、图像、视频等多媒体信息。同时，用户可以得到大量免费的新闻、专题邮件，并实现轻松的信息搜索。这是任何传统的方式都无法相比的。电子邮件由于使用简易、投递迅速、收费低廉、易于保存、全球畅通无阻，因此被广泛地应用，它使人们的交流方式得到了极大的改变。

7）新闻组

新闻组（Usenet）是由众多网上用户组织起来的若干“专题讨论组”，但是工作的实体是互联网中的服务器，任何用户都可以选择感兴趣的专题组参加交流，例如阅读其中的文章，也可以写一些问题或评论发送过去。此外，用户也可以开设一个专题，吸引别人来参加，这是一种很好的全球交流形式。

Usenet 不是一个网络，而是互联网上的一种服务，作为全世界最大的电子布告系统，其服务器遍布世界各地，向各种用户提供他们想要的任何新闻。Usenet 是由多个讨论组成的一个大集合，包括全世界数以百万计的用户。每个讨论组都围绕某一特定主题，诸如笑话、配方、数学、哲学、计算机、汽车、生物、科幻小说等。

8）电子公告板

电子公告板（BBS）是一种在网络上进行信息讨论的方式。它允许参加讨论的用户能够在网络上公开发表自己的观点和看法，对预先设置的话题进行讨论，如同通常情况下人们开会讨论一样。BBS 之所以受到广大用户的欢迎，与它独特的形式、强大的功能是分不开的，利用 BBS 可以实现许多独特的功能。

除此之外，网络信息资源按存储方式分还可以分为：邮件型信息、电话型信息、揭示板型信息、广播型信息、图书馆型信息、书目型信息；从内容上分，则有商务信息、科技信息、社科信息、教育信息、娱乐信息等。

2. 网络信息资源的特点

（1）网络信息资源具有开放性、共享性。

网络信息资源的传递与交流，消除了时间、空间的限制和地理位置的差异，使知识信息在更高的程度上实现了全社会的共享，每个信息服务机构都成为全球性网络上的一个站点，成为全开放的为全社会服务的网络信息中心和知识中心。网络信息资源的利用是整个信息网络建设的重要组成部分，也是科技信息网络面向用户并得以迅速发展的关键。要使信息网络具有生命力，其首要的工作是加强网络信息资源的开发和利用，保证网络信息资源朝着健康、有序的方向发展。

（2）网络信息资源具有检索的便捷性。

在网络环境下，用户既可以进行光盘检索、联机检索，也可以在网上浏览，漫游世界，查询所需信息，同时还可以通过主页和域名登记向全球发布信息，这是一种双向多功能主动式的现代化的服务手段。查阅网络信息资源既不受图书馆开馆时间的限制，也不受地点和借阅数量的限制，只要用户有电话和电脑，就可以自由方便地在自己家里查阅。而且网络以二进制代码统一了文献的记录格式和记录符号，计算机可以用软件自动翻译，这样就消除了世界范围内信息传播交流中的语言障碍。

（3）网络信息资源建设具有效性。

网络信息资源具有很强的实用价值，能给人们带来较大的经济效益。几乎每个国家每年都要花大量经费购买对本国经济科技发展有重要价值的专利。显而易见，利用网络信息资源的价值的本质体现，就在于它的“高效性”，即有较高的学术价值和实用价值，它的价值性给用户提供了方便，带来了效益，同时也为科研、教学提供素材和参考，使人们了解科技的发展动向，便于人们及时掌握学术水平的发展及动态。

（4）网络信息资源的时效性强、交互功能强。

由于网络信息资源从本质上改变了信息的创造交流和获取的方式，完全抛弃了传统的出版概念，实行了无纸化的出版，作者投稿、专家审稿、组稿编辑等都在网上进行，避免了印刷、发行、投递等环节，因而大大缩短了文献的编辑出版时间，其时效性是过去传统的文献信息资源不可比拟的。在网络信息资源出版的过程中，读者和编者可不受时间和地域的限制即时交流，从而使内容更加新颖和及时，以最快的速度传播新成果，让人们共享新思想。

(5) 网络信息资源信息容量大、内容丰富、形式复杂。

互联网是开放的信息传播平台，任何机构和个人都可以将自己拥有的且愿意让他人共享的信息上传，这些文献几乎覆盖社会生产、生活以及其他社会实践中产生的各种信息。网络信息资源以数字化的形式存储在全球范围的不同服务器上，将大数量、多类型、多媒体、非规范的信息融合为数字化形式，并通过互联网广泛传播，文献形式包括电子文献、数据库、文本、声像、视频、游戏、电子论坛等，集视、听、用于一体。这使得互联网上的信息繁多复杂，数量增长迅猛，形成一个无穷尽的信息海洋。

(6) 网络信息资源具有无序性与不均衡性。

网络信息发布的自由性和随意性使任何机构、任何人都可能既是信息接收者又是信息提供者。网络信息地址、信息链接、信息内容处于经常性的变动之中，网络信息资源的更迭消亡无法预测。网络信息随时都处于增长和变化之中，新的信息不断出现，旧的信息或消失，或失效，或更改，使网络信息呈现动态性和不稳定性。对网络信息资源本身的组织管理并无统一的标准和规范。虽然每一具体的网页、网站上的信息资源呈现有序的组织形式，但对于庞大的互联网上的信息资源来说，则呈现整体的分散和无序状态。

随着互联网的发展，一方面，相对于传统的信息获取方式，人们可以方便而快捷地找到所需要的信息，另一方面，互联网的发展大大扩展了人们拥有的信息资源世界，面对纷繁复杂的信息海洋，找到需要的有价值的信息并非易事，那么对网络信息资源、网络信息资源的分布与规律、网络信息的检索与利用等加以研究则显得尤为重要。下面讨论网络信息资源的检索。

12.2　网络检索工具

如何对网络信息资源进行检索，是一个非常重要的课题，目前对网络信息资源进行检索的方法主要有利用超文本信息检索工具、利用目录型信息检索工具、利用搜索引擎信息检索工具、关键词信息检索、分类语言信息检索等方式。

12.2.1　超文本信息检索工具

通过超文本链接逐步遍历庞大的互联网，从一个 WWW 服务器到另一个 WWW 服务器，从一个目录到另一个目录，从一篇文章到另一篇文章，浏览查找所需信息的方法称为浏览，也称基于超文本的信息查询方法。

浏览是一种有别于传统信息检索技术的新型检索方式，它已成为互联网上最基本的查询模式。利用浏览模式进行检索时，用户只需以一个节点作为入口，根据节点中文本的内容了解嵌入其中的热链所指向的主题，然后选择感兴趣的节点进一步搜索。在搜索过程中，用户会发现许多相关的节点内容根本没被自己所预想到，而是在浏览过程中不断出现，提醒用户注意它。

随着 WWW 服务器的急剧增加，通过浏览查找所需信息已非常困难。为帮助用户快速方便地搜寻所需信息，各种 WWW 信息查询工具便应运而生，其中最有代表性的是基于目录和基于搜索引擎的信息查询工具，而利用这些工具来查找信息的方法就称为基于目录和基于搜索引擎的信息查询方法。

12.2.2 目录型信息检索工具

为了帮助互联网上的用户方便地查询所需要的信息，人们按照图书馆管理书目的方法设置了目录。该目录是由信息管理专业人员在广泛搜集网络资源，并进行加工整理的基础上，按照某种主题分类体系编制的一种可供检索的等级结构式目录。在每个目录类下提供相应的网络资源站点地址，使用户能通过该目录体系的引导，查找到有关的信息。网上目录一般以主题方式来组织，大主题下又包括若干小主题，这样一层一层地查下去，直到比较具体的信息标题。目录存放在 WWW 服务器里，各个主题通过超文本的方式组织在一起，用户通过目录最终可得到所需信息的网址，即可到相应的地方查找信息，这种通过目录帮助的方法获得所需信息的网址继而查找信息的方法称为基于目录的信息查询方法。

目录型信息检索工具的主要优点是所收录的网络资源经过专业人员的选择和组织，可以保证质量，减少了检索中的“噪声”，从而提高了检索的准确性。但是由于人工收集整理信息需要花费大量的人力和时间，难以跟上网络信息的迅速发展，所涉及信息的范围有限，其数据库的规模也相对较小。

12.2.3 搜索引擎信息检索工具

搜索引擎又称 WWW 检索工具，是 WWW 上的一种信息检索软件。WWW 检索工具的工作原理与传统的信息检索系统类似，都是对信息集合和用户信息需求集合进行匹配和选择。

基于搜索引擎的检索方法接近人们所熟悉的检索方式，即输入检索词以及各检索词之间的逻辑关系，然后检索软件根据输入信息在索引库中搜索，获得检索结果（在互联网上是一系列节点地址）并输出给用户。

搜索引擎实际上是互联网的服务站点，有免费为公众提供服务的，也有进行收费服务的。不同的检索服务可能会有不同的界面、不同的侧重内容，但有一点是共同的，就是都有一个庞大的索引数据库。这个索引库是向用户提供检索结果的依据，其中收集了互联网上数百万甚至数千万主页信息，包括该主页的主题，地址，包含于其中的被链接文档主题，以及每个文档中出现的单词的频率、位置等。

12.2.4 关键词信息检索

关键词也称为键词，是在关键词法语言标引和检索系统中用来表达各种概念的语词。它从文献的标题（篇名、章节名）摘要和正文中抽出来，能揭示和描述文献的主题内容，它可以是任何中文、英文、数字，或中文、英文、数字的混合体。它在网络检索中主要是指用户输入搜索框中的文字，也就是用户命令搜索引擎寻找的东西。

在进行细节性信息检索时，一般使用关键词检索，其关键在于输入的检索词是否能够最恰当地描述检索内容。不同的搜索引擎对检索词输入的要求不同，可以通过搜索引擎的帮助文件来了解。

WWW 上的信息资源非常庞大，没有一种搜索引擎能够搜索全部网页，同时使用多个搜索引擎能弥补整个搜索引擎数据库容量不足的缺陷，可最大限度地满足用户的信息需求。

12.2.5 分类语言信息检索

有的搜索引擎除了提供关键词检索外，还提供分类语言检索，即通过其类目进行浏览检索。当用户希望获得关于某个问题的广泛性信息，如金融信息时，最好使用分类检索。

12.3 搜索引擎

12.3.1 搜索引擎介绍

网络的发展彻底改变了人们的生活和工作方式，它让人们在更容易获取信息的同时，也彻头彻尾地将人们抛弃在无边无际的信息海洋之中。每时每刻人们都要自觉或不自觉、被动或主动地面对数十亿页的网络信息，想找到需要的信息简直就是“大海捞针”。搜索引擎的横空出世，让人们有了探索信息海洋的指南针。随着技术的进步，这个指南针的功能也越来越强大，使用并接受它的人也越来越多。

1. 搜索引擎的概念

搜索引擎是一些在网络中搜集信息并将其索引，然后提供检索服务的一种网络服务器。简而言之，搜索引擎就是一种在互联网上查找信息的工具。搜索引擎使用自动索引软件来发现、收集并标引网页，建立数据库，以网页形式提供给用户一个检索界面，供用户输入检索关键词、词组或短语等检索项，代替用户在数据库中查找与其提问匹配的记录并返回结果，且按其相关度排序输出。使用搜索引擎检索时，无须判断类目、归属，使用比较方便。另一方面，搜索引擎也存在一些缺陷，例如由于人工干预过少，其准确性较差，检索结果中可能有很多冗余信息。

2. 搜索引擎的类型

互联网上有很多功能强大的搜索引擎，至今已经有 1 000 多个，这些搜索引擎处于不断的发展中。搜索引擎有很多分类方式，按组织信息的方式可分为目录索引类搜索引擎、全文搜索引擎、分类全文型搜索引擎与智能搜索引擎。

1）目录索引类搜索引擎

目录索引类搜索引擎的信息搜集系统一般是由人工来完成的，在页面上表现为目录导航，也称为目录导航式搜索引擎，人们将之与全文搜索引擎区别。索引数据库存入每个网站的标题、描述、类目、超文本链接，形成可供浏览的树状结构，类似于图书馆的分类主题目录。采用这种搜索方式的搜索引擎以雅虎为代表，除此之外，还有搜狐、新浪、网易等。

目录索引类搜索引擎的特点是查准率高，但搜索范围较小，查全率低，在检索学科专业属性明显的信息时利用这种方式极为方便，但搜索引擎信息归类的质量与用户对信息类别了解的程度将直接影响查询结果。

2）全文搜索引擎

全文搜索引擎是指能够对各网站的每个网页中的每个词进行搜索的引擎，它使用关键词匹配方式检索。用户使用关键词对网页进行搜索时，系统通过蜘蛛机器人自动在选定的范围内进行检索，并将所检索到的信息自动标引导入索引数据库中，匹配所检范围中的网页，并输出匹配结果。国内具有代表性的全文搜索引擎首推百度（Baidu），国外最具代表性的全文搜索引擎主要是 Google、Fast/AllTheWeb、Altavista 等。

该类型的搜索引擎并不对网页文本的内容进行分析，只是根据单词在网页标题和文本中的位置和出现的频度来决定其所在网页在包含同一单词或意义相似的单词的所有网页中的排列级别。

3）分类全文型搜索引擎

分类全文型搜索引擎是上述两者相结合的搜索引擎。目前，大多数搜索引擎都采取这种方式。

4）智能搜索引擎

智能搜索引擎根据已有的知识库来理解检索词的意义并具有一定的推理能力，以此产生联想，从而找出相关的网站或网页。这种方式减轻了用户的压力，是搜索引擎的发展方向。目前比较成功的智能搜索引擎有 FSA、Eloise 和 FAQFinder 等。

按照信息服务对象和规模来分，搜索引擎按照服务对象和规模可分为综合门户搜索引擎和垂直搜索引擎；按搜索引擎获取信息的不同方法又有独立搜索引擎、元搜索引擎和网络搜索软件；按自动化程度分为智能搜索引擎和非智能搜索引擎；按照查找内容分为文本搜索引擎、语音搜索引擎、图形搜索引擎、视频搜索引擎等。无论哪种分类方法其目的都在于从不同的角度加深对搜索引擎的理解与应用。

12.3.2 中文搜索引擎

中文搜索引擎多属于独立搜索引擎，其代表有：百度、中国搜索、搜狐、新浪、网易、必应、搜网等。下面主要来介绍这几种搜索引擎及其检索网络信息资源的方法与过程。

1. 百度

1）百度简介

网址：http：//www. baidu. com

2000 年 1 月，百度创立于北京中关村，成为全球最大的中文搜索引擎，致力于让网民更便捷地获取信息。百度拥有超过千亿的中文网页数据库，可以瞬间找到相关的搜索结果。

百度拥有全球独有的超链接分析技术，能在极短的时间内收集到最大数量的互联网信息。百度搜索引擎目前已经拥有世界上最大的中文信息库，总量达到 6 000 万页以上，并且还以每天超过 30 万页的速度不断增长。

2）百度检索功能

百度的检索功能有百度快照、相关搜索、拼音提示、错别字提示、英汉互译词典、计算器和度量衡转换、专业文档搜索、把搜索范围限定在特定站点、把搜索范围限定在统一资源定位符（Uniform Resource Locator，URL）链接、高级搜索、地区搜索和个性设置以及天气查询等。

具体检索过程如下：

（1）登录百度主页，如图 12－1 所示。

图 12－1　百度主页

（2）输入关键词，例如“新能源汽车”，单击“百度一下”按钮，进行检索，如图 12－2 所示。

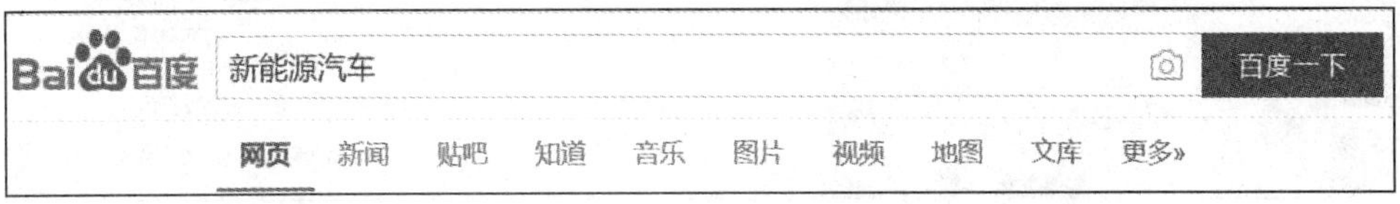

图 12－2　百度检索界面

（3）得到检索结果，搜索关于“新能源汽车”的资源都被检索出来了，如图 12－3 所示。

图 12－3　检索结果界面

（4）查看具体记录，如图 12－4 所示。

图 12－4　查看具体记录界面

2. 中国搜索

网址：http：//www. chinaso. com/

中国搜索信息科技股份有限公司是由人民日报社、新华通讯社、中央电视台、光明日报社、经济日报社、中国日报社、中国新闻社联合设立的互联网企业，其宗旨是顺应时代发展新潮流，着力研发新一代信息技术，运用数字化、网络化、大数据、云计算等信息化新技术，秉承多媒体信息搜索、聚合、互动、传播新理念，通过自主创新和广泛合作，创新信息化应用服务，打造国家级先进网络文化传播平台，增强中国声音传播能力，提高服务党和国家工作的水平，丰富社会大众精神文化生活。

中国搜索由中国搜索信息科技股份有限公司创办运营，于 2013 年 10 月开始筹建，于 2014 年 3 月 1 日上线测试，于 2014 年 3 月 21 日正式开通。中国搜索首批推出新闻、报刊、网页、图片、视频、地图、网址导航八大类综合搜索服务，以及国情、社科、理论、法规、时政、地方、国际、军事、体育、财经、房产、汽车、家居、购物、食品、智慧城市等 16 个垂直搜索频道和“中国新闻”等移动客户端产品和服务，之后逐步增开了音乐、社区、开放平台、搜索认证、百科、文库、阅读、教育、旅游、医疗等更多贴近民生、服务大众的应用服务和垂直搜索频道，并开发了一系列移动搜索服务产品。

中国搜索主页如图 12－5 所示。

3. 搜狐

网址：http：//www. sohu. com

搜狐是中国互联网第一品牌，也是中国互联网主流人群获取资讯和进行交流的最大网络

图 12－5　中国搜索主页

平台，拥有最先进技术的搜索引擎——搜狗。搜狐以新闻、体育、娱乐、财经、IT、汽车、健康、教育、旅游等几大中心为主体，架构了丰富的内容频道体系，提供网站、类目、网址、网页、新闻、软件等类信息的查找以及对 18 大类 40 多万个网站的搜索，并细分为 5 万多不同层次的子类目，形成了一个庞大的树枝状结构。搜狐提供按行业的类目查询和按主题的关键词查询。搜狐主页如图 12－6 所示。

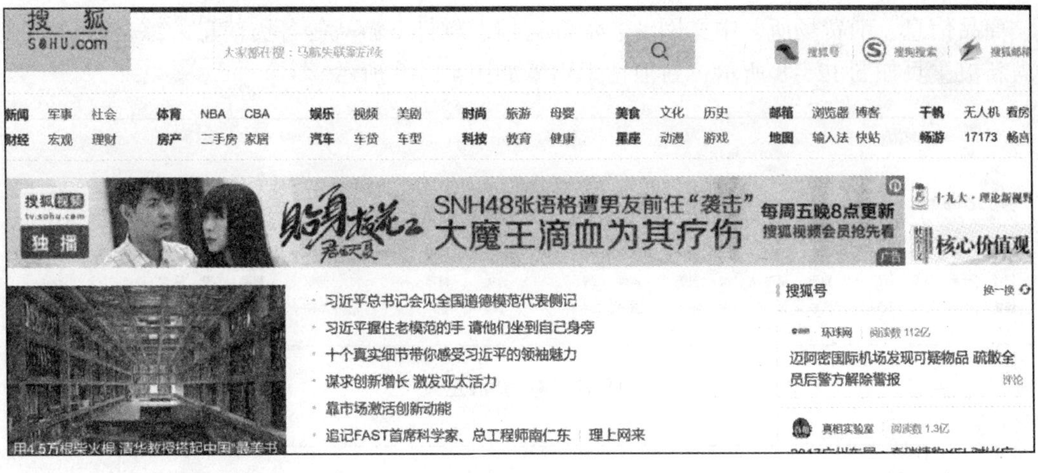

图 12－6　搜狐主页

搜狐的搜索引擎是搜狗，如图 12－7 所示。

搜狗具有这些搜索功能：基本搜索、不区分大小写的搜索、使用双引号进行精确查找、使用多个词语搜索、减除无关资料、在指定网站内搜索、文档搜索等。

4. 新浪

网址：http：//www. sina. com. cn

图 12－7　搜狗搜索界面

新浪也是著名的中文门户网站之一。新浪是一家服务于中国及全球华人社群的领先在线媒体及增值资讯服务提供商，向广大用户提供包括地区性门户网站、移动增值服务、搜索引擎及目录索引、兴趣分类与社区建设型频道、免费及收费邮箱、网络游戏、虚拟 ISP、分类信息、收费服务、电子商务和企业电子解决方案等在内的一系列服务。

除资源查询外，新浪搜索引擎推出了更多的内容和服务，包括新浪酷站、本周新站、引擎世界、少儿搜索、WAP 搜索、搜索论坛等。汽车资讯也是新浪的重要资源之一，汽车频道发布最新汽车新闻信息，为受众提供及时、全面的汽车资讯，让用户轻松一览世界车坛风采。

新浪推出的综合搜索引擎是中国第一家可对多个数据库查询的综合搜索引擎。在关键词的查询反馈结果中，在同一页面上包含目录、网站、新闻标题、新闻全文、频道内容、网页、商品信息、消费场所、中文网址、沪深行情、软件、游戏等各类信息的综合搜索结果。

新浪主页如图 12－8 所示，新浪搜索引擎如图 12－9 所示。

图 12－8　新浪主页

图 12－9　新浪搜索引擎

5. 网易

网址：http：//www. 163. com

网易公司是中国领先的互联网技术公司，在开发互联网应用、服务及其他技术方面，网易始终保持国内业界的领先地位。网易推出了全中文搜索引擎服务，并拥有国内唯一的互动性开放式目录管理系统（ODP），网易已经为广大网民创建了超过一万个类目，活跃站点的信息量每日都在增加。2004 年 6 月底，网易搜索和 Google 签订战略合作，成为目前国内唯一采用 Google 网页搜索技术的门户网站。

网易搜索引擎具有这些搜索功能：提供多语言检索，包括英语、日语、俄语等几十种语言；拥有全国最大的开放式管理目录；搜索结果包括相关目录、相关网站、相关网页和相关新闻，搜索结果按与用户输入的搜索词的关联程度排列，用户的关键词出现得越多的结果排列得越靠前，在相关度排序的同时，越知名的站点排得越靠前；多个关键词之间只需用空格分开；网页查询时可以直接用网址进行查询；“ - ”号可以排除无关信息，帮用户搜索到更准确的内容；定制文件类型搜索。

网易主页如图 12 - 10 所示。

图 12 - 10　网易主页

6. 必应（Bing）

网址：https：//cn. bing. com/

必应是微软公司于 2009 年 5 月 28 日推出的全新搜索引擎服务。必应集成了多个独特功能，包括每日首页美图、与 Windows 8. 1 深度融合的超级搜索功能，以及崭新的搜索结果导航模式等。用户可登录必应首页，打开内置于 Windows 8 操作系统的必应应用，或直接按下 Windows Phone 手机搜索按钮，均可直达必应的网页、图片、视频、词典、翻译、资讯、地图等全球信息搜索服务。必应主页如图 12 - 11 所示。

图 12 - 11　必应主页

7. 搜网（SoWang）

网址：http：//www. sowang. com/s/

搜网是探讨和研究搜索引擎的专业网站，为用户提供国内外搜索引擎大全，百度、谷歌、搜狗、360 好搜、必应、雅虎等搜索引擎使用技巧，搜索引擎排名优化，搜索引擎营销方法与技巧。搜网主页如图 12－12 所示。

图 12－12 搜网主页

本章只介绍中文搜索引擎，西文搜索引擎在此不介绍。

12.4 网络信息资源的检索技巧与影响它的因素

12.4.1 网络信息资源的检索技巧

可以根据各个搜索引擎的特点和搜索功能检索网络信息资源。

1. 分析检索课题

在使用搜索引擎前，首先要分析检索课题，明确检索的目的和范围，即要确切了解所要查询的目的和要求，确定需要的信息类型（全文、摘要、名录、文本、图像、声音等）、查询方式（浏览、分类检索、关键词检索）、查询范围（所有网页、标题、新闻组文件、FTP、软件以及语种）、查询时间（所有年份、最近几年、最近几周、最近几天、当天）等。

2. 选择搜索引擎

在选择搜索引擎之前应对网络资源和搜索引擎的特点有一个正确的认识。首先，网络资源虽然十分丰富，但目前只能涵盖人类知识的很小一部分，因此，想通过互联网解决所有文献检索问题是不现实的。其次，由于各种技术问题以及知识产权保护方面的限制，目前搜索引擎只能涵盖互联网资源总量的 1/10 左右，因此，许多专业性较强的检索，还需要直接进入某些网站才能进行。以汽车资讯为例，搜索引擎适合检索常见的汽车信息、公开出版的汽车图书报刊信息，而部分汽车专业的论文、图书的全文，部分汽车标准的全文等，一般还是需要通过商业性的数据库才能获得。

在进入新的检索前，最好应花点时间了解如何使用这种检索工具，尤其要注意了解该系统所特有的检索式和它所允许的检索功能（布尔逻辑检索、字段限制检索、截词检索、短语检索等），同时，还应了解检索结果有几种表达式和所使用的搜索引擎的缺省语法，因为不同的搜索引擎的缺省运算符不同。

大多数搜索引擎使用各自的标准排列检索结果，这些标准包括：关键词、标题、统一资源定位符和网页链接次数等。依照这些词在文件中出现的次数来排列检索结果，即依命中相关程度排列检索结果。

选择搜索引擎检索某一特定资源，例如汽车资源时，可以从以下几个方面考虑：

（1）当检索的课题的主题范围较广泛或进行常识性的事实、数据检索，可以使用综合性的、全文检索型的搜索引擎，如百度、Google 等。

（2）如果对使用搜索引擎直接检索的结果不满意或想了解自己喜欢的领域有哪些专业网站，可选择分类目录型搜索引擎，查询所需站点，再进入相关网站作进一步检索。目前中文的汽车专业搜索引擎与汽车网站导航多数为网站级检索，检索目的主要是找寻相关的汽车网站。

（3）可以选择汽车专业类的垂直性搜索引擎。

（4）为检索某些特殊文件，可选择特种搜索引擎，如下载视听节目可使用天网。

（5）如对查全率要求较高或查找较冷僻的信息，可同时选用几种著名的搜索引擎进行检索。

3. 选择关键词

目前，互联网上专门的搜索引擎有数千个，尽管它们各有特色，但设定关键词的方法基本上是一致的。关键词是直接从文献的题名、文摘或全文中抽取的自然语言。关键词选择是否合适，关系到能否命中检索结果，以及返回检索结果的多寡。因此应尽量选专指词、特定概念或专业术语作关键词，避免普通词和太宽泛的词。用太多太宽泛的词作关键词进行检索时，会反馈数以万计的检索结果，失去检索意义。对于关键词的选择有这些建议：使用名词或物体作关键词；在检索式中使用 2 ~ 3 个关键词；使用截词检索；对专有名词，如人名、地名、机构名，使用大写字母指定检索；对固定短语，用双引号括起来进行短语检索以提高检索的精度。

4. 调整检索策略

（1）当检索无返回结果，或返回结果太少时，就需要提高查全率，扩大检索范围。其主要方法如下：换用上位词；选用简单常用的关键词；逐步减少限制词或减少不重要的概念词；将多个同义词、近义词和相关词连起来；使用截词技术，可以检索出以某几个字母开头的所有单词，即某词的词根词、单复数形式；利用某些搜索引擎的自动扩展功能进行检索，如百度搜索引擎就具有此项功能，它在检索结果的下方给出一些与检索词相关的词语，并给出一些相关的网址，而这些站点可能是上述检索策略不能直接检索出来的结果，从而扩大与丰富检索范围；使用多个搜索引擎，因为没有哪两个搜索引擎是完全相同的，每个搜索引擎都有自己的检索特色，都有自己的索引，都以不同的方式在网上搜寻网址，出现不同的检索结果不足为奇。

（2）当检索返回结果太多时，就需要提高查准率。其主要方法如下：换用下位词；选用专指度更高的词；增加限制词，重新检索或在检索结果中进行二次检索；限制检索范围；通过“+”号，使用两个或两个以上的关键词进行检索；观察不相关结果的特征，使用减号“-”语法排除；利用某些搜索引擎的进阶检索功能，限制查找范围。

5. 对检索结果进行处理

1）网络文献信息的采集

互联网上的文献与传统的印刷型文献有一点很大的不同，即前者的发布，可以不经过有关部门的层层审查，而在后者的发表，则需要经过许多关口。互联网成就了新的思想解放和民主精神，同时也使垃圾信息成堆，良莠难分。因此，在利用通过搜索引擎获得的网络文献信息时应持特别谨慎的态度。

（1）应尽量选用政府网站和权威媒体网站上的各种信息资源。对从个人网站和企事业网站上得到的信息资源，应尽可能与政府网站和权威媒体网站上的信息资源进行对照，以辨真伪。

（2）对重要的资讯，如研究报告、各种标准，在进行研究或引用时，应尽可能与权威机构的印刷型文本进行对照，或者在权威机构的网站上进行查找，以防止出差错。

（3）在自己的研究报告或论著中，确需引用网上的信息资源时，应注明引用资源的网址。

2）网络信息资源的保存

由于各种网络服务器存储空间的限制以及其他原因，昨天在网上看到的信息资源，今天就有可能不复存在，因此，对经过千辛万苦搜索得来的网络信息资源，应妥善保存与管理。

（1）简单保存。可以将网页上所需要的文字复制到记事本或 Word 文件中进行保存。文件名可用原文献的名称，以利日后识别。复制时应在文件中注明文献出处（包括网站名称、栏目名称与网址）与日期，以便以后引用。如需要保存整个网页，则可以在浏览器中将网页保存为“*.htm”或“*.html”文件。

（2）利用信息管理软件保存。利用“超级文档管理器”“网海拾贝”等软件，可以方便地保存、查询从网上获取的信息资源。

12.4.2 影响网络信息资源检索的因素

影响网络信息资源检索的因素很多，如资源质量、检索软件、用户水平以及检索技巧等。

1. 信息资源质量对网络信息资源检索的影响

丰富的信息资源为网络信息资源检索系统提供了庞大的信息源，但其收集、加工、存储的非标准化，给网络信息资源检索带来难题。

（1）信息资源收集不完整、不系统、不科学，导致网络信息资源检索必须多次进行，造成人力、物力和时间上的浪费。

（2）信息资源加工处理不规范、不标准、使网络信息资源检索的查全率、查准率下降。

（3）信息资源分散、无序、更换、消亡无法预测，因此用户无法判断网上有多少信息同自己的需求有关，检索评价标准无法确定。

（4）信息资源由于版权和知识产权问题，给网络信息资源检索带来麻烦。由于互联网是一个非控制网络，所有网上公用信息均可以自由使用、共同分享，网上电子形式的文件极易被复制使用，这样就容易引起知识产权、版权及信息真伪等问题。

（5）信息的语言障碍问题。目前互联网上 80% 以上的信息是以英语形式发布的，英语水平低和不懂英语的人很难利用互联网上庞大的信息资源。对中国用户来说，虽然网上中文信息剧增，但还是需要查询西方国家的先进科技信息，由于缺乏汉化软件，自动翻译系统尚未成熟，因此，语言障碍也影响广大用户对网络信息资源的开发与应用。

2. 检索软件对网络信息资源检索的影响

互联网将世界上大大小小、成千上万的计算机网络连在一起，成为一个没有统一管理的、分散的，但可以相互交流的巨大信息库，这意味着人们必须掌握各种网络信息资源检索工具，才能检索到自己所需要的网络信息资源。但是互联网信息组织的特殊性和目前检索工具自身存在的一些问题，给网络信息资源检索带来一些问题。

（1）互联网上的信息存放地址会频繁转换和更名，根据检索工具检索的结果并不一定能获得相应的内容。

（2）基于一个较广定义的检索项，往往会获得数以千万计的检索结果，而使用户难以选择真正所需的信息。

（3）每种检索工具虽然仅收集各自范围内的信息资源，但也难免使各种检索工具的信息资源出现交叉重复现象。

3. 用户水平对网络信息资源检索的影响

在互联网这个开放式的信息检索系统中，用户不仅要自己检索信息资源，同时还进行信息资源的收集、整理、存储工作。因此，互联网用户的信息获取与检索能力对网络信息资源检索有着直接的影响。

（1）用户对网络信息资源检索需求的理解和检索策略的制定关系到网络信息资源检索的质量。

（2）用户的计算机操作能力及网络相关知识的掌握程度影响着网络信息资源检索的效率。

（3）用户对网络信息资源检索工具的应用熟练程度影响着网络信息资源检索的效果。

（4）用户的外语水平影响着网络信息资源检索的广度与深度。

4. 检索技巧对网络信息资源检索的影响

加快检索速度的技巧和方法：

（1）利用搜索引擎的特色服务快速检索。为了减少检索的工作量，许多搜索引擎增加了许多特色服务，如新闻、天气预报、交通信息等。

(2) 同时打开多个窗口。由于带宽过窄，网络经常处于拥挤的状态，在浏览器中打开两个以上的窗口同时检索，可以缩短等待时间，加快检索速度。

(3) 以文本方式传输。互联网上的大量信息图文并茂、声像具备，但图片的数据量很大，极大地影响了传输速度，而多数情况下文字信息更为重要，因此，在进行网络信息资源检索时，可选择不显示图片，而只传送文字信息，这会明显地加快传输速度。

(4) 使用镜像信息资源。在网络上节省费用的一个原则是尽可能地访问国内站点，镜像服务就是把国外网站上的信息，照搬到国内的网站上，并且及时地随着国外网点的变更而变更。用户在下载大量数据文件时，应查阅远程资源上的 REANME 与 FAQ ，以便找到有同样信息的离用户较近的网址，而镜像服务器在低数据流量时间内能复制信息资源，避免州际信息的多次重复下载。

本章小结

本章主要介绍了网络信息资源的概念及类型、网络信息资源的特点、网络检索工具(超文本信息检索工具、目录型信息检索工具、搜索引擎信息检索工具、关键词信息检索、分类语言信息检索)；重点介绍了著名的中文搜索引擎（百度、中国搜索等）以及网络信息资源的检索技巧与影响它的因素。

思考题

一、简答题

1. 什么是网络信息资源？它可以分为哪些类型，具有哪些特点？
2. 检索网络信息资源的工具主要有哪些？
3. 我国著名的中文搜索引擎主要有哪些？简述它们的检索功能。
4. 检索网络信息资源时，有哪些检索技巧？
5. 网络信息资源检索的影响因素有哪些？

二、实习题

自拟课题，利用任何一种搜索引擎，检索“航天器”方面的网络信息资源。

第13章

网上图书馆信息资源

图书馆是专门收集、整理、保存、传播文献并提供利用的科学、文化、教育和科研机构。信息资源是图书馆开展一切工作的物质基础，因此图书馆是各种信息资源的聚集地。各种类型的图书馆的馆藏因其服务对象的不同而不同。这就决定了图书馆能够满足不同读者获取不同类型、不同学科的信息的需求。到目前为止，大部分图书馆都会在自己的网站上提供该馆收藏的各类型资源的检索系统。因此，要想更充分地利用图书馆的资源，就需要了解图书馆网站的主要内容和使用方法，从而更有效地获取图书馆的资源。

13.1 图书馆网站的功能

随着网络的日益发展，人们对电子资源的利用需求不断增加。从数字图书馆到目前最新提出的“智慧型图书馆”“泛在图书馆”，门户网站建设在图书馆的发展中占据越来越重要的地位。图书馆期望通过更好的门户网站建设，整合更多有效的资源，提供更便捷的服务，形成知识创新，从而达到更好地服务读者的目的。

随着网站不断地升级改版，各图书馆门户网站不尽相同，它们都竭尽所能的利用官网为广大用户提供更多更好的服务，所以官网展现的内容也是花样繁多。通过广泛调研国内图书馆门户网站，综合比对发现，几乎所有网站都含有三大基本功能模块：检索模块、公告模块、核心功能导航模块。各个网站在传统功能模块的基础上又增加了不同的个性化服务。

1. 检索功能

作为图书馆的门户网站，其必不可少的模块即检索模块，该模块通过整合多个数据平台帮助用户实现一站式检索。用户通过检索功能查找纸本资源或电子数字资源。

2. 公告功能

作为图书馆工作之窗、用户了解图书馆信息的门户，为了第一时间将信息告知广大用户，设计者普遍选择在首页预留公告模块，以公告馆内日常工作信息、资源动态、讲座培训等。

3. 核心功能导航

各网站建设的出发点都是提供更为友好的用户体验，各种个性化服务层出不穷，但是核心功能均围绕资源、服务、交流三个立足点展开。资源一般涵盖馆内的纸质资源、电子资源、特色馆藏、随书光盘和教参资料等；服务涵盖开放时间公告、科技查新、馆际互借、座位预约等；交流往往是图书馆和广大读者的交互，涵盖资源荐购、风采展现、联系我们等栏目。

下面对中国国家图书馆、国家科学图书馆等公共图书馆和清华大学图书馆、北京大学图书馆以及上海交通大学图书馆等高校图书馆进行分析。

13.1.1 中国国家图书馆

网址：http：//www. nlc. cn/

中国国家图书馆（图 13－1）是国家总书库、国家书目中心、国家古籍保护中心、国家典籍博物馆。它履行国内外图书文献收藏和保护的职责，指导协调全国文献保护工作；为中央和国家领导机关、社会各界及公众提供文献信息和参考咨询服务；开展图书馆学理论与图书馆事业发展研究，指导全国图书馆业务工作；对外履行有关文化交流职能，参加国际图联及相关国际组织，开展与国内外图书馆的交流与合作。

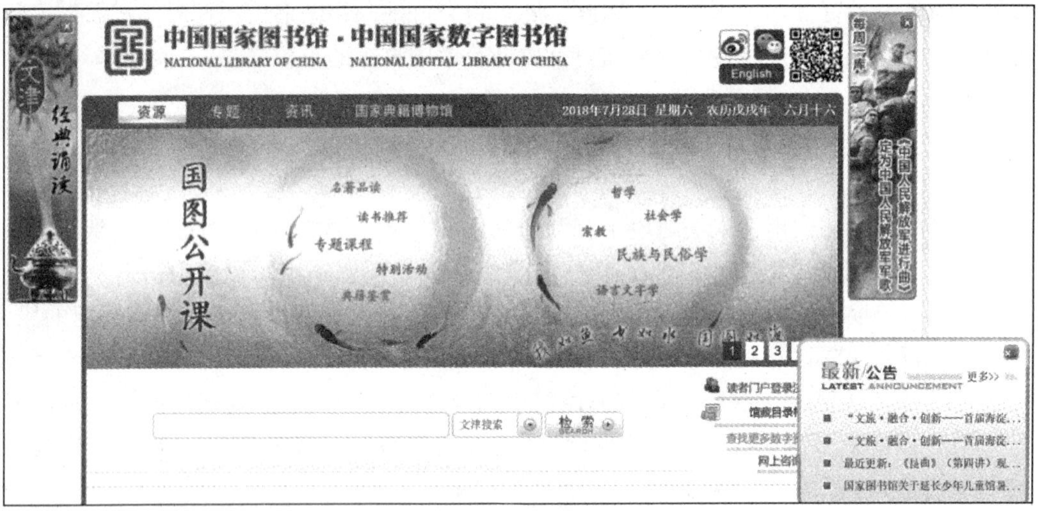

图 13－1　中国国家图书馆主页

在中国国家图书馆主页上，具有“资源”“专题”“资讯”“国家典籍博物馆”等栏目，还有国家图书馆发布地最新公告、定期开设地“国图公开课”“文津经典诵读”“每日一库”等资源信息。用户还可以对“文津搜索”“馆藏目录”“特色资源”“地方馆资源”等数据进行检索。

中国国家图书馆能提供的文献类型有图书、期刊、报纸、论文、古籍、音乐、影视及缩微等，并提供每种文献类型的具体数据库链接。

“读者指南”栏目下有“国图概况”“图示国图”“开馆时间”“入馆须知”“办证须知”“借阅须知”“国图服务”“国图资源”及“常见问题”等子栏目。

“服务推介”栏目下有“文献提供”“科技查新”“馆际互借”“论文收引”“检索证明”“翻译中心”“社科咨询”“科技咨询”“企业资讯”以及“掌上国图”等子栏目。

13.1.2　国家科学图书馆

网址：http：//www. las. cas. cn/

中国科学院文献情报中心，也称为国家科学图书馆，它立足于中国科学院，面向全国，主要为自然科学、边缘交叉科学和高技术领域的科技自主创新提供文献信息保障、战略情报研究服务、公共信息服务平台支撑和科学交流与传播服务，同时通过国家科技文献平台和开展共建共享为国家创新体系其他领域的科研机构提供信息服务。该馆馆藏图书有 1 145 余万册（件）。近年来，围绕国家科技发展需求及中国科学院“率先行动”计划，积极建设大数据科技知识资源体系，开展普惠的文献信息服务和覆盖研究所创新价值链的情报服务。它在分布式大数据知识资源体系建设以及覆盖创新价值链的科技情报研究与服务体系方面获得了重大突破，成为支持我国科技发展的权威的国家科技知识服务中心。

国家科学图书馆主要有“资源服务”“科研成果”“研究队伍”“院地合作”“学术交流”“期刊出版”“科学传播”“党群园地”“研究生教育”“信息公开”等栏目。

机构概况包括“馆情介绍”“馆长致辞”“现任领导”“历任领导”“组织机构”“历史沿革”“规章制度”“发展规划”“院馆风貌”“联系方式”等，并在主页显目的位置发布了国家科学图书馆的一系列通知公告。

国家科学图书馆主页如图 13 – 2 所示，国家科学图书馆资源集成发现系统主页如图 13 – 3 所示。

图 13 – 2　国家科学图书馆主页

图 13－3　国家科学图书馆资源集成发现系统主页

13.1.3　清华大学图书馆

网址：http：//lib. tsinghua. edu. cn/

1912 年清华学堂改建为清华学校，正式建立了小规模的图书室，称清华学校图书室。1919 年 3 月图书室独立馆舍（现老馆东部）落成，建筑面积为 2 114 平方米，在迁入新馆舍的同时，更名为清华学校图书馆。

进入 20 世纪 90 年代之后，清华大学图书馆迎来了历史上最好的发展机遇。1991 年 9 月，由中国香港邵逸夫先生捐资和国家教委拨款兴建的西馆（逸夫馆）落成。西馆由清华大学关肇邺院士设计，与老馆浑然一体，曾多次获国家各类优秀建筑奖。西馆建成后图书馆馆舍总面积达 27 820 平方米，阅览座位有 2 500 余席。之后，图书馆的自动化、网络化建设取得了重要进展，逐步建立起比较先进、完备的信息基础设施，先后引进了 ILIS、INNOPAC 图书馆集成管理系统，通过网络提供馆藏中外文图书和期刊目录的公共查询，馆内业务工作如采购、编目、期刊管理以及流通等均在系统管理下进行；建立了光盘网络查询系统，通过校园网为全校师生提供文献信息检索服务。自 1998 年以来，图书馆在继续增加印刷型馆藏的同时，大力发展电子资源，已形成了基本覆盖全学科、包含丰富文献类型和载体形式的综合性馆藏体系。至 2017 年年底，实体馆藏总量约 500. 5 万册（件），文摘索引类二次文献已基本覆盖学校现有学科，中、外文学术性全文电子期刊达 10. 8 万种。自 1999 年以来，清华大学相继建立了人文图书馆、经管图书馆、法律图书馆、建筑图书馆、美术图书馆、金融图书馆等专业图书馆。这些分馆的馆藏均实现了与学校图书馆集成管理系统的对接，在统一的平台上为读者提供服务。

清华大学图书馆主页（图 13－4）提供的主要栏目有“馆藏目录”“水木搜索”“数据库”“电子期刊”以及“我的图书馆”，用户可以对这些栏目进行快速检索。

“资源”主要有“版权公告”“校外访问”“资源动态”“馆藏目录”“水木搜索”“学术资源门户”“数据库导航”“电子期刊导航”“电子图书导航”“按类型找资源”“按学科找资源”“清华特色资源”“清华学者库”“清华机构知识库”“推荐学术网站”等栏目。

“服务”主要有“馆际互借”“代检代查”“科技查新”“学科服务”“学科资源导航”、“教学与培训”“文献调研”“文献计量分析”“专利信息服务”“投稿导引”“服务设施”

图 13－4 清华大学图书馆主页

“信息服务中心”“‘酷’服务”“校外人员”“咨询台”等栏目。

“概况”主要有“馆长致辞”“历史沿革”“开馆时间”“馆藏布局”“规章制度”“馆舍风貌”“组织机构”“勤工助学”“新馆建设”“网上展厅”“百年馆庆”“媒体上的图书馆”“研究生培养”“学术研究与交流”等栏目。

13.1.4 北京大学图书馆

网址：http：//www. lib. pku. edu. cn/portal/

北京大学图书馆的办馆宗旨是“兼收并蓄、传承文明、创新服务、和谐发展”，坚持“用户导向，服务至上”的办馆理念，以数字图书馆门户为窗口，为读者提供信息查询、书刊借阅、信息与课题咨询、馆际互借与文献传递、用户培训、教学参考资料、多媒体资源、学科馆员、软件应用支持等服务，成为北京大学教学科研中最重要的公共服务体系之一。

北京大学图书馆非常重视数字图书馆的研究和建设。2000 年与校内其他单位联合成立的北京大学数字图书馆研究所开展了有关数字图书馆模式、标准规范、数据模型、关键技术、互操作层与互操作标准、数字图书馆门户等的研究，取得了一系列成果，并开始大规模应用实践，为北京大学数字图书馆的建设奠定了技术基础。

为加强学校文献资源建设的整体规划，实现文献资源的最佳利用，为教学科研提供更加个性化的服务，北京大学图书馆正在全面建设总－分馆体制下的“北京大学文献信息资源体系”，以“资源共享、服务共建、文献分藏、读者分流”为思路，在全校实现自动化系统、文献建设、读者服务、资源数字化、业务培训的统一协调，形成由总馆、学科分馆、院系分馆组成的全校文献信息资源公共服务体系。2017 年修订的《北京大学文献信息资源体系管理办法》为加强体系建设、进一步提高全校文献信息服务水平奠定了坚实的基础。至 2017 年年底，已经有 41 个院系图书馆成为分馆，北京大学文献信息资源体系已初具规模。

北京大学图书馆还努力为全国高校图书馆服务，积极参与图书馆资源共建共享，并逐步加快国际化的步伐。目前，中国高等教育文献保障系统（CALIS）的管理中心和全国文理中心、中国高校人文社会科学文献中心（CASHL）的管理中心和全国中心、高校图书馆数字资源采购联盟（DRAA）秘书处、教育部高校图书情报工作指导委员会秘书处、中国图书馆学会高校分会秘书处、《大学图书馆学报》编辑部等机构设在北京大学图书馆。北京大学图书馆作为中国高等教育文献资源共享的重要枢纽，为高校图书馆事业的发展做出了积极的贡献。

北京大学图书馆主页如图 13－5 所示，北京大学图书馆数据库导航界面如图 13－6 所示。

图 13－5　北京大学图书馆主页

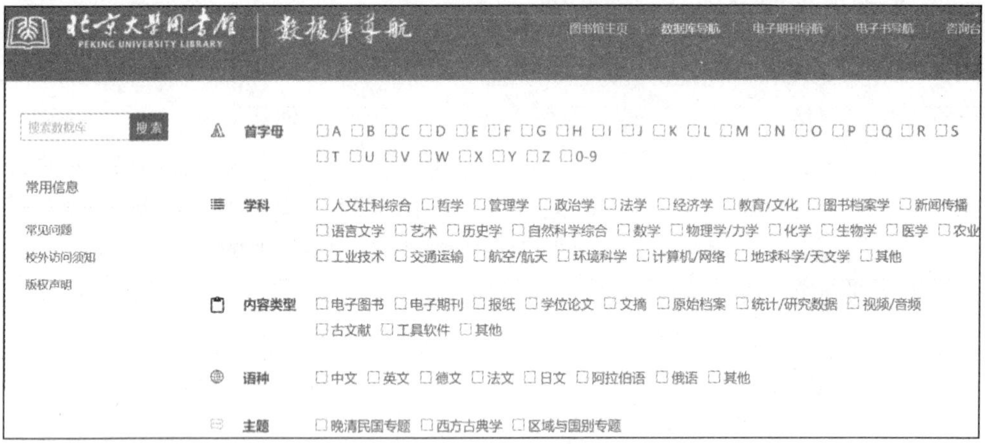

图 13－6　北京大学图书馆数据库导航界面

13.1.5　上海交通大学图书馆

网址：http：//www. nlc. cn/

上海交通大学图书馆创建于 1896 年，同年建成一个图书室，1919 年建成独立的图书馆大楼。1985 年 10 月包兆龙图书馆落成使用。1990 年，为适应学校办学规模的迅速发展，上海交通大学在闵行校区兴建了包玉刚图书馆，于 1992 年 10 月建成。2005 年，学校整体战略开始向闵行校区转移，遂计划在闵行校区兴建新馆。位于闵行校区中心位置的新馆于 2006 年 3 月 11 日奠基，建筑面积约为 3.5 万平方米，于 2008 年 9 月正式启用。为配合学校整体布局，徐汇校区包兆龙图书馆分别搬迁至徐汇校区西大楼、新上院，分别定位为图书馆储备书库、图书馆社科馆，储备书库于 2013 年 4 月正式启用，社科馆于 2013 年 9 月正式启用，2014 年 12 月李政道图书馆成为上海交通大学的新地标。

上海交通大学图书馆提出“一流服务、主动服务、智能服务；一站式、自助式；个性化、人性化”的服务宗旨，创建“资料随手可得，信息共享空间；咨询无处不在，馆员走进学科；技术支撑服务，科研推进发展”的服务理念，以学科服务为主线，使位于闵行、徐汇和黄浦三大校区的五所图书馆形成多分馆协同服务模式，将图书馆定位为“以人为本，读者之家；知识服务，第二课堂；信息主导，共享空间”，推行“藏、查、借、阅、参”一体化服务机制，注重信息素养教育，传承学术精髓，弘扬校园文化，积极开展学科化服务，主动发挥学术交流中心、知识加工中心和文化传承中心的作用。各个图书馆的定位分别为：新馆作为主馆，定位为“理工生医农科综合馆”；包玉刚图书馆定位为“人文社科综合馆”；徐汇校区图书馆定位为“社科馆”；医学院图书馆定位为“医学馆”。至此图书馆总面积约为 6.17 万平方米，阅览座位有6 200 余席。至 2017 年年底，图书馆馆藏纸质文献为 338 万册，期刊为 7 500 余种，电子期刊为 5.78 万种，电子图书为 306.75 万种，学位论文为 409.43 万种，电子数据库为 428 个，此外，多媒体资源馆藏总量达 4.51 万种、16.5TB，支持通过网络的馆藏目录、电子文献、馆际互借、参考咨询、文献征订、新书刊报道等服务。

上海交通大学图书馆是国际图联（IFLA）成员馆，并与国内主要图书馆、信息中心和美、英等国家的图书馆建立了广泛的合作关系，在交通、材料、机电、能源、信息、管理及农业等学科领域形成馆藏文献特色，同时紧跟学校学科发展政策，加大力度进行人文社科类馆藏资源的建设，努力成为学校的学习资源中心和信息共享中心。上海交通大学图书馆承担中国高等教育文献保障系统（CALIS）华东南地区中心、上海市高等学校图书情报工作委员会秘书处、上海教育网络图书馆管理中心、上海中心图书馆交大分馆等职责，同时，它也是具有教育部和上海市科委双重资质的科技查新工作站。

上海交通大学图书馆主页如图 13－7 所示。

图 13－7　上海交通大学图书馆主页

13.2 学术资源发现系统

近几年来，网络学术资源发现与获取系统（Resources Discovery and Delivery System，以下简称“发现系统”）被越来越多的图书馆及信息机构所采用。发现系统作为一种专业学术搜索服务，通过签署协议，收集各类学术文献信息，形成集中的元数据仓储，并为读者提供“一站式”学术搜索服务。全球较为知名发现系统有：ProQuest 公司旗下 Serials Solutions 公司的 Summon（简称 Summon）、Exlibris 公司的 Primo 和 Primo Central（简称 Primo）、EBSCO 公司的 EBSCO Discovery Service（简称 EDS）、联机计算机图书馆中心（Online Computer Library Center，OCLC）的 WorldCat Loca（简称 WCL）以及 Innovative 公司的 Encore Synergy、CALIS 的“e 读”、超星公司的“超星中文发现”等。

高校图书馆推出“一站式学术资源发现与获取平台”，旨在为读者提供全新的用户体验，方便读者快速、准确、有效地在海量学术信息中查找和获取所需信息。

13.2.1 上海交通大学学术信息资源检索系统

网址：http：//aira. lib. sjtu. edu. cn/

上海交通大学学术信息资源检索系统（图 13－8）目前提供跨库检索、查找数据库、快速检索等服务。

（1）跨库检索：用同一检索式在多库中同时检索。按照右侧操作步骤选择数据库后，输入关键词进行跨库检索。

（2）查找数据库：可以通过数据库名称、学科分类、文献类型等多种途径查找所需的数据库。在查找数据库结果中，单击数据库名可直接进入该库检索。

（3）快速检索：在“我的空间”中登录，可以在“我的数据库”中自己定义快速检索集。在下次登录使用时，快速检索集出现列表为“我的数据库”，并可以直接选择检索集进行检索。

图 13－8　上海交通大学学术信息资源检索系统主页

13.2.2　中国人民大学外文学术资源发现系统

网址：http：//ruc. findplus. cn/？ h = ad_search

中国人民大学外文学术资源发现系统（图 13 –9）可以进行快速检索、高级检索以及馆藏检索，同时保存检索历史，其检索字段主要有标题、作者、作者机构和主题词等。

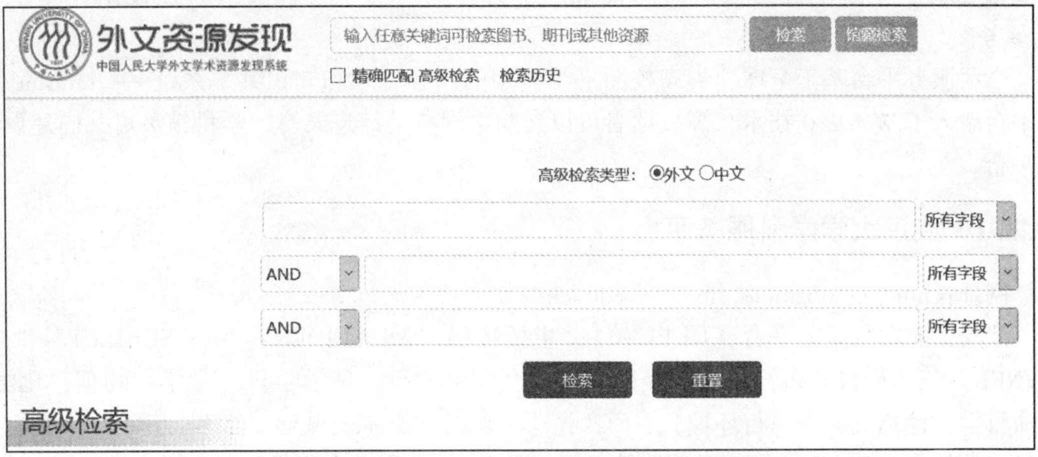

图 13 –9　中国人民大学外文学术资源发现系统检索界面

13.2.3　南开大学学术资源发现系统

网址：http：//eds. a. ebscohost. com/eds/search/basic？ vid = 2&sid = 17595aec-3bec-420f-891a-04d33eebd031%40sessionmgr4008

南开大学学术资源发现系统（图 13 –10）主要提供基本检索、高级检索两种检索方式，检索字段主要有关键字、作者和标题三种，同时保存搜索历史记录。

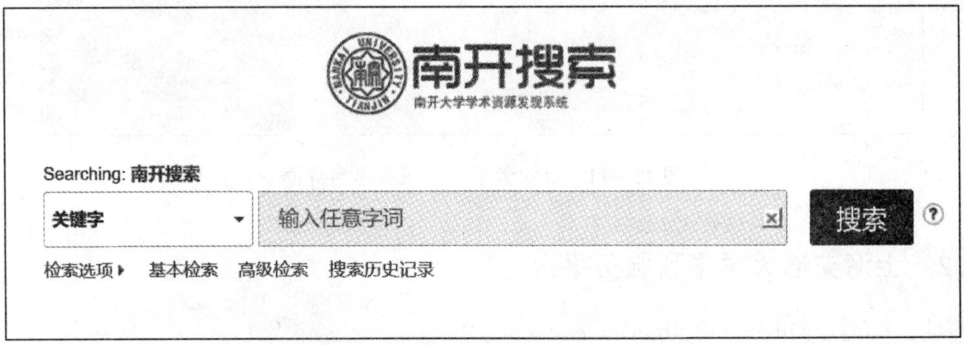

图 13 –10　南开大学学术资源发现系统界面

除了以上高校图书馆的学术资源发现系统以外，我国大部分的双一流高校图书馆、一流学科高校图书馆也建立了相应的学术资源发现系统。

13.3 学科服务平台

学科竞争力系统是基于教育部学科评价指标体系建立的学科指标数据库，通过对学科评价指标的多维度分析，帮助图书馆为学校提供基于学科的竞争力评价、分析报告等高端服务，了解本机构在国内高校中的学科排名，为学校开展学科建设工作提供决策参考。

学科服务平台基于全球顶尖高校图书馆使用的内容管理和知识共享系统——LibGuides，该平台融入了 Web 2.0 技术，高校读者可以参与本学科的信息共享，学科馆员可共同建设学科平台。

13.3.1 武汉大学学科服务平台

网址：http：//libguides. lib. whu. edu. cn/？ b = g

武汉大学学科服务平台（图 13 – 11）主要按照“All GUIDES”“BY SUBJECT”“BY OWNER”三个栏目分布，目前已经建立了人文社会学科、理学学科（数学、物理、化学、生命科学、计算机、资源与环境）、工学学科（动机、土木、城建、水利、电气）、测绘与信息（测绘、电信、印包）、医学学科（医学分馆）、课程平台等学科服务平台。

图 13 – 11　武汉大学学科服务平台界面

13.3.2 上海交通大学学科服务平台

网址：http：//libguides. lib. whu. edu. cn/？ b = g

上海交通大学学科服务平台（图 13 – 12）旨在实现：学科资源和服务的组织、揭示与发布，共享学科馆员间相通的工作成果，方便用户利用图书馆学科资源与服务。平台内容按院系（专业）划分，涵盖（学科）网络资源导航、（学科）馆藏资源指引、（学科）IC^2 创新支持/IC^2 人文拓展、（学科）学术热点追踪、（学科）资源荐购、学习社区等资源和服务内容。

图 13－12　上海交通大学学科服务平台界面

13.3.3　同济大学学科服务平台

网址：http：//dl9. lib. tongji. edu. cn：8001/tabid/849/Default. aspx

同济大学构建了医学与生命科学学科服务平台（图 13－13）。该平台提供一站式检索，读者可以免费检索这些资源库，当读者跨库选择资源的时候，系统会自动判断所选的资源的可检索公共字段并作交集处理，得到可以进行跨库检索的检索字段，保证检索的准确性。

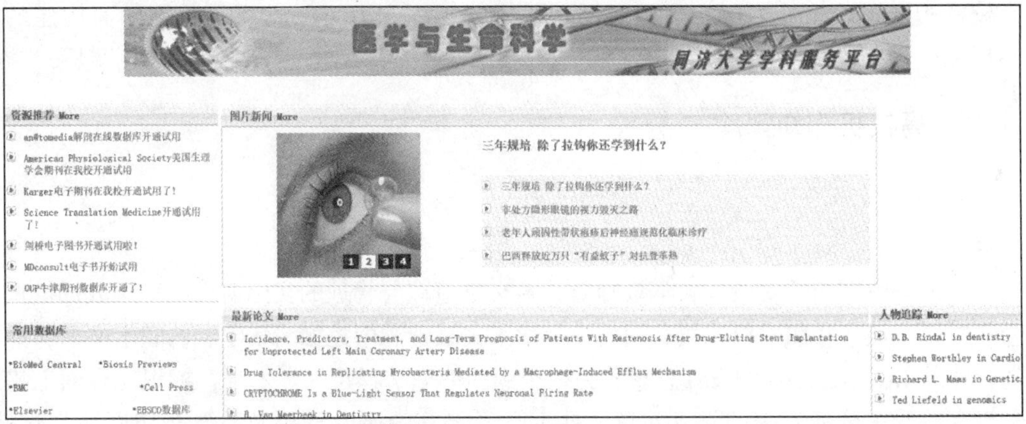

图 13－13　同济大学学科服务平台

除了以上高校图书馆的学术服务平台以外，我国大部分的双一流高校图书馆、一流学科高校图书馆也建立了相应的学科服务平台，例如，电子科技大学就根据本校学科特色建设了太赫兹科学学科信息门户，通信与信息工程学科门户，电子工程学科信息指南，微电子学科信息门户，经济与管理学科门户，物理电子学、光电子学网络原生数字资源导航等学科领域的信息服务平台。

13.4 机构知识库

迄今为止还没有对机构知识库的确切定义，Clifford A. Lynch 从大学的角度为机构知识库作了如下定义："大学中的机构知识库是大学为其员工提供的一套服务，用于管理和传播大学的各个部门及其成员创作的数字化产品。"而 SPARC 事业部主任 Richard K. Johoson 则认为机构知识库是一个数字化资源集合，捕获并保存单个或多个团体中的智力产品。尽管不同学者对机构知识库含义的认识与表述不尽相同，但仔细分析可以发现机构知识库具有如下特点：

（1）机构知识库构建的主体和收藏的地域是机构，即它的建立和运行是以机构为轴心和主线的，它在这一点上区别于基于学科或专题的知识库。这里所说的机构，既可以是实体的，如一个实体的大学、研究所、大学联合体，也可以是虚拟的，如数字科研环境下可能出现的虚拟联合实验室、e-研究院等。

（2）机构知识库构建和实现的基础平台是网络，即通过网络实现资源的提交与共享，实现它的管理和运行。

综上所述，机构知识库是一个机构建立的，以网络为依托，以收集、整理、保存、检索、提供利用为目的，以本机构成员在工作过程中所创建的各种数字化产品为内容的知识库。

目前，我国各高校兴起构建本学校机构知识库，以保存本学校的学术科技成果。目前已经建设成型的机构知识库主要有：上海交通大学机构知识库、北京大学机构知识库、清华大学机构知识库、中国人民大学机构知识库和北京航空航天大学机构知识库等。除了高校机构知识库以外，还有中国知网的机构知识库和万方学术圈等数据库商构建的机构知识库。

13.4.1 高校机构知识库

1. 清华学者库

网址：http：//rid. lib. tsinghua. edu. cn/

清华大学图书馆针对清华大学教师对学术文献追踪与管理的实际需求，采用数据挖掘的理念和方法，从清华图书馆收集采购的海量学术文献资源中挖掘清华学者的学术文章，并借鉴汤森路透 ResearcherID 的设计思想，为挖掘到的清华学者建立学术唯一标识，全面汇集清华学者在校及来校前发表的学术文章，展示学者丰富的研究成果及科研合作网络。此外，清华图书馆为清华学者提供文章被收被引情况的自动追踪服务，并协助老师甄别、整理及发布个人学术文献，帮助老师快速了解自己的科研影响力，规范管理学者用于开放共享的学术文献。目前该数据库已经收录了清华 2 407 位学者的个人科技成果。清华学者库主页如图 13－14 所示。清华大学艾海舟老师的学者库主页如图 13－15 所示。

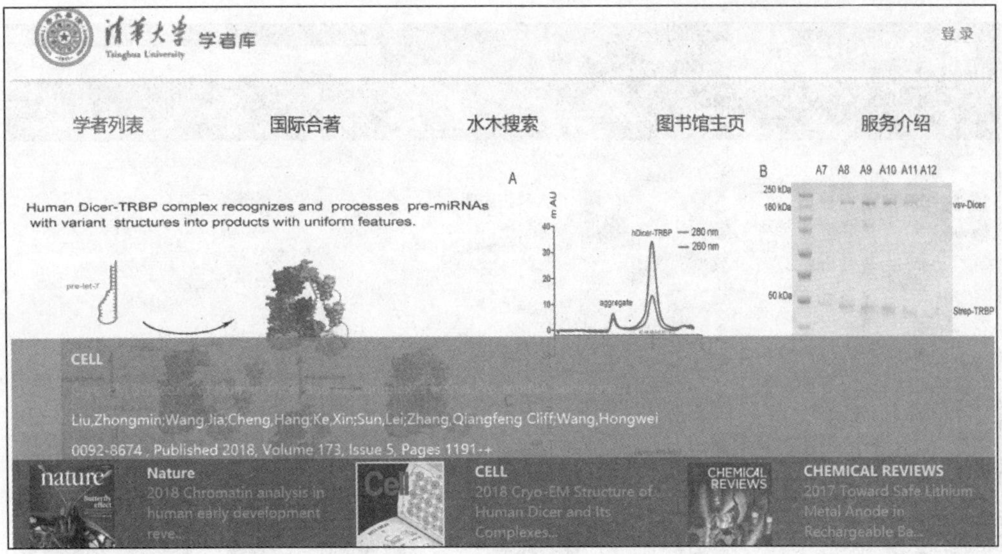

图 13－14　清华学者库主页

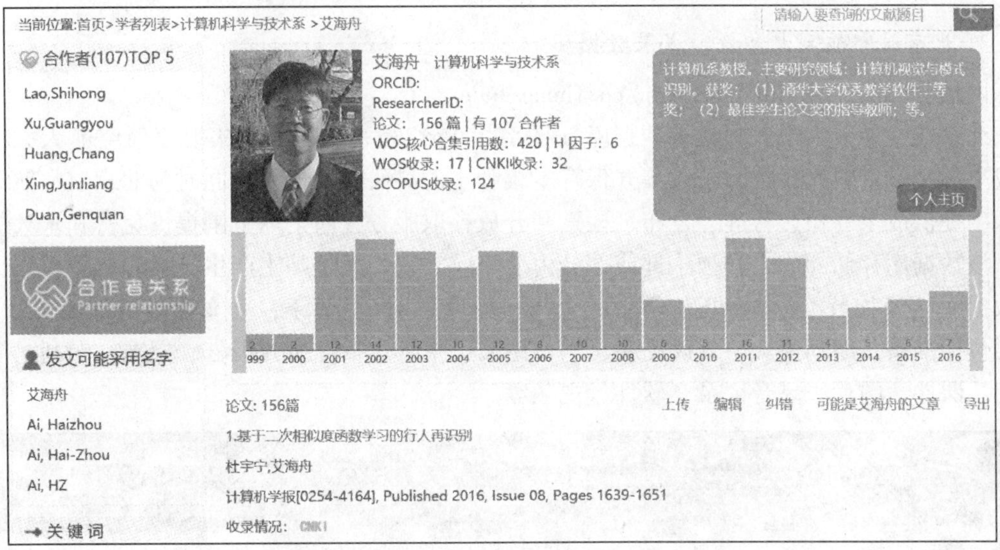

图 13－15　清华大学艾海舟老师的学者库主页

2. 中国人民大学机构知识库

网址：http：//ir. lib. ruc. edu. cn/#

中国人民大学机构知识库（图 13－16）是一个全面收集本校智力成果的文献资料库，致力于收集并保存中国人民大学师生的科研学术成果，同时为中国人民大学师生提供成果存档、管理、发布、检索和开放存取服务，向全球范围提供免费和永久的访问。该机构知识库存储的成果必须全部或部分由中国人民大学师生产生，具有典藏权。成果包括：书籍、期刊论文、会议论文、学位论文、报纸文章、研究报告、标准、专利、演讲介绍、课件、图片、录音记录、软件、视频等，目前共有元数据 197 210 条，全文量达到 78 273 篇。

图 13－16　中国人民大学机构知识库主页

3. 北京航空航天大学教师成果数据库

网址：http：//ir. lib. buaa. edu. cn/Home/Index

北京航空航天大学教师成果数据库（图 13－17）是一个全面收集北京航空航天大学智力成果的文献资料库，致力于收集并保存本校师生的科研学术成果，同时为北京航空航天大学师生提供成果存档、管理、发布、检索和开放存取服务，向全球范围提供免费和永久的访问。该数据库存储的成果必须全部或部分由北京航空航天大学师生产生，具有典藏权。目前该数据库已经收录本校 3 920 位学者的个人科技成果 166 028 条，全文数量达到 87 655 篇，主要包括书籍、期刊论文、会议论文、学位论文、报纸文章、研究报告、标准、专利、演讲介绍、课件、图片、录音记录、软件、视频等。

图 13－17　北京航空航天大学教师成果数据库主页

13.4.2　数据库机构知识库

1. 中国知网个人/机构知识库

网址：http：//elib. cnki. net/

中国知网机构知识库（图 13－18）目前已经构建 2 400 家机构库、1 200 万个人读者用户信息。该数据库可针对文献、学者、期刊、科研项目和学术趋势等进行检索。

图 13－18　中国知网个人/机构知识库主页

1）机构知识库

（1）全面整合机构自有资源、外购资源：利用 SDIP、OID 等工具整合机构资源；

（2）建立层级化的机构馆管理体系：学校馆、院系馆、课题馆、课程馆、项目馆、个人馆等；

（3）建设个性化的机构信息门户网站：门户内容来自机构馆的动态推送；

（4）统计资源使用情况，管理用户：自动统计资源的使用率，管理用户使用权限。

2）个人学者库功能

（1）我的个人馆：按文献检索式跟踪研究主题的最新发文；

（2）学者成果库：自动整理本人中外文发文，传播学术影响力；

（3）学者圈：跟踪同行学者的最新发文动态，与学者在线交流；

（4）科研项目：及时获取申报中项目，跟踪已立项项目成果进展；

（5）互联网学术资源：跟踪互联网学术信息，订阅 RSS，收藏网址和网文；

（6）学术趋势：了解某个研究领域的学术研究发展趋势。

2. 万方学术圈

网址：http：//social. wanfangdata. com. cn/index/toIndex. do

万方学术圈（图 13－19）是万方数据知识服务平台业内率先实现读者与学者近距离接触的平台，可最快获取学者的最新情况、最新研究领域，分享学术成果，学术圈的目标是建立学术交流的平台，营造良好的学术生态环境，促进学者间的交流合作。

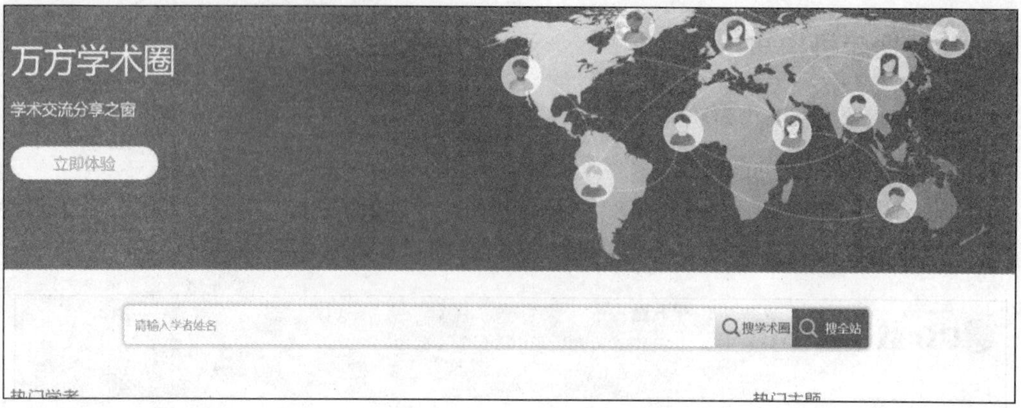

图 13－19　万方学术圈主页

万方学术圈的功能如下：

（1）为每位学者建立个人空间：展示学术成果（如学位论文、会议论文、期刊论文等）的被引次数、文献类型、发表年份、发表刊物、学科分布等；提供合作学者及其发文统计、共同关注点。

（2）增设认证用户、认证学者：认证用户以“V”标识，可对自己的个人空间信息进行管理，更好地与其他学者交流，分享学术观点；认证学者以“S”标识，可享受更多学者联盟成员独享权利与服务。

（3）学者检索：查找并了解感兴趣的学者信息。

（4）最近认证学者展示：在首页展示最近认证的学者信息。

（5）分享学者信息：读者可将感兴趣的文献和学者分享到新浪微博、搜狐微博、腾讯微博、人人网、开心网、豆瓣等社区，促进学术交流。

本章小结

本章主要介绍了图书馆、图书馆网站的功能以及学术资源发现系统、学科服务平台以及机构知识库。

思考题

一、简答题

1. 什么是图书馆？
2. 什么是学术资源发现系统？
3. 什么是学科服务平台？
4. 什么是机构知识库？我国著名的机构知识库有哪些？

二、实习题

自拟课题，检索中国国家图书馆、国家科学图书馆、清华大学图书馆及上海交通大学图书馆的各种文献资源。

第 14 章

个人文献管理系统

14.1 个人文献管理系统简介

有效获取信息后就要保存信息，采集来的信息往往比较零散杂乱，需要进行分类整理和保存，以便更好地使用这些信息。

(1) 整理信息，分类保存。由于采集到的信息具有各种各样的类型，可以利用信息采集卡对收集到的信息进行编号，并按信息内容、信息类型、信息来源对信息进行分类，以方便调阅和使用。

(2) 输入计算机保存。将收集并整理好的信息保存到计算机里面可以方便对其进行进一步处理，这也是越来越普遍的保存信息的方法。可以按采集到信息的不同类别，将它们分类保存，可以使用操作系统提供的文件夹对不同类型或不同用途的文件分类存储。此外，还可以通过建立数据库对采集到的大量同类信息进行有效存储和管理。人们在大量的文献文件夹里查找资料，既费时又不方便。由软件来管理文献，可以把文献的大体意思记录下来，再看的时候就很容易回想起文献的内容。参考文献管理软件又叫书目管理软件。在信息爆炸的年代，研究报告和期刊的数目剧增，当文献知识积累到一定程度后，仅靠大脑记忆很辛苦，也不可靠，阅读文献时产生思考的结果不能及时有效地与文献本身联系起来。写研究报告引用文献时要大费周章人工输入，文中注释、文后参考文献列表都需要大量引述，逐一录入既沉闷又易出错。用文字处理软件的复制粘贴工具，虽然快速，却仍不能处理不同期刊要求不同引用格式的问题。参考文献管理软件是解决这些困扰的利器。

从信息处理的角度看，科技工作者进行科学技术研究要循环往复地经历5个阶段，即课题寻找阶段、信息收集阶段、信息整序阶段、信息再生阶段和再生信息传递阶段。本书前面的内容介绍的都是有关文献检索的理论、具体的检索方法等方面的内容，也即信息的搜集方面的具体研究。在完成信息的收集工作后，还应该对收集的信息进行真伪和可靠性的鉴别，去芜存菁之后再把有用的信息以一定的方法组织编排起来，形成文档，以便随时查用。传统的个人信息资料管理是建立在笔录的基础上的，主要有：①卡片式摘录。它有以下几种类别：目录卡——记录书名、篇名；资料卡——记录简单资料，如：摘要、提要、概述等；记录卡——记录阅读时触发的新观点、新想法等；材料卡——记录酝酿形成的初步观点和两次提炼的论据资料。②笔记本式摘录。笔记本式摘录的容量较大，一篇文章的完整提纲、一整段内容的摘录、篇幅稍短的文章，都可以记录在笔记本上。成册的笔记本便于携带和保管，但使用中应尽量避免把各种不同的内容混记在一起，力求保持每本笔记本记录的内容相对独立，封面上标明类别，内页需编排目录。③剪辑式摘录。剪辑式摘录是将图书、报刊中有用的资料，通过剪裁、复印等粘贴在卡片或专门本子上的一种方法。随着计算机的普遍使用，也有很多人利用软件来管理个人资料文献库，如用 Word、Excel、Access 等电脑软件来处理书目信息。如果使用一些整合性工具，如个人文献管理系统来整理组织各种信息，则能大量节省研究人员的宝贵时间。合适的个人文献管理软件能很好地完成文献检索和管理任务。特别是随着个人文献管理软件的不断发展，文献管理与论文写作的结合功能有所增强，通过设置科技论文写作模板的方式，可提高科研人员在科技论文写作和修改方面的效率。

14.2 信息及其相关概念

计算机中常用的信息存储格式见表 14－1。

表 14－1 计算机中常用的信息存储格式

类型	后缀	特点及使用范围
文字	.txt	纯文本文件，不携带字体、字型、颜色等文字修饰控制格式，一般文字处理软件都能打开它
	.doc	使用 Microsoft Word 创建的格式化文件，用于一般的图文排版
	.html	用超级文本标记语言编写生成的文件格式，用于网页制作
	.pdf	便携式文档格式，是由 Adobe 公司开发的一种文件格式，主要应用于电子文档、出版等方面
	.ppt	微软公司的 PowerPoint 电子演示文档格式
图形图像	.jpg	静态图像压缩的国际标准，是应用广泛的图像压缩格式，多用于网络和光盘读物
	.gif	支持透明背景图像，文件很小，色彩限定在 256 色以内，主要应用于网络
	.bmp	Microsoft Paint 的固定格式，文件几乎不压缩，占用磁盘空间大，普遍应用于 Windows 系统
动画	.gif	通过同时存储若干幅图像，形成连续的动画，主要应用于网页
	.swf	应用 Maromedia 公司的 Flash 制作的动画，具有缩放不失真、文件体积小等特点，它应用了流媒体技术，可以一边下载一边播放，目前被广泛应用于网络
音频	.wav	该格式记录声音的波形，声音文件能够和原声基本一致，质量非常高，主要应用于需忠实记录原声的地方
	.mp3	一种压缩储存声音的文件格式，是音频压缩的国际标准，特点是声音失真小、文件小，目前网络上下载的歌曲多为此格式
	.midi	MIDI 是数字声音、电子合成乐器的统一标准。MIDI 文件存储的是一系列指令，不是波形，因此它需要的磁盘空间非常小，目前主要用于音乐制作
	.wma	微软公司的音乐文件格式

续表

类型	后缀	特点及使用范围
视频	. avi	微软公司开发的一种数字音频与视频文件格式，主要应用于多媒体光盘，用来保存电影、电视等各种影像信息
	. mpg	MPEG 是运动图像压缩算法的国际标准，其兼容性较好，应用普遍
	. mov	Apple 计算机公司开发的一种音频、视频文件格式，用于保存音频和视频信息，具有先进的视频和音频描述能力
	. rm	Realnetworks 公司开发的一种新型流式音频、视频文件格式，主要在广域网上进行实时传动和实时播放

如何有效管理个人所收集到的各类文档/文献呢？有两种方法处理：一种方法是保持文件的完整性，这些文件中的数据不能与文件脱离，一旦脱离就失去了意义，即所谓的“打包”；另一种方法是文件中的数据可以从文件中提取，这些数据都具有独立的意义，然后将这些数据分门别类地放在关系型数据中，以便对文件内容进行检索和统计，即所谓的“打散”。有些文件中的数据必须和这个文件中的其他数据一起使用才有意义。这种数据一旦脱离文件，就失去了它的作用。例如在零件图中对某条图线的描述数据，如果把它们提取出来，一般情况下是毫无意义的。它们只有在零件图中，和其他数据一起才构成对一个零件的完整描述。对这种数据的管理，就应该保持文件的完整性，对整体文件进行“打包”管理，即将文档整体看作一个对象，规定其名称、大小等描述信息，并将这些信息放到 PDM 数据库表中，文档的物理位置仍然在操作系统的目录下，由 PDM 提供管理该文档的机制。另一类数据具有独立的意义，能够用来进行分类和检索等。各种产品的属性就属于这类数据。例如，某个零件的标识号或名称，就可以被提取出来，将来用于查询这个零件用在哪些机器上、某个机器或部件上用了多少个这种零件等。PDM 系统不能也没有必要对图形文件中的各个元素分别进行管理，而只需将文件的整体、名称代号以及标题栏中的基本属性和特征参数放到关系数据库中进行管理。有限元分析等应用程序所产生的数据文件往往具有数据量大、可读性差等特点，只有在该数据的生成环境下才会获得清晰的结果。因此，对这样的数据文件，只能将其作为一个整体进行管理。在数据文件中，产品定义信息中的数据可以作为一种属性，当查询时，这些属性就像关键字一样，便于用户快速查询到相应的有关文件。

1. 个人文献管理系统介绍

个人文献管理系统也称为个人文献管理软件（Personal Bibliographic Management Tools/Software）或者文献管理软件（ Bibliographic Database Management，BDM），或者电子文献目录管理（Electronic Bibliography Managers）或者参考文献管理软件（Reference Management Software），它是一种帮助个人管理书目资料的软件。个人文献管理系统可以帮助读者处理个人所汇集的各种书目信息，主要功能包括建立并维护个人文献资料库，使用者在输入文献信息后，可以按记录中有内容的字段进行检索，如利用关键词、作者、标题等字段进行布尔逻辑检索。它还包含一般管理系统的功能，如排序、增删记录等。这种个人研究领域的文献资料库，无论在撰写研究报告时参考引用、查阅文献记录的书目资料或者为学生开列参考书目都很方便。个人文献管理系统可以实现对个人文献信息的录入、查询和参考文献的生成等。

系统能够有效地帮助使用者高效、便捷地管理文献并快速生成符合要求的标准参考文献格式。在论文写作及科学研究的过程中，参考文献的运用是必不可少的。在网络迅速发展的今天，能够获得的参考文献数量与过去不可同日而语。如此众多的资料为研究工作者提供了巨大的方便，能够保证当前的研究工作以最前沿的科技为基础，同时避免大量重复低效能的工作。但是，与此同时，大量参考文献的管理同样给研究者带来了很大的麻烦，建立一个对这些文献进行有效管理的系统无疑是一个有意义的工作。同时，不同的论文写作对于参考文献格式的要求也不尽相同，这同样给论文作者在论文排版中带来了大量重复性的工作，而这些都是完全可以通过程序自动完成的。个人文献管理系统能帮助使用者有效利用信息资源，建立和管理个人的文献，从而形成完全个性化的知识环境，创建个人的文献数据库，保存有价值的文献，并对这些文献进行管理、检索、阅读和使用。用户利用个人文献管理系统，可以非常方便地查找自己累积的有价值的文献书目，还可以在撰写文稿的过程中自动生成规范的、符合出版要求的文后参考文献。

个人文献管理系统的核心功能是帮助用户收集整理个人文献资料，并帮助用户管理这些文献资料，完成在撰写正式发表的学术论文、学位论文、专著或报告等文章时，按照规定的格式规范，生成用户所需要的文后参考文献文档。网络版的个人文献管理系统，能使数据库中的文献资料能够通过网络为更多用户共享。

2. 个人文献管理系统的主要功能

个人文献管理系统的功能主要如下：

（1）搜集与管理不同来源的文献。

（2）方便地引用相关文献：一次录入文献信息即可按不同需要以不同的文献著录格式输出；当修改文内引用时文后参考文献的编排随之自动增、删、调、改，避免了烦琐的人工调整，并可减少人为差错。

（3）自动转换论文格式。个人文献管理系统中通常内置丰富的引文格式模板与重要期刊的论文格式模板，使科技论文的撰写更加规范和轻松（有的管理系统软件能提供2 800种格式）。

14.3 个人文献管理系统使用手册

目前市场上可以提供给读者使用的个人文献信息管理系统有近50种，目前较流行而著名的有：EndNote、Reference Manager、ProCite 及 Papyrus，除此以外还有 Library Master、Rers-11、Bookend、Journal log、Data facts、PC-Files、WinRefer、Notebook II、Sci-Mate、Bibliography、Autobiblio、RefSys、Citation、GetARef、Biblioscape、Bibliographica、Scribe、GetARef 和 Unix-refer 等。

这些系统的基本功能大同小异，主要如下：

（1）批次输入信息资料：系统提供了各种资料库的检索结果直接转入系统的功能。用户可以将不同数据库的检索结果直接转入系统，成为格式一致的资料信息。

（2）检索查询：文献信息输入后，可按不同的字段进行检索，例如用 author、title、journal、keyword、subject 等进行布尔逻辑组配检索，并可排序或增删记录等。该功能有效帮助读者查阅文献记录；

（3）查重：当用户陆续汇集许多资料后，系统可以自动查重，并允许将重复的记录删除。

14.3.1　个人文献信息管理系统工作示例

（1）使用某个人文献管理系统，直接搜索网络信息：在不打开浏览器的情况下，系统可以直接检索所提供的关键词在某些网站的信息，并能直接将检索结果下载到用户的信息管理系统中。

（2）显示文献资料状况：系统提供字段记载某条文献信息是否有全文或正申请复印。

（3）加注个人读书心得：系统提供自定义子段，使用者随时将读书心得或重点记录下来，加注在该条书目记录内，方便以后写文章时直接调用。

（4）利用文字处理系统产生引用资料清单：使用 MS Word 、Word Perfect 等写文章时，系统利用“The Cite While You Write”功能，找出文中引用到的文献在资料库中对应的记录，在文章中直接插入附注，在文章末尾自动产生参考书目。

（5）自动产生期刊所需的参考书目格式：个人文献管理系统还提供数百种期刊引用格式供用户选择。在科学领域内没有标准的文献引用格式，投稿时不同的期刊有不同的投稿要求，该功能极大方便了投稿。

（6）产生科技写作模板，简化论文投稿程序：个人文献信息管理系统提供的“The Cite While You Write”功能，方便研究人员在针对不同出版机构的写作要求写作论文时，一步到位地建立符合投稿要求的论文格式，节省大量时间。

14.3.2　RefWorks 个人文献管理系统

CSA 公司的 RefWorks 是一个联机个人文献管理系统，用于帮助用户建立和管理个人文献资料，并可以实现在撰写文稿的同时，即时插入参考文献，同时生成规范的、符合出版要求的文后参考文献。

1. RefWorks 个人文献管理系统的功能和特点

（1）只需有一台与互联网相连的电脑，就可以方便、快捷地创建、管理和使用个人文献数据库；

（2）个人文献数据库建立在服务器上，不占用个人电脑空间和资源，用户可以随时将数据以自己需要的文件格式导出到自己的电脑中；

（3）提供快速检索和高级检索两种检索模式，用户可以轻松查到所需的文献信息；

（4）个人文献数据既可以从其他数据库批量导入，也可以手工录入；

（5）可以将众多其他数据库中的文献数据直接批量导入个人文献数据库中，通过个人文献数据库的检索，间接实现对多个数据库的跨库检索，提高资料检索的查全率和查准率；

（6）在个人文献数据库中建立文件夹，存放文献的数目不受限制；

（7）个人文献数据库提供了全文链接，获取全文快捷、方便；

（8）在撰写文稿过程中随时可在文稿中插入参考文献标识，文稿撰写完成后，利用提供的工具，在文稿末尾可自动生成规范的、符合出版要求的参考文献。

2. RefWorks 的适用对象

（1）研究人员。RefWorks 是一个理想的工具，它可以用来储存个人在科研过程中积累的有价值的文献资料，可以与其他科研人员共享这些资料，可以将个人文献数据库中的文献数据下载，并保存成多种文件格式。

（2）学生。该工具不仅可以培养学生使用图书馆资源、管理个人有价值的文献的良好习惯，还可以通过将学位论文的文后参考文献著录规则添加到系统中，从而帮助学生在撰写学位论文时，更轻松地生成符合学校要求的学位论文文后参考文献。

（3）教师。RefWorks 不仅提供了检索工具，还帮助教师利用它的只读共享功能，向学生提供与课业有关的参考资料。

（4）图书馆馆员。图书馆馆员向各个年级的学生讲授信息检索课时，RefWorks 是一个很好的教学工具。学科馆员们利用它可以非常方便地将图书馆采购的某一学科的最新资料信息实时发送给有关的老师；可以让图书馆在提高图书馆资源利用率的同时，最大限度地降低访问其他数据库的信息流量。由于 RefWorks 需要联机使用，需要购买才能享受它的各种功能。

14. 3. 3　NoteFirst 个人文献管理系统

NoteFirst 个人文献管理系统包括一个需要在用户计算机上安装的软件和 NoteFirst 网站。用户到 NoteFirst 网站（http：//www. NoteFirst. com）可以下载 NoteFirst 个人文献管理系统，安装后即可使用。如果计算机安装了防病毒软件或者防火墙，安装时要允许 NoteFirst 对系统进行的一些设置改动。

1. NoteFirst 的功能

1）题录管理

登录 NoteFirst 后可以通过菜单栏、快捷工具栏、鼠标右键操作等对收藏文献进行管理。

（1）文件夹：用户可以根据研究关键词、学科等把收集的文件分成若干文件夹。这里的文件夹为虚拟文件夹，相同的文献可以出现在多个文件夹中，系统支持把同一文献关联到多个文件夹（分类）中。数据保存时，文献数据只在一个地方保存；修改时，也只需要在一个地方修改。文件夹支持多级嵌套，允许用户新建、删除、更名、移动文件夹。

（2）题录列表：列表头中显示的数据可以自定义。在题录列表区，用鼠标右键单击列表表头字段，即可对该字段排序。第一次单击为升序，再次单击为降序。如果需要复杂排序，通过在表头位置单击鼠标右键选择“排序列表”命令即可实现。目前 NoteFirst 支持通用文章、图书、期刊文章、会议文章、学位论文、报纸文章、报告、标准、专利、汇编、档案、古籍、参考工具、数据库、软件、电子公告 16 种文献类型。题录类型通过图标来表示，在列表的最左侧。第二列为资源标记，表示是否有全文文件、附件、网络链接、笔记。

（3）快速检索：查找某篇文献时，在快捷工具栏中输入检索关键词按回车键即可。默认从标题、作者、媒体中查找。支持从结果中再次检索。如果要进行自定义检索，可单击图标进行设置。

（4）全文文件、附件、网络链接地址：添加任何形式的文件作为 NoteFirst 的附件。全文文件、附件、网络链接地址的添加通过题录列表区右键菜单中的“添加附件”命令或者题录详细信息区中的“附件”命令来实现；附件的编辑、删除只能通过题录详细信息区中的“附件”命令来实现。

（5）笔记：NoteFirst 支持用户对题录添加笔记。同一题录可以建立多条笔记。笔记的添加通过题录列表区右键菜单中的“添加笔记”命令或者题录详细信息区中的“笔记”命令来实现；笔记的编辑、删除只能通过题录详细信息区中的“笔记”命令来实现。添加笔记成功后，NoteFirst 会在标记列显示绿色色块表明该题录有笔记。NoteFirst 中，通过使用星标标记以突出用户对某篇题录价值的评定，用①②③④⑤表示，通过题录列表区右键菜单中的“标记”命令来实现。

（6）题录数据修改：在题录详细信息预览区可以对题录进行修改，还可以在题录列表区选中一条题录双击，通过题录编辑窗体进行修改。

2）文献收集

（1）新建题录（手动添加）：手动添加题录，就是在当前文件夹中添加题录信息。通过快捷工具栏中的“新建题录”命令、菜单栏中的“题录” > “新建题录”命令、树形工作区和题录列表区的右键菜单中的“新建题录”命令来实现。新建题录时，先要选择题录类型。选定题录类型后，需要添加的元数据就随之确定。输入作者时，系统会智能区分作者的姓和名。当作者为中文姓名时系统会自动添加英文姓名。如果系统无法自动区分输入的姓、名，则需要通过作者编辑器来完善。单击题录详细信息显示区作者一行最右侧的按钮，打开作者编辑器。如果是中国作者的汉语拼音，系统会自动表示为汉语拼音作者。系统会自动对英文作者的姓和名进行分解。在 NoteFirst 中，根据目前国际上参考文献的通用规则，姓显示在前面，名显示在后面。这和论文中作者署名时的次序是相反的（论文中西文作者署名大多是名前姓后）。如果系统自动拆分的姓、名不对，可以通过姓名编辑器来进行修改。

（2）把之前收集的文献文件导入到题录数据库中：用户在没有使用论文写作助手或者参考文献管理软件之前，往往会把收集的文献放在一个或者多个文件夹下。通过“文件导入”命令可以帮助用户把文献导入题录数据库。导入时会自动根据文件夹名称来建立题录文件夹。通过菜单栏中的“文件” > “导入文件”命令完成。

（3）把文献数据库中的文献添加到题录数据库：NoteFirst 支持用户把从 Springer、Elsevier、Medline、IEEEXplore、知网、万方等在线文献数据库中感兴趣的文献直接导入到自己的题录数据库，避免了题录数据输入的麻烦。

导入的方法有 3 种：①在浏览器的题录摘要页面，用鼠标右键单击菜单，出现“将题录添加到 NoteFirst 客户端”选项。单击该选项，即可实现该页面题录的自动添加。NoteFirst 软件的安装包中包括这样一个浏览器插件。目前，NoteFirst 支持从大多常见的在线文献数据库中直接导入。如果不能支持，会出现提示：“在抽取元数据的过程中，不一定所有文献页面的所有元数据都能正确无误的抽取。如果遇到不能抽取的文献页面，请将相关信息提交给我们的技术支持人员，我们会及时处理。”②目前很多在线数据库文献页面中都提供了“导出到 NoteFirst”链接。单击该链接，即可把选中的题录导入 NoteFirst。③如果数据库没有提供导出到 NoteFirst 的链接，但提供了导入其他个人文献管理软件，如 EndNote、RefWorks、NoteExpress 等的链接，可以通过这些链接导入，之后通过 NoteFirst 提供的“导入题录”功能来实现题录的导入。

（4）把其他同类软件中的题录导入 NoteFirst：如果用户之前试用了其他同类软件，可以通过“导入题录”命令实现数据的转移，通过菜单栏中的“文件夹” >“导入题录”命令完成。NoteFirst 目前提供 EndNote、Refmanager、RefWorks、NoteExpress、BibTex、BibliogscapeTag 六种过滤器。

2. 论文写作助手

NoteFirst 安装后，会在 Microsoft Word 软件中添加功能插件，实现参考文献的自动形成。论文写作助手的主要功能就是把作者管理的文献直接插入活动文档的当前光标处，自动形成文中引文标记和文后参考文献列表。

插入引文的步骤：①选择引文样式（每种期刊的参考文献有不同的细节要求），一篇文档只选择一次即可自动记忆；②在 NoteFirst 客户端上，选择要插入的题录，单击客户端中的“插入到 Word”命令或者 Word 插件中的“插入引文”命令；③反复步骤②，直到插入了所有引文；④引文格式化，在打印之前，一定要进行一次引文格式化。

（1）Word 插件组成：NoteFirst 在 Microsoft Office Word 2003、2007 下都有写作插件。

（2）期刊引文样式选择：虽然有国际、国家的参考文献标准，但是不同期刊对标准中没有明确规定的部分都有不同的规定。用户首先需要选择按哪一种引文样式来编辑引文。目前 NoteFirst 已经提供了 2 种国际通行引文格式和 2 种国标规定的格式，还建立了常见期刊的引文格式，用户在写作时直接选择即可。选择引文样式有 2 种方法，一种是在 NoteFirst 的快捷工具栏的“引文样式”下拉菜单中选择；一种是在对参考文献进行“引文格式化”时进行选择。NoteFirst 会自动记录每篇文稿的引文格式。如果是新建的文稿，选择系统默认样式（国标规定中的顺序编码制）作为引文样式。用户可以新建引文样式，即把已有模板“另存为”新模板，然后在新模板上进行修改。还可以把期刊社提供的引文样式文件导入 NoteFirst 的引文样式库中。

（3）引文插入：可通过两种方式插入引文。

①在客户端选定要引用的文献后，单击快捷工具栏中的“插入到 word”命令，即可把选中的引文插入当前活动的 Word 文档的光标所在处。

②在 NoteFirst 客户端中先选定要插入的引文，在 Word 中单击插件中的“引文插入”命令，一次可以插入多篇引文，支持单选、连选、多选。引文插入后，会在文中自动插入引文标记，并在文后形成参考文献列表。为了不影响 Word 的效率，在一个文档中插入 20 篇引文后，文中引文的序号可能会出现不连续的情况，进行“引文格式化”时，这些暂时现象会自动消除。

（4）引文的编辑和删除：对已经插入文中的引文，可以进行修改和删除操作。删除引文时，首先要选中操作的文中引文（选中后，该引文标记会变为灰底），单击“引文编辑”命令，选中要删除、编辑、更新的题录，选择相应的操作即可。更新就是把在 NoteFirst 题录数据库中修改的题录数据更新到 Word 引文中。在引文编辑页面，还可以实现同一个引文位置中多引文之间次序的调整。如果选择了作者年度制，还可以显示是否省略作者、年度。NoteFirst 支持在引文中显示“页码”（同一文献在文中多次引用，每次引用的页面不同时使用）。对参考文献的修改，不能在文后参考文献列表中直接修改，要到 NoteFirst 中去修改相应题录的数据。在进行“引文格式化”时，原来的修改会被覆盖。如果有题录数据进行了修改，在“引文格式化”时，一定要选中“与客户端同步题录数据”，否则修改的题录信息不会对应到文档中。目前，暂时不支持通过键盘操作直接删除添加的引文标记。通过键盘删除的文中引文，在“引文格式化”时还会出现。

（5）引文格式化：为了提高效率，在单文档插入引文超过一定量、块复制、块删除、块移动等情况会导致引文序号的不连续现象。用户在最后定稿时，通过“引文格式化”来消除这些现象。当用户需要把论文从一个期刊转投另外一个期刊时，在“引文格式化”时选择新的期刊引文样式即可轻松实现引文格式的转变。如果已经插入 Word 文档的题录进行了修改，在“引文格式化”时要选中“与 NoteFirst 参考文献管理软件同步题录数据”命令，否则 Word 文档的引文会继续沿用已经保存到 Word 文档中的题录数据。选中“校对报告”命令时，会在参考文献列表后形成参考文献校对报告。提示：单文档允许插入的引文数量受用户权限的限制，普及版用户在单文档中只能插入 20 篇引文。同样校对报告的条数也受用户权限的限制，可能仅仅出现一条发现需要更正的题录报告。

（6）定位：通过定位功能，实现文中引文和文后参考文献列表的跳转。可以从文中引文跳到文后参考文献列表中对应的参考文献，反之亦然。

（7）搜索：可以在当前文档中根据作者、标题、媒体来搜索引文，并进行定位。

（8）其他功能：NoteFirst 写作助手中除上述功能外还具有“转到 NoteFirst”“去除格式化”“移除标记”“导出”“查找”“上一条操作”“下一条操作”功能。

3. 参考文献校对报告

参考文献校对报告是针对期刊编辑开发的功能。编辑可以对收到的稿件中的参考文献进行自动校对，并给出校对报告。参考文献校对通过三种方式形成：“引文格式化”时自动形成、即时校对、后台校对。

1）“引文格式化”时自动形成

“引文格式化”时勾选“校对报告”项，即可在文后参考文献列表之后自动形成校对报告。系统默认为选择了“校对报告”。如果不希望显示校对报告部分，进行“引文格式化”时，不选择“校对报告”即可。提示：校对报告的条数受用户权限的限制，普通版只会给出一条题录报告，标准版和高级版才能显示全部校对报告。

2）即时校对

NoteFirst 提供对参考文献的即时校对，校对报告直接形成于参考文献列表之后，检查的项目包括“写作工具报告”“文档引文样式审查”“缺项检查”“格式审查”“常见错误”。单击插件中的“即时校对”命令即可。

3）后台校对

NoteFirst 后台校对是对参考文献数据的正确性进行审查。

单击“后台校对”命令，NoteFirst 软件对当前打开的文档作后台校对操作，校对完成后可以查看文档的校对报告。

4）查看校对报告

后台校对的校对报告通过树形工作区的“校对记录”查看。在“校对记录”列表中，双击标题，可以打开原来的文档，双击校对报告，可以查看形成的校对报告。在校对报告单击“我要修改”链接，可自动进入对应题录的编辑页面。

5）题录自动导入

为了便于编辑修改参考文献，在 ProofRead 版本的 NoteFirst 中，当打开一个 Word 文档时，系统会把该文档的引文自动导入题录数据库。一篇文档对应一个文件夹，文件夹采用3级结构，分别是年度、月份、文档标题。

本章小结

本章主要介绍了个人文献管理系统的概念、特点以及分类，以及著名的个人文献管理系统。

思考题

1. 什么是个人文献管理系统？
2. 有哪些著名的个人文献管理系统？

第 15 章

参考文献的著录规则

15.1 参考文献概述

15.1.1 参考文献介绍

参考文献是在学术研究过程中，对某一著作或论文的整体的参考或借鉴。按规定，在科技论文中，凡是引用前人（包括作者自己过去）已发表的文献中的观点、数据和材料等，都要在它们于文中出现的地方予以标明，并在文末列出参考文献表。

一项科学研究取得的新成果通常是在前人成果的基础上的新进展，它体现着科学技术的继承和发展，如基于已有的理论、方法、思想、实验手段等，使本研究获得了新进展，有了新发现；或将一个学科中的方法移植到另一学科中并取得成功；或对已有方法作了改进。当在论文中叙述研究目的、设计思想、建立模型、与已有结果进行比较的时候，就要涉及已有的成果。在涉及前人成果的地方把已有成果的具体内容抄到论文当中，不但占去论文的篇幅，冲淡论文的主题，而且抄写这些已发表过的、读者可以查找到的内容是毫无意义的，所以，在论文涉及已有成果的地方，不重抄已有的成果，而是指出登载这个成果文献（出处），这种做法叫做引用参考文献。引用了参考文献，就要在涉及前人成果的地方做一个标记，见到这个标记，读者就知道在这里引用了参考文献；按照这个标记在参考文献表中就能找到刊登这个成果的详细内容的文章。在正文中引用参考文献的地方加一个标记，称为参考文献的标注。标注的方法称为标注法。

15.1.2 参考文献著录的目的和作用

对于一篇完整的学术论文，参考文献的著录是不可缺少的。归纳起来，参考文献著录的目的与作用主要体现在以下 5 个方面：

（1）著录参考文献可以反映论文作者的科学态度并使论文具有真实、广泛的科学依据，也反映了论文的起点和深度。

科学技术以及科学技术研究工作都有继承性，现时的研究都是在过去研究的基础上进行的，今人的研究成果或研究工作一般都是前人的研究成果或研究工作的继续和发展，因此，在论文中涉及研究的背景、理由、目的等的阐述，必然要对过去的工作进行评价，著录参考文献即能表明言之有据，并明白交代该论文的起点和深度。这在一定程度上为论文审阅者、编者和读者评估论文的价值和水平提供了客观依据。

（2）著录参考文献能方便地把论文作者的成果与前人的成果区别开来。

论文报道的研究成果虽然是论文作者自己的，但在阐述和论证过程中免不了要引用前人的成果，包括观点、方法、数据和其他资料，若对引用部分加以标注，则他人的成果将表示得十分清楚。这不仅表明了论文作者对他人劳动的尊重，而且也免除了抄袭、剽窃他人成果的嫌疑。

（3）著录参考文献能起索引作用。

读者通过著录的参考文献，可方便地检索和查找有关资料，以对该论文中的引文有更详尽的了解。

（4）著录参考文献有利于节省论文篇幅。

论文中需要表述的某些内容，凡已有文献所载者不必详述，只在相应之处注明见何文献即可。这不仅精练了语言，节省了篇幅，而且避免了一般性表述和资料堆积，使论文容易达到篇幅短、内容精的要求。

（5）著录参考文献有助于科技情报人员进行情报研究和文摘计量学研究。

15.1.3 参考文献的著录原则

（1）只著录最必要、最新的文献。

著录的文献要精选，仅限于著录作者亲自阅读过并在论文中直接引用的文献，而且无特殊需要不必罗列众所周知的教科书或某些陈旧史料。

（2）只著录公开发表的文献。

“公开发表”是指在国内外公开发行的报刊或正式出版的图书上发表。在供内部交流的刊物上发表的文章和内部使用的资料，尤其是不宜公开的资料，均不能作为参考文献引用。

（3）引用论点必须准确无误，不能断章取义。

（4）采用规范化的著录格式。关于文后参考文献的著录已有国际标准和国家标准，论文作者和期刊编者都应熟练掌握，严格执行。

（5）参考文献的著录应执行 GB7714—2005《文后参考文献著录规则》及《中国学术期刊（光盘版）检索与评价数据规范》的规定，采用顺序编码制，在引文中引用文献出现的先后以阿拉伯数字连续编码，序号置于方括号内。一种文献在同一文中反复引用者，用同一序号标示，需要表明引文出处的，可在序号后加圆括号注明页码或章、节、篇名，采用小于正文的字号编排。

（6）文后参考文献的著录项目要齐全，其排列顺序以在正文中出现的先后为准；参考文献列表时应以“参考文献:”（左顶格）或“［参考文献］”（居中）作为标识；序号左顶格，用阿拉伯数字加方括号标示；每一条目的最后均以实心点结束。

（7）参考文献类型及文献类型，根据 GB3469—83《文献类型与文献载体代码》的规定，以单字母方式标示。

(8) 关于参考文献中的起始页码，在正文内的引文后以“(P+起止页码)”标注。

(9) 参考文献中作者成员在 3 人以内时，其姓名需全部列出，在 3 人以上时则列出前 3 人，后加“等”字；外文作者书写时，姓前名后，姓为大写，名用缩写，不加缩写点，3 人以上仅列前 3 人，后加“etal”。无论中文作者还是外文作者，多作者姓名之间均用逗号隔开。

15.2　参考文献的著录

GB 7714—87《文后参考文献著录规则》中规定参考文献的著录采用顺序编码制和著者出版年制。其中，顺序编码制为我国科技期刊所普遍采用，所以这里作重点介绍。

15.2.1　顺序编码制

顺序编码制是指作者在论文中所引用的文献按它们在文中出现的先后顺序，用阿拉伯数字加方括号连续编码，视具体情况把序号作为上角或作为语句的组成部分进行标注，并在文后参考文献表中，各条文献按在论文中出现的顺序依次排列。

1. 顺序编码制参考文献著录项目

(1) 主要责任者。主要责任者是指对文献的知识内容负主要责任的个人或团体，包括专著作者、论文集主编、学位申请人、专利申请人、报告撰写人、期刊文章作者、析出文章作者等。多个责任者之间以“,”分隔，责任者超过 3 人时，只著录前 3 个责任者，其后加“等”字（英文用“etal”）。注意在本项数据中不得出现缩写点“.”。主要责任者只列姓名，其后不加“著”“编”“合编”等责任说明文字。外文主要责任者用原著，姓、名的顺序应遵循各国的习惯。作者不明时，此项可省略。

(2) 文献名及版本（初版省略）。文献名包括书名、论文题名、专利题名、析出题名等。文献名不加书名号“《》”。

(3) 文献类型及载体类型标识。根据 GB 3469—83 的规定，以英文大写字母方式标识以下各种参考文献类型：

专著 [M, monographs]；

论文集 [C, Conferences]；

报纸文章 [N, newspapers]；

期刊文章 [J, journals]；

学位论文 [D, Dissertation]；

科技报告 [R, Reports]；

标准 [S, Standards]；

专利 [P, Patents]。

除此之外，还有：专题文 [P]、汇编 [G]、古籍 [O]、参考工具 [K]、检索工具 [W]、档案 [B]、录音带 [A]、图表 [Q]、唱片 [L]、产品样本 [X]、录像带 [V]、中译文 [T]、乐谱 [I]、电影片 [Y]、手稿 [H]、微缩胶卷 [U]、幻灯片 [Z]、微缩平片［F］、其他［E］等。

①对于专著、论文集中的析出文献，其文献类型标识建议采用单字母“A”；对于其他未说明的文章类型，建议采用单字母“Z”。

②对于数据库（database）、计算机程序（computer program）及电子公告（electronic bulletin board）等电子文献类型的参考文献，建议以下列字母作为标识：

数据库［DB］；

计算机程序［CP］；

电子公告［EB］。

③电子文献的载体类型及其标识。对于非纸张型载体的电子文献，当被引用为参考文献时需在参考文献类型标识中同时标明其载体类型。建议采用以下标识：

磁带（magnetic）［MT］；

磁盘（disk）［DK］；

光盘［CD］；

联机网络（online）［OL］。

④电子文献类型与载体类型标识基本格式为“［文献类型标识/载体类型标识］”，例如：

［DB/OL］——联机网上数据（database online）；

［DB/MT］——磁带数据库（database on magnetic tape）；

［M/CD］——光盘图书（monograph on CD ROM）；

［CP/DK］——磁盘软件（computer program on disk）；

［J/OL］——网上期刊（serial online）；

［EB/OL］——网上电子公告（electronic bulletin board online）。

需要注意的是，以纸型载体的文献在引作参考文献时不必注明其载体类型。

（4）出版事项（出版地、出版者、出版年、卷期号等）。出版地指出版者的城市名，对于同名异地或不为人们所熟悉的城市，可在其名前附加省名、州名、国名等。出版者中包含地名时，出版地不能省略，如“北京：北京大学出版社”，不能写成“北京大学出版社”。出版者为出版社名时，可以按来源的形式著录，也可以按公认的简化形式缩写形式著录，如IRRI（原标识 International Rice Research Institute）。出版年采用公元纪年，并用阿拉伯数字著录。如遇其他纪年形式，可将原有的纪年置于“（）”内，如1705（康熙四十四年）。对于报纸和专利文献，要著录出版日期，其形式为“YYYY-MM-DD”。对于期刊的出版年份、卷号（期号）著录有以下3种形式：“1980，92（2）：年，卷（期）”“1985（4）：年（期）”“1987，5：年，卷”。

（5）文献出处或电子文献可获得地址。

（6）参考文献起止页码。参考文献的最末一项一般为“页码”，指引文所在的位置编码。应著录引文所在的起始页码或起止页码，如为起止页，则在2个数字之间用“-”号（原来用“~”号）连接，如“10-12”。若论文中多次引用同一文献上的多处内容，则应依次著录相应的引文所在起始页码或起止页码，各次之间用“，”相隔，例如“1987：25-30，40，101-120”。

2. 文后参考文献表编排格式

参考文献按在正文中出现的先后次序列表于文后，表上以“参考文献”居中排作为标识；参考文献的序号左顶格，并用数字加方括号表示，如“［1］，［2］，…”，以与正文中的指示序号格式一致。每一参考文献条目的最后均以“.”结束。

15.2.2　主要文献著录格式

参考文献是科技论文的有机组成部分，是对期刊论文引文进行统计和分析的重要信息源。参考文献的选取仅限于作者亲自阅读过并在论文中直接引用的文献，并且是最主要、最新的文献，未公开发表的资料不宜引用，文献序号按文中出现的先后次序依次编排。各种著录格式及举例说明如下。

1. 专著（monographs）

专著是以单行本形式或多卷册形式，在限定的期限内出版的非连续性出版物。它包括以各种形式出版的普通图书、古籍、学位论文、技术报告、会议文集、汇编、多卷书、丛书等。

其著录格式为：

（1）复杂格式：

［序号］主要责任者．题名：其他题名信息［文献类型标志（电子文献必备，其他文献任选）］．其他责任者（任选）．版本项．出版地：出版者，出版年：引文页码［引用日期（联机文献必备，其他电子文献任选）］．获取和访问路径（联机文献必备）．

（后面几种文献著录格式中，圆括号中的说明与此相同。）

（2）简单格式：

［序号］著者. 书名［M］. 出版地：出版者，出版年：起止页码.

例如：

［2］刘国钧，王连成. 图书馆史研究［M］. 北京：高等教育出版社，1979：15－18，31.

2. 析出文献（contribution）

析出文献是专著或文集中的部分，是指从整本文献中析出的具有独立篇名的文献，一般是可独立参阅引用的。如果是从专著析出的，则析出文献的作者当然是专著的作者。如果是从文集中析出的，则文集的作者是主编或出版人之类，析出文献的作者与主编、出版人的关系，可以是委托和被委托出版的关系，也可以没有什么关系，比如古代文献的专题编集，作者已经作古，后人也可积来编撰成册。

对析出文献进行著录的规则：①析出文献的录著格式是以录著论著格式为基础的，在此仅将作者、文献名称两项进行变动；②必须明确哪个文题为析出文献，哪个文题是总（根）文献；③在录著时，析出文献与根文献间要加专用的隔离符号“//”；④析出文献的作者、文题在隔离符号前，而根文献作者、文题在后；⑤析出文献的文题末，即隔离符号前不用终止号（实心圆点）；⑥出版年后若有页码，则用“：”，若无页码则用“.”。

其著录格式为：

[序号] 析出文献主要责任者．析出文献题名 [文献类型标志]．其他责任者//专著主要责任者．专著题名．出版地：出版者，出版年：析出文献的页码 [引用日期]．获取和访问路径．

举例说明：

[1] 王新房，刘俐．心脏瓣膜正常超声表现//周永昌，郭万学．超声医学．4 版．北京：科学技术文献出版社，2003：4162418.

[2] 白书农．植物开花研究 [M] //李承森．植物科学进展．北京：高等教育出版社，1998：146 - 163.

[3] WEINSTEIN L，SWERTZ M N. Pathogenic properties of invading microorganism [M] //SODEMAN W A，Jr.，SODEMAN W A. Pathologic physiology：mechanisms of disease. Philadephia：Saunders，1974：745 - 772.

3. 连续出版物（serials）

连续出版物是一种载有卷期号或年月顺序号、计划无限期地连续出版发行的出版物。它包括以各种载体形式出版的期刊、报纸等。

其著录格式为：

[序号] 主要作者．文献题名 [J]．刊名，出版年份，卷号（期号）：起止页码.

举例说明：

[1] 袁庆龙，侯文义．Ni - P 合金镀层组织形貌及显微硬度研究 [J]．太原理工大学学报，2001，32（1）：51 - 53.

[2] OUJP，YOSHIDA O，SOONGT，etal. Recent advance in research on applications energy dissipation systems [J]. Earthquake Eng，1997，38（3）：358 - 361.

4. 连续出版物析出文献

其著录格式为：

[序号] 析出文献主要责任者．析出文献题名 [文献类型标志]．连续出版物题名：其他题名信息，年，卷（期）：页码 [引用日期]．获取和访问路径．

举例说明：

[1] 李晓东，张庆红，叶瑾琳．气候学研究的若干理论问题 [J]．北京大学学报：自然科学版，1999，35（1）：1012106.

[2] 刘武，郑良，姜础．元谋古猿牙齿测量数据的统计分析及其在分类研究上的意义 [J]．科学通报，1999，44（23）：248122488.

[3] 傅刚，赵承，李佳路．大风沙过后的思考 [N/OL]．北京青年报，2000204212（14）[2005207212]．http：//www. bjyouth. com. cn/Bqb/20000412/GB/4216% 5ED0412B1401. htm.

[4] 莫少强．数字式中文全文文献格式的设计与研究 [J/OL]．情报学报，1999，18（4）：126 [2001207208]．http：//periodical. wanfangdata. com. cn/periodical/qbxb/qbxb99 /qbxb9904/990407. htm.

[5] KANAMOR IH. Shaking without quaking [J]. Science，1998，279（5359）：206322064.

［6］ CAPLAN P. Cataloging internet resources ［J］. The Public Access Computer Systems Review，1993，4（2）：61266.

5. 专利文献（patent）

其著录格式为：

专利申请者或所有者．专利题名：专利国别，专利号［文献类型标志］．公告日期或公开日期［引用日期］．获取和访问路径．

举例说明：

［1］姜锡洲．一种温热外敷制备方案：中国，88105607.3［P］．1989-07-26.

［2］西安电子科技大学．光折变自适应光外差探测方法：中国，01128777.2［P/OL］．2002-03-06［2002-05-28］．http：//211.152.9.47/sipoasp/zljs/hyjs-yx-new.asp？recid=01128777.2&leixin=0.

［3］TACHIBANAR，SHIMIZUS. KOBAYSHIS，etal. Electronicwatermarkingmethodand system：US，6，915，001［P/OL］．2002-04-25［2002-05-28］．http：//patftuspto.gov/netacgi/nph-Parser？Sectl=PTO2&Sect2=HITOFF&p=1&u=/netahrml/search-bool.html&r=1&f=G&l=50&col=AND&d=ptxt&sl=Electronic+watermarking+method+system.TTL.&OS=TTL/.

6. 论文集

论文集是指学术会议文献，它往往反映出科学技术的发展趋势，其特点是与最新成果的间隔时间短，但其内容与期刊相比可能不太成熟。

其著录格式为：

［序号］著者．文献题名［C］．编者．论文集名．出版地：出版者，出版年：起止页码．

举例说明：

［1］孙品一．高校学报编辑工作现代化特征［C］．中国高等学校自然科学学报研究会．科技编辑学论文集（2）．北京：北京师范大学出版社，1998：10-22.

7. 学位论文

学位论文是高校的博士、硕士、本科生为获得学位进行科学研究而写出的学术性论文。按学位可分为学士论文、硕士论文和博士论文。

硕士和博士论文具有一定的学术性、独创性、系统性和完整性，具有重要的参考价值。学位论文一般不公开发行，多数收藏在授予学位的大学图书馆、档案馆或研究机构的文献信息中心。

其著录格式为：

［序号］作者．题名［D］．保存地：保存单位，年份．

举例说明：

［1］张和生．地质力学系统理论［D］．太原：太原理工大学，1998.

［2］康桂英．网络信息资源组织与揭示研究［D］．武汉：华中师范大学，2000.

8. 科技报告

科技报告是报道（记录）研究和开发调查工作的成果或进展情况的一种文献类型，一般都编有号码，供识别报告本身及其发行机构，它是一种典型的机关团体出版物。

其著录格式为：

［序号］作者. 文献题名［R］. 报告地：报告会主办单位，年份.

举例说明：

［1］冯西桥. 核反应堆压力容器的 LBB 分析［R］. 北京：清华大学核能技术设计研究院，1997.

9. 国际、国家标准

经过公认权威当局批准的标准化工作成果，可以采用文件形式或以规定基本单位（物理常数）的形式固定下来。以文件形式出现的标准化工作成果就是标准文献。

标准一般过若干时间就要进行修订，新的标准不断地替代旧的标准，因此，查阅时应以最新标准为准。

其著录格式为：

［序号］标准代号，标准名称［S］. 出版地：出版者，出版年.

举例说明：

［1］GB/T 16159—1996，汉语拼音正词法基本规则［S］. 北京：中国标准出版社，1996.

10. 报纸文章

报纸以及广播、电视等大众传媒传递信息快，信息量大，现实感强，传播面广，具有群众性和通俗性，是重要的社会舆论工具和信息源。一些专门刊登科技类文献的报纸对了解当前的学科前沿和水平以及科学新闻很有益处。

其著录格式为：

［序号］作者. 文献题名［N］. 报纸名，出版日期（版次）.

举例说明：

［1］谢希德. 创造学习的思路［N］. 人民日报，1998－12－25（10）.

［2］杨桂青. 为了孩子我们全力以赴［N］. 中国教育报，2005211227（4）.

11. 电子文献（electric documents）

电子文献是以数字方式将图、文、声、像等信息存储在磁、光、电介质上，通过计算机、网络或相关设备使用的记录知识内容或艺术内容的文献信息资源，包括电子书刊、数据库、电子公告等。

其著录格式为：

［序号］作者. 电子文献题名［文献类型/载体类型］. 电子文献的出版或可获得地址，发表或更新的期/引用日期（任选）.

举例说明：

［9］王明亮. 中国学术期刊标准化数据库系统工程的进展［EB/OL］. http：//www. cajcd. cn/pub/wml. txt/9808 10－2. html，1998－08－16/1998－10－04.

[10] 张近．低温等离子体技术在表面改性中的应用进展 [EB/OL]．http：//www. cornalab. net/xgzl/dlztjz. htm，2003208216.

12. 各种未定义类型的文献

其著录格式为：

[序号] 主要责任者．文献题名．出版地：出版者，出版年．

举例说明：

[1] 张永禄．唐代长安词典 [Z]．西安：陕西人民出版社，1980.

15.2.3　参考文献在文内的标注格式

参考文献在文内的标注格式主要采用顺序编码制时，对引用的文献，按它们在论文中出现的先后用阿拉伯数字连续编码，将序号置于方括号内，并视具体情况把序号作为上角标，或者作为语句的组成部分。

（1）在引用参考文献的地方加标记。这个标记是用方括号括起来的阿拉伯数字，其中的阿拉伯数字是文献的顺序号。比如，在引用第 25 个文献的地方所加的标记为“[25]”。

（2）给文献编序号要根据以下两点：一是只有文献第一次在文中出现时才编序号，换句话说，一篇文献只有一个序号，即使某文献在文中被多次引用，但在几个引用处都要标注同一个序号。二是以文献第一次出现的前后次序，从 1 开始连续编序号。例如，第一个第一次出现的文献，序号为 1；第二个第一次出现的文献，序号为 2；其余以此类推。

（3）如果文献的作用是对正文作解释，标注时文献序号连同方括号的字号都要比正文字号小，并把它们放在右上方（作为上角标）；如果文献是作为句子的成分出现在正文之中，标注时文献序号连同方括号的字号要与正文的字号相同，并且把它们作为正文的一部分来书写（位置与正文平齐，不作为上角标）。另外要注意的是一定要方括号前面加上“文献”两个字。

（4）如果在正文的一处引用了多篇文献，标注时只用一个方括号，括号内列写这几篇文献的序号。若几个序号是连续的，只标注起止序号，两序号之间加半字线“-”。若几个序号不连续，各序号之间加逗号。

本章小结

本章主要介绍参考文献以及我国的参考文献著录规则。

思考题

1. 什么是参考文献？
2. 我国的文献著录规则有哪些？

第16章

毕业论文的撰写

16.1 毕业论文概述

16.1.1 毕业论文

1. 毕业论文的概念

毕业论文是在高等教育教学过程的最后阶段采用的一种总结性的实践教学环节。通过毕业设计，能使学生综合应用所学的各种理论知识和技能，进行全面、系统、严格的技术及基本能力的练习。毕业论文是高等院校毕业生提交的一份有一定的学术价值的文章，是大学生完成学业的标志性作业，是对学习成果的综合性总结和检阅，是大学生从事科学研究的最初尝试，是在教师指导下所取得的科研成果的文字记录，也是检验学生掌握知识的程度、分析问题和解决问题的基本能力的一份综合答卷。

2. 毕业论文的特点

完成毕业论文主要有三个因素：一是撰写者是应届毕业生；二是在老师的指导下独立完成；三是毕业论文是总结性的。因此，毕业论文虽属于学术论文中的一种，但和学术论文相比，毕业论文具有下面这些特点：

第一，理论性。它是毕业论文的主要特点和灵魂所在。作者通过运用抽象思维的方法，在对丰富、复杂的材料进行分析、综合的基础上，找出带有普遍意义的规律加以论述。

第二，创造性。毕业论文的创造性的理解应该是广义的，可以表现为在前人没有探索过的新领域或前人没有做过的新课题上做出成果，也可以表现为在前人成果的基础上作进一步的研究，有了新的发现或提出了新的看法。

第三，指导性。毕业论文是学生在导师的指导下独立完成的科学研究成果。毕业论文作为大学毕业前的最后一次作业，离不开教师的帮助和指导。对于如何进行科学研究、如何撰写论文等，教师都要给予具体的方法论指导。在学生写作毕业论文的过程中，教师要启发引导学生独立进行工作，注意发挥学生的主动创造精神，帮助学生最后确定题目，指定参考文献和调查线索，审定论文提纲，解答疑难问题，指导学生修改论文初稿，等等。学生为了写好毕业论文，必须主动地发挥自己的聪明才智，刻苦钻研，独立完成毕业论文的写作任务。

第四，习作性。根据教学计划的规定，在大学阶段的前期，学生要集中精力学好本学科的基础理论、专门知识和基本技能；在大学的最后一个学期，学生要集中精力写好毕业论文。学好专业知识和写好毕业论文是统一的，专业基础知识的学习为写作毕业论文打下坚实的基础；毕业论文的写作是对所学专业基础知识的运用和深化。学生撰写毕业论文就是运用已有的专业基础知识，独立进行科学研究活动，分析和解决一个理论问题或实际问题，把知识转化为能力的实际训练。写作的主要目的是培养学生综合运用所学知识解决实际问题的能力，为将来作为专业人员写学术论文做好准备，它实际上是一种习作性的学术论文。

第五，规范性。毕业论文必须遵守规范、标准的基本论文格式，并熟练加以运用。

第六，考核性。毕业论文中考核、检查的用意十分明显。毕业论文的目的和用意不是像学术论文那样“公之于世”，而是为了“考核”，取得成绩。毕业论文在分类上归入教育类文体，因此，要按专业教育的标准要求，而且要求划分出等级差别。毕业论文最后的结果就是评定作者的成绩。这正是从考核的意义上着眼。

毕业论文还与一般学术论文有不同之处：毕业论文要求学生在论文写作前，了解已有的科研成果，关注学术前沿问题，通过资料收集，撰写文献综述；毕业论文还要求学生阅读外文资料，有一定数量的外文翻译，以体现学生的外语工具运用能力；在毕业论文的最后，要求作者对论文写作有帮助的人员表示感谢。

16.1.2　撰写毕业论文的必要性和可能性

1. 毕业论文强化了高等教育的目的

高等教育的主要目的是为国家经济建设培养具有一定文化基础知识、专业理论知识和操作技能达到中等教育水平的技术人员、治理人员等。高等教育必须服务于地方经济建设，担负起培养高素质劳动者的重任。科学技术的突飞猛进带来了第四次科技革命，知识更新速度加快，周期变短，科技和经济结合得更紧密，随着产业结构的变化，需要体力和简单技能的岗位数量逐渐下降，而需要更高知识、智能的岗位数量将会增加。毕业论文作为一种创新教育，能够教给学生一种方法、一种全新的思维模式，可以激发学生的创新意识和潜能。毕业论文的内容可以是多门学科的综合、学科与技能的综合、技能与生产的综合，将多种内容渗透到一个课题中去，有利于学生形成一个更加全面、完整的认知结构，形成鼓励创新、倡导创新的良好氛围。

2. 毕业论文贯彻了理论联系实际的原则

我国的高等教育应立足于现实，着眼于未来，要积极创造条件，使职业理论教育与现代生产实际相结合。理论与实际相结合，不仅包括课堂上学的有关知识要与技能练习相结合，还包括要引导学生了解和接触社会实际的内容。学生进行毕业设计，是在专业理论知识的指导下，通过各种方式，解决一些实际性的问题。在设计过程中，学生可以将所学的理论知识运用到实践中，这不仅能加深对专业理论知识的理解，而且能丰富和发展书本上的理论知识，使之转化成更高层次的经验、技能和技巧。现行的教学模式使理论知识与技能，尤其是与生产实践存在着严重的脱节，学生无法将课堂上学习的理论知识与现实生产问题联系起来，学不能致用。增加毕业设计这一环节，通过合理地选择课题，引导学生有意识地系统运用所学知识和技能去分析思考，有助于理论知识与实践的有机结合。

3. 毕业论文有助于提高学生适应未来岗位的能力

毕业论文是一篇总结性质和习作性质的文章。它具有承前启后的中介性职能。学生毕业以后，或走上社会从事实际工作或继续学习和深造。毕业论文的写作，对以前而言是总结，对以后而言是开路。总结以前是为了便于以后的工作和学习。它标志着一个阶段的结束，启示着一个新的阶段的来临。所以，写毕业论文，等于在两个阶段之间进行“切换”。论文写得好，对于未来的工作、学习是有利的。每个毕业生都应当以积极的态度、正确的方法投入这项工作，用实际行动为前一段的学习画上句号，为未来的工作和学习开创新的序曲。

4. 写毕业论文是对业已完成的学习的梳理和总结

毕业论文是学生在校学习期间的最后一次作业，它可以全方位地、综合地展示和检验学生掌握所学知识的程度和运用所学知识解决实际问题的能力。写毕业论文的过程也是专业知识的学习、梳理、消化和巩固的过程。同时，在调查研究、搜集材料、深入实际的过程中，还可以学到许多课堂上和书本里学不到的常识和经验。以往课程的考核、考查都是单科进行，考核、考查内容偏重于对本门课程所学知识的掌握程度和理解程度。而撰写毕业论文，既要系统地掌握和运用专业知识、专业理论，又要有一定的自我创新能力和实际操作能力（如调查研究、搜集材料）。在这一过程中，学生可以把所学知识和理论加以梳理和总结，从而起到温故知新、融会贯通的作用。

5. 促进知识向能力的转化

知识不是能力，但却是获得能力的前提与基础。要将知识转化为能力，需要个体的社会实践。毕业论文写作就是促进知识向能力转化的重要措施。

由于课程考试大都偏重于知识的记忆，范围也仅限于教科书所规定的内容，这种考试没有学生自我选择的空间（怎么考、考什么完全由教师决定），无法体现和实现学生的实际操作能力。毕业论文写作恰恰能弥补这一缺陷。毕业论文的一个特点就是创新性，学生所提出的新观点、新见解或实验成果，都必须建立在以前所学的专业知识、理论的基础之上。这样，论文的写作就会促进专业知识向应用能力的转化，培养学生的科学研究能力，使他们初步掌握进行科学研究的基本程序和方法。撰写毕业论文，对培养和提高学生的分析问题能力、理论计算能力、实验研究能力、计算机使用能力、社会调查能力、资料查询与文献检索能力、文字表达能力，都会有所帮助，为以后从事相关工作和学术研究打下必要的基础。

6. 通过问题反馈，对相关的教学工作提供参照信息

毕业论文中肯定会暴露出一些问题，这些问题或多或少地反映了学校的教学工作中的问题。对于学校和教师来说，如果大多数学生的论文写得好，内容和格式符合要求，且能发挥

自己的见解，那么就说明前期的教学工作取得了实际的成效，学生的素质培养没有出现什么偏差。相反，如果学生论文中出现的问题比较多，就说明教学中存在的问题比较多，就需要有针对性地加以改进和调整。比如，论文中抄袭的现象比较严重，就需要制定有关的处罚规定，并加强对学生的思想教育；所交论文大多不合乎论文的文体格式，就需要加强写作知识的传授。这样，可使学校、教师通过毕业论文考察、了解教学质量，总结经验，改进工作。

同时，每个学生可以通过论文的写作，进行自我反省和自我检阅，以便发现自己存在的问题和不足，从而进行自我强化和调整。有的学生平时学习态度不够端正，盲目、被动地应付考试，懒得动脑筋，不写读书笔记，不收集材料，到写毕业论文时才临阵磨枪，仓促上阵，结果所写的论文立意不高，结构不全，语言不畅，逻辑混乱，条理不清。这说明缺乏基本的技能，缺少实际操作的训练。这样的学生要充分认识自己的不足，订出改进的方案，以便在今后的工作中有针对性地克服缺点，迎头赶上。

7. 提高文章写作的水平和书面语言表达的能力

写作是传达信息的一种方式。现代社会是一个信息社会，各行各业都离不开信息。信息的提供，信息的收集，信息的储存、整理、传播等都离不开写作。对于高校学生来说，不论从事哪种专业的学习，都应当具有一定的书面表达能力。进入社会后，无论在哪个行业、哪个单位，从事哪种职业，书写的能力都是不可缺少的。

从事社会调查，是撰写论文的过程中非常重要的一步。调查完后，要将调查结果整理成书面材料以便研究。在这个过程中，可以锻炼学生的书面表达的能力。

写毕业论文的过程也是训练写作思维和能力的过程。要写论文，就必须学会如何收集、整理和鉴别材料，如何进行社会调查，如何分析和整理调查结果，如何写提纲和起草，如何修改和传递等方面的常识、方法、技能。通过撰写毕业论文，可以有效提高学生获取信息情报的能力，语言和文字表达的能力，社会活动、交往、调研的能力等。从这个意义上说，毕业论文不是一种形式，它的内在功能是多方面的。

16.2　撰写毕业论文的目的、要求及总体原则

16.2.1　撰写毕业论文的目的和要求

撰写毕业论文是学生在校期间最后一个重要的综合性实践教学环节，是学生全面运用所学基础理论、专业知识和基本技能，对实际问题进行设计（或研究）的综合性训练。通过撰写毕业论文，可以培养学生运用所学知识解决实际问题的能力和创新精神，增强工程观念，以便更好地适应工作的需要。

例如，水利电力工程类的本科毕业生，通过撰写毕业论文应达到下列要求：

（1）熟悉国家能源开发的方针政策和有关技术规程、规定、导则等，树立工程设计必须安全、可靠、经济的观点。

（2）巩固并充实所学基本理论和专业知识，能够灵活应用，解决实际问题。

（3）初步掌握电气工程专业工程的设计流程和方法，独立完成工程设计、工程计算、

工程绘图、工程技术文件的编写等相关设计任务，并能通过答辩。

(4) 培养严肃认真、实事求是和刻苦钻研的工作作风。

16.2.2 撰写毕业论文的总体原则

毕业论文除了不要编制设计任务书之外（编制设计任务书的工作一般由指导教师承担），其他均需按设计工作的程序进行，包括设计构思、方案的论证、计算分析、绘制工程图、编制毕业设计说明书和计算书，最后完成答辩。这是一项艰苦的、创造性的理论联系实际的劳动过程。毕业设计作为一项系统工程来说，有其总体的原则和要求。

1. 科学性原则

毕业论文的内容要体现当前的科学技术发展水平。随着科学技术的发展，新技术、新设备在各行各业、各门学科得到广泛应用，新的设计理念也不断地涌现，而各门学科在发展同时也出现了许多新的技术问题。在设计过程中要立足于应用所学基本理论和专业知识，大胆地运用新理论、新技术去分析解决实际问题。

2. 可行性原则

可行性原则包括两个方面。一方面，设计者一开始就必须想到如何使自己的创造性劳动变成可行的设计方案。应紧密结合当前各行各业的发展趋势，以及当地的实际情况选择毕业论文内容并尽可能找出最优、最经济的设计方案。毕业论文不应该单纯追求技术指标，不应脱离实际工程技术水平，不应进行理想化的设计，同时要注意设计方案不应与国家的政策法规及电力系统的有关技术规范相违背。另一方面，指导教师应针对不同层次学生的专业基础和实际水平，拟定可行的设计要求。对普通学生应立足于掌握设计技能，完成基本设计任务；对高水平的学生可增加设计的深度和难度。

3. 创新性原则

在撰写毕业论文时，创新性原则一方面体现为设计中教师要培养学生的创新精神，提倡创新精神与科学态度相结合，鼓励学生大胆提出新的设计方案和技术措施，学生要锻炼自主学习、独立工作的能力，在撰写毕业论文时应有团队协作精神；另一方面体现为设计内容、设计手段的创新，设计内容必须有一定的新颖性，设计手段上应利用诸如计算机等先进工具进行辅助设计。

16.3 毕业论文的准备工作和具体实施

16.3.1 毕业论文的准备工作

毕业论文的准备工作主要是指毕业论文题目的确立。

毕业论文题目一般在撰写毕业论文前一学期，根据专业具体培养方向确立多个题目类型，并由各指导教师提出具体题目，也可根据工程需要由指导教师与学生商定。

毕业论文的题目可从以下几个方面综合考虑：

(1) 有利于综合学生所学知识；

（2）能结合学科特点；

（3）尽可能联系实际；

（4）有一定的应用价值。

根据以上要求，可以考虑从以下角度挖掘毕业论文的题目：

（1）学科教学的延伸。例如：结合电气控制线路，要求学生设计机械动力头控制电路并安装调试；结合数字电路进行逻辑电路的设计与装接。

（2）多学科的综合。结合某专业学科确定一个综合题目，假如题目较大，可分解为几个子题目，交由不同的小组完成，最后再整合成一个完整的题目。例如，机电专业的毕业论文可设计以下题目：大型城市的交通信号灯指示。这个题目可分为以下两个子题目：PLC 控制的信号灯显示、信号长短计时的时钟电路。

（3）结合生产实际。学校可以和一些单位联合，共同开发一批有实用价值、适合学生设计的题目，甚至可以以某些单位的某项生产任务作为毕业论文的题目。

毕业论文的题目选定后，以《毕业设计任务书》的形式落实到人，《毕业设计任务书》一般由指导毕业论文的专业教研室制定，由指导教师编写，经教研室主任和系主任审批后发给学生，其内容一般包括：

（1）学院、系（部）、专业名称、学生姓名；

（2）毕业论文的题目；

（3）毕业论文的目的要求；

（4）毕业论文的主要内容，包括研究专题及技术要求等；

（5）毕业论文的原始数据、资料；

（6）对说明书内容的要求、对设计图纸的要求、对计算书的要求；

（7）指导教师姓名；

（8）主要参考文献。

毕业论文的题目一般在撰写毕业论文开始前一学期末，以《毕业设计任务书》的形式发给学生，以便学生有充分的时间做好准备工作。

16.3.2　毕业论文的具体实施

1. 编拟毕业论文的提纲

一篇论文，特别是论题较大、分量较重的论文，应该在撰写之前编拟好提纲。论文提纲不仅要勾画出论文的框架结构，包括各部分的文字比例，而且要体现出论者的总体思路，即逻辑顺序。一般说来，提纲应包括以下内容：一是题目，即论题范畴和中心论点；二是论题的提出，即为什么要选取这样一个论题；三是各个分论点，和每个分论点的论据及论证方法；四是结论。提纲的写法很多，可以不拘一格，根据论题大小和掌握材料的情况，提纲可繁可简。有的提纲比较简括，在写作过程中可大量补充材料。有的提纲比较详尽，在此基础上适当扩充和充实，便成为一篇比较完整的论文。

2. 收集毕业论文的资料

学生编拟好毕业论文的提纲后，应全面了解了毕业论文的目的、内容和基本要求，进行资料准备。

资料准备主要通过查阅（包括上网查阅）文献资料、参加生产实习、外出调研等渠道进行。学生在进入专业课学习时，就要根据自己的兴趣、爱好、特长及客观条件，考虑毕业论文的选题方向，有目的、有计划地查阅和收集与选题方向有关的文献资料，特别是在参加生产实习的过程中有意识地收集生产过程及新技术、新设备、新成果的应用。

3. 教师指导学生撰写毕业论文

指导教师给学生布置任务后，要指导学生分析课题，确定设计思路，充分利用技术资料，注重设计方法和合理使用工具书。学生在撰写毕业论文时应注重理论与实际的差距，充分考虑题目的可行性。指导教师要注重学生完成任务的质量和速度，及时指出其存在的不足，启发其独立思考。

4. 组织答辩

答辩是检查学生毕业论文质量的一场“口试”。这一形式有助于学生进一步总结设计过程，提高其应变能力及自信心，为真正走上社会打下坚实的基础。答辩主要考查学生的专业基础知识和基本理论。答辩的过程实际上也是帮助学生总结的过程。教师要积极引导学生总结在撰写毕业论文的过程中积累起来的经验，分析设计效果，找出不足以及改进方法，帮助学生把实践转化成自己的知识和技能。答辩也有助于学生提高应变能力及自信心，为学生真正走上社会打下坚实的基础。

5. 评定成绩

评定成绩的根据主要有两个方面：一是毕业论文的质量；二是答辩的表现，而答辩的表现不低于毕业论文的质量。

（1）优秀：按期圆满完成任务书中规定的项目；能熟练地综合运用所学理论和专业知识；有结合实际的某项具体项目的设计或对某具体课题进行有独立见解的论证，并有较高技术含量；立论正确，计算、分析、实验正确、严谨，结论合理，独立工作能力较强，科学作风严谨；毕业论文有独到之处，水平较高。

（2）良好：按期圆满完成任务书中规定的项目；能较好地运用所学理论和专业知识；有一定的结合实际的某项具体项目的设计或对某具体课题进行有独立见解的论证，并有一定的技术含量；立论正确，计算、分析、实验正确，结论合理；有一定的独立工作能为，科学作风好；毕业论文有一定的水平。

（3）中等：能完成任务书中规定的项目；能简单运用所学理论和专业知识；能结合实际的某项具体项目的设计或对某具体课题进行论证，有一定技术含量；立论正确，计算、分析、实验正确，结论合理；毕业论文能够超过规定的标准。

（4）及格：在指导教师的具体帮助下，能按期完成任务，独立工作能力较差且有一些小的疏忽和遗漏；能结合实际的某项具体项目的设计或对某具体课题进行有独立见解的论证，但技术含量不高；在运用理论和专业知识时，没有大的原则性错误；论点、论据基本成立，计算、分析、实验基本正确；毕业论文基本符合要求。

（5）不及格：任务书规定的项目未按期完成，或基本概念和基本技能未掌握；没有本人结合实际的具体设计内容或独立见解的论证，只是一些文件、资料内容的摘抄；毕业论文未达到最低要求。

16.3.3　毕业论文的注重点

1. 要注重课题的实用性、教学性

学习的最终目的是应用。与实际结合的课程能激发学生的学习动力，使学生产生强烈的学习欲望。在实际教学过程中，可以发现，拿到实用性强的课题的学生的积极性明显高于其他学生。因此，课题应尽可能地贴近生产实际、生活实际。而注重课题的教学性能使知识承上启下，一方面强化原有知识，另一方面保证了知识的连贯性，有助于学生进一步消化原有知识，提高自己。

2. 要考虑学生实际能力的差异

学生不可避免地在理论基础和动手能力方面存在较大的差异，因此，课题的预备应有层次性。否则，太简单的课题将使部分能力较强的学生产生轻视的态度，草草了事，或过早地完成毕业论文而影响其他学生；而太难的课题使部分基础较差的学生感到无从下手，产生畏惧感，最后得由教师手把手地教，甚至由教师一手包办，使毕业论文流于形式，起不到应有的作用。因此在分组的时候就应该合理安排，而在布置课题时，基础好的学生和基础差的学生的设计课题应有所不同，尽可能符合每一位学生的实际能力，使每一位学生都能产生强烈的探索欲望和解决问题的迫切心理要求。

3. 指导教师应具备较强的理论知识和丰富的实践经验

毕业论文既涉及理论知识，又涉及实际操作技能，因此指导教师既要能从理论上指导，又能给予学生实践上的帮助。学校应配备足够的指导教师以满足需要。学校也可考虑聘请有经验的技术人员参与这一过程，以提高毕业论文的质量。

16.4　毕业论文的撰写要求和撰写规范

毕业论文采用国家文字改革委员会正式公布的简化汉字，以计算机文字处理软件正文格式输入，采用 A4 纸打印。

版面页边距上为 2 cm，下为 2.5 cm，左、右为 2 cm；装订线为 1 cm，位置为“左侧”；采用 1.5 倍行距。所有材料均应有页眉、页脚，页眉距边界为 1.5 cm，页脚距边界为 1.75 cm。左侧页眉内容为文字材料的名称，如“英文翻译”“文献综述”等，右侧页眉内容为学生本人的学号、姓名；页脚格式为“第 × 页共 × 页”，居中编排。

各项材料的撰写要求和撰写规范如下。

16.4.1　任务书

在老师的指导下，由指导教师和学生共同探讨，在制定毕业设计方案的基础上由学生填写，指导教师审核签名。作为学生毕业设计工作的指导书，任务书共三页，其中封面一页，内容两页。内容中每个栏目内容都要填写，不要空栏，如输入电子稿，内容也应简明扼要，不要超出原栏目的篇幅大小。

16.4.2 英文翻译

英文字体均选择“Times New Roman”，题目居中，为三号加粗，正文为小四号；中文题目为三号加粗黑体字，正文为五号宋字体。装订时，原文在前，译文在后。

16.4.3 文献综述

参考文献反映毕业论文的取材来源、材料的广博程度和材料的可靠程度。一份完整的文献综述也是向读者提供的一份有价值的信息资料。撰写毕业论文所参考的文献应与课题直接有关，以近期发表的文献为主，必须是学生本人真正阅读过的。非正式发表的文献一般不得引用（硕、博士毕业论文可引用）。

文献综述标题为四号黑字体，居中，正文为五号宋字体。

参考文献清单按照其在正文中出现的顺序排列，列入主要的文献 10 篇左右。排列序号用以中括号（如［1］、［2］、……）括起的数字连续编号，依次书写作者名、文献名、出版社、出版时间等，首行不缩进。

书名要用书名号“《》”括起。

16.4.4 毕业设计论文

1. 封面

封面的各个栏目内容应认真填写，特别注意设计课题的名称应和选题时确定的题目文字一致，不要随心所欲乱写。

2. 目录

目录按三级标题编写（1……、1.1……、1.1.1……），要求标题层次清晰。目录中标题、页码应与正文中的标题、页码一致。

目录标题采用三号黑体字，居中。下空一行为章、节、小节及其开始页码，为小四号宋体字，1.5 倍行距。

创建整齐规范的目录的步骤：

第一步：输入正文（假设正文如下）：

1. 第一部分章节一级标题

1.1　第一部分第一节二级标题

1.2　第一部分第二节二级标题

　1.2.1　第一部分第二节三级标题

　1.2.2　第一部分第二节三级标题

2. 第二部分章节一级标题

2.1　第二部分第一节二级标题

2.2　第二部分第二节二级标题

3. 第三部分章节一级标题

3.1　第三部分第一节二级标题

3.2 第三部分第二节二级标题

第二步：在工具栏上单击鼠标右键，选取”大纲”选项。

第三步：将鼠标停留在“1. 第一部分章节一级标题”处，将大纲级别调整为1级（第二、三部分章节标题的级别相同），将鼠标停留在“1.1 第一部分第一节二级标题”处，将级别调整为2级，将鼠标停留在“1.2.1 第一部分第二节三级标题”上，将级别调整为3级，直至所有标题设置大纲级别。

第四步：在正文前面留下空白区域，单击“插入”>“索引和目录”>“目录”命令，使用“插入”菜单中“引用”菜单下的“索引与目录”命令（Word的较低版本可以直接使用“插入”菜单中的“插入目录”命令），然后在“索引与目录”窗口中选择“目录”选项页，进行相应的设置后插入目录。创建目录时一定要注意，要保证标题文字采用的都是标题样式，否则不能进行目录创建。

3. 摘要及关键词

摘要是对论文内容的简要论述，应以浓缩的形式概括设计课题的内容、方法和观点，以及取得的成果和结论，反映整个论文的精华，以300~500字为宜。撰写摘要时应注意以下几点：

（1）用精练、概括的语言来表达，每项内容不宜展开论证或说明；

（2）客观陈述，不宜加主观评价；

（3）成果和结论性字句是摘要的重点，在文字论述上要多些，以加深读者的印象；

（4）独立成文，选词用语要避免与全文尤其是前言和结论部分雷同；

（5）既要写得简短扼要，又要生动，在词语润色、表达方法和章法结构上要尽可能写得有文采，以唤起读者对全文阅读的兴趣。

关键词是从毕业论文中挑选出来并表示全文主题内容的单词或术语，不得杜撰，一般为3~5个。

摘要及关键词以中文和英文两种文字写成，中文在前，英文在后。

中文摘要题目为三号加粗黑体字，居中。摘要内容应与题目保持一定间距，“摘要:”“关键词:”为五号加粗黑体字，摘要内容、关键词为小五号宋体字。各关键词之间用分号分开，最后一个关键词后面无标点符号。

外文摘要应与中文摘要保持若干间距，字体均选择“Times New Roman”。外文题目采用三号加粗黑体字，“Abstract:”“Key words:”一律用五号字加粗。摘要内容、关键词为小五号字。各关键词之间用分号分开，最后一个关键词后面无标点符号。

4. 绪论（或前言）

绪论（或前言）是全篇文章的开场白，应说明课题的意义、目的、研究范围及要求达到的技术参数，简述本课题应解决的主要问题。绪论不要与摘要雷同，不要成为摘要的注释。

绪论标题为四号加粗宋体字，居中；内容为五号宋体字。

5. 正文

正文是毕业论文的核心部分，是对研究或设计工作的详细表述，应占全文的较多篇幅。正文内容包括研究工作的基础前提、假设和条件；基本概念和理论基础；模型的建立；试验方案的拟定；设计计算的方法和计算过程；实验方法、内容及其分析；理论论证、理论在课题中的应用、课题得出的结果，以及结果的讨论等。

撰写正文部分的具体要求如下：

（1）理论分析应注重所作的假设及其合理性，所用的分析方法、计算方法、试验方法等应指出是他人用过的，还是自己改进的或自己创造的，以便指导教师审查和纠正。分析部分篇幅不宜过多，应以简练的文字概略地表述。

（2）对于用实验方法研究的课题，应具体说明实验用的装置、仪器的性能，并应对所用装置、仪器作出检验和标定。对实验过程和操作方法，应力求叙述简明扼要，对人所共知的内容或细节内容不必详述。

对于经理论推导达到研究目的的课题，内容要精心组织，做到概念准确，判断推理符合客观事物的发展规律及人们对客观事物的认识习惯，换言之，要做到言之有序，言之有理，以论点为中心，组成完整而严谨的内容整体。

对计算机软件开发方面的课题，要有足够的工作量，应写出软件说明书和报告，应进行计算机程序运行演示并给出完整的测试结果。

（3）结果与讨论是全文的心脏，一般以较多篇幅进行阐述。在撰写时要将必要而充分的数据、现象、认识等作为分析的依据写进去；在对结果作定性和定量分析时，应说明数据的处理方法以及误差分析，说明现象出现的条件及其可证性，交代理论推导中认识的由来和发展，以便他人以此为依据进行实验验证。对分析结果所得出的结论，应说明其适用的条件与范围。此外，适当运用图、表进行分析，也是科技报告通用的一种表达方式，应精心制作、整洁美观。

（4）结论部分应包括对整个研究工作进行归纳和综合而得出的结论，还应包括所得结果与已有结果的比较和本课题尚存在的问题，以及进一步开展研究的见解与建议。结论部分集中反映学生的研究成果，表达学生对所研究的课题的见解，是全文的思想精髓和文章价值的体现。结论部分要写得概括、简短。撰写时应注意以下几点：

①结论要简洁、明确，措辞应严密，且容易被人领会；

②结论应反映个人的研究工作，属于他人已有的结论要少提；

③要实事求是地介绍研究的成果，切忌言过其实，在无充分把握时应留有余地，因为科学问题的探索是永无止境的。

工程设计类的毕业论文正文字数不少于 1 万字。研究类报告的毕业论文正文字数不得少于 1.5 万字，可分为章、节、小节。每章标题为四号加粗黑体字，首行不缩进。节标题为小四号黑体字，小节标题为五号黑体字，首行均不缩进。正文采用五号宋体字，首行缩进两个字。公式应另起一行，公式序号按章节顺序编号。表格、插图按章节顺序编号，图中坐标应标注单位。

结论部分通常为最后一章，标题为四号加粗黑体字，首行不缩进。其他部分按照正文部分要求。

6. 致谢

致谢是对课题研究与论文撰写过程中曾直接给予帮助的人员（例如指导教师、答疑教师及其他人员）表示谢意，这不仅是礼貌，也是对他人劳动的尊重，是治学者应有的作风。

致谢所用文字要简洁，切记浮夸和庸俗之词。

致谢标题为五号黑体字，首行不缩进；内容为五号宋体字，首行缩进二个字。

7. 参考文献

参考文献著录方法请参照“第15章　参考文献的著录规则”。

8. 附录（包括工程图纸、计算机编程程序说明书等）

对于一些不宜放入正文中，但作为毕业论文又不可缺少的组成部分或有主要参考价值的内容如产品说明书、各类标准、专利及未公开发表的研究报告、公式的推演、编写的算法等，可编入毕业论文的附录中；如果毕业论文中引用的实例、数据资料，实验结果中符号较多时，为了节约篇幅，便于读者查阅，可以编写一个符号说明，注明符号代表的意义。附录的篇幅不宜太长，一般不要超过正文。附录序号用“附录A”“附录B”等表示。

（1）工程图纸：绘图是工程设计的基本训练，应鼓励学生在撰写毕业论文时用计算机绘图。毕业论文图纸应符合制图标准，如对图纸规格、线型、字体、符号、图例和其他表达的基本要求。

（2）计算机编程程序说明书：计算机编程是计算机软件开发基本训练，计算机编程程序说明书的主要内容应包括开发环境、运行环境、设计思路、源代码模块解释以及有关的操作要求说明。

9. 其他规范。

1）标点符号

毕业论文中的标点符号应按我国“标点符号用法”使用。

2）名词、名称

科学技术名词术语尽量采用全国自然科学名词审定委员会公布的规范词或国家标准、部颁标准中规定的名称，尚未统一规定或叫法有争议的名词术语，可采用惯用的名称。使用外文缩写代替某一名词术语时，首次出现时应在括号内注明其含义。外国人名一般采用英文原名，按名前姓后的原则书写，不可将外国人姓名中的各部分漏写。一般为人熟知的外国人名（如牛顿、爱因斯坦、达尔文、马克思等）可按通常标准译法写译名。

3）量和单位

毕业论文中的量和单位必须采用中华人民共和国国家标准GB3100－GB3102－93，它是以国际单位制（SI）为基础的。非物理量的单位，如件、台、人、元等，可用汉字与符号构成组合形式的单位，例如件/台、元/km。

4）数字

毕业论文中的测量、统计数据一律用阿拉伯数字。

5）标题层次

毕业论文的标题层次应有条不紊，整齐清晰，相同的层次应采用统一的表示体例，正文中各级标题下的内容应同各自的标题对应，不应有与标题无关的内容。

章、节、小节编号方法应采用分级阿拉伯数字编号方法，第一级为“1”“2”“3”等，第二级为“2.1”“2.2”“2.3”等，第三级为“2.2.1”“2.2.2”“2.2.3”等，但分级阿拉伯数字的编号一般不超过四级，两级之间用下角圆点隔开，各级的末尾不加标点。各层标题均单独占行书写，各级标题序数顶格书写，空一格接写标题，末尾不加标点。第四级以下单独占行的标题顺序采用“A，B，C，……”和“a，b，c，……”两层。正文中对总项包括的分项采用序号“（1）、（2）、（3）、……”，对分项中的小项采用序号“①、②、③、……”。

6）注释

毕业论文中有个别名词或情况需要解释时，可加注释，注释可用页末注（将注文放在加注页稿纸的下端，字体为六号宋体）或篇末注（将注文集中在文章末尾，字体为小五号宋体），而不用行中注（注文夹在正文中）。若在同一页中有两个以上注释，按各注释出现的先后编列注号，注释只限于写在注释符号出现的同页，不得隔页。

7）公式

公式应另起一行，与正文格式相同。一行写不完的长公式，最好在等号处转行，如做不到这点，在数学符号（如“+”“-”号）处转行，数学符号应写在转行后的行首。公式的编号用圆括号括起放在公式右边行末，在公式和编号之间不加虚线，公式可全文统一编序号，公式序号必须连续，不得重复或跳缺。重复引用的公式不得另编新序号。

公式中分数的横分线要写清楚，特别是连分数（即分子和分母中也出现分数）更要注意分线的长短，并将主要分线和等号对齐。在叙述中也可将分数的分子和分母平列在一行，用斜线分开表述。

8）表格

每个表格应有表题和表序。表题应写在表格上方正中，表序写在表题左方不加标点，空一格接写表题，表题末尾不加标点。全文的表格统一编序，也可以逐章编序，不管采用哪种方式，表序必须连续。表格允许下页接写，接写时表题省略，表头应重复书写，并在右上方写“续表”。此外，表格应写在离正文首次出现处的近处，不应过分超前或拖后。表题的字体可设置为五号黑体，表格中内容的字体可设置为小五号宋体。

9）插图

毕业论文的插图必须精心制作，线条要匀称，图面要整洁美观。插图应与正文呼应，不得与正文脱节。每幅插图应有图序和图题，全文插图可以统一编序，也可以逐章单独编序，不管采用哪种方式，图序必须连续，不得重复或跳缺。由若干分图组成的插图，分图用“a，b，c，……”标序，分图的图名以及图中各种代号的意义，以图注的形式写在图题下方，先写分图名，另起行后写代号的意义。插图应在描纸或白纸上用墨线绘成，或用计算机绘图。图序、图题的字体可设置为小五号宋体。

本章小结

本章主要介绍了毕业论文的概念、特点以及撰写毕业论文的必要性和可能性；撰写毕业论文应注意的事项以及毕业论文的撰写要求和撰写规范。

思考题

1. 什么是毕业论文？毕业论文有哪些特点？
2. 毕业论文的撰写有哪些原则和规定？

参考文献

[1] 康桂英，赵飞．汽车资讯检索［M］．北京：中央广播电视大学出版社，2007．

[2] 康桂英，刘晓红，吴晓兵．网络环境下信息资源检索及毕业论文写作［M］．北京：北京理工大学版社，2009．

[3] 康桂英，赵飞，吕瑞花，张敏．网络信息资源检索与科技论文写作［M］．北京：电子工业出版社，2012．

[4] 吴晓兵，康桂英，蒋敏蓉．大学生科研创新与信息素养［M］．北京：北京理工大学出版社，2013．

[5] 张琴友．汽车专业资料检索［M］．北京：人民交通出版社，2005．

[6] 于光．信息检索［M］．北京：电子工业出版社，2014．

[7] 康桂英，王海波．汽车专业资讯检索［M］．北京：国家开放大学出版社，2018．